Roswitha Muttenthaler, Regina Wonisch

**Gesten des Zeigens**

Zur Repräsentation von Gender und Race in Ausstellungen

**Roswitha Muttenthaler** (Dr. phil.) ist Kustodin am Technischen Museum Wien, Museologin und Ausstellungskuratorin. Ihre Forschungsschwerpunkte sind Ausstellungsanalyse und die Repräsentation von *gender* und *race* in Museen und Ausstellungen.
**Regina Wonisch** (Mag. phil.) ist freiberufliche Historikerin und Ausstellungskuratorin. Ihre Forschungsschwerpunkte sind Museologie, Visuelle Kultur und Genderstudies.

Roswitha Muttenthaler, Regina Wonisch

# Gesten des Zeigens

## Zur Repräsentation von Gender und Race in Ausstellungen

[transcript]

*Gedruckt mit Unterstützung des Bundesministeriums für Bildung, Wissenschaft und Kultur in Wien*

**Bibliografische Information der Deutschen Bibliothek**
Die Deutsche Bibliothek verzeichnet diese Publikation in der Deutschen Nationalbibliografie; detaillierte bibliografische Daten sind im Internet über http://dnb.ddb.de abrufbar.


Umschlaggestaltung: Kordula Röckenhaus, Bielefeld
Umschlagabbildung: © Mark Tansey, »Doubting Thomas«, 1986
Lektorat und Satz: Roswitha Muttenthaler, Regina Wonisch
Druck: Majuskel Medienproduktion GmbH, Wetzlar
ISBN 3-89942-580-4

Gedruckt auf alterungsbeständigem Papier mit chlorfrei gebleichtem Zellstoff.

Besuchen Sie uns im Internet: *http://www.transcript-verlag.de*

Bitte fordern Sie unser Gesamtverzeichnis und andere Broschüren an unter: *info@transcript-verlag.de*

# Inhalt

# Vorwort

Museen sind ein Teil der kulturellen Praktiken, in denen sich Repräsentationsbedürfnisse, individuelle und kollektive Narrationen sowie gesellschaftliche Diskurse und Wissensformen manifestieren. Sie sind Orte von hohem Prestige, wo die Frage, welche Personen und Gruppen wie dargestellt sind, von besonderer gesellschaftlicher Relevanz ist. Seit den 1970er Jahren wurden Museen dahingehend kritisiert, dass Frauen, ethnische Minderheiten und marginalisierte soziale Schichten nicht *eigen*bestimmt repräsentiert sind. Die vorliegende Publikation geht ebenfalls den gesellschaftlichen Differenzierungen entlang der Kategorien *gender* und *race*, zum Teil auch *class* nach. Allerdings liegt der Schwerpunkt nicht allein bei den Ein- und Ausschlussmechanismen von Themen und Personen sondern vielmehr bei den spezifischen Visualisierungspraktiken des Mediums Ausstellung, also auf welche Weise welche Bilder und Narrationen in Bezug auf diese Kategorien vermittelt werden – ob explizit oder implizit. Bewusst wird der Fokus darauf gelegt, was zu sehen ist, ohne die KuratorInnen und GestalterInnen nach deren Intentionen zu befragen, um die spezifische Rezeptionssituation, wie sie sich auch für die BesucherInnen stellt, ernst zu nehmen.

Für die Analyse wurden drei Wiener Museen ausgewählt: das Museum für Völkerkunde, das Kunsthistorische Museum und das Naturhistorische Museum. In diesen Museen wurden einzelne Abteilungen exemplarisch herausgegriffen und entlang dieser Differenzkategorien untersucht. Dabei geht es sowohl um die Auseinandersetzung mit den ausgewählten Inhalten als auch um die Macht der Anordnung, die Verfahrensweisen, wie im Medium Ausstellung Botschaften transportiert werden: also wie Objekte, Texte, Bilder, Ausstellungsarchitektur, Lichtführung und Raumgestaltung eingesetzt werden und wie diese Mittel in Beziehung zueinander stehen.

Museen werden zumeist im Hinblick auf ihre Geschichte, ihren Sammlungsbestand oder ihre Museums- und Ausstellungspolitik beschrieben. Zunehmend werden dabei auch die musealen Praktiken hinsichtlich der Produktionsmacht von Bedeutungen und Zuschreibungen sowie kulturellen Ausgrenzungen befragt. Doch was das Medium Ausstellung betrifft, besteht ebenso ein Mangel an differenzierten Ausstellungsanalysen wie an theoretischen Grundlagenarbeiten als Voraussetzung für die Entwicklung des dafür notwendigen methodischen Instrumentariums. Im Unterschied zu Theater und Film gibt es in der medialen Öffentlichkeit aber auch im wissenschaftlichen Diskurs kaum Ausstellungsanalysen und -kritiken, die dem Umstand gerecht werden, dass es sich beim Ausstellen um ein spezifisches Medium handelt, das durch die Verknüpfung visueller und schriftlicher Zeichensysteme in einem konkreten Raum charakterisiert ist. Unsere Intention war daher, nicht nur anhand ausgewählter Beispiele fundierte Ausstellungsanalysen zu *gender*, *race* oder *class* vorzulegen, sondern auch die Mittel und Verfahrensweisen des Ausstellens selbst in den Blick zu nehmen, die spezifischen „Grammatiken" der Präsentationen zu beschreiben und ihre Effekte zu analysieren. Der Fokus der Analyse liegt auf bewusst und unbewusst transportierten Aussagen zu *gender* und *race*, die gleichsam als symptomatisch für die wissenschaftliche und gesellschaftspolitische Verortung der Institution Museum zu lesen sind.

Gleichzeitig war es uns ein Anliegen, die dabei angewendeten Methoden der Ausstellungsanalyse zum Thema zu machen. Da es sich aufgrund der Komplexität des Mediums nur um interdisziplinäre Zugänge handeln kann, rekurrieren wir auf Ansätze unterschiedlicher Disziplinen. Hervorgegangen ist die vorliegende Publikation aus einer Studie,[1] die im Rahmen des Forschungsschwerpunktes „Cultural Studies" des Bundesministeriums für Wissenschaft und Verkehr finanziert wurde. Im Zuge der Arbeit an diesem Forschungsprojekt zur Analyse von Ausstellungen im Hinblick auf *gender*, *race* oder *class* wurde der Mangel an methodischen Instrumentarien deutlich. Aufgrund des zeitlich und finanziell eng begrenzten Projektrahmens zogen wir zuerst nur die ursprünglich für die ethnografische Feldforschung entwickelte Methode der Dichten Beschreibung heran. Nach Projektabschluss blieb unser Interesse an weiteren Analyseinstrumentarien aufrecht. Daher organisierten wir einen Workshop mit dem Titel „*Grammatiken* des Ausstellens"[2], zu dem Vertreterinnen aus den Disziplinen Semiotik, Literaturwissenschaft und Psychoanalyse eingeladen waren. Jana Scholze hatte eine Dissertation beendet, in der sie semiotische Begriffe wie Denotation, Konnotation und Metakommunikation für die Analyse von Ausstellungen heranzog. Sabine Offe stellte einen semantischen Ansatz, der auf paradigmatischen und syntagmatischen Operationen basiert, zur Diskussion. Und Karl-Josef Pazzini brachte das Potenzial der freien Assoziation ein, um auch Wahrnehmungen zur Sprache zu bringen, die völlig abseits der intendierten Erzählungen liegen können. Die Erkenntnisse dieses Workshops versuchten wir in der Folge weiter auszutesten und überarbeiteten den Forschungsbericht auf dieser Grundlage. Dabei ist die vorliegende Studie das Produkt eines intensiven kollektiven Arbeitsprozesses der Autorinnen.

Die Publikation wird durch einen theoretischen Abschnitt eingeleitet, in dem wir auf die für die Analyse relevanten museologischen und kulturwissenschaftlichen Diskurse verweisen und unsere methodische Herangehensweise darlegen. Im Hauptteil werden dann die ausgewählten Ausstellungsdisplays im Naturhistorischen Museum, Kunsthistorischen Museum und Museum für Völkerkunde hinsichtlich unserer Fragestellungen analysiert, wobei wir durch genaue Beschreibungen versuchen, unsere Argumentationen zu den visuellen Manifestationen der Ausstellungsnarrative nachvollziehbar zu machen. Den Abschluss bildet eine vergleichende Darstellung der jeweiligen Konstruktionen des Geschlechterverhältnisses als auch des *Eigenen* und *Anderen*.

Die Untersuchung unterschiedlicher Ausstellungspraktiken unter dem Gesichtspunkt der Herstellung von Differenzen soll eine Grundlage für die Reflexion von musealen Repräsentationsformen bilden. Dafür erscheint es uns notwendig, den Blick vor allem darauf zu richten, dass Ausstellungsinhalt und die (mediale) Ausstellungsumsetzung als sich gegenseitig bedingende Elemente, als Einheit, gesehen werden. Die medienadäquate Analyse von Ausstellungen ist die Voraussetzung für eine differenzierte Ausstellungskritik, die zunehmend eingefordert wird. Unser Anliegen ist es, zum einen mit den erprobten Methoden der Ausstellungsanalyse zur Weiterentwicklung der museologischen Theorie beizutragen, zum anderen einen lebendigen öffentlichen Diskurs über das Medium Ausstellung und visuelle Repräsentationen sowie über hier stattfindende Ein- und Ausschlussverfahren anzuregen. Die analytische Befragung von Ausstellungspraktiken verstehen wir als ein Angebot für vielfältige Interessierte, AusstellungskuratorInnen wie -besucherInnen, TheoretikerInnen wie PraktikerInnen. Indem wir den Blick für kulturelle und soziale Differenzen zu sensibilisieren versuchen, zielen wir auch darauf ab, vermeintlich fixierte Bedeutungen in Ausstellungen in Frage zu stellen, um sie für Neuverhandlungen zu öffnen.

Unser besonderer Dank gilt jenen, die im Laufe der Zeit unsere Arbeit durch Hinweise und Diskussionen begleitet haben. Erwähnt seien die TeilnehmerInnen der jährlich stattfindenden museologischen Denk- und Schreibwerkstatt Drosendorf und des Workshops „*Grammatiken* des Ausstellens", insbesondere Herbert Posch, Sabine Offe, Cornelia Brink, Renate Flagmeier, Gottfried Fliedl, Jana Scholze und Karl-Josef Pazzini. Hilfreich war zudem die Unterstützung unserer Arbeit seitens des Vereines „eXponat – Forum für Museologie und visuelle Kultur" und der Fakultät für Interdisziplinäre Forschung und Fortbildung (IFF), die uns einen diskursiven und institutionellen Rahmen für museologische Veranstaltungen und Projekte boten, in denen wir unsere Überlegungen zur Diskussion stellen konnten. Für das Lesen des Manuskripts danken wir Hedwig Presch und Nike Glaser-Wieninger. Finanzielle Unterstützung wurde uns durch das Bundesministerium für Wissenschaft und Verkehr und die Kulturabteilung der Stadt Wien zuteil. Und nicht zuletzt gebührt unser Dank vielen Freundinnen und Freunden, die uns auf mannigfache Weise unterstützt haben.

*Roswitha Muttenthaler, Regina Wonisch*

## Anmerkungen

1 Vgl. Roswitha Muttenthaler/Regina Wonisch: Spots on Spaces. Differenzen im Visier. Repräsentationen und Räume. Unveröff. Endbericht des Forschungsprojektes des Bundesministeriums für Wissenschaft und Verkehr, Wien 2000.

2 Vgl. dazu den Artikel: Roswitha Muttenthaler/Regina Wonisch: Grammatiken des Ausstellens. Kulturwissenschaftliche Analysemethoden musealer Repräsentationen, in: Christina Lutter/Lutz Musner (Hg.), Kulturwissenschaften in Österreich, Wien 2003, S. 117-133.

# Einleitung

## Das Museum als umkämpftes Feld des Symbolischen

Der Museumsraum schließt wie ein Rahmen ein und stellt etwas zur Schau. Er trennt ein Innen von einem Außen, schließt dieses Innen in sich selbst ab und umgibt es mit Wert. Das Museum kann diesen Schnitt von Innen und Außen nur durch den Ausschluss dessen setzen, was in einem Willkürakt als nichtmuseumswürdig klassifiziert wird. Durch den Ausschluss jener nicht nennbaren Objekte und Geschichten wird der institutionelle Raum des Museums definiert, auch wenn die Grenzen zunehmend fließend werden.[1] Die Musealisierung erobert Räume außerhalb der Museumsmauern und umgekehrt werden immer mehr Dinge museumswürdig. Dennoch sind Ein- und Ausschlussverfahren für die Institution Museum konstitutiv. Das Museum verbirgt diesen Schnitt, diese Setzungen, „denn nur die wenigsten Institutionen untergraben absichtlich ihre eigene Autorität: Wie Zauberkünstler zeigen sie nur, wie ein Trick funktioniert, wenn dadurch die Illusion verstärkt wird."[2] Jedes Statement, jede Repräsentation schließt in diesem Rahmen andere Varianten aus, aber das, was gezeigt wird und das, was unsichtbar bleibt, ist unlösbar miteinander verbunden. Museen schaffen demnach nicht nur Bilder, die den gesellschaftlichen Normen und Werten entsprechen, sondern thematisieren auch Verborgenes. Denn sie repräsentieren nicht nur das, was zu sehen ist, sondern auch, was dem öffentlichen Diskurs und der Wahrnehmung entzogen werden soll und damit ausgeschlossen wird.[3]

Die Museen des 19. Jahrhunderts hatten in einer Zeit des gesellschaftlichen Umbruchs, nämlich der Etablierung der bürgerlichen Gesellschaft, vor allem die Funktion, kollektive – nationale, regionale oder gruppenspezifische – Identitäten zu stiften. Dabei haben sie Ein- und Ausschlussmechanismen produziert, die entsprechend dem Denken der Moderne auf dichotomischen Gegensätzen basierten. Identitätskonzepte beruhen zumeist auf der Konstruktion von Differenz, wobei Identität in Abgrenzung zu einem *Anderen*, das zumeist als Negation gedacht ist, definiert wird. So werden beispielsweise sexuelle oder ethnische Identitäten durch Prozesse der negativen Differenzierung im Feld des Sichtbaren geprägt: *Weiße* brauchen *Schwarze*, um sich selbst als weiß zu definieren, *Männlichkeit* braucht *Weiblichkeit*, um sich als männlich zu konstituieren etc. Bestimmte gesellschaftliche Gruppen oder Kulturen wurden von Repräsentationspraktiken entweder ausgeschlossen oder als *Andere* markiert, wie beispielsweise außereuropäische Kulturen in den Völkerkundemuseen und Völkerschauen. Als Repräsentationsorte von gesellschaftlichen Eliten wurden Museen daher immer wieder für unterschiedliche marginalisierte Gruppen zu Kristallisationspunkten in der Auseinandersetzung um kulturelles und soziales Kapital. Vor dem Hintergrund kollektiver Identitätspolitiken wurde das Feld des Sehens zu einem umkämpften Schauplatz, wo es darum ging, instabile Normen andauernd und vehement zu verfestigen. Diese Praktiken der Festschreibung fanden nicht nur in den aus herrschaftlichen Sammlungen entstandenen Museen und in den bürgerlichen Neugründungen wie etwa den Landesmuseen statt, sondern auch in den unzähligen Heimatmuseen. Im 19. Jahrhundert fand auch die materielle Kultur der bäuerlichen und gewerbetreibenden Bevölkerung in die Museumslandschaft Eingang. Diese Musealisierung stand im Kontext der Industrialisierung von Gewerbe und Landwirtschaft. Doch in den von LehrerInnen und anderen ländlichen BildungsbürgerInnen getragenen Regionalmuseen fanden zwar Zeugnisse vergangener Arbeits- und Lebenswelten ihren Ort, ohne jedoch den präsentierten Schichten eine Stimme zu geben. Ähnliches erfolgte in der zweiten Hälfte des 20. Jahrhunderts im Zuge der Entwicklung von der Industrie- zur Dienstleistungs- und Informationsgesellschaft: Stillgelegte Industrieanlagen wurden musealisiert, Arbeitsweltmuseen gegründet. Allerdings entstanden die Arbeitsweltmuseen auch vor dem Hintergrund demokratiepolitischer Forderungen. Seit den 1970er Jahren war die Institution Museum in zweifacher Hinsicht in den Blickpunkt der Kritik geraten: Zum einen rekurrierte die Kultur- und Museumspolitik zunehmend auf den demokratischen Anspruch, dass Museen der gesamten Gesellschaft verpflichtete Orte des kulturellen Erbes seien. Zum anderen stellten in Museen Marginalisierte wie Frauen, ethnische Minderheiten und bestimmte soziale Schichten die Forderung nach *eigen*bestimmten Repräsentationen an die bestehenden Institutionen, oder sie versuchten, *eigene* Museumsräume zu schaffen.[4]

Im Unterschied zu museal vernachlässigten sozialen Schichten – wie ArbeiterInnen, die bis in die 1970er Jahre kaum in Museen vertreten waren, oder Erwerbslose oder MigrantInnen, die bis heute in den meisten Museen fehlen – stellte sich die Repräsentation von Frauen und ethnischen Gruppen etwas anders dar. Insbesondere Kunstmuseen waren immer schon voll von Frauenbildern ebenso wie die ethnografischen Museen voll von Darstellungen *fremder* Kulturen waren. Die Frage war hier vielmehr die nach der Verfügungs-Macht über die Bildproduktionen und Narrative. So stellte die Kunsthistorikerin Viktoria Schmidt-Linsenhoff fest, dass Frauen als Subjekte abwesend seien, während gleichzeitig *Weiblichkeit* im Objektstatus für Männer verfügbar gemacht werde – die Museen seien voll mit *männlichen* Projektionen das *weibliche* Geschlecht betreffend.[5]

Das Ziel vieler feministischer Initiativen seit den 1970er Jahren war es daher, *eigen*bestimmte Bilder und Narrative zu produzieren, in denen Frauen als handelnde Subjekte, als Trägerinnen historischer und kultureller Leistungen gezeigt wurden. Zum Einsatz kamen unterschiedliche Strategien und Taktiken: eine lief darauf hinaus, autonome Orte zu schaffen, um darin frei über Sammelstrategien und Ausstellungspolitik entscheiden zu können. Eine andere bestand darin, die Spielräume innerhalb des Systems zu nutzen und so die Grenzen der Ordnung des Ortes zu verschieben.[6] Mit den Frauenausstellungen und -museen konnten Freiräume zum Ausloten neuer Denk- und Handlungsräume geschaffen werden, die eine Bereicherung darstellten und emanzipatorische gesellschaftspolitische Fragen aufs Tapet brachten. Seit den 1980er Jahren wurde – mit der zunehmenden Infragestellung des kohärenten Subjekts *Frau* – auch die alleinige Konzentration auf die Repräsentation der *Frau* oder von Frauen kritisiert: Da in den meisten Frauenausstellungen vor allem die verschütteten Leistungen von Frauen oder Zeugnisse ihres Alltagslebens gezeigt werden sollten, würde der Referent *Mann* als Bezugspunkt in den Geschlechterbeziehungen vernachlässigt. Durch den Fokus auf die Frauengeschichte würde das Wissen um die Geschlechterverhältnisse vorausgesetzt und damit geriete die sozial bedingte *männliche* Dominanz aus dem unmittelbaren Blick. Rückblickend betrachtet leisteten auch gesellschaftskritische Ausstellungen zur Frauengeschichte und -kultur ungeachtet ihrer politischen und emanzipatorischen Bedeutung einen Beitrag, dass das *Geschlecht* vor allem dann ins Spiel kam, wenn es sich um *Frauen* handelte. Mit dem Paradigmenwechsel von der Kategorie *Frauen* zur Kategorie *gender* war verbunden, *Männer* ebenso in ihrer Geschlechtlichkeit zu thematisieren. Indem die Geschlechterverhältnisse, die unterschiedlichen Lebenschancen und -bedingungen von *Frauen* und *Männern* anschaulich gemacht wurden, konnten auch die patriarchalen Strukturen sinnfälliger werden.

Diese Entwicklung lässt sich am Museum der Arbeit in Hamburg verdeutlichen.[7] Das Museum der Arbeit stammt aus der Zeit der Gründungswelle von Arbeitsweltmuseen, wobei es ein seltenes Beispiel für die ansatzweise Realisierung von Forderungen ist, die seit den 1970er Jahren von gesellschaftspolitischen Bewegungen und neuen Wissenschaftsdisziplinen wie Alltags- und Mentalitätsgeschichte, Frauen- und Geschlechtergeschichte sowie der kritischen Museologie an Museen herangetragen wurden. Dies manifestierte sich etwa in einer neuen Definition des inhaltlichen Bezugsfeldes Arbeit, die alle gesellschaftlich notwendigen Tätigkeiten – also auch die Reproduktionsarbeit – umfasst, und in der Einbeziehung der Kategorien *gender*, *race* und *class*.

„... nicht nur ein Museum der Arbeiter" war das Anliegen des im engen Bezug zum Museum agierenden Frauenarbeitskreises, der dem Forschungsgegenstand *Frauen* verpflichtet war und seit 1983 unterschiedliche Frauenprojekte initiierte. Der Anspruch an das Museum war radikal; für eine angemessene Darstellung der Frauengeschichte wurde die Quotierung der Quadratmeter gefordert und folgendermaßen erläutert: „Mit der Forderung [...] meinen wir nicht die Diktatur des Zollstocks, sondern die Ubiquität, die museumsmäßige Allgegenwart von Frauenthemen und Frauenperspektiven."[8] Im Laufe der langjährigen Konzeptentwicklung verlagerte sich der Anspruch der MuseumskuratorInnen auf die Darstellung des Geschlechterverhältnisses. Als das Museum schließlich 1997 eröffnet wurde, zeigte sich, dass die Einbeziehung der Kategorie *gender* in den einzelnen Ausstellungsbereichen allerdings in unterschiedlichem Ausmaß berücksichtigt worden war. Meist wurde *gender* punktuell angesprochen. Im Bereich Kolonialwarenhandel, in dem die Kategorie *race* ebenfalls thematisiert wurde, erfolgte bei der Darstellung der Arbeit im Kontor eine durchgängige Umsetzung geschlechtsspezifischer Aspekte. Ganz im Zeichen von *gender* wurde die Abteilung „Frauen und Männer – Arbeits- und Bilderwelten" konzipiert. Dazu hieß es programmatisch im Katalog:

> „Gefragt wird hier nach dem Wie und Warum der Geschlechterordnung und -hierarchie, nach der geschlechtsspezifischen Zuteilung und Bewertung sowie der notwendigen Perspektive einer Umwertung von Arbeit. Sichtbar wird dabei der Zusammenhang zwischen der Unsichtbarkeit von unbezahlter und der Unterbewertung von bezahlter Arbeit in Verknüpfung mit den zeittypischen Bildern von Weiblichkeit und Männlichkeit."[9]

Trotz der nicht ubiquitären Umsetzung handelt es sich um ein im Museumsbetrieb seltenes Beispiel dafür, die Kategorie *gender* jenseits von Frauenecken zu berücksichtigen.

Mit demselben politischen Impetus wie in Bezug auf *gender* sind Gegenerzählungen von den gesellschaftlichen „Rändern" her entstanden. Im Unterschied zu den großen Erzählungen, also den Herrschaftsgeschichten, sollte der Blick daher stärker auf die Mikrostrukturen der Gesellschaft, und dabei insbesondere auf marginalisierte Bevölkerungsschichten gerichtet werden. Es folgten Arbeiterkulturausstellungen; Regional- und Stadtteilmuseen boomten. Dadurch erhielten viele Erzählungen und Fragestellungen, die bislang vernachlässigt worden waren, eine breitere Öffentlichkeit. Wichtig für die Betroffenen war vor allem die Erfahrung, dass die alltäglichen (Lebens-)Geschichten

„wert waren“, erzählt und vermittelt zu werden. Die Kulturwissenschaftlerin Irit Rogoff konstatierte doch auch hier ein ähnliches Problem wie bei vielen Frauenausstellungen. Indem der Fokus gezielt auf die so oft vernachlässigten alltagskulturellen oder schichtspezifischen Fragestellungen gerichtet wurde, blieben die politische Geschichte, die Machtverhältnisse und die übergreifenden Wirtschafts- und Gesellschaftsstrukturen zumeist ausgeblendet. Rogoff thematisierte dies vor allem an Hand einiger Ausstellungen, die die Erfahrungen des Zweiten Weltkriegs aus dem Blickwinkel der Zivilbevölkerung und ihrer Strategien der Lebensbewältigung zeigten. Der politische Macht- und Gewaltapparat des NS-Regimes wurde hier ausgespart, weil der NS-Ideologie und ihrer (ästhetischen) Inszenierungen keine „Bühne“ geboten werden sollte. Die Auswirkungen dieser Ausstellungsstrategie beschrieb Rogoff mit den Begriffen Fragmentarisierung und Feminisierung. Indem sich die Ausstellungen auf die Alltagsebene, die Kultur des Überlebens konzentrierten, kam es insofern zu einer fragmentarisierten Erzählung, als die zentralen politischen Ereignisse fehlten. Zudem wurde mit der Fokussierung des Alltäglichen die Lebensrealität von Frauen ins Zentrum gerückt, so dass ein Feminisierungsprozess hinsichtlich der Themen- und Objektwahl erfolgte. Darüber hinaus verweist der Begriff Feminisierung auf ein „Darstellungssystem, das anhand binärer Oppositionen von starken und schwachen Zeichen funktioniert“.[10] In dieser traditionellen binären Logik der Symbolisierungen wird dem schwachen Zeichen der Begriff des *Weiblichen* zugeordnet. Da die Zivilbevölkerung und vor allem Frauen die Narrative zum Zweiten Weltkrieg tragen, werden teilnehmende Reaktionen und Identifikationsprozesse eines breiten Publikums gefördert. Indem jedoch die TäterInnen und die politisch Verantwortlichen aus dem Blick geraten, können sich alle als Opfer etwa des Bombenkriegs der Alliierten und der materiellen Notlage fühlen. Problematisch dabei ist, dass es auf diese Weise zu einer Nivellierung des Opferbegriffes kommen kann.[11]

Einen breiten Diskurs zur Frage der Repräsentation ethnischer Gruppierungen in Museen gibt es vor allem im anglo-amerikanischen Raum, wo von diversen ethnischen Bevölkerungsgruppen dementsprechende Forderungen an Museen gestellt wurden. Ein in dieser Hinsicht ambitioniertes Beispiel ist das 2001 eröffnete Australische Nationalmuseum in Canberra. In der Dauerausstellung ist nicht nur ein großer Bereich der Geschichte und Kultur der indigenen Bevölkerung gewidmet, auch in die übrigen Abteilungen flossen Positionen der Aborigines ein. Das Konzept einer vielstimmigen Geschichtspräsentation manifestierte sich bereits im neu errichteten Gebäude, das – von der Idee eines Puzzles inspiriert – diverse architektonische Formensprachen als Ausdruck konkurrierender Geschichtsbilder kombiniert. Ein starkes symbolisches Zeichen wurde mit der Bestellung einer Museumsdirektorin gesetzt, die der indigenen Bevölkerungsgruppe angehörte. Das Motto ihrer Museumsführung war, dass das Museum „ein sicherer Ort für unsichere Ideen“, also ein Ort für vielfältige Debatten sein möge. In Berufung auf das Recht auf Selbstbestimmung über das jeweilige kulturelle Erbe wurden indigene Communities in die Entscheidungen zur Sammlung und Ausstellung ihrer kulturellen Zeugnisse einbezogen. Eine Herausforderung war dabei das Ringen um die Bezeichnung von historischen Ereignissen: was für die eine Gruppe als „Besiedelung“ galt, war für die andere eine „Invasion“. Wurden die Kinder der indigenen Bevölkerung „gestohlen“ oder „entfernt“? Die Kooperation sollte sicherstellen, dass die Objekte und Themen so dargestellt wurden, dass sich indigene Bevölkerungsgruppen in entsprechender Weise repräsentiert fühlten.

Mit der Eröffnung des Museums begann auch tatsächlich eine heftige Kontroverse um die Präsentation. So fand der Umstand, dass die indigene Geschichte Australiens nicht nur breiten Raum einnahm, sondern auch aus der Sicht der jeweiligen Communities, also von deren *eigenen* Standpunkten aus erzählt wurde, nicht ungeteilte Zustimmung. In dieser öffentlich geführten Auseinandersetzung positionierte sich die neue konservative Regierung durch restriktive Maßnahmen: der auslaufende Vertrag der Direktorin wurde zuerst nur um ein Jahr verlängert und es wurde eine Kommission eingesetzt, die die Präsentationen des Museum einer genauen Prüfung unterziehen sollte. Seit 2004 gibt es einen neuen Direktor.

Museumsinhalte von VertreterInnen der betroffenen Bevölkerungsgruppen bearbeiten zu lassen, garantiert zwar nicht, dass die erzählten Geschichten „authentischer“, im Sinne von näher an der „Wahrheit“ sind, aber dadurch können weitere, vielleicht gegenläufige Perspektiven eingeführt werden. Die Innensicht einer Problematik gewährleistet einerseits Erkenntnisse und Sensibilitäten, die Außenstehenden oftmals fehlen. Andererseits kann das Involviertsein auch den Blick verstellen. Da jedoch alle an der Geschichtserzählung und am Musealisierungsprozess beteiligten AkteurInnen von ihren kulturellen Denkmustern geprägt sind, besteht die eigentliche Herausforderung nicht so sehr darin, die „Wahrheit“ herauszufinden, sondern in der multiperspektivischen Präsentation von kulturellen Praktiken, Geschichtsbildern und Wissenschaftskonzepten. Voraussetzung dafür ist jedoch die Anerkennung der „Forschungsobjekte“ als Subjekte.

„In dem Maße, wie die hegemonialen Ansprüche traditioneller nationaler Identitäten und deren kulturelle Repräsentationen sich der Provokation divergierender Identitätsentwürfe sozialer und ethnischer Gruppen ausgesetzt sehen, könne dem Museum eine Vorreiterrolle in dem, was [...] als ‚struggle for identities‘ und als ‚negotiating identities‘ diskutiert wird, zukommen. Moltke plädiert dafür, Museen als aktiven Teil eines Prozesses zu sehen, der kulturelle Identitäten nicht in der Vergangenheit fixiert, sondern diese in allen gesellschaftlichen Bereichen neu zu formulieren zwingt. Die Auseinandersetzung über kulturelle Identitäten beruht auf kollektiven

Konstruktionen von (Geschichte als) Gedächtnis. Wenn Museen sich nicht lediglich als Archive vergangener Lebenswelten verstünden, sondern als aktive Teilnehmer an der ‚configuration of memory', setze dies voraus, daß sie in aktuellen Austausch mit ihrem gegenwärtigen Publikum eintreten."[12]

Im deutschsprachigen Raum stellt sich die Frage nach dem Umgang mit dem *Fremden*, mit unterschiedlichen Kulturen – bedingt durch einen anderen kolonialgeschichtlichen Hintergrund – anders als etwa im angloamerikanischen Raum. Bislang lebten hier wenige Menschen aus jenen außereuropäischen Kulturen, die in den ethnologischen Museen repräsentiert sind. Der eurozentristische Blickpunkt der Darstellungen wurde weder von den betroffenen Ethnien öffentlich hinterfragt, noch wurden postkoloniale Diskurse von den Museen rezipiert. Doch auch die Repräsentation von historisch neben der deutschsprachigen Mehrheit lebenden ethnischen Minderheiten war bislang selten ein Thema, obgleich hier ebenfalls Handlungsbedarf bestanden hätte. So sind in Österreich Geschichte und Kultur von TschechInnen, SlowakInnen, SlowenInnen, KroatInnen oder Roma/Romnia nur selten in Regionalmuseen dargestellt und noch viel weniger in Museen oder Ausstellungen zur österreichischen Kulturgeschichte eingegangen. Mit der Arbeitsmigration, die – abgesehen vom so genannten Vielvölkerstaat der Österreichisch-Ungarischen Monarchie – Mitte des 20. Jahrhunderts einsetzte, stellte sich nicht nur das Problem der Integration sondern auch der Repräsentation von ethnischen Minderheiten. Nur zögernd fand die Geschichte der MigrantInnen Eingang in museale Repräsentationen, zumeist ähnlich abgegrenzt wie die Frauenecken.[13] Anders als bei feministischen Bestrebungen wurde das Problem von Ein- und Ausschlussmechanismen oder der Verfügungsmacht über Erzählungen und Bilder von diesen Bevölkerungsgruppen auch kaum an die Museen herangetragen. Auf die Dominanz der Mehrheitskultur ist es vermutlich zurückzuführen, dass in Österreich bislang ethnische Minderheiten die Forderung nach musealer Repräsentation nicht mit einer vergleichbaren Vehemenz gestellt haben wie in angloamerikanischen Ländern.

2004 fand im Wien Museum die Ausstellung „Gastarbajteri. 40 Jahre Arbeitsmigration" statt, die von der „Initiative Minderheiten" angeregt und kuratiert wurde. Mit dem serbokroatischen Lehnwort Gastarbajteri bezeichneten sich die ArbeitsmigrantInnen, die seit den 1950er Jahren nach Deutschland und seit 1964 auch nach Österreich geholt wurden. Am Beispiel von zehn Orten erzählte die Ausstellung Migrationsgeschichten und beleuchtete Biografien von ArbeitsmigrantInnen, Arbeits- und Wohnprobleme, strukturelle Zusammenhänge sowie politische Veränderungen in Österreich und den Herkunftsländern. Das war die erste größere Initiative in Österreich, die Geschichte von ArbeitsmigrantInnen in einem repräsentativen Museum – wenn auch auf Zeit – zu zeigen.

Zumeist sind es zunächst zeitlich begrenzte Ausstellungen, die Themen bislang marginalisierter Bevölkerungsgruppen aufgreifen. Bis diese dann für Sammlungen und permanente Ausstellungen museumswürdig sind, ist es zumeist ein langer Weg. Der Einschluss von marginalisierten Erzählungen kann aber auch Alibifunktion haben. In vielen Museen sind etwa als Reaktion auf die feministische Kritik so genannte Frauenecken entstanden, ohne dass dies auf die Repräsentation von Geschlechterdifferenzen in der Gesamtkonzeption des Museums Auswirkungen gehabt hätte. Der Hinweis von Irit Rogoff, es könne nicht das alleinige Ziel sein, Abwesenheit durch Anwesenheit zu ersetzen, verweist auf ein weiteres Problem.[14] Denn der Einschluss von marginalisierten Erzählungen kann nicht nur bedeuten, im Sinne eines demokratischen Museums eine Thematik aus mehreren Perspektiven zu zeigen oder unterschiedliche gesellschaftliche Gruppierungen zu Wort kommen zu lassen, sondern kann auch eine „Entlastungsfunktion" haben. Erfolgt in Museen eine Aufwertung, die nicht den realen politischen und gesellschaftlichen Verhältnissen entspricht, kann dies einerseits eine Strategie des Empowerment darstellen oder einen überfälligen gesellschaftlichen Diskurs anregen. Andererseits kann dabei auch der Blick auf die bestehenden Benachteiligungsverhältnisse verschleiert werden. So betrachtet hat eine kritische Ausstellung zur Geschichte der Arbeitsmigration eine wichtige aufklärerische Funktion, da sie die BesucherInnen zur Reflexion alltäglicher Situationen oder Einstellungen anzuregen vermag. Der Ausstellungsbesuch kann dem Publikum aber auch das Gefühl geben, damit ihre politische Korrektheit unter Beweis gestellt zu haben. In diesem Sinne wird das Unbehagen, das dem Vergessenmachen ebenso anhaftet, durch einen symbolischen Akt entschärft.

Museen stützen nicht nur durch Einschluss- und Ausschlussverfahren Herrschaftsdiskurse, auch durch die Art, *wie* Inhalte präsentiert werden, manifestieren sich gängige Konstruktionen des Geschlechterverhältnisses und von unterschiedlichen Ethnien sowie marginalisierten sozialen Gruppen. In der Präsentation der *Anderen* können zwei Darstellungsverfahren wirksam werden: Je nachdem, ob die Herstellung von Differenz oder Ähnlichkeit im Vordergrund steht, kann von exotisierenden oder assimilierenden Ausstellungsstrategien gesprochen werden.[15] Museen tendieren dazu, das Besondere zu betonen, also das, was sich von *unserer* Kultur oder *unserem* Lebensalltag unterscheidet. So wird bei der Präsentation nicht-westlicher Gesellschaften oftmals der Schwerpunkt auf traditionelle Lebensweisen gerichtet, auch wenn das dem Großteil der Bevölkerung schon lange nicht mehr entspricht. Aber auch der Versuch, Ähnlichkeiten in den kulturellen Ausdrucksformen herauszuarbeiten, kann problematisch sein. Zum Beispiel wenn, wie in der Ausstellung „Primitivism" (1984) im Museum of Modern Art in New York, „primitive" wie moderne Kunst präsentiert wird. Diese „Gleichstellung" war nur um den

Preis der Entkontextualisierung und der Reduktion auf rein formale Kriterien möglich. Die Ähnlichkeit von Motiven und Formen wurde vor allem darauf zurückgeführt, dass die künstlerische Produktion „primitiver Völker" vielen KünstlerInnen der Moderne als Inspirationsquelle diente. Damit wurde auch die Präsentationsweise gerechtfertigt: Da ethnografische Objekte die künstlerische Produktion der Moderne anregten und bereicherten, sei es legitim, „primitive" wie moderne Kunst auszustellen.[16] Dass es sich bei der Einordnung der Objekte in ein spezifisch (westliches) kulturelles Raster auch um eine Vereinnahmung handelte, wurde nicht mitreflektiert.

Die Unterscheidung von exotisierenden oder assimilierenden Ausstellungsstrategien, die gleichzeitig in einer Ausstellung zur Anwendung kommen können, hat Ivan Karp zwar für ethnologische Ausstellungen entwickelt, sie macht aber auch bei der Präsentation von Geschlechterdifferenzen oder sozialen Gesellschaftsgruppen Sinn. Entsprechend dem dichotomen Denken der Moderne präsentieren Museen zumeist den *Mann* als *Norm* und die *Frau* als das *Abweichende*. Auch in Frauenausstellungen wird zum einen der Fokus darauf gerichtet, dass Frauen ganz *anders* sind, also etwa friedfertig und unhierarchisch, wie es in matriarchalen Ansätzen verpflichteten Darstellungen oftmals der Fall ist. Zum anderen wird gezeigt, dass sich die kulturellen Leistungen von Frauen nicht von jenen männlicher Wissenschaftler, Künstler etc. unterscheiden, wenn Frauen die gleichen Voraussetzungen etwa an Bildung und sozialem Status haben. Bei der Präsentation von Alltagskultur lässt sich vor allem ein Trend zur Exotisierung feststellen, indem einfache Gegenstände wie Heugabeln und Mausefallen wie Kultobjekte auratisiert werden.[17]

Vereinzelt gibt es Museen und Ausstellungen, die die musealen Strategien, Bedeutungen zu konstruieren und Zuschreibungen vorzunehmen, reflektieren. Neben gängigen Ausstellungsformen wie typologischen Anordnungen oder thematisch strukturierten Narrativen findet auch das Verfahren der Montage oder Collage Anwendung: An die Stelle (durchgehender) narrativer Erzähllinien oder (umfassender) Systematiken tritt das fragmentarische Nebeneinanderstellen von Objekten und Displays. Obwohl museale Präsentationen aufgrund der fragmentarischen Überlieferung der materiellen Kultur eigentlich für letzteres Verfahren prädestiniert wären, wird das Bruchstückhafte oftmals als Manko betrachtet und es wird versucht, die „Lücken" zu schließen – sei es durch eine durchgängige Erzählung oder eine Systematik, die Vollständigkeit suggeriert. In Anlehnung an Johannes von Moltke, der sich mit der Ausbildung von Identitätskonstruktionen durch unterschiedliche Ausstellungsweisen beschäftigte, stellt sich die Frage nach der Funktion von narrativen oder nicht-narrativen Repräsentationen. Nicht-narrative Darstellungsformen wie Montagen und Collagen haben nach Moltke das Potenzial, unterschiedliche Narrative in Verbindung zu bringen, ohne einen kausalen Erzählzusammenhang herzustellen und allzu lineare oder stringente Erzählstränge zu vermeiden.[18] Ausstellungen, die die gängigen Präsentationsstrategien zur Konstruktion von Bedeutungen selbst zum Thema machen, oder Museen, die das Medium Ausstellen bewusst reflektieren, ziehen oftmals nicht-narrative Darstellungsweisen vor, da diese eher für verschiedene Interpretationen offen gehalten werden können. Bei narrativen Strukturen können allerdings auch Verfremdungseffekte gesetzt und Verschiebungen gemacht werden, um der fiktionalen Schließung zu entkommen und die Erzählung für Mehrdeutigkeiten zu öffnen.

Ein frühes Beispiel, den musealen Umgang mit nicht-westlichen Objekten zu thematisieren, war etwa die Ausstellung „Art/artifact", die Susan Vogel im Center for African Art in New York 1988 kuratierte. Ausgangspunkt war die Prämisse, dass Ausstellungen mindestens genauso viel über die jeweiligen gesellschaftlichen Kontexte, in denen sie stattfinden, aussagen, wie über die Kunst und Kultur, die sie zeigen. Daher stellte Vogel als afrikanische Kunst definierte Objekte in verschiedenen simulierten Environments aus: im Setting eines traditionellen Kunstmuseums, einer zeitgenössischen Galerie, eines ethnologischen Museums, eines Kuriositätenkabinetts. Die typologische Struktur der verschiedenen Kontextualisierungsmöglichkeiten erlaubte das Hinterfragen von Zuweisungen. Zudem versuchte Vogel mit einem Videofilm die (ursprünglichen) Verwendungszusammenhänge, aus denen die Objekte stammten, zu vermitteln.[19] Dabei sollte deutlich werden, dass es vielfältige Perspektiven auf (Museums-)Objekte gibt und je nachdem, in welchen Kontext sie eingeordnet werden, verändert sich deren Aussage.

„... das eine gegenüber dem anderen zu sehen geben" – unter diesem Motto stand die Kunstausstellung „vis-à-vis: kleine unterschiede" im Karl Ernst Osthaus Museum in Hagen 1996. Dabei betrachtete die Kuratorin Birgit Schulte die Kunstwerke nicht nur unter dem Aspekt des autonomen künstlerischen Schaffens und des kunsthistorischen Kanons, sondern als kulturgeschichtliche Zeugnisse, die Aussagen über die Geschlechterdifferenz transportieren. Bewusst wurde die Aufmerksamkeit nicht nur auf Frauendarstellungen gerichtet, damit nicht *Männer* als die *Norm* und *Frauen* als das *Besondere*, die Abweichung, die einer eigenen Betrachtung bedürfen, wahrgenommen werden. Dem wollte die Ausstellung entgegenwirken, indem auch Männer in ihrer Geschlechterrolle thematisiert wurden.[20] Ziel der Ausstellung war jedoch nicht nur die Gegenüberstellung von Männer- und Frauenbildern, sondern auch die Thematisierung von traditionellen Wahrnehmungsformen und Blicken. Beispielsweise wurden weibliche Aktskulpturen auf unterschiedlich hohen Sockeln so positioniert, dass sie den BetrachterInnen den Rücken zuwandten und sich das Gesäß der Figuren in einer Linie etwa in Augenhöhe der BesucherInnen befand. Mit der Betonung der erotischen Komponente der Rückenansicht wurde die stereotype Pose sich darbietender weiblicher Körper auf den Punkt gebracht. Demgegenüber befanden sich Büsten bedeutender Männer. Doch statt wie gewohnt vereinzelt auf Sockeln wurden sie auf einer niedrigen Palette dicht gedrängt präsentiert. Auf diese Weise büßten sie entindividualisiert Rang und Autorität ein. Während den Köpfen der Blick entzogen wurde, und sie einer „erniedrigenden" Betrachtung ausgeliefert waren, suchten die Frauenakte, das Gesicht zur Wand gewendet, dem Blick „aktiv" zu entkommen. Auf diese Weise wurde die *männlich-aktive* Betrachterposition und die *weiblich-passive* Rolle ironisch unterlaufen.[21] Weiters war den montageartigen Zusammenstellungen immer eine Figur beigestellt, die den Blick auf das Präsentierte richtete und so die AusstellungsbesucherInnen in ihrer konventionellen Rezeptionshaltung spiegelte. Indem auf unterschiedliche Weise öffentliche und heimliche, nahe und distanzierte, diskrete und voyeuristische Blicke durch die Anordnung der Objekte und Inszenierungen gezielt eingerichtet wurden, sollten diese auch bewusst gemacht werden.[22]

Ein Museum, bei dem es Konzept ist, seine Zugänge, insbesondere das Verhältnis von *Eigenem* und *Anderem* zu reflektieren, ist das Musée d'Ethnographie de Neuchâtel. In der Ausstellung „Le Musée cannibale" 2002 wurden die musealen Praktiken, das Sammeln, Bewahren, Erforschen und Ausstellen, zum Thema gemacht, indem das museale Aneignen und Aufbereiten von Objekten in unmittelbare Beziehung zum Einverleiben im wahrsten Sinne des Wortes, also dem Essen, gestellt wurden. Eine Fragestellung, die insbesondere bei einem ethnografischen Museum von besonderer Brisanz ist. Mit der Metapher des Verzehrens sollte die Faszination des „exotischen Festmahls" ebenso wie der Gewaltaspekt im Ausstellen *fremder* Kulturen den oftmals „nach Alterität hungernden" BesucherInnen anschaulich gemacht werden.[23] Die Ausstellung war narrativ strukturiert, sowohl was den durchgehenden roten Faden betrifft – die Raumtexte bildeten eine zusammenhängende Erzählung, die sich am Ende der Ausstellung zu einem Gesamttext fügte –, als auch die einzelnen Rauminszenierungen. Doch waren diese durchsetzt mit Elementen der Verfremdung oder Irritation. Die Ausstellung begann mit der Inszenierung eines dicht bestückten Sammelsuriums von Objekten, das unter dem Aspekt „Die Qual der Wahl" gefasst war, und setzte mit der Thematisierung verschiedener Museumstypen und ihren bevorzugten Objektarten, Obsessionen und Taxonomien fort. Dann konzentrierte sich die Präsentation auf spezifische Problemstellungen in ethnografischen Museen. Mit der Inszenierung eines Arbeitstisches, der dem Inventarisieren, Dokumentieren und Erforschen von Ethnographica diente, wurde unter dem Titel „Der Geschmack der anderen" zunächst die Rolle der Sammler reflektiert. Dem folgten Abschnitte, die sich der Praxis der Bevorratung und Aufbereitung widmeten, wobei die Museumspraktiken auch visuell in Analogie zur Essenzubereitung gesetzt wurden. Unter dem Titel „Der Kühlraum" waren die Museumsdepots als Vorratskammern zu lesen. Zu sehen waren Regale vollgefüllt mit Objekten sowie ein Kühlschrank und eine Kühltruhe, in denen Objekte verpackt in Gläsern oder wie Gefriergut in Plastik- und Aluminiumbehältnissen lagen. In einer Küchen-Inszenierung übertitelt mit „Blackbox" wurde das Ausstellungsmachen mit dem Vorgang des Kochens gleichgesetzt. In Form von Rezepten mit den Rubriken Zutaten, Zubereitung etc. wurden Konzeptionen bekannter Ausstellungsmacher und Ethnografen charakterisiert oder gar persifliert: „Association poétique à la Harald Szeemann" oder „Sacralisation à la Jacques Kerchache". Im Ambiente eines großen Speisesaals – „Der Lebemann" benannt und mit roten Wandtapeten, Lustern, goldgerahmten Abbildungen, Spiegeln, festlich gedeckten Tischen ausgestattet sowie erfüllt von Speisesaalgeräuschen – wurde ein Zusammenhang zwischen dem Verzehren von Speisen und dem Rezipieren von Ausstellungen hergestellt. Die stark vergrößerten Abbildungen an den Wänden zeigten kannibalistische Szenen, die von *Weißen* im 19. Jahrhundert angefertigt worden waren. Zu den als Speisen vorgesetzten Objekten wurden den BesucherInnen in Form von Menukarten auch Beschreibungen des *Anderen* aufgetischt – der edle, kunstfertige oder primitive Wilde. Zwei Tische boten hingegen Bilder des *Eigenen,* etwa Stereotype der Schweizer Kultur. Die BesucherInnen konnten das Präsentierte goutieren, es abstoßend – wie die auf Tellern angerichteten Augen –, exotisch oder vertraut finden. Bekanntes wie die Inszenierung Schweizer Klischeebilder erfuhren durch die Kontextualisierung der stereotypen Blicke auf die *Anderen* eine Verfremdung. Plötzlich konnten die vertrauten Bilder ebenso exotisch und kurios anmuten. Ein ähnlicher Effekt wurde im letzten Raum unter dem Titel „Selber Menschenfresser" provoziert. Opferthemen aus Religion und Kultur westlicher und nicht-westlicher Prägung waren dort gegenübergestellt. Im Zentrum der Präsentationen stand die Frage nach der Ähnlichkeit und des Unterschieds, das Verhältnis von Hier und Anderswo, wobei vermeintlich eindeutige Zuweisungen immer wieder irritiert wurden.

Die Argumentationen einer Ausstellung, ihre Sprechakte sind an Gesten des Zeigens geknüpft – entscheidend ist, ob diese dem Publikum als behauptete „Wahrheiten" angeboten werden oder sich als Konstruktionen erschließen. Werden Museen und Ausstellungen als Orte der Auseinandersetzung verstanden, wo Geschichtsbilder, Wissenskategorien und ästhetische Praktiken immer neu zur Disposition stehen, sind damit nicht nur die Bedeutungen an sich, sondern auch Praktiken der KuratorInnen für eine Neuverhandlung offen.

## Analyse-Kategorien *Gender, Race, Class*

Ziel der vorliegenden Untersuchung ist es, die ausgewählten Museen dahingehend zu analysieren, mit welchen Ausstellungspraktiken welche Bedeutungen im Hinblick auf das Geschlechterverhältnis sowie auf ethnische und soziale Gruppen konstruiert werden. Museen entlang der Kategorien *gender*, *race* oder *class* zu analysieren erscheint uns insofern von Bedeutung, als die Schaffung von dichotomen und hierarchischen Differenzen für die Art und Weise zentral ist, wie Museen ihr Selbstverständnis begründen, ihre Räume, Sammlungen und Ausstellungen organisieren. Um den dabei wirksam werdenden Formen der Macht nachzugehen, gilt es, die unterschiedlichen Mechanismen zur Herstellung von Differenz in den Blick zu nehmen.[24] Es geht nicht darum, kulturelle Differenzen an sich in Frage zu stellen, sondern die „Möglichkeit, durch die Feststellung dieser Differenz etwas anderes zu tun, als Macht auszuüben."[25]

Die Kategorien *gender*, *race* und *class* wurden vor allem im angloamerikanischen Diskurs als Analysekriterien zueinander in Beziehung gesetzt. Eine wesentliche Grundlage für die Verknüpfung dieser Kategorien lieferte die Frauenbewegung in den USA. „Women of colour" waren es vor allem, die der Frauenbewegung vorwarfen, die Kategorie *race* bei der Analyse der patriarchalen Strukturen vernachlässigt zu haben. Hatten Feministinnen die linke Gesellschaftsanalyse dahingehend kritisiert, dass sie die Kategorie *gender* gegenüber der Kategorie *class* als „Nebenwiderspruch" behandeln würde, so sah sich die weiße-und-mittelständische Frauenbewegung nun mit einer ähnlichen Kritik konfrontiert.

In der Folge wurden insbesondere im Rahmen des postkolonialen feministischen Diskurses multiple Differenzen und hybride Identitäten in den Blick genommen. Den Fokus auf Überschneidungen und Durchkreuzungen von unterschiedlichen Differenzkategorien zu legen, bestimmte generell den postmodernen Diskurs. Dabei entstand eine Tendenz, die Trias *gender – race – class*, die zunächst den Kern der Identitätskategorien bildete, an den Rändern durch weitere Differenzierungen „auszufransen", um möglichst alle marginalisierten Gruppen berücksichtigen zu können. Demgegenüber wurde auf die Gefahr verwiesen, durch zu viele Differenzkategorien in eine Beliebigkeit abzugleiten, die keine verallgemeinerbaren Aussagen mehr zulässt.[26] Im deutschsprachigen Diskurs haben zwar postmoderne Theorien, die von hybriden Identitäten ausgehen, Anwendung gefunden, nicht so sehr jedoch die Verknüpfung von *gender – race – class*.

Wir greifen in unserer Analyse deshalb auf diese Kategorien zurück, weil sie – mit Cornelia Klinger gesprochen – nicht nur Linien und Differenzen zwischen individuellen oder kollektiven Subjekten, sondern *das* Grundmuster von gesellschaftlich-politisch relevanter Ungleichheit bilden.[27] Denn in allen drei Hinsichten wird ein Fremdheitseffekt, also eine Ausgrenzung mit dem Ziel oder zumindest mit dem Resultat der Diskriminierung und Ausbeutung erzeugt. Allerdings bedarf die Gesellschaft der Ungleichheit, sie baut auf alter Ungleichheit auf und produziert neue Ungleichheit. Indem sich die Diskussion jedoch von der Ebene der gesellschaftlichen Strukturprinzipien auf die Ebene der Lebenserfahrung verlagert habe – so Klinger –, hätte auch die Frage der Differenz an Schärfe verloren.

„Die Verlagerung der Kategorien Klasse, Rasse und Geschlecht vom Gebiet der Gesellschaftsanalyse auf das Gebiet dessen, was in den letzten Jahren mit dem Terminus der Identitätspolitik bezeichnet wird, ist insofern problematisch, als die Begriffe Klasse, Rasse und Geschlecht auf der Basis von Identitätspolitik zwar einerseits vorausgesetzt bleiben und immer wieder evoziert werden, während sie andererseits jedoch Inhalt und Bedeutung verlieren. Es ist sinnlos, auf die sich überlagernden oder durchkreuzenden Aspekte von Klasse, Rasse und Geschlecht in den individuellen Erfahrungswelten hinzuweisen, ohne angeben zu können, wie und wodurch Klasse, Rasse und Geschlecht als gesellschaftliche Kategorien konstituiert sind.“[28]

Die Kategorien *gender* und *race* funktionieren ähnlich, was ihre körperlichen Markierungen betrifft. Sie können mit einem raschen Blick auf die Körperoberfläche an wenigen rassisierten und sexuierten Merkmalen festgemacht werden. Problematisch dabei ist, dass die visuell erfassten körperlichen Eigenschaften (Hautfarbe, Haarstruktur, Knochenbau etc.) vorgeben, der Klassifizierung voranzugehen. Dekonstruiert werden soll „die natürliche Unschuld des Blicks“ – eines Blicks, der mittels weniger selektiver Kriterien feststellt, wer und was der/die *Andere* ist und ihn/sie als solche/n wieder fixiert.[29]

Auf der Subjektebene führen Überschneidungen in den Erfahrungen der Diskriminierung in der Regel nicht zur Sensibilisierung gegenüber anderen Formen der Benachteiligung und schon gar nicht zu Solidarisierungseffekten. Ein farbiger männlicher Migrant oder ein weißer männlicher Arbeitsloser empfindet nicht unbedingt Solidarität mit einer benachteiligten Frau und umgekehrt. Insofern bedeuten die einzelnen Kategorien auf der Ebene der subjektiven Erfahrung eher Trennlinien, aber in ihrer systematischen Verflechtung stützen sie die moderne Gesellschaftsordnung, die analog zu den drei Differenzkategorien auf den Pfeilern Patriarchat, Imperialismus und Kapitalismus aufgebaut ist. So ist es auch kein Zufall, dass die drei Konzepte *gender, race* und *class* an der Schwelle der Moderne in Erscheinung treten. Die Kategorien sind eng miteinander verwoben, ohne jedoch in einer übergeordneten Kategorie aufzugehen oder auf eine der drei reduzierbar zu sein. Sie müssen also sowohl hinsichtlich ihrer vielfältigen Konvergenzen, Überschneidungen und Verflechtungen, als auch in ihren jeweiligen Eigengesetzlichkeiten verstanden werden.[30] Da sich das Museum als Institution im Rahmen der bürgerlichen

Gesellschaft des 19. Jahrhunderts etablierte, erscheinen uns diese Kategorien der Moderne für die Museums- beziehungsweise Ausstellungsanalyse besonders relevant. Auch die von uns gewählten Museen – das Kunsthistorische und das Naturhistorische Museum Wien sowie die ethnografischen Sammlungen – sind in dieser Zeit entstanden und bauen in ihrer Organisation und Präsentation auf Konzepten der Moderne auf.

Es ist aber auch zu berücksichtigen, dass es sich bei den Kategorien *gender, race* und *class* um Begriffe handelt, die nicht in allen Gesellschaftsformen und zu allen Zeiten dieselbe Interpretation erfahren oder Gültigkeit haben. Zum Beispiel beschreibt *class* in den Wissenschaftstraditionen des 19. Jahrhunderts eine fixierte Struktur, die die Eigentums- und Produktionsverhältnisse dieser Zeit reflektieren soll. Im 20. Jahrhundert wurde der Begriff neu gefasst. So verstand etwa E.P. Thompson in seiner Studie über die englische Arbeiterklasse *class* als prozesshaft entstandenes historisches Phänomen und nicht als fixierte soziale Kategorie oder Struktur.[31] Heute wird *class* vorwiegend im Sinne historisch bedingter „sozialer Schichtung" verwendet.

Ähnliches gilt auch für den Begriff *race*. Hier kommt allerdings noch hinzu, dass insbesondere im deutschsprachigen Diskurs die Verwendung der Kategorie *race/Rasse* mehr als in anderen gesellschaftlichen Kontexten problematisch ist. Nicht nur, weil erst der Rassismus des 19. Jahrhunderts den Begriff der *Rasse* hervorgebracht, sondern vor allem, weil er vor dem Hintergrund der nationalsozialistischen Rassenpolitik eine zusätzliche menschenverachtende Dimension erhalten hat. Daher wird im wissenschaftlichen Diskurs stattdessen auf Begrifflichkeiten wie *Ethnizität* oder *Kultur* zurückgegriffen. Aber auch so ist der Festschreibung von *Anderen*, der Rhetorik von Ein- und Ausgrenzung, der Unterstützung von Hierarchien aufgrund von ethnischen Differenzen nicht zu entkommen. Trotz des Bewusstseins der problematischen Kategorie *race* erscheint – nach Christina Lutter und Stefan Reisenleitner – in den Cultural Studies die

„grundsätzliche Beibehaltung [...] notwendig, da der Begriff der ‚Rasse' gerade in den rassistischen Diskursen der jüngeren Vergangenheit und der Gegenwart zunehmend durch andere Konzepte – wie etwa der ‚kulturellen Identität' – ersetzt wird. Auf diese Weise werden Rassismen verschleiert und gleichzeitig gesellschaftsfähig gemacht. Ein differenzierter Gebrauch des Begriffs ‚Rasse' als analytische Kategorie kann hingegen auch subtilere Formen rassistischer Ausgrenzung sichtbar machen, ohne dabei notwendigerweise essentialistische Klassifikationen fortzuschreiben [...]."[32]

In eine ähnliche Richtung argumentierte Wenda Brown mit ihrer Feststellung:

„Gerade als der politisch korrekte Diskurs aufhörte von Schwuchteln oder Eingeborenen zu sprechen, begannen wir selbst so von uns zu sprechen. Die Einladung zur

Absorption ausschlagend bestanden wir auf der Politisierung und kulturkritischen Einarbeitung eben jener Konstruktionen, die ein zunehmend in seinen heimlichen Verfahren rassischer, sexueller und geschlechtlicher Privilegierung entlarvter liberaler Humanismus zu einem Ende zu bringen versuchte."[33]

Eine politisch korrekte Sprachregelung kann nicht nur zur Sensibilisierung für Problemfelder, sondern unter Umständen auch zu deren Verschleierung beitragen.

Wesentlich ist, Differenzen als Verhandlung von Grenzen zu verstehen, wie dies Homi Bhabha mit der Konzeption der Hybridität fasste. Mit solchen Verhandlungsprozessen entstehen nicht Räume, die sich als Außen- und Innenräume gegeneinander abgrenzen lassen, sondern Zwischenräume. Von stets in Veränderung begriffenen Identitätskonstruktionen auszugehen, eröffnet die Möglichkeit, diesen Zwischenraum, den „Raum der Übersetzung" anzuerkennen.[34] Clifford Geertz betont ebenfalls, dass es den Aspekt der Differenz nicht aufzuheben gilt. Er plädiert dafür, *uns* und alle *anderen* als mitten in eine Welt geworfen darzustellen, die voller unausräumbarer Fremdheiten besteht. Die Erfahrung der Fremdheit könne nicht nur in der binären oder polaren Differenz zwischen den Kulturen, sondern auch im disjunktiven, angstbehafteten Terrain, das innerhalb der Grenzen eines *Wir* hervorgebracht wird, gemacht werden.[35] Diese Formen der Fremdheit sind undeutlicher, schattenhafter und weniger leicht als Anomalien auszusondern. Kurz: „Fremdheit beginnt nicht an der Hafenmauer, sondern an der eigenen Haut."[36] Das Unerträgliche und Bedrohliche ist demnach nicht die Differenz, sondern es sind jene Phänomene, bei denen die Grenzen nicht mehr eindeutig zu ziehen sind. Also wenn die Grenze, die *uns* von *ihnen* scheidet, in ihrer ganzen Willkür aufgedeckt wird. Denn dann sind *wir* gezwungen, die sichere Distanz externer BeobachterInnen aufzugeben. „Wie bei einem Moebius-Band fallen Teil und Ganzes zusammen, so dass es nicht mehr möglich ist, eine klare und eindeutige Linie zu ziehen."[37]

Wenn wir sagen, dass wir museale Repräsentationen entlang der Kategorien *gender*, *race* oder *class* analysieren wollen, dann bedeutet das, dass wir das Museum grundsätzlich als hegemoniale Institution begreifen, die von einem partikularen Blickpunkt aus in Frage zu stellen ist. Dabei geht es aber nicht darum, die Dichotomie von Universalismus und Partikularismus neu zu konstituieren, sondern den Blick auf die dominanten Diskurse, die in den musealen Repräsentationen transportiert werden, zu schärfen.

Auch wenn die Kategorien in ihrer Komplexität und ihrem Zusammenspiel zu berücksichtigen sind, haben wir uns entschlossen, jeweils einzelne Kategorien – mit dem Schwerpunkt auf *gender* und *race* – in den Vordergrund der Analysebeispiele zu stellen. Denn da es noch kaum fundierte Ausstellungsanalysen gibt, wollten wir ausloten, inwiefern die einzelnen Differenzierungsmerkmale gleichermaßen oder ungleichgewichtig zur Anwendung kommen.

## Auswahl der Schausammlungen

Für die Analyse ausgewählter Ausstellungseinheiten haben wir folgende Wiener Museen herangezogen: das Museum für Völkerkunde, das Kunst- und Naturhistorische Museum. In ihren unterschiedlichen Formen der Selbstbespiegelung und der Abgrenzung zum jeweils *Anderen* – sei es nun das dichotome Verhältnis von Natur und Kultur oder das *Eigene* und das *Fremde* – bedingen sie sich gegenseitig und stehen in einer Wechselwirkung zueinander. In welcher Weise in diesen verschiedenen Museumstypen die Kategorien *gender*, *race* oder auch *class* manifest werden und wie Identitätsangebote, Differenzen und Hierarchien hergestellt werden, ist Gegenstand der Analyse. Allerdings wird dem Museum für Völkerkunde besondere Aufmerksamkeit gewidmet. Denn als ethnologisches Museum der Repräsentation des *Fremden* verpflichtet, erfolgen hier mit der Konstruktion von *Anderen* immer auch Setzungen eines vermeintlichen *Eigenen*.

Für die Wahl dieser drei Museen waren aber auch strukturelle Zusammenhänge ausschlaggebend – angefangen mit der Lage, der räumlichen Nähe zueinander, die nicht ganz zufällig scheint, bis hin zur historisch bedingten institutionellen Verknüpfung der ethnografischen Bestände mit den Kunst- und Natursammlungen. Mit der Ausdifferenzierung in unterschiedliche Museumstypen und der dementsprechenden Zuordnung und Präsentation von Objekten im Kunst-, Natur-, Kultur- oder Wissenschaftskontext wird bereits eine Setzung vorgenommen, die die Wahrnehmung der Exponate in der Ausstellung wesentlich mitbestimmt. Diese Entwicklung spiegelt die Veränderung von Wissenschaftsparadigmen und gesellschaftspolitischen Diskursen wider, kann jedoch nur in einem museumsgeschichtlichen Exkurs angedeutet werden. So sehr die einzelnen Museumstypen auf ihr jeweiliges Profil bedacht sind, historisch betrachtet gibt es einige Überschneidungen.

### Dichotomie – Kunsthistorisches und Naturhistorisches Museum Wien

Das Kunst- und das Naturhistorische Museum nehmen an der Ringstraße einen prominenten Platz im Stadtraum ein. Sie wurden in den 1880er Jahren als eigenständige Gebäudekomplexe in unmittelbarer Nachbarschaft zum damaligen politischen Machtzentrum, der Hofburg, errichtet. Die beiden Museen, die sich spiegelbildlich gegenüberstehen, unterscheiden sich auf den ersten

Blick nicht – es sei denn, die BetrachterInnen unterziehen sich dem aufwändigen Prozess, die Programmatik der Außenfassaden zu entschlüsseln. Auch die jeweils über den Portalen angebrachten Leitsprüche „Dem Reiche der Natur und seiner Erforschung“ beziehungsweise „Den Denkmälern der Kunst und des Altertums“ springen Vorübergehenden nicht unbedingt ins Auge. Die Übereinstimmung der architektonischen Gestaltung suggeriert eine Gleichwertigkeit der Institutionen, der Sammlungsbestände und ihrer Präsentation, die so nicht gegeben ist. Dichotome Gegensätze wie Kunst und Natur oder Kunstwissenschaft und Naturwissenschaft unterliegen je nach gesellschaftlichen Kontexten hierarchischen Wertungen. Kunst und ihre musealen Institutionen genießen heute in der Regel ein höheres Prestige als präparierte Naturartefakte und naturgeschichtliche Museen. Dafür können naturhistorische Museen für breite Bevölkerungsschichten mit niedrigeren Schwellenängsten behaftet und vor allem beliebter als Kunstmuseen sein. Zudem steht das Naturhistorische Museum nicht nur für das Thema Natur, sondern auch für die Geschichte der Naturbeherrschung, also der Erforschung der Natur, wie auch in der oben erwähnten Beschriftung am Museum zu lesen ist. In diesem Sinn ist das Naturhistorische Museum auch dem Feld der (Kultur-)Wissenschaft zuzurechnen. Allerdings bilden auch Naturwissenschaft und Kultur- beziehungsweise Kunstwissenschaft bipolare Gegensätze mit wechselndem gesellschaftlichem Stellenwert.

Programmatisch für die tendenziell höhere Wertschätzung der Kunst gegenüber der Natur im musealen Kontext kann die Theseusgruppe auf der Haupttreppe des Kunsthistorischen Museums gelesen werden. Der Sieg von Theseus über den Kentauren „verkörpert“ geradezu monumental den Sieg der Kultur über die Natur. Im Naturhistorischen Museum besetzen Objekte zur Geschichte der naturwissenschaftlichen Forschungen und Sammlungen den zentralen Stiegenaufgang, was in anderer Form ebenso als Sieg über die Natur decodiert werden kann: durch Benennung, Klassifizierung und Präparierung bemächtigt sich die Wissenschaft der Natur. Zudem stellt sich bei den Tierpräparaten die Frage, inwieweit es sich dabei tatsächlich noch um Ausformungen der Natur handelt. Das Museum betont zwar, nur *echte* Tiere – im Unterschied zu Kunststoff-Nachbildungen – auszustellen, aber zumeist verbleibt nur die Tierhaut, die mit unzähligen Substanzen behandelt werden muss, um nicht dem Zerfall preisgegeben zu sein. Es bedarf vielfältiger Prozeduren, um den Ausdruck *unverfälschter Natürlichkeit* erzeugen zu können – *Natur* ist das Produkt von *Kultur*, von Kunstfertigkeit im Gegensatz zur Kunst.

Auch wenn die beiden Institutionen als Museumstypen einen diametralen Gegensatz zu verkörpern scheinen, sind die Grenzen nicht so klar zu ziehen. Es lassen sich auch Überschneidungen und Inkonsistenzen im Sammlungsbestand feststellen. Während die Antikensammlung und die ägyptologische

Sammlung im Kunsthistorischen Museum untergebracht sind, befinden sich die prähistorischen Artefakte im Naturhistorischen Museum. Die Objekte prähistorischer Kulturen wurden demnach im Unterschied zu den Antikensammlungen nicht als Kulturgeschichte, geschweige denn als so genannte Hochkultur eingeschätzt. Im Mineralienkabinett des Naturhistorischen Museums werden neben den unzähligen Mineralien auch aus Edelsteinen gefertigter Schmuck und kunstgewerbliche Produkte – wie sie sich auch in der Kunstkammer des Kunsthistorischen Museums finden – gezeigt. Der Unterschied liegt zum einen im künstlerischen Wert, der den Objekten zugeschrieben wird, zum anderen aber in der wissenschaftlichen Klassifizierung, die sich auch in den Präsentationen manifestiert. In der mineralogischen Abteilung werden die Schmuckstücke in der Regel dem Mineral zugeordnet, so dass sich diese in die strenge systematische Ordnung der Mineralogie einfügen. Einige Schmuckstücke werden zwar in eigenen Vitrinen abseits der systematischen Tableaus präsentiert, aber immer steht das Material und die Verarbeitung, nie die künstlerische Gestaltung im Vordergrund. Im Unterschied zum Kunstmuseum bleiben auch die HerstellerInnen ungenannt.

Die Konstellation einer räumlichen Gegenüberstellung von Kunst- und Naturmuseum findet sich auch in anderen Städten. So ist in New York auf der Westside des Central Parks das American Museum of Natural History und auf der Eastside das Metropolitan Museum angesiedelt. Die Kulturwissenschafterin Mieke Bal sieht diese Anordnung als Ausdruck westlichen Denkens: Da im American Museum of Natural History einige Räume den indigenen Bevölkerungen aus Asien, Afrika, Ozeanien sowie Amerikas gewidmet sind, wird die große Mehrheit der Weltbevölkerung auf den Status ahistorischer Gesellschaften beschränkt. Allein die Tatsache, dass am selben Ort unter dem Label *Natur* sowohl über Tiere als auch über nicht-westliche Kulturen gesprochen wird, transportiert, dass diese Kulturen dem Reich der Natur näher liegen.[38] Die Kunstpräsentationen im Metropolitan Museum sind hingegen gleichsam mit einer historischen Komponente ausgestattet, wobei bildende Kunst als Ausdruck einer „hohen Entwicklungsstufe" gilt.[39]

## Zwischenposition – Das Museum für Völkerkunde Wien

Die Eingliederung ethnologischer Sammlungen in Naturhistorische Museen entspricht den Denk- und Wissenschaftskonzepten des 18. und 19. Jahrhunderts. Auch die ethnologische Sammlung in Wien war in unterschiedlicher Weise im Spannungsfeld zwischen Kunst und Natur verortet. Sie war bis 1928 Teil des Naturhistorischen Museums, erhielt dann einen eigenen Ort in unmittelbarer Nähe zu den beiden Museen und wurde 2001 organisatorisch dem Kunsthistorischen Museum angegliedert.

Die Geschichte der ethnologischen Sammlungen zeigt deutlich, wie Objekte aus nicht-westlichen Kulturen zwischen den Bereichen Kunst, Kultur und Natur wandern können. Objekte außereuropäischer Kulturen, die vor allem im Zuge der Kolonisation nach Europa gelangten, fanden bereits in die Kunst- und Wunderkammern der Renaissance Eingang, in denen Kunst- und Naturobjekte gleichermaßen vertreten waren. Merk-würdige, außergewöhnliche Naturalien wurden als besondere Ausformungen der Natur, als Spiel der Schöpfung begriffen und ebenso wie menschliche Artefakte als Ausdruck eines größeren Ganzen gesehen. Erst Ende des 18. Jahrhunderts wurde begonnen, die Sammlungsbestände nach den damaligen wissenschaftlichen Paradigmen in Kunst, Natur, Kunstgewerbe etc. aufzusplittern. Anstelle von Analogiebildungen wurden die Objekte nun nach ihren äußeren Erscheinungsformen oder Funktionen geordnet, es wurden Reihen und Tableaus gebildet. Die Naturwissenschaften bauten in ihren Systematiken nicht mehr auf der Singularität des Besonderen, sondern auf typischen Erscheinungsformen, gleichsam Taxonomien des Normalen auf.[40] Ein klassifizierbares Objekt war nunmehr eines, das sich als ein repräsentativer Teil einer bestimmten Klasse von Objekten qualifizieren ließ. Gezeigt wurden typische Muster jeder Klasse, die somit als Norm gesetzt und von denen Anomalien abgegrenzt wurden. Mit der Entwicklung naturwissenschaftlicher Ordnungssysteme ging die Verwissenschaftlichung des Interesses an *fremden* Kulturen einher. Auch ethnografische Objekte wurden aufgrund von Typologien systematisiert und in Entwicklungsreihen präsentiert. Bis Ende des 19. Jahrhunderts wurden sie in der Regel naturkundlichen Sammlungen zugewiesen, waren sie doch im Rahmen von naturwissenschaftlichen Forschungsreisen oftmals nach ähnlichen Kriterien wie Naturalien gesammelt worden.[41] Da die Grenzen der Wissenschaften allerdings unterschiedlich gezogen wurden, konnten Ethnographica auch in Kunstkabinette eingegliedert werden. Sie als kunsthandwerkliche Produkte in Sammlungen zu integrieren, war im 19. Jahrhundert ebenfalls eine durchaus übliche Praxis.[42]

In Wien war die Entstehung ethnologischer Sammlungen eng mit dem Naturhistorischen Museum und seinen Vorläuferinstitutionen verknüpft. 1806 wurden bei einer Versteigerung in London ozeanische und nordamerikanische Artefakte aus den „Forschungsreisen" von James Cook erworben und so der Grundstock der „k.k. ethnographischen Sammlung" gelegt.[43] Diese Sammlung wurde als Teil der „Vereinigten k.k. Naturalien-Cabinete" eingerichtet. Obwohl die Sammlung und Betreuung von Ethnographica in der Folge vielfach vernachlässigt und ihre Eingliederung immer wieder in Frage gestellt wurde, blieb diese Zuordnung bis nach dem Ende des Ersten Weltkrieges aufrecht. In der zweiten Hälfte des 19. Jahrhunderts war zwar die Zuordnung der Ethnographica anlässlich der Errichtung der beiden Hofmuseen, dem Kunst- und Naturhistorischen Museum, erneut zur Diskussion gestellt worden.[44] Die

BefürworterInnen des Naturhistorischen Museums setzten sich jedoch durch. Die „k.k. ethnographische Sammlung“ wurde 1876 Teil der „anthropologisch-ethnographischen Abteilung“, deren Bestand sich in drei Bereiche gliederte, in den anthropologischen, prähistorischen und ethnografischen. Dies entsprach einer „damals allgemein akzeptierten Vision von der Einheit der Wissenschaften vom Menschen“.[45] 1884 zog die Abteilung in das neu errichtete Gebäude des Naturhistorischen Museums am Ring ein. Hier wurde die Agenda, für die sich das Museum verantwortlich fühlte, auch visuell zum Ausdruck gebracht. Ethnografie und Anthropologie erhielten neben Urgeschichte, Botanik, Zoologie, Paläontologie, Geologie und Mineralogie eine allegorische Darstellung in der Kuppel des Gebäudes. Da der Museumsbau und die Aufstellungen als Gesamtkunstwerk verstanden wurden, korrespondierte die Ausgestaltung der Säle mit den präsentierten Sammlungen. Die Räume der ethnografischen Sammlung wurden dem Thema entsprechend mit Darstellungen *fremder* Kulturen in Form von idealisierten Gemälden und Karyatiden dekoriert.

Kurz nachdem das neue Gebäude des Naturhistorischen Museums eröffnet worden war, begann mit der internen Trennung der Inventare 1885 die Aufteilung der anthropologisch-ethnografischen Abteilung in drei Teilbereiche. Die prähistorischen Objekte außereuropäischer Provenienz wurden dabei der ethnografischen Sammlung eingegliedert. Diese Spezialisierung spiegelt die Ausdifferenzierung der akademischen Disziplinen wider. Zu einem eigenständigen Bereich geworden, verlagerte sich das Selbstverständnis der ethnografischen Abteilung nun zusehends in Richtung einer kulturhistorischen Institution.[46] Mit der formellen Trennung in unabhängige Abteilungen wurde auch die spätere Gründung eines eigenen ethnografischen Museums erleichtert.

Doch nicht immer wurden ethnografische Objekte den k.k. Naturalien-Cabineten zugewiesen. Beispielsweise wurden Jagdtrophäen, Naturalien und ethnografische Objekte, die der Thronfolger Erzherzog Franz Ferdinand von Österreich-Este bei seinen ausgedehnten Reisen 1892/1893 erworben hatte, zunächst als so genannte Weltreisesammlung im Oberen Belvedere ausgestellt. 1904 erfolgte ihre Eingliederung in die „Estensische Sammlung“, die historische Objekte, kunstgewerbliche Produkte und Musikinstrumente umfasste. Als die Estensische Sammlung 1908 in den Corps de Logis-Trakt der Neuen Hofburg übersiedelte, wurde ein Kunsthistoriker als Leiter bestellt. Insofern war es nahe liegend, dass sie nach der Ermordung Franz Ferdinands in Sarajewo 1914 von den Kunsthistorischen Sammlungen verwaltet wurde.[47]

Mit dem „monarchischen Erbfall“[48] von 1918 – der Überführung der kaiserlichen Museen in den Besitz der Republik – sollte eine Neuorganisation aller Museen und Sammlungen erfolgen. Im Rahmen dieser Restrukturierung war intendiert, die diversen ethnografischen Sammlungen – also Teile des aufgelösten Handelsmuseums, die umfangreichen Bestände der Weltreisesammlung von Franz Ferdinand und jene des Naturhistorischen Museums – zu vereinigen. Dagegen wurde als Argument für den Verbleib der Ethnografie im Naturhistorischen Museum ins Treffen geführt, dass die Räume für die Sammlung eigens mit entsprechenden Bildmotiven ausgestaltet worden waren. Rund um die geplante Reorganisation manifestierte sich erneut der Konflikt um die Streitfrage, wo der Ort ethnografischer Objekte wäre: in kunst-, natur- oder kulturhistorischen Museen. Dass eine Kunsthistorikerin aus Beständen der „Weltreisesammlung" einen „asiatischen Kunstsaal" zusammenstellte, fand Zustimmung aber auch Ablehnung, da darin der Versuch, die Sammlung zu zerschlagen, gesehen wurde.[49] Letztendlich wurde entschieden, alle ethnografischen Bestände zusammenzuführen, so dass sich nunmehr die Frage nach entsprechenden Unterbringungsmöglichkeiten für die umfangreichen Sammlungen stellte. Von den unterschiedlichen Plänen wurde 1925 jener beschlossen, der die Aufstellung in der Neuen Hofburg vorsah.[50] 1928 wurde das Museum für Völkerkunde schließlich als eigenständige Institution gegründet.

Die „Emanzipation der Völkerkunde von ihrem naturwissenschaftlichen Erbe des 19. Jahrhunderts"[51] hatte parallel mit der Institutionalisierung der Disziplin an der Universität stattgefunden. Obwohl die Vereinigung der Sammlungsbestände im neuen Museum für Völkerkunde bis heute beibehalten wurde und das Sammeln und Ausstellen nach ethnografischen Kriterien erfolgt, blieb die Positionierung vor allem gegenüber dem Kunstmuseum von einem ambivalenten Verhältnis geprägt, wie ein Kurator formulierte: „Auch wenn das Museum für Völkerkunde kein Kunstmuseum ist, so sind doch viele Erzeugnisse der Völker mittlerweile von Interessenten und Händlern als Ausdrucksformen einer anderen Ästhetik verstanden und entsprechend bewertet worden."[52] Auf organisatorischer Ebene fand die zunehmende Nähe zum Kunstmuseum insofern einen Niederschlag, als das Museum für Völkerkunde 2001 der Verwaltung des Kunsthistorischen Museums unterstellt wurde. Aber auch in der Präsentationsweise konnten gewisse Annäherungen festgestellt werden, da die Ethnographica teilweise wie Kunstobjekte in ästhetisierender Weise präsentiert wurden. Die heutige westliche Einschätzung bestimmter Ethnographica als Kunst folgt einem internationalen Trend, dessen vorläufiger Höhepunkt die Eröffnung des Musée du Quai Branly in Paris 2006 ist. Als „Beitrag zur Weltkunst" wurden Exponate aus den Sammlungen der beiden größten französischen ethnologischen Museen für ein Kunstmuseum ausgewählt und in einem neu erbauten Gebäude ausgestellt. Zu Meisterwerken aufgestiegene nicht-westliche Artefakte hätten mit dem neuen Haus ihren Louvre erhalten, war im deutschen Feuilleton zu lesen.[53]

Die Situierung des neu konstituierten Museums für Völkerkunde in einem Trakt des ehemaligen politischen Machtzentrums Hofburg kann nur bedingt als Teil eines Konzeptes begriffen werden, den als „politische Leerstelle“ belassenen Ort museal-kulturell zu besetzen. Als das Museum für Völkerkunde 1928 in einem Seitenflügel der Hofburg untergebracht wurde, fungierte diese schon lange nicht mehr als politisches Machtzentrum und blieb auch während der Ersten Republik als politischer Repräsentationsort großteils ungenutzt. Allerdings hatte der Seitentrakt der Hofburg schon in der Monarchie zur Unterbringung von Sammlungsbeständen des Thronfolgers Franz Ferdinand gedient.

Kennzeichnend für die Positionierung des Museums für Völkerkunde im Stadtraum ist seine zweifache Randlage: in einem äußeren Gebäudeteil des einstigen politischen Machtzentrums und neben dem repräsentativen Komplex von Natur- und Kunsthistorischem Museum. Das Museum befindet sich zwar in der Hofburg und damit an einem prominenten Ort, bleibt aber in der Außenwahrnehmung dem Gebäudekomplex gänzlich untergeordnet. Es wird im Stadtraum nicht als eigenes Museum sichtbar. Zwar in unmittelbarer Nachbarschaft zum Kunsthistorischen Museum gelegen, befindet es sich gleichzeitig in seinem Schatten, zwischen ihm und dem Eingang des Kunsthistorischen Museums gibt es keine Sichtverbindung. Eine solche besteht allerdings mit dem Naturhistorischen Museum, wo eine Blickachse zwischen den beiden Eingängen beziehungsweise Vorderfronten zu ziehen ist. Diese räumliche Verortung könnte als korrespondierend mit inhaltlichen Positionierungen gelesen werden. Das Museum für Völkerkunde steht in Blickverbindung mit jener Institution, in die es eingebunden war. Und es befindet sich neben der Institution, an deren Inszenierungsweise es sich teilweise anzunähern versucht hat und in die es nunmehr organisatorisch eingebunden ist. Zum Kunsthistorischen Museum besteht auch eine weitere Beziehung, da im zweiten Stock des Hofburgtraktes unmittelbar über dem Museum für Völkerkunde eine Abteilung des Kunsthistorischen Museums eingerichtet wurde, nämlich die Hofjagd- und Rüstkammer. Dass gerade diese Bestände an jenen Ort ausgelagert wurden, hat auch Symbolkraft: Zum einen werden Waffen und repräsentative Rüstungen – ähnlich wie viele ethnologische Objekte – in die Kategorie des Kunsthandwerks und nicht der Kunst eingeordnet. Zum anderen kann der gemeinsame Aufstellungsort auf einen strukturellen Zusammenhang verweisen. Indem die Waffensammlung im Stockwerk über den Ethnographica ausgestellt ist, diesen sozusagen darüber gesetzt wurde, lenkt sie den Blick – wenngleich unbeabsichtigt – auf den gerne ausgeblendeten Gewaltaspekt, der ethnografischen Sammlungen immer inhärent ist. Die Waffen stehen so weniger als bewusst gesetztes Symbol, denn als unbewusst sich manifestierendes Symptom für die europäische Kolonisation, für die gewaltvolle Aneignung von Ländern und Kulturen.

Die Zuordnung von Natur-, Kultur- und Kunstobjekten zu verschiedenen Museumstypen ist nie stabil und eindeutig, da die jeweiligen Ordnungssysteme und Kriterien von den aktuellen gesellschaftlichen und wissenschaftlichen Diskursen abhängig sind. Die institutionellen Rahmen, in die Objekte eingeordnet werden, bestimmen ihre Klassifikation, Präsentation und damit auch Rezeption wesentlich mit. Werden prähistorische Kulturen in einem naturhistorischen Museum ausgestellt, dienen oftmals nicht kulturhistorische, sondern naturwissenschaftliche Paradigmen als Interpretationsrahmen.[54] Dagegen steht bei Objekten, die in einem kunsthistorischen Museum präsentiert werden, zumeist ihre ästhetische Erscheinung jenseits ihrer funktionalen Bedeutung im Vordergrund.[55] Mehr noch, das Museum legitimiert sie als Kunstobjekte. Ähnlich legitimierend verhält sich das Museum bei Gegenständen nicht-westlicher Provenienz, die ebenso wenig per se ethnografische Objekte sind. Die wissenschaftliche Disziplin Ethnografie bringt in einer Doppelbewegung ihre Objekte hervor und konstituiert sich in diesem Prozess selbst: „Ethnographic artifacts are objects of ethnography. They are artifacts created by ethnographers. Objects become ethnographic by virtue of being defined, segmented, detached and carried away by ethnographers."[56]

Während ethnografische Objekte im 19. Jahrhundert vorwiegend im Kontext der Natur und zum Teil der Kunst verortet wurden, ist die Präsentation seit dem 20. Jahrhundert vom Spannungsfeld zwischen Kulturgeschichte und Kunst gekennzeichnet. Die kontrollierte Wanderung zwischen diesen beiden institutionalisierten Sphären – kulturelle Zeugnisse und ästhetische Meisterwerke – bestimmt zunehmend die Kategorisierung ethnografischer Objekte.[57] Dabei stellt sich die Frage, inwieweit die Unterscheidung der Objektkategorien Kunstwerk und Artefakt – die englische Terminologie art/artifact zeigt wie nahe sich die Begriffe sind – Sinn macht, oder ob dadurch nicht vielmehr ein dichotomes und hierarchisches Verhältnis festgeschrieben wird, wenngleich zwischen Meisterwerk und Artefakt eine Bewegung in beide Richtungen möglich ist:[58] Kulturhistorische, ethnografische oder kunsthandwerkliche Objekte können unter bestimmten Umständen zu Kunstwerken „aufgewertet" werden. Umgekehrt können Kunstwerke eingebunden in einen historischen Kontext jenseits ihrer ästhetischen Bedeutung zu einem kulturellen Zeugnis werden.

Der Museologe Gottfried Korff konstatierte in der Entwicklung der Museen seit den 1980er Jahren zwei miteinander korrelierende Verschiebungen. Er verwies auf die Ethnologisierung des Kunstmuseums sei es durch Künstler wie Marcel Duchamp oder Ausstellungsmacher wie Harald Szeemann, durch die Musées Laboratoires von Jacques Rivière und Musées Sentimentales von Daniel Spoerri, denen in ihrer Unterschiedlichkeit eines gemeinsam ist, nämlich dass sie Museum und Ausstellung als institutionellen Rahmen mitreflektierten. Ihre Arbeiten basieren auf einem „ethnologisch weitgefaßten Kunst-

und Kulturbegriff, der die Ausstellungsstücke nicht primär als Beeindruckungsdinge, sondern als Zeichen, als Signale im System historischer und aktueller Wirklichkeitskontexte vorführt."[59] Die so verstandene Ethnologisierung bewirkte tendenziell eine Entauratisierung des Kunstbetriebs. Indem Artefakte in ihrer ästhetischen Qualität ernst genommen und Kunstobjekte nicht frei von jeglichem gesellschaftlichen Kontext betrachtet wurden, eröffneten diese disziplinären Grenzüberschreitungen neue Dimensionen im Ausstellen. Parallel zu den Bemühungen um die Entauratisierung der Hochkultur erfolgte allerdings die Auratisierung des Alltagslebens.

„Was in den großen Museen mittlerweile passiert, ist die Einübung des historischen, des ethnologischen Blicks, ist der weite Ausgriff über das Geheiligte und Anerkannte hinaus, um Kulturpanoramen und historische ‚Schaubilder' zu entwerfen. Im gleichen Moment wird in den Lokal-Museen die örtliche und regionale Sachüberlieferung liebevoll zur Ehre der Vitrinen gebracht, und eben dadurch werden der Dreschflegel und die Mausefalle auratisiert."[60]

Dabei tritt der kulturhistorische Kontext zumeist zugunsten der ästhetisch-nostalgischen Anmutung in den Hintergrund. Mit der Fetischisierung der regionalen Dingkultur – so die Kritik Korffs – würde ins Gegenteil verkehrt, was Marcel Duchamp mit dem „Flaschentrockner" wollte, die Entheiligung der Kunst.[61]

Dass sich in Museen – so auch dem Kunsthistorischen Museum, dem Naturhistorischen Museum und dem Museum für Völkerkunde – die Grenzen des Sammelns und Zuordnens nicht klar ziehen lassen, würde diese Institutionen hybrid und offen für Neuverhandlungen von Setzungen machen. Dies bedarf jedoch der Reflexion der Denkansätze und Praktiken eines Museums hinsichtlich dem Sammeln, Klassifizieren und Ausstellen von Objekten. Werden Ordnungen als sachlich-objektiv verstanden, entstehen eher Verfestigungen von Kategorien, als dass sie Anlass zum Aufbrechen und Überschreiten der Grenzen sind.

## Anleitende Theorien für die Ausstellungsanalyse

Ausstellungen können insofern als ein hybrides Medium beschrieben werden, als sich hier vielfältige Visualisierungsformen kreuzen: Objekte, (bewegte) Bilder, Texte sowie die Ausstellungsarchitektur werden in einem Raum kontextualisiert und zu einer dichten Textur verwoben. Jedes Exponat steht in Wechselwirkung mit den es umgebenden Exponaten, Texten und Elementen der Ausstellungsarchitektur und wird in deren Kontext rezipiert. Die verschiedenen Elemente beziehen sich in einer spezifischen Weise aufeinander, lassen einzelne Aspekte in den Vordergrund rücken, bestärken oder unterlaufen sich gegenseitig in ihren Wirkweisen. Da die Wahrnehmung durch das In-Beziehung-Setzen strukturiert wird, gilt es, das Zusammenwirken aller Ausstellungselemente in den Blick zu nehmen und den dabei produzierten Sinnzusammenhängen nachzugehen. Konzentrieren sich Ausstellungskritiken allein auf das Thema und/oder einzelne Objekte, wird dies der Bedeutung der für das Medium Ausstellen wesentlichen Verfahrensweisen wenig gerecht. Dadurch gehen jene Narrative verloren, die erst durch das Zusammenspiel von thematischer Aufbereitung und visueller Umsetzung entstehen. Anders als für Theater oder Film gibt es für museale Repräsentationen wenig Diskurse, die ihnen in ihrer Komplexität gerecht werden. Damit eine Analyse von Ausstellungsdisplays den komplexen Verfahrensweisen, die das Ausstellen charakterisieren, entsprechen kann, muss die Verschneidung von visuellen und schriftlichen Zeichensystemen in ihren Raumbezügen berücksichtigt werden. Methodisch gilt es dabei, auf Ansätze diverser Disziplinen – es gibt für einzelne Medien (Texte, Film, Bild) schon erprobte Analysemethoden – zurückzugreifen. Grundsätzlich erscheinen uns Verfahrensweisen aus der Semiotik/Bildsemiotik, Literaturwissenschaft (Textanalyse), Psychoanalyse, Film- und Theaterwissenschaft, Kunstgeschichte und Ethnografie relevant. Die methodischen Instrumentarien der diversen Disziplinen sind jedoch nicht nur für das Medium Ausstellung zu überprüfen und gegebenenfalls anzupassen, sondern auch miteinander zu verknüpfen. Diese umfassende theoretische Grundlagenarbeit zu leisten, war im Rahmen des zugrunde liegenden Forschungsprojektes allerdings nicht möglich. Dennoch war es uns ein Anliegen, zur Entwicklung von Analysemethoden beizutragen: Wir beschäftigten uns mit drei Ansätzen – einem ethnografischen, semiotischen und semantischen – und versuchten auszuloten, inwieweit sie sich als Hilfsmittel für die Ausstellungsanalyse eignen. Doch zunächst sollen noch jene Denkansätze kulturwissenschaftlicher Diskurse vorgestellt werden, die unser Verständnis vom Medium Ausstellung prägen.

## Ausstellungen als Sprechakte

Für die Auseinandersetzung mit musealen Repräsentationen ist es vor allem notwendig, diese als diskursive Praxis zu begreifen, ausgehend von der Prämisse, dass Ausstellungen ein Statement der jeweiligen AusstellungsmacherInnen darstellen. Im Ausstellen kreuzen sich Deutungsabsichten von Ausstellenden, Bedeutungen des Ausgestellten und Bedeutungsvermutungen der Rezipierenden.[62] Dieses Beziehungsgeflecht von AusstellungsmacherInnen, BesucherInnen und Objekten bestimmt die Rezeption.

Um mit Mieke Bal zu sprechen, versuchen wir in unseren Analysen dem Aspekt nachzugehen, wie sich die zeigende Geste des „Schau!" und damit die visuelle Verfügbarkeit der ausgestellten Objekte mit jener des „So ist es", die mit einer epistemischen Autorität ausgestattet ist, verbindet.[63] Daher sind die Gesten des Zeigens als diskursive Praxis zu beschreiben, in denen ein agierendes Subjekt seine Handschrift zeigt.[64] Von den beiden Ausdrucksmöglichkeiten Bild und Wort wird häufig den Bildern die Funktion des Zeigens und Wörtern die Funktion des Erzählens zugeschrieben. Aber auch Bilder und Objektarrangements haben das Potenzial, Geschichten zu erzählen, visuelle Displays unterliegen keiner „narrativen Unschuld"[65]. Auch wenn das erzählende Subjekt diese Geschichten nicht explizit machen möchte und seine Sprech-Position verdeckt, können diese als Subtext „lesbar" werden. Da es sich bei Ausstellungen um Statements handelt, sind die SprecherInnen immer schon in die Präsentationen eingeschrieben.[66] Eine ähnliche Position wie Bal, die die AusstellungsmacherInnen hinter dem Ausgestellten erkennbar machen will, bezog auch die Kulturwissenschaftlerin Irit Rogoff mit ihrer Forderung nach einem „verantwortlichen Blick".[67]

Es entspricht der Konvention des Museumswesens, in den Ausstellungsdisplays Erzählungen zu präsentieren, Objekte zu zeigen, nicht jedoch die Stimme, die spricht, die Hand, die zeigt, ebenso sichtbar zu machen. Dies schafft ein Subjekt-Objekt-Verhältnis, das dadurch gekennzeichnet ist, dass ein Subjekt Aussagen über einen Gegenstand macht. Während dabei das Subjekt für die BetrachterInnen unsichtbar bleibt, bedarf es der Sichtbarkeit der Objekte, um dem Statement Substanz zu verschaffen. Die ausgestellten Objekte stehen dabei niemals nur für sich selbst, sondern weisen immer über sich hinaus auf einen Sinnzusammenhang, stehen für etwas anderes.[68]

Mit der Sprechakttheorie, wie sie Mieke Bal in der Analyse von Ausstellungen anwendet, kann dieses Beziehungsgeflecht anschaulich gemacht werden. In Analogie zum interpersonellen Sprechakt spricht – so Bal – in einer Ausstellung die 1. Person (AusstellungsmacherIn) zur 2. Person (BesucherIn) über die 3. Person (das Präsentierte), die nicht an der Konversation partizipiert. Im Unterschied zum interpersonellen Sprechen bleibt in Ausstellungen die 1. Person unsichtbar und die Ich-Du Position ist nicht gleichermaßen reversibel. Die 2. Person kann jedoch insofern die Position der 1. Person einnehmen, als erst durch die Replik – also die Rezeption – die Ausstellung(-serzählung) entsteht. Dabei kommt es darauf an, wie der Parcours durch die Ausstellung gewählt, von welchen Objekten die BesucherInnen angezogen, welche Texte gelesen werden, was an Wissen mitgebracht wird etc. Und anders als in interpersonellen Sprechakten, in denen die 3. Person, über die gesprochen wird, abwesend ist, ist sie beim Ausstellen in den Objektarrangements präsent.[69] Zwar sind die historischen Subjekte, über die gesprochen wird, in der Regel durch die diskursive Situation – das Zeigen von Objekten durch die Ausstellenden – ebenso stumm gemacht, aber im Unterschied zum Sprechen von Personen sind die Dinge sichtbar.

AusstellungsmacherInnen fördern bestimmte Perspektiven – selbst wenn sie Allgemeingültigkeit suggerieren – und entwerfen als ideale BesucherInnen in der Regel solche, die die Narrative akzeptieren, die Autorität der Institution Museum als Wissens- und Deutungsmacht anerkennen. ErzählerInnen werden so als omnipotent und die RezipientInnen als deren Suggestionskraft ausgeliefert gedacht.[70] Dass Ausstellungen aber immer erst im Kopf der Betrachtenden entstehen, die Rezeption also nicht in der Gerichtetheit des Modells SenderIn-EmpfängerIn erfolgt, macht Mieke Bal in ihrer Darstellung als Sprechakt deutlich. Gleichzeitig verweist sie darauf, dass die Machtposition der 1. Person nicht zu unterschätzen ist. Auch wenn Repräsentationen vieldeutig sind, formt die Rede des ausstellenden Subjekts die Wahrnehmung des Publikums. Die Displays können zwischen Aufmerksam-Machen oder Mit-dem-Finger-Hinzeigen, Für-gegeben-Ansehen, Erklären und Überreden changieren.[71] Insofern ist es für eine Analyse von Ausstellungsdisplays zentral, der Art und Weise nachzugehen, wie die Aufmerksamkeit der BesucherInnen gelenkt und Autorität gestützt wird. Damit kommt auch die aktive Rolle der AusstellungsmacherInnen, die hinter den Objekten zurücktreten, ins Spiel. Und je mehr das sprechende Subjekt erkennbar wird, umso mehr ist es dem Publikum möglich, Stellung zu beziehen.[72] Wenn die Repräsentationen also nicht als gegeben, als rein faktisch angesehen werden, sind sie für einen kritischen Zugang offen. Denn jede Repräsentation impliziert, dass es sich dabei um ein subjektives – also in einem konkreten Kontext – getroffenes Statement handelt und ihm damit ein fiktionales Potenzial innewohnt.[73]

## Performative Herstellung von Bedeutung

Wie die Rezeption, die Aneignung von Ausstellungen tatsächlich erfolgt, darüber können kaum Aussagen getroffen werden, da die BetrachterInnen in einer schwer nachvollziehbaren Weise in den Prozess der Bedeutungskonstruktion involviert sind. Die Kulturwissenschaftlerin Sabine Offe beschreibt dies im Hinblick auf die Möglichkeit, Gedächtnis zu stiften:

> „Zwar sind die materialen Träger von Gedächtnis im Museum, also Gebäude, Objekte, Texte, benennbar, Aussagen darüber hingegen, wie dieses Gedächtnis angeeignet wird, sind weitgehend auf Mutmaßungen angewiesen, denn was gelernt und erinnert werden soll, steht zu dem, was gelernt und erinnert wird, also zu dem Museum, das in den Köpfen entsteht, in einer durchaus uneindeutigen Beziehung. Museen konstituieren […] eine Gedächtnisbeziehung. Sie wird erst in der Wechselwirkung zwischen ‚Repräsentationen, Praktiken und Aneignungsweisen' lesbar. In dieser Wechselwirkung verschränken sich die strukturellen Geltungsansprüche der Institution Museum, in denen sich deren Geschichte und Tradition behauptet, mit den Erfahrungen, die die Besucher mit ihr machen. Die Institution gibt ein Repertoire an Erzähl- und Darstellungsweisen vor, deren Bedeutungen jedoch erst in der Weise re-

alisiert und zu ‚Erzählungen' werden, in der Subjekte auf diese Vorgaben reagieren. Museumsbesucher sind mit ihrer eigenen Geschichte, sie sind psychisch und physisch an der Hervorbringung von Museumserzählungen – dem *common object* der Erinnerung – beteiligt."[74]

Ein Museum kann nur dann Erinnerungen und Identitäten stiften, wenn es ein Publikum gibt, das sich in seiner kulturellen Verortung auf dessen Repräsentationspolitik bezieht. Das Publikum antwortet in diesem dialogischen Verhältnis durch die Rezeption der Ausstellung, das Anschauen, Lesen und Diskutieren, eventuell Schreiben und Beschweren. Die Absicht der Ausstellung realisiert sich also erst im Vorgang der Auseinandersetzung mit den Repräsentationen, in den konkurrierenden Reaktionen verschiedener Öffentlichkeiten. Doch im Unterschied zu den KuratorInnen haben die BesucherInnen in der Ausstellung zumeist kein Forum zur Verhandlung ihrer unterschiedlichen Positionierungen.[75]

Obwohl es über die Art und Weise, wie eine Ausstellung rezipiert wird, wenig Erkenntnisse gibt, ist doch eine Besonderheit des Mediums Ausstellung für die Wahrnehmung und Aneignung zentral: die BesucherInnen müssen die Ausstellung ergehen. Der Gang durch die Ausstellung involviert den Körper, geht über die intellektuelle und emotionale Beteiligung hinaus. Je nachdem, welchen Parcours die BesucherInnen durch die Ausstellung wählen, entsteht ein variierender Verlauf der Erzählungen. In diesem Sinne kann von einer performativen Herstellung von Bedeutung durch die körperliche Aktivität der BesucherInnen gesprochen werden. Die von den Verhaltensregeln im Museum angeleiteten Bewegungsformen und Haltungen können – so Offe – in gewisser Weise als Ritual beschrieben werden. Dies erlaubt es, die Ausstellungsrezeption – so individuell sie auch abläuft – als eine soziale Praxis zu begreifen.[76] Es handelt sich insofern um ein Ritual, als der Museumsbesuch an einem bestimmten Ort und in einem zeitlichen Rahmen stattfindet, wenngleich er nicht an die gleichzeitige Ausübung durch ein Kollektiv gebunden ist. Das Ritual des Museumsbesuch ist nicht nur durch Verhaltensregeln – wie das Berührungsverbot oder die Einhaltung von gemessenen Bewegungen und Ruhe –, sondern auch durch die Architektur und die Gestaltung der Räume bestimmt. So evozieren pompöse Bauten und eine dementsprechende Schwellensituation im Eingangsbereich bereits beim Betreten der Räume das Gefühl der Erhabenheit.

Carol Duncan beschreibt den Museumsbesuch als „civilizing ritual",[77] in der die Bildung aber auch Normierung von Subjekten stattfindet. Museen sind demnach säkulare Räume einer rituellen Transformation: eine Schwellensituation, in der die Erfahrungen des alltäglichen Lebens abgestreift werden, um in eine Welt der Ordnung und des Konsens eintauchen zu können. Dabei reflektiert Duncan – so Offe – nur die programmatische Seite der zivilisierenden Rituale, wo Absicht und Wirkung zusammenfällt.[78] Zivilisierende Rituale in Museen konstruieren Selbstbilder von Kulturen und Geschichten, die sich an gesellschaftlichen Identifizierungs- und Konsensbedürfnissen orientieren. Dennoch werden nicht nur Bilder geschaffen, die auf gesellschaftliche Ideale, Werte und Normen, sondern auch auf gegenläufige soziale Erfahrungen verweisen. „Denn Museen, alle Museen, repräsentieren nicht nur, was zu sehen ist, sondern auch, was dem öffentlichen Diskurs und der Wahrnehmung entzogen werden soll oder verborgen bleibt, eine Geschichte gesellschaftlicher Gewalt."[79] Offe beschreibt nicht nur, dass die strukturelle Gewaltförmigkeit der Museen keineswegs im Gegensatz zu den zivilisierenden Ritualen steht, sondern verweist auch auf die den Ritualen immer inhärente performative Beteiligung der BesucherInnen.

„Angehörige einer Nation, einer gesellschaftlichen Gruppe oder einer Generation, die sich als Museumsbesucher an kulturellen Artefakten erfreuen, die Beute von Kriegen, Raubzügen, Verbrechen ihrer Vorfahren oder Zeitgenossen waren, sind im Museum dieser Geschichte durch ihre Beteiligung an zivilisierenden Ritualen mithin auch dort konfrontiert, wo die Transformation in ein Erbe kultureller Errungenschaften gelingt und Identität und Zusammenhalt von ‚Erinnerungsgemeinschaften' stärkt. Solche Rituale sind das Medium, das die Erinnerung an die gewaltförmige Geschichte der Museen damit zugleich verkennt und bewahrt."[80]

Wenn die Geschichte der realen Gewalt im Museum verschleiert wird, Museen „im Medium zivilisierender Rituale Geschichten von gesellschaftlicher Gewalt in eine andere Geschichte" transformieren, bestätigen die BesucherInnen die Geschichten als Narrativ der kleinen Rituale „mit der Einhaltung von Regeln, in der Abfolge von Gesten und Schritten".[81] Gleichzeitig wird in diesen Narrativen auch die Anerkennung ziviler Normen zum Ausdruck gebracht, mit denen sich das Publikum identifiziert.

„Die Beteiligten können wissen, dass die Aufführung von Ritualen, bei der sie mitspielen, nicht real ist, sondern Element eines kulturellen Ereignisses. Kulturelle Ereignisse dieser Art, so Geertz, ermöglichen den Beteiligten Wahrnehmung und Einsicht in Dimensionen eigener und kollektiver Erfahrungen, sie bilden Räume, in denen Subjekte etwas über ihr ‚privates Empfinden' und das ‚Ethos' ihrer Kultur, ‚wie sie sein sollte', und deren Verbindlichkeiten lernen. Diese idealisierende Selbstbeschreibung erzeugt Wunschbilder, die in den ‚zivilisierten' Gesten die Gegenbilder des Schreckens widerrufen – und damit auch daran erinnern."[82]

## Das Unbewusste – das Symptomatische

Museale Repräsentationen sind immer auch Ausdruck dessen, wie eine Gesellschaft historische Ereignisse und kulturelle Phänomene „verarbeitet“. Damit ist ein Kernbegriff der Psychoanalyse, das Unbewusste, bei der Ausstellungsanalyse von Bedeutung. Denn gerade in den nicht-beabsichtigten Botschaften kommen gesellschaftliche Übereinkünfte oder Konflikte gleichsam symptomatisch zum Tragen. Keine Sprachäußerung, kein geschriebener Text wird rezipiert, ohne gleichzeitig individuelle Imaginationen hervorzurufen. Mehr noch – so formuliert der Psychoanalytiker Karl-Josef Pazzini – egal, was ich rede, schreibe, forme, es taucht immer auch etwas anderes auf, als ich meine.[83] Jede Präsentation enthält demnach einen unbewussten Anteil, der nicht zu eliminieren ist. Dennoch gilt es, dieser blinden Flecken – so weit als möglich – in der Analyse gewahr zu werden, Ausstellungsdisplays zwischen den Zeilen zu lesen, um die mitgemeinten Inhalte deutlich zu machen. Psychoanalytischen Theorien zufolge geht es vor allem darum, das Symptom, in dem die Konflikte präsent sind, thematisierbar und verhandelbar zu machen, also in ein Netz von Symbolisierungen, in einen Diskurs überzuführen.[84] Dabei ist allerdings zu beachten, dass auch die Analysierenden selbst blinde Flecken mitbringen.

Für die Kultur eines Landes als repräsentativ geltende Museen sind in der Regel hegemoniale Orte, wo sich gesellschaftliche Eliten ihrer Geschichte, ihrer Identität etc. versichern. Das Ausüben von gesellschaftlicher Macht, die eine abstrakte ist, gelingt nur dann, wenn hegemoniale Vorstellungen mit konkreten Inhalten oder Zeichen verbunden werden – wie es etwa in Museen und Ausstellungen möglich ist.[85] Für den Philosophen Ernesto Laclau ist das „Subjekt der eigentliche Akteur, der die Operation der Hegemonie bewerkstelligt – eine Operation, die das Allgemeine mit einem besonderen Inhalt vernäht“[86]. Deshalb sei jede Ausstellung zunächst einseitig, die Vielseitigkeit entstehe erst im Moment des Aufeinandertreffens mit den BesucherInnen.[87] Der subjektive Anteil, der immer in die Ausstellungsarbeit und in die Rezeption des Publikums einfließt, ist es, der Elemente der Psychoanalyse für die Ausstellungsanalyse relevant erscheinen lässt. Die Involviertheit des Subjekts, egal ob KuratorIn oder BetrachterIn, ist die Bedingung, dass Elemente der Psychoanalyse für die Auseinandersetzung mit Ausstellungsprozessen von Bedeutung sein können. Denn Psychoanalyse – so Pazzini – kann nur in einem „relationalen Geschehen“ funktionieren. Der Prozess der Übertragung setzt dann ein, wenn sich Personen in Beziehung setzen. In diesem Sinne sind die Bilder im Kopf, die die BesucherInnen in Ausstellungen mitbringen, nicht ein in Kauf zu nehmendes Übel im Rezeptionsprozess, sondern eine notwendige Voraussetzung für das Herstellen einer persönlichen Beziehung zu den Ausstellungsinhalten. So können sich in der Auseinandersetzung mit Ausstellungsdisplays Bilder übereinander schieben, sich Widerstände und Reibungsflächen ergeben, die unabdingbar sind, um etwas zur Sprache zu bringen, Assoziationen und Denkprozesse in Gang zu setzen, Auseinandersetzung anzuregen. Der so verstandene Widerstand funktioniert wie ein Bildschirm oder eine Projektionswand, die erst die Bilder zum Vorschein bringt, etwas wahrnehmbar macht. In diesem Aufeinandertreffen von unterschiedlichen Diskursen können unvorhersehbare Verbindungen möglich werden, kann Vorwissen mit neuem Wissen aktiviert werden.[88]

Für die Ausstellungsanalyse kann es daher aufschlussreich sein, zunächst den persönlichen Wahrnehmungen, Assoziationen und Irritationen zu folgen, die völlig abseits der intendierten Erzählungen liegen können. Die Blicke sollen schweifen, abschweifen, Begegnungen mit ausgewählten Objekten, Texten, Elementen der Ausstellungsarchitektur bis hin zu spezifischen Raumerfahrungen zulassen. Die Wahrnehmung der Raumatmosphäre oder einzelner Objekte geht oftmals mit sehr persönlichen Assoziationen und Erlebnissen einher. Diese schwingen immer bei der Rezeption einer Ausstellung mit, es kommt jedoch darauf an, ihnen einen entsprechenden Raum zu geben. Eine Möglichkeit, sich die persönlichen Anknüpfungspunkte bewusst zu machen, ist – so Pazzini – zunächst das Verfahren der freien Assoziation anzuwenden, um diese dann in einem zweiten Schritt dokumentieren und artikulieren zu können. Gerade um den nicht explizit dargestellten, unbewussten Erzählungen auf die Spur zu kommen, ist es wichtig, die spontanen Eindrücke bei der Rezeption einer Ausstellung ernst zu nehmen. Dabei gilt es zu beobachten: wo zieht es mich hin, wo wird mein Interesse geweckt, wo entstehen Irritationen? Eine vergleichbare Herangehensweise findet sich in den ethnopsychoanalytischen Arbeiten von Maya Nadig. Sie verweist auf die Notwendigkeit, auftretenden Irritationen beim Betrachten und Analysieren des Untersuchungsgegenstandes nachzugehen, denn diese können Risse sein, in denen etwas sichtbar wird – und dies in zwei Richtungen: Sie haben das Potenzial, „die Forscherin auf Machtverhältnisse, ideologische Muster, Abwehrmechanismen und blinde Flecken in ihrer Denkweise aufmerksam [zu] machen, aber auch auf Einseitigkeiten und Androzentrismen in bestehenden Theorien.“[89]

Nach unbewusst vermittelten Inhalten zu fragen, ist – insbesondere bei politisch brisanten Themen – von ebenso großer gesellschaftlicher Relevanz wie Auslassungen festzustellen, also was nicht repräsentiert ist und demnach nicht erinnert werden soll. Eine Funktion des Museums kann auch darin bestehen, die Verdrängung von problematischen Erzählungen zu institutionalisieren, zu verallgemeinern und somit die/den Einzelne/n zu entlasten. Doch geht es nicht nur um tatsächliche Ausblendungen, sondern auch um Projektionen, die zu „verfehlten“ oder „entgleisten“ Geschichten in musealen Repräsentationen führen. Volker Knigge geht davon aus, dass jeder Lernprozess, jede Form der

Aneignung von Geschichte unumgänglich von einer Doppelbewegung gekennzeichnet ist, da sich die subjektiven Erfahrungen mit dem historischen Gegenstand verschränken. Zum einen lösen historische Objekte und Geschichten individuell geprägte Assoziationen, Erinnerungen, Gefühle und Körperzustände im Subjekt aus, zum anderen schreibt sich das Subjekt mit seinen Vorerfahrungen und Wünschen in den historischen Stoff ein. Durch diese Wechselbewegung eignet sich das Subjekt immer auch Geschichte(n) an, die die historischen Fakten zu verfehlen und entstellen scheinen. Solche Konstruktionen sind aber nicht nur unvermeidlich, sondern auch wünschenswert, da Geschichte dem Subjekt ohne Beziehung bedeutungsleer bleibt.[90]

„In den scheinbar entgleisten Geschichten werde ein zugleich wahrer und verfehlter Text produziert, dessen Sinn es zunächst zu suchen, zu verstehen und zu deuten gelte. Das ‚Geschichtsbegehren' ist den Subjekten nicht auf der manifesten Ebene zugänglich, sie sind selbst verfangen in ihre unbewussten Diskurse. Diese lassen sich nicht in ihre ‚eigentliche', ihre ‚wahre' Bedeutung übersetzen, aber ihr Verstehen und ihre Anerkennung im anderen, im Zuhörenden, Deutenden, könne es ermöglichen, den in den Symptomen befangenen, verhärteten Text auf seine verborgenen Wünsche hin deutbar werden zu lassen und damit den Widerstand gegen die Erkenntnis und Anerkenntnis der realen Geschichte zu erkennen."[91]

Sabine Offe wendet diesen Prozess der Geschichtsaneignung auch auf die Institution Museum an. Entgegen dem Mythos der objektiven Geschichtsinstanz, als die sich Museen oftmals stilisieren, sieht Offe in den Geschichtskonstruktionen der Museen eine Analogie zu den „Geschichtsgeschichten", wie sie die BesucherInnen produzieren: Sie sind eine Form der Aneignung von Geschichte, die in andere Geschichten ausweicht.[92]

Das, was Knigge einfordert, auch den abwegigen Geschichten Raum zu geben, könnte durch das Zulassen beziehungsweise Fördern der freien Assoziation – wie es Pazzini anregte – zur Sprache kommen. Denn das Assoziieren setzt die Subjekte in eine persönliche Beziehung zu den Präsentationen und schließt somit auch das Verfehlen mit ein. Die Erfahrung, dass die Betrachtenden im Akt der Wahrnehmung immer schon in die Displays eingeschrieben sind, bedeutet auch, dass das Subjekt-Objekt Verhältnis in seiner dichotomischen Festschreibung hinterfragt wird. Doch nicht nur das Publikum unterläuft die Intentionen der KuratorInnen, auch die Objekte enthalten einen Überschuss an Bedeutung, weisen also stets über sich hinaus. Für das Sprechen in aber auch über Ausstellungen könnte Ähnliches wie für die Traumerzählung gelten: „Das ist es nicht, das ist nicht alles, ich könnte und müßte es anders erzählen."[93]

## Methoden der Ausstellungsanalyse

Bei unseren Ausstellungsanalysen entlang der Kategorien *gender, race* oder *class* stützten wir uns in erster Linie darauf, was wir sahen, was uns zu sehen gegeben wurde. Wir suchten also nicht das Gespräch mit den KuratorInnen, um die Intentionen, die institutionell bedingten Hintergründe für die jeweiligen Ausstellungseinheiten der Schausammlung herauszufinden. Dies bedurfte einer entsprechenden Herangehensweise, die dem Medium Ausstellung, das auf sehr komplexen Verfahrensweisen basiert, gerecht wurde: nämlich einer möglichst genauen Erfassung, welche Themen angesprochen und in welcher Weise Objekte, Bilder, Texte, audiovisuelle Medien, Ausstellungsarchitektur und Inszenierungsmittel in einem Raum eingesetzt werden, um bestimmte Lesarten nahe zu legen. Für Ausstellungsanalysen sind folgende Fragestellungen und Aspekten relevant:

Welche Themenschwerpunkte werden in einer Schausammlung, einer Abteilung, einer Ausstellungssequenz gesetzt? Wie erfolgt die Strukturierung, etwa nach chronologischen, regionalen, formalen oder thematischen Gesichtspunkten?

Welche Exponate finden sich in welchen (Themen-)Bereichen? Originale – insbesondere wenn sie von hohem materiellem oder symbolischem Wert sind – erreichen etwa mehr Aufmerksamkeit als Repliken und Flachware. Einem Themenbereich, in dem sich wertvolle Originalobjekte befinden, wird Bedeutung beigemessen, einer Aussage kann so Gewicht verliehen werden. Der Einsatz von audiovisuellen Medien ist zwar sehr attraktiv und entspricht den aktuellen Wahrnehmungsgewohnheiten, kann jedoch auch einen ephemeren Charakter haben.

Welche Folgen haben Ordnungskriterien, wie beispielsweise die Klassifikation (Kunst, Natur, Kunsthandwerk, Technik etc.), auf die in der Ausstellung getroffenen Aussagen? Unter welchen Gegebenheiten können Objekte zwischen den Kategorien und Klassifikationen wandern? Je nachdem unter welchem Aspekt ein Objekt betrachtet wird – nach inhaltlichen, ästhetischen oder formalen Kriterien –, wird es in unterschiedlicher Weise zum Bedeutungsträger. Erfolgt die Präsentation von Alltagsgegenständen nach ihrer Materialität (Glas, Porzellan), so tritt eher die (handwerkliche) Bearbeitung und Gestaltung in den Vordergrund. Werden die Objekte hingegen im Kontext ihrer Funktion und des Gebrauchs gezeigt, werden sie zu Zeugnissen einer bestimmten kulturellen Praxis (Tischkultur). Es macht auch einen Unterschied, ob Kultgegenstände nicht-westlicher Kulturen als ethnografische Objekte oder als Kunstwerke gezeigt werden. Mit der Einordnung in bestimmte Kategorien wird jenseits der konkreten Kontextualisierung bereits eine Vorentscheidung getroffen, die die Wahrnehmung beeinflusst.

In welchem Zusammenhang werden die Exponate präsentiert? Stehen die Objekte für sich oder sind sie in einen größeren Kontext eingebunden, sei es durch Objekt-Text-Präsentationen, rekonstruierte Ensembles, Montagen oder inszenierte Erlebnisräume? Wird etwa ein Objekt isoliert präsentiert, kann es in seiner Vereinzelung eine herausragende Position und damit eine höhere Bedeutung erhalten. So entspricht es der konventionellen Präsentationsweise moderner Kunst, dass die Werke viel leeren Raum um sich beanspruchen, um ihre Wirkung unbeeinträchtigt von anderen visuellen Eindrücken entfalten zu können. Im Unterschied dazu wird durch eine unmittelbare Kontextualisierung nicht das einzelne Objekt, sondern das ganze Ensemble zum Träger von Bedeutungen. Auf diese Weise können jedoch innerhalb der Präsentationen auch Zwischentöne und konkurrierende Botschaften vermittelt werden.

In welchem Ausmaß und mit welcher Intention werden verschiedene Textsorten – Primärtexte (Originalzitate, schriftliche Quellen) oder Sekundärtexte (Objektbeschriftungen, Thementexte) – eingesetzt? Wie ist der Effekt, wenn Objekten überwiegend Zitate und Originalquellen oder von den KuratorInnen verfasste Kommentare hinzugefügt werden? Primärtexten kann eher Objektcharakter zukommen, während Sekundärtexte tendenziell stärker einordnen, bestimmen und erklären. Allerdings hängt es auch von der Schreibhaltung der AutorInnen ab, wie apodiktisch oder offen die Texte gehalten sind. Daran schließt die Frage nach dem grundsätzlichen Verhältnis von Objekten und Texten an. Wollen die Texte die Wahrnehmung der Objektarrangements und deren Erzählungen in eine bestimmte Richtung lenken, verfolgen sie einen klaren didaktischen Anspruch oder geben sie den RezipientInnen Raum für eigene Sichtweisen und Stellungnahmen? In diesem Zusammenhang stellt sich auch die Frage, ob auf die Macht des Visuellen oder die der Worte gesetzt wird. Objekte und Bilder sind in der Regel vieldeutiger als erklärende Texte und widersetzen sich stärker einer linearen Lesart. Auch wenn es die Möglichkeit gibt, Wegführungen anzulegen und einzelne Objekte hervorzuheben, um Akzente zu setzen, ist die Blickfolge und damit die Rezeption nicht festzulegen. Demgegenüber ist die Argumentationslinie in erläuternden Texten leichter vorzugeben, auch wenn die BesucherInnen ihr nicht folgen, indem sie Passagen überspringen und die Texte nicht zu Ende lesen.

Welche architektonischen und gestalterischen Inszenierungsmittel kommen zum Tragen und wie rahmen sie die ausgestellten Exponate? Welche Atmosphäre wird durch das Material und die Form des Ausstellungsmobiliars (Vitrinen, Pulte, Sockeln, Stellwände, Tafeln) und durch den Einsatz von Farbe und Lichtführung geschaffen? Ist das Ausstellungsmobiliar zurückgenommener Träger für Exponate und Texte oder lenkt es den Blick in bestimmter Weise, stellt Zusammenhänge her? Wenn die gestalterische Rahmung in den Vordergrund rückt, geschieht dies in Konkurrenz zu oder in Abstimmung mit den Exponaten, zur Visualisierung von mit Exponaten verknüpften Themen oder zur Schaffung von Erlebnisräumen? So kann eine spektakuläre Inszenierung einem Thema oder einem Objekt Bedeutung verleihen, eine betont sachliche Präsentationsästhetik den Anschein von Wissenschaftlichkeit und Objektivität erwecken. Wie wird der Parcours durch die Ausstellung gelegt? Sind die Einheiten so angeordnet, dass eine klare Abfolge nahe gelegt wird oder werden die BesucherInnen zum Flanieren eingeladen? Ist es notwendig, dem Parcours zu folgen, um den Aufbau der Ausstellung zu verstehen?

In welchen Räumlichkeiten ist die Ausstellung untergebracht und wie wirken sich diese auf die Rezeption aus? Handelt es sich um eigene Ausstellungsräume oder muss sich die Präsentation in einen Ort einfügen, der ursprünglich für andere Zwecke vorgesehen war? Wie bestimmt die Ästhetik der Gebäudearchitektur, etwa eines historischen oder zeitgenössischen Museums, einer ehemaligen Fabrik oder eines Schlosses die Wahrnehmung der Ausstellung? Korrespondiert die Ausstellungsarchitektur mit dem jeweiligen Gebäude, nimmt sie durch gestalterische Eingriffe Bezug auf den architektonischen Rahmen oder negiert sie ihn – etwa im Hinblick auf die Repräsentativität und die Ausgestaltung, die Farbgebung und Struktur? Die Auseinandersetzung mit dem Raum bezieht sich aber nicht nur auf das (Museums-)Gebäude, sondern auch auf die gesellschaftlichen Implikationen, die einen Raum konstituieren und die Rezeptionsbedingungen vorstrukturieren.

Wie ist der Duktus der Ausstellung zu charakterisieren? Lässt die Erzählung bewusst Mehrdeutigkeiten, Brüche und Leerstellen zu oder wird versucht, eine klare Botschaft zu transportieren? Wird die eigene Position als eine hinterfragbare vermittelt oder auf die Autorität des Museums und der Wissenschaft rekurriert?

Die Auseinandersetzung mit der Auswahl der Objekte, der räumlichen Anordnung und den Inszenierungsmitteln ist notwendige Voraussetzung, um die Bedeutungsproduktion, die durch den Prozess des Ausstellens erfolgt, zu begreifen und beschreibbar zu machen. Es genügt jedoch nicht, sich mit einzelnen Aspekten auseinanderzusetzen. In einer Ausstellung entstehen die Narrative durch das Zusammenwirken mehrerer Ebenen, die in Beziehung zueinander stehen. Es muss also dem Umstand Rechnung getragen werden, dass die Präsentationen im Medium Ausstellung durch die Verschneidung von verschiedenen Medien wie Text, Bildmaterial und Objekte, Film/Video, Gestaltungsmittel etc. in einem Raum zu einer dichten Textur verwoben sind. Die Aussagen sind dabei nie eindeutig, sondern ermöglichen vielfältige Lesarten. Diese sind aber auch nicht völlig beliebig, sondern folgen bestimmten Wahrnehmungskonventionen. Die entscheidende Frage ist, welche Präsentationsweisen fördern welche Assoziationen und Interpretationen, führen zu welchen Effekten wie Identifizierungen, Distanzierungen, Irritationen?

In den Ausstellungsnarrativen gilt es also, auch zwischen den Zeilen zu lesen, um den verborgenen Erzählungen nachzugehen, die unbewusst, gleichsam symptomatisch zum Tragen kommen. Ausgehend von der Erkenntnis, „dass es in der Untersuchung von Kultur ebensowenig wie in der Malerei möglich ist, eine Grenze zwischen Darstellungsweise und zugrundeliegendem Inhalt zu ziehen“,[94] wird das Verhältnis von Oberfläche und Subtext nicht als vordergründige Repräsentation gedacht, die mit einer bedeutungsstiftenden Erzählung unterlegt ist. Vielmehr zielen wir darauf ab, die Oberfläche genau ins Visier zu nehmen, weil sich so der Subtext eröffnen kann. Denn beide sind untrennbar verbunden, das Bedeutete bleibt stets durch das Bedeutende präsent.[95]

Da wir bei den Ausstellungsanalysen auf wenig museologische Grundlagenarbeiten zurückgreifen konnten, die den vielschichtigen Verschneidungen visueller und schriftlicher Zeichensysteme in musealen Repräsentationen gerecht werden, versuchten wir zunächst die ethnografische Methode der Dichten Beschreibung von Clifford Geertz auf Ausstellungen anzuwenden. Im weiteren Verlauf ergänzten wir diese Herangehensweise noch um einen semiotischen und semantischen Ansatz. Dabei verstehen wir Methoden nicht als strikte Regelwerke, sondern als Kriterien und Verfahrensweisen, die spezifischen Kontexten anzupassen sind.

## Dichte Beschreibung

Das Verfahren der Dichten Beschreibung wurde von Clifford Geertz für die ethnologische Feldforschung entwickelt.

„Ethnographie betreiben gleicht dem Versuch, ein Manuskript zu lesen (im Sinne von ‚eine Lesart entwickeln‘), das fremdartig, verblaßt, unvollständig, voll von Widersprüchen, fragwürdigen Verbesserungen und tendenziösen Kommentaren ist, aber nicht in konventionellen Lautzeichen, sondern in vergänglichen Beispielen geformten Verhaltens geschrieben ist.“[96]

Diese Charakterisierung der ethnografischen Herangehensweise wurde auch auf die Geisteswissenschaften übertragen und reformuliert:

„Umgekehrt könnte man nun sagen Geisteswissenschaften zu betreiben gleicht dem Versuch, eine Feldforschung zu unternehmen (im Sinne von ‚eine dichte Beschreibung entwickeln‘), die in ein entlegenes Terrain entführt und im Umgang mit unterschiedlichsten Texten und Bildern während eines langwierigen Prozesses, voll von Besetzungen des eigenen Imaginären, ein fremdes kulturelles System erschließt, das sich nicht nur in gesellschaftlichen Institutionen und sozialem Verhalten, sondern in den fragilen Formen ikonischer und symbolischer Zeichen niederschlägt.“[97]

Auch bei Ausstellungen handelt es sich um einen „Text“, der sich aus visuellen und schriftlichen Zeichen zusammensetzt, und den es zu „lesen“ gilt. Und das Zeichensystem enthält in der Mehrzahl *fremde* Elemente: Auch wenn es sich um die Darstellung der *eigenen* Kultur handelt, sind etwa historische Objekte aufgrund der zeitlichen Distanz vielfach beinahe eben so fremd wie die Zeugnisse *anderer* Kulturen.[98]

Die Dichte Beschreibung ist in diversen Wissenschaften zur Metapher für einen interpretativen Zugang zu sozialen und kulturellen Phänomenen geworden. Wichtig erscheinen uns die beiden zentralen Verfahrensmerkmale, die Geertz als mikroskopisch und deutend charakterisiert. Ersteres bedeutet die Reduktion auf einen Teilbereich des Untersuchungsgegenstandes, der aber unter vielfältigsten Perspektiven genau analysiert wird, so dass davon ausgehend weit reichende Schlussfolgerungen auf ein größeres System gezogen werden können. Zweiteres meint, dass sich die Forschenden bewusst sind, dass bereits die Beschreibung eines kulturellen Phänomens ebenso eine Interpretation und Positionierung beinhaltet wie die Analyse – auch eine Aufzeichnung ist eine Deutung. Analysen sind somit Interpretationen von Interpretationen.

Wir verstehen unsere Museumsanalysen insofern als mikroskopisch, als wir versuchen, von einem Teilbereich – der Ausstellungsebene – aus zu erkunden, wie sich eine Institution in der Museumslandschaft, in den kulturellen und gesellschaftlichen Ordnungen positioniert, welche Denkansätze und Repräsentationsformen Eingang finden. Zudem erfassen wir nicht die ganze Schausammlung eines Museums, sondern beschränken uns auf ausgewählte Ausstellungseinheiten bestimmter Abteilungen. Trotz Reduktion der Analyse auf wenige Displays können daraus weiter reichende Schlussfolgerungen auf grundsätzliche Verfahrensweisen der Repräsentation in Ausstellungen gezogen werden.

Auch bei den Ausstellungsanalysen ist bereits das Betrachten und Beschreiben der Displays mit Interpretation durchtränkt. Sowohl in den Assoziationen und Konnotationen zum Ausgestellten als auch in der Art und Weise, wie die Rezeption visueller Manifestationen erfolgt, kommen Wahrnehmungsmuster zum Tragen, die die Analysen wesentlich mitbestimmen. Sind die intuitiv hergestellten Zusammenhänge zwischen heterogenen Beobachtungen im alltäglichen Leben, die sich in Form blitzartiger Einsicht vollziehen, vielfach unbewusst, wird im Forschungsprozess „die unbewußte Abduktion des lebensweltlichen Wissens mit bewusstem theoretischem Wissen verknüpft und werden die Ergebnisse systematisch überprüft.“[99] Diese Forschungslogik des abduktiven Schlusses korrespondiert mit der vom Historiker Carlo Ginzburg beschriebenen Form der blitzhaften Erkenntnis. Sein Begriff des Indizienparadigmas geht davon aus, dass sich eine undurchsichtige und komplexe Realität über bestimmte Spuren und Indizien entziffern lässt, wobei der Erkenntnisgewinn nicht über eine Ordnung von Regeln erfolgt, sondern über Spürsinn, Augenmaß und Intuition. Auch Charles S. Peirce rekurriert auf vorbewusste Wahrnehmungsurteile und spontane Vermutungen, die zur Erkenntnis werden können, wenn sie mit kritischem Verstand, Deduktion und Induktion verbunden werden.[100]

Während sich die meisten Ausstellungskritiken mit thematischen Aspekten oder besonderen Objekten beschäftigen, interessiert uns vor allem das Zusammenspiel visueller Elemente mit Text und Raum als Voraussetzung für die in der Ausstellung transportierten Narrative. Welche Assoziationsketten werden dabei evoziert und auf welchen kulturellen und individuellen Erfahrungen beruhen sie? Die vielfältigen Verknüpfungen zu beschreiben, heißt immer weitere Bedeutungsschichten übereinander zu lagern, nebeneinander zu setzen. Denn nach Geertz besteht die Untersuchung kultureller Phänomene darin, „Vermutungen über Bedeutungen anzustellen, diese Vermutungen zu bewerten und aus den besseren Vermutungen erklärende Schlüsse zu ziehen; nicht aber darin, den Kontinent Bedeutung zu entdecken und seine unkörperliche Landschaft zu kartographieren."[101]

Indem wir die unterschiedlichen Schichten einer Ausstellung erfassen, beschreiben und in einen Zusammenhang stellen, setzen wir sie zu immer neuen Bildern und Narrativen zusammen. Und nur so können sich auch Bedeutungen eröffnen, die nicht auf den ersten Blick sichtbar sind. Erst mit den wiederholten Reinterpretationen und dem Hervorheben verborgener Bedeutungen als weitere Lesarten wird einer rekonstruktiven-dünnen Beschreibung eine spezifische konstruktive Dichte gegeben. In Anlehnung an Meinrad Ziegler kann eine Darstellung dann als dicht bezeichnet werden, „wenn sie nicht nur das äußerlich Sichtbare protokolliert, sondern auch die kulturellen Kontexte und Interpretationsrahmen zum Ausdruck bringt, die der Handlung [in unserem Fall der Ausstellung, d.A.] ihren Sinn geben."[102] Dichte Beschreibungen bilden nicht nur physisch Beobachtbares ab, sondern arbeiten bestimmte Bedeutungsstrukturen heraus, legen am Konkreten auch Allgemeines offen.[103] Nicht durch Abstraktionen und formale Modelle könne ein gewisser Grad an Allgemeinheit erreicht werden, sondern durch Genauigkeit der Einzelbeschreibungen, wobei unter Einbeziehung unterschiedlichster wissenschaftlicher Perspektiven der Gegenstand der Untersuchung immer wieder neu befragt und ständig neue Schichten von Interpretationen anlagert werden.

„Nicht durch Erklärungen, Ableitungen, Klarstellungen wird in einer dichten Beschreibung das untersuchte Phänomen erschlossen, sondern durch die Verknüpfung verschiedener Bedeutungs- und Beobachtungsebenen, durch ein interpretatives Springen zwischen dortigen Bildern und hiesigen Metaphern."[104] Dabei wachsen Kenntnisse über kulturelle Phänomene ruckartig und nicht kontinuierlich, es gilt immer wieder von vorne anzufangen und nicht von bereits bewiesenen Theoremen, doch helfen Begriffe und Kenntnisse, um immer tiefer in die gleichen Dinge einzudringen.[105]

Die Analysen können von mehr als einem Standpunkt aus erfolgen, Kohärenz und Stringenz der Zusammenfügung der Interpretationen sei nicht der ausschlaggebende Gültigkeitsbeweis für die Beschreibung einer Kultur. „Eine gute Interpretation von was auch immer [...] versetzt uns mitten hinein in das, was interpretiert wird."[106]

Geertz plädiert zwar für begriffliche Präzision und Nachvollziehbarkeit der vorgenommenen Deutungen, wendet sich aber nicht nur gegen methodologischen Konformismus, sondern generell gegen die Möglichkeit, Realität zu beschreiben. Der Begriff der Validität wird durch den Begriff der AutorInnenschaft oder Legitimität ersetzt.[107] Der interpretative Ansatz rekurriert auf die Erkenntnis, dass es keinen objektiv-neutralen Standpunkt gibt, so dass nicht nur das Forschen, sondern auch das Schreiben an ein Subjekt, sprich die AutorIn gebunden ist. Und das beginnt nicht erst bei der Analyse, sondern bereits bei der Beschreibung von Phänomenen.

Der Definition von Geertz entsprechend – EthnografInnen seien PilgerInnen und KartografInnen zugleich – haben wir mit Bleistift und Heft in der Hand Inszenierungen, Raumatmosphären, Objektanordnungen, Vitrinen, Texte etc. möglichst genau und umfassend zu beschreiben versucht. Wir näherten uns immer wieder den Displays, lenkten den Blick auf mögliche Formen des Zusammenspiels der unterschiedlichen Präsentationsmittel, stellten Vermutungen über intendierte und verborgene Erzählungen zu *gender, race* oder *class* an. Wir versuchten zwar, dem Prinzip der Dichten Beschreibung zu folgen, was die Genauigkeit der Erfassung der Ausstellung, das Herausarbeiten von tieferen Bedeutungsebenen und die Nachvollziehbarkeit der Interpretationen betraf, blendeten aber die spezifischen Formen unserer Annäherung aus. Damit haben wir der Kartografin im Sinne der Anreicherung der Beschreibung mit Dichte Genüge getan, aber unser Involviertsein in den Akt der Betrachtung aus dem Blick verloren. Erfahrungen bei Museumsbesuchen sind kaum systematisierbar und verallgemeinerbar, da sie in hohem Maße situations- und subjektabhängig sowie von aktuellen Diskursen bestimmt sind.[108] Erst nach der bereits erfolgten Analyse haben wir begonnen, die eigenen, unmittelbaren Imaginationen im Prozess der Auseinandersetzung mit Museen – also die Begegnung zwischen Räumen, Dingen und Körpern –, die Assoziationen, Irritationen oder Anziehungspunkte ernst zu nehmen, wodurch sie im vorliegenden Text nicht in dem Ausmaß präsent sind, wie es uns nunmehr für den Analyseprozess notwendig erscheint.

Obwohl es mit der Methode der Dichten Beschreibung durchaus gelang, den Konstruktionen zum *Eigenen* und *Anderen*, *Weiblichen* und *Männlichen* nachzuspüren, blieb die Frage nach Analyseinstrumentarien virulent. So suchten wir für die Vertiefung unserer bis dahin gewonnenen Erkenntnisse nach weiteren Methodenrepertoires, die sich auf den Untersuchungsgegenstand Ausstellung übersetzen lassen, in der Erwartung, damit die Präsentationen neu befragen zu können, neue Schichten von Interpretationen anlagern zu können und so die Beschreibungen dichter zu machen. Es ging uns vor allem darum, wie die spezifische „Grammatik" der Ausstellung entsteht und wie Ausstellungen als Sprechakte, als Signifikations- und Kommunikationsprozesse zu beschreiben seien. Daher sind uns Ansätze aus der Literaturwissenschaft und der Semiotik als anleitende Methoden für die Ausstellungsanalyse als brauchbar erschienen. Insofern kam es uns entgegen, dass Jana Scholze gerade ihre Dissertation, in der sie einen auf Roland Barthes aufbauenden semiotischen Ansatz für die Ausstellungsanalyse anwandte, fertig gestellt hatte. Auf die Methode der semantischen Schule von Roman Jacobson machte Sabine Offe aufmerksam.

## Semiotisches Verfahren: Denotation, Konnotation, Metakommunikation

Die Semiotik untersucht Kommunikationsprozesse, die durch ein zugrunde liegendes System von Signifikationen ermöglicht werden. Von Signifikation wird gesprochen, wenn auf der Basis einer gesellschaftlichen Übereinkunft, einer Regel, etwas Wahrgenommenes für etwas anderes steht. Zeichen sind nach Eco demnach eine physikalische Form, die für den Empfänger auf etwas verweist, was diese physikalische Form bezeichnet, nennt oder aufzeigt, was aber nicht die physikalische Form selbst ist.[109] „Jeder Kommunikationsakt setzt als notwendige Bedingung ein Zeichensystem voraus und entsteht, wenn ein Zeichen im Empfänger eine Interpretationsreaktion hervorruft. Diese wird durch die Existenz eines Codes ermöglicht."[110] Codes stehen also als Art Verbindungsstücke zwischen Zeichen und Gesellschaft und ermöglichen Kommunikationsprozesse.

Ausstellungen werden als Orte verstanden, wo Signifikations- und Kommunikationsprozesse stattfinden, der Raum, die Ausstellungsobjekte und die Gestaltungsmittel zu Zeichen werden, die auf konkrete Inhalte und weniger bestimmte Bedeutungen verweisen. Krzysztof Pomian hat bereits erläutert, dass museale Objekte, die dem ökonomischen Kreislauf entzogen sind, ihre ursprüngliche Gebrauchsfunktionen nur noch repräsentieren und über ihre vormuseale Funktion hinaus zu Bedeutungsträgern – Semiophoren – werden können. Er differenziert also zwischen einer materiellen und einer semiotischen Seite eines Objekts, die er auf eine Relation von Sichtbarem und Unsichtbarem zurückführt.[111]

Jana Scholze erprobte eine semiotische Analyse von unterschiedlichen Präsentationsformen, um die Bedingungen der Mitteilbarkeit und Verstehbarkeit einer Botschaft, von Codierung und Decodierung zu untersuchen. Dabei greift sie zum einen auf die Definition Ecos von Codes als „intersubjektive Erscheinungen, [...] die auf der Gesellschaftlichkeit und der Geschichte basieren [...]“[112] zurück. Da sich Codes je nach aktuellem Werte- und Bezugssystem verändern, sind sie nicht als statische, eindeutig interpretierbare Komponenten im Kommunikationsprozess zu sehen. „Dabei hat jede Decodierung [...] ihre Berechtigung und Gültigkeit, allerdings immer nur innerhalb des jeweiligen Kontextes. Dieser Kontext ist definiert durch Gemeinschaft, Ort und Zeit und steht in Abhängigkeit von den innerhalb dieser Grenzen gültigen Regeln.“[113] Da die Codes zudem mit der konkreten Kommunikationssituation korrelieren, geht Scholze von einem offenen Prozess, einer „Semiose in progress“ aus. Ausstellungen liefern den BesucherInnen keine identischen Erkenntnisse und Erfahrungen, auch wenn die diskursive Pluralität der Codes durch verschiedene Verfahrensweisen begrenzt wird.[114]

Um Codierungen im Hinblick auf intendierte oder mögliche Aussagen beschreiben zu können, verwendet Scholze ein Analyseinstrumentarium, das mit den nicht hierarchisch gesetzten Begriffen denotative, konnotative und metakommunikative Codes operiert. Diese drei Arten von Mitteilungen kommen folgendermaßen zum Tragen:

„[...] jedes Ausstellungsobjekt gibt zunächst Auskunft über seine vormuseale Funktion, unabhängig davon, ob diese tatsächlich als Gebrauchsfunktion genutzt wurde. Im Kontext der Objektarrangements, der räumlichen Situation und der Ausstellungsthematik werden darüber hinaus die ‚eigentlichen‘ Ausstellungsinhalte und mögliche assoziative Bedeutungen vermittelt. Die Art und Weise der Präsentation gibt schließlich Auskunft über die Intention, Philosophie und Ethik der Ausstellungsmacher bzw. des Museums als sich in Ort und Zeit definierende Institution.“[115]

Denotative Codes definiert Scholze als solche, die sich auf die Funktion(en) und damit den Gebrauch von Objekten aber auch von Präsentationsmitteln beziehen. Die banal scheinende Decodierung des Gebrauchs liefert eine Objektbezeichnung, die eine Benennung, eine Einordnung in ein kulturelles Raster ermöglicht. Bei Objekten bezieht sich der denotative Code auf die vormuseale Funktion. Selbst wenn mit der Musealisierung eine weitgehende Aufhebung der ursprünglichen Gebrauchsfunktion erfolgt, sichert die Feststellung derselben doch zumeist einen ersten Anknüpfungspunkt für die BesucherInnen – ein Objekt wird erkannt und benannt.[116] Oftmals sind die Exponate jedoch aufgrund der zeitlichen Distanz ihrer Herstellung oder der kulturellen

Differenz ihrer Entstehungsorte so fremd, dass sie nicht mit einem Blick zu decodieren sind. Greifen die Objekttexte dann allerdings auf fachspezifische Begriffe zurück, helfen auch die Beschriftungen nicht weiter.

Zunächst stellte sich die Frage, inwiefern die Entschlüsselung der denotativen Codes für die Ausstellungsanalyse von Bedeutung ist. Denn in der Anwendung wurde deutlich, dass die Vermischung mit konnotativen Codes rasch erfolgen kann. Für die Auseinandersetzung mit der Funktion eines Exponates sprach jedoch, dass sie die BetrachterInnen zwingt, den Blick auf das Objekt und die Konvention seiner Benennungen zu richten. Wird beispielsweise ein Kultgegenstand zu schnell im Kontext – etwa als Beleg für eine rituelle Praxis – gelesen, treten seine Eigenheiten jenseits der intendierten Botschaften der AusstellungsmacherInnen leicht in den Hintergrund. Wenn die Aufmerksamkeit jedoch zunächst bewusst auf das Objekt gelenkt wird, kann außerdem ein Raum für die individuellen Assoziationen der RezipientInnen eröffnet werden. Aber auch die Tatsache, dass ein Objekt für sich nicht viel aussagt, ist eine wichtige Erfahrung bei der Ausstellungsrezeption, als dadurch die Zeugenschaft von Objekten hinterfragbar wird. Erst die Kontextualisierung ist es, die ein fragmentarisches Objekt zu einem Zeugnis für einen bestimmten Sachverhalt macht.

Konnotative Codes entstehen durch „das Eingebundensein des Objekts in kulturelle Vorgänge, Norm- und Wertsysteme bis hin zu individuellen Lebensgeschichten".[117] Als erste und grundsätzlichste Konnotation ist die Wahrnehmung der Ausstellungsobjekte als Zeugnisse von historischem oder kulturellem Wert zu nennen. Diese Konnotation resultiert schon allein aus der Tatsache, dass die Exponate Eingang in eine Sammlung oder Ausstellung erfahren haben.[118] Zwar können Konnotationen auch von der äußeren Erscheinung eines Objektes, seiner Formensprache und den ihm anhaftenden Spuren hervorgerufen werden, doch sind für die Ausstellungsanalyse jene Konnotationen entscheidend, die durch die Kontextualisierung mit anderen Exponaten entstehen: durch die Schaffung von Objektzusammenhängen durch Nähe und Distanz, Häufung oder Vereinzelung, aber auch durch Licht, Farbe, Ton, Raumgestaltung und nicht zuletzt durch Texte. Jede Ausstellung kann jeweils andere Konnotationen zu einem Exponat hervorbringen, weil die Objekte je nach Intentionen der KuratorInnen oder sich verändernder wissenschaftlicher Erkenntnisse in unterschiedliche Kontexte und Präsentationsformen eingebunden werden. Die möglichen konnotativen Bedeutungen eines Objektes sind nie vollständig zu erfassen.[119] Die Analyse konnotativer Codes, die die Lesart einer Ausstellung bestimmen, gibt aber auch Aufschluss über gesellschaftliche Konventionen in der visuellen Kultur. Angeleitet von den Deutungsangeboten der AusstellungsmacherInnen, die die Rezeption allerdings nie vollständig determinieren können, liegt es an der Decodierung seitens der

BetrachterInnen, welche Narrative in den Köpfen entstehen. Je nach den wahrgenommenen konnotativen Codes kann ein Objekt oder Display immer in einem anderen Licht erscheinen.

Als metakommunikative Codes versteht Scholze jene, die auf den institutionellen Kontext des Museums etwa die gesellschaftspolitische oder wissenschaftliche Positionierung der Institution und die Intentionen der AusstellungsmacherInnen verweisen. In Ausstellungsthemen und Präsentationen spiegeln sich neben museologischen Standpunkten auch allgemeine wissenschaftliche und kulturpolitische Diskurse.

„Grundsätzlich ist festzuhalten: die Metakommunikation von Ausstellungen betrifft alle Kommunikationsphänomene, die sich weder direkt auf die Objektgeschichte beziehen noch auf die Ausstellungsthematik, sondern auf der Präsentation zugrundeliegende akademische, museologische, politische und individuelle Standpunkte. Damit wendet sich die Metakommunikation immer Zeichensystemen außerhalb des Ausstellungskontextes zu, doch nicht im Sinne des Verweisens auf die Gegenstände an sich, sondern auf diese als Zeichensystem, d.h. als kulturelle Phänomene innerhalb der Zuordnungen von Bedeutungen.“[120]

Zumeist wird nicht offen gelegt, in welchen Traditionen ein Museum steht, von welcher Position aus gesprochen wird. Aber an den metakommunikativen Codierungen ist abzulesen, wie ein Museum seinen BesucherInnen in seiner Gesamtheit gegenübersteht. Das beginnt damit, welche Schwellensituation beim Betreten der Institution erzeugt wird und an welche Zielgruppen (TouristInnen, SchülerInnen, breite Öffentlichkeit) sich das Museum wendet. Und es setzt sich fort in der Rhetorik der Präsentationen, die mit unterschiedlicher Gewichtung überzeugen, appellieren, beschreiben oder argumentieren, aber auch in der inhaltlichen Positionierung, bei der es darum geht, einen „richtigen“ Standpunkt einzunehmen, keine Stellung zu beziehen oder Positionen bewusst offen zu halten. Zudem stellt sich die Frage, welche Gestaltungsmöglichkeiten in einer Ausstellung zum Tragen kommen: Ist der Ausstellungsraum möglichst neutral gehalten wie die für die Präsentation moderner Kunst übliche weiße Zelle oder werden Räume geschaffen, deren Inszenierungen zwischen wissenschaftlich-aufklärerischem Bildungsanspruch und Unterhaltung changieren?

Trotz bestehender Vielfalt im Hinblick auf die konkrete Umsetzung von Museumsideen, gibt es an die Institution Museum gestellte Erwartungshaltungen und Verhaltensmuster im Umgang mit Museen, die noch immer wenig hinterfragt werden. So gehen vielfach AusstellungsmacherInnen wie BesucherInnen davon aus, dass Ausstellungen neutrale und objektive Standpunkte präsentieren, wodurch das Artifizielle des musealen Kontextes, der fragmentarische und konstruierte Charakter der Präsentationen ausgeblendet bleibt. Die spezifische Double-Bind-Situation von Museen ist dadurch geprägt, dass sie einerseits aktuellen wissenschaftlichen Diskursen, kulturpolitischen Positionen und konkreten Rahmenbedingungen verpflichtet sind, und dass sie andererseits verfestigten Konventionen – im Hinblick auf die zentrale Bedeutung von Originalobjekten, die Schutzpflicht der Exponate etc. – unterliegen.[121]

Da wir uns in den Ausstellungsanalysen darauf konzentrierten, was zu sehen gegeben wurde, hat uns in Bezug auf die metakommunikativen Codierungen weniger interessiert, welche Botschaften die AusstellungsmacherInnen vermitteln wollten oder wie sie ihre Ausstellungskonzeptionen in der Öffentlichkeit darstellten. Es ging vielmehr darum, wie sich die museologischen, wissenschaftlichen und gesellschaftspolitischen Positionen in den Präsentationen manifestierten oder zumindest implizit zum Tragen kamen.

Die Unterscheidung von Denotation, Konnotation und Metakommunikation versteht Scholze nur als ein Instrument der Ausstellungsanalyse, das helfen kann, die sich überlagernden, komplexen Kommunikationspotenziale zu unterscheiden, zu ordnen und dadurch besser beschreibbar zu machen. Doch betont sie, dass die Komplexität der Erscheinungsformen den Ordnungsbestrebungen auch Grenzen setzt.

„Barthes spricht bei der Analyse eines Werbespots von einer ‚Architektur der Mitteilungen' entgegen bloßer Additionen und Sukzessionen. In einer Art der versetzten Bewegung kann nämlich die Denotation zum Element der Konnotation, die Konnotation wiederum zum Element der Metakommunikation werden. Allerdings beziehen sich die Ebenen der Zeichensysteme nur auf eine Auswahl relevanter Charakteristika und nicht auf der Wiedergabe der vollständigen Inhalte der jeweils vorangehenden Zeichensysteme. D.h., der Signifikant der Konnotation baut sich zwar auf dem denotierten Zeichen auf, reproduziert aber nur relevante Ausdruckscharakteristika, die mit den intendierten Inhalten korrespondieren. Eine entsprechende Selektion vollzieht sich bei der Bildung der Metacodes. Die Kommunikationsinhalte werden damit aus dem Spannungsverhältnis von Selektion und Artikulation gebildet, wodurch die einzelnen Zeichenprozesse oft schwer voneinander zu trennen und zu unterscheiden sind. […] In Ausstellungen dominiert meist die konnotative Ebene die Wahrnehmung und Auseinandersetzung mit dem Präsentierten, wobei die beiden übrigen Signifikationen teilweise in ihr aufgehen können, ohne allerdings verloren zu gehen."[122]

Interessant beim Ansatz von Jana Scholze ist, dass sie anhand der Begriffe Denotation, Konnotation und Metakommunikation den drei entscheidenden Informationsebenen in Ausstellungen nachgeht: der vormusealen Funktion von Exponaten, den im Kontext der Objektarrangements vermittelten Inhalten sowie den Intentionen der AusstellungsmacherInnen und der Institution Museum. Da sich die drei Codes nach Scholze immer an allen Ausstellungselementen, also der Objektebene, den Gestaltungsmitteln und Räumen, wenngleich in unterschiedlicher Ausprägung manifestieren, kann auf diese Weise das Medium Ausstellung als Ganzes in den Blick kommen. Gleichzeitig ermöglicht das Instrumentarium, die Codierungen, die immer ineinander greifen und sich durchdringen, zu differenzieren und beschreiben. So kann auf der denotativen Ebene einer der grundlegendsten Operationen im Museum nachgegangen werden: der Benennung und Kategorisierung von Exponaten. Damit können Vermutungen, die sich etwa um ein unbekanntes Objekt spinnen, zum Stillstand oder aber erst in Gang gebracht werden. Bei der Konnotation kommen die unterschiedlichen Verfahrensweisen der Kontextualisierungen in den Blick. Insbesondere die konnotativen Codes sind es, die die Wahrnehmung strukturieren und damit die Auseinandersetzung mit dem Präsentierten dominieren. Demnach kann ein Objekt ganz unterschiedlich gelesen werden, je nach Auswahl und Gewichtung der vorhandenen Kontexte. Die Metakommunikation kann als gesellschaftspolitischer, wissenschaftlicher und ästhetischer Rahmen begriffen werden, als der Ort, von dem aus die KuratorInnen sprechen und die Art der Präsentation bestimmen.

## Semantisches Verfahren: Syntagmatische und paradigmatische Operation

Werden Ausstellungen als Texte begriffen, ist es nahe liegend, diese mit den Mitteln der Rhetorik zu beschreiben. Wir beschäftigten uns mit dem textanalytischen Verfahren von Roman Jakobson, das die Literatur- und Kulturwissenschaftlerin Sabine Offe in die Diskussion einbrachte und das wir im Rahmen des Workshops mit dem Titel „*Grammatiken* des Ausstellens“[123] im Hinblick auf eine mögliche Anwendbarkeit für die Ausstellungsanalyse ausloteten. Das interdisziplinäre Potenzial des Ansatzes liegt nach Offe darin, dass es sich um ein „formal strenges und darum auch nachvollziehbares Verfahren [handle], mit dem sich, ausgehend von einem Ding, dessen Bedeutungen grammatisch und semantisch ermitteln lassen.“[124] Für Offe stellt sich die Frage nach den „*Grammatiken* des Ausstellens“ auch als eine „Frage nach den Möglichkeiten und Bedingungen öffentlichen Redens über das, was in Museen und Ausstellungen stattfindet, um redend solche Verständigungsprozesse in Gang zu setzen.“ Denn: „Was die Dinge reden und was die Besucher hören sind auf beiden Seiten sehr verschiedene, aber keineswegs beliebig verschiedene Texte.“[125]

Mit dem Verfahren, das Jakobson, Mitbegründer der so genannten Prager Schule und Repräsentant des Strukturalismus in Linguistik und Poetik, seit den 1920er Jahren erarbeitet hatte, wurde ein Paradigmenwechsel in der Literaturwissenschaft eingeleitet.

„Im Anschluß an Ferdinand de Saussure entwickelte er ein Modell der Darstellung von Sprache als System von Regeln und Zeichen, deren Bedeutung nicht im metaphysischen Zusammenhang von Dingen und Wörtern (als ‚Namen'), sondern in der formalen Differenz der Zeichen untereinander gründet. Ein System von Basisregeln (langue) ermöglicht die Produktion von unendlich vielen realisierten Äußerungen (parole). Diese Doppelstruktur von System und aktualisierten Äußerungen überträgt Jakobson auf ein Modell der Produktion von Bedeutungen, das durch eine ständig stattfindende doppelte Operation gekennzeichnet ist."[126]

Auf einer vertikalen Achse findet die paradigmatische Operation statt, auf einer horizontalen Achse die syntagmatische. Das erste Verfahren der Bedeutungsproduktion besteht in der Substitution, das zweite in der Kombination von Begriffen.

Das sprachliche Verfahren auf der syntagmatischen Achse besteht darin, „den Regeln und der Dynamik der Grammatik folgend Sätze zu bilden durch Reihung von Wörtern, die im Verlauf des Sprechens und Erzählens immer neue und prinzipiell unabschließbare Kontexte bilden."[127] Viele Sätze lassen sich bilden, die in Offes Diktion „gleichsam Szenen entwerfen, die das Wort erzeugt." Als Beispiel, wie sich dieses Modell auf die Bedeutungsanalyse von Ausstellungsobjekten übertragen lässt, zieht Offe ein fiktives Objekt heran, eine Krone:

„Auf der syntagmatischen Ebene wird die Krone zum Ausgangspunkt vieler möglicher Erzählungen, etwa: die Krone gehört einem König der König regiert ein Reich baut Schlösser fährt Kutsche führt Kriege hat Mätressen mordet seinen Bruder u.s.w. oder: es war einmal ein König der hatte drei Söhne oder Töchter u.s.w."[128]

In Ausstellungen kann ausgehend von einem gewählten, vorzugsweise dominierenden Objekt mit den es umgebenden Exponaten und Präsentationsmitteln durch spezifische Formen der Verknüpfung ein Narrativ gebildet werden. Schon bei der Anwendung der syntagmatischen Operation im Workshop wurde deutlich, dass zwischen den Objekten zumeist eine Und-Verbindung hergestellt wird. Ist das Narrativ aber signifikant von einer Gegenüberstellung gegensätzlicher Objekte bestimmt, werden auch Oder-Verbindungen nahe gelegt. Selbst wenn bei der Verknüpfung der Objekte auf der syntagmatischen Ebene die Und-Relationen überwiegen sollten, gibt es dennoch weder Anfang noch Endpunkt, also keine lineare Struktur. Damit gleichen die Wahrnehmungsprozesse eher der Bildrezeption. Doch anders als bei einem Bild, das durch die Rahmung definiert ist, sind die Grenzen von Objektensembles offener an ihren Enden.

Die Operation auf der paradigmatischen Achse besteht darin, „aus einem Depot semantisch assoziierter oder assoziierbarer Begriffe ein Wort auszuwählen (zu sprechen oder zu schreiben), das potentiell durch andere ersetzbar wäre."[129] Aufgrund gemeinsamer Merkmale werden Reihen gebildet, die in Beziehung stehen und als eine Art „semiotische Wippe" fungieren. Die Auswahl wird durch Konnotationen und Assoziationen bestimmt. Am Beispiel der Krone beschreibt dies Offe folgendermaßen:

„Auf der paradigmatischen Ebene lassen sich aufgrund gemeinsamer semantischer Merkmale zu ‚Krone' Reihen anderer Wörter assoziieren, etwa: Kaiser, König, Thron, Reich, Schloß, Palast, Zepter, Hermelin, Purpur u.v.m. Ebenfalls Teil dieses konnotativen Kontextes sind die entsprechenden Oppositionen, die sich assoziieren lassen, etwa: Untertan, Bettler, Armut, Hütte, Lumpen u.v.m."

Diesen Assoziationsraum erweitert Offe über diese eher konventionellen Reihungen hinaus, etwa durch ihre individuellen Assoziationsreihen, die sie jedoch keineswegs als beliebige versteht, sondern als Teil eines Kontextes gemeinsamer kultureller Erfahrungen.

„Auf der paradigmatischen Achse läßt sich mit der Krone über Kaiser und König eine fast poetische Reihe assoziieren: Kaiser-König-Edelmann/ Bürger-Bauer-Bettelmann. Es handelt sich hier um einen Vers aus meiner (Nachkriegs-) Kindheit, mit dem die zügige Nahrungsaufnahme an bürgerlichen Mittagstischen gefördert werden sollte – wer wollte schon der letzte sein? Eine Mahnung oder Drohung ist unüberhörbar, Bereiche der Sozialgeschichte öffnen sich, nicht nur gesellschaftliche Rangordnungen werden explizit vermittelt, sondern auch implizit die Abwesenheit von Bettelfrau und Kaiserin."[130]

Werden Ausstellungsdisplays auf der paradigmatischen Ebene gelesen, so erscheinen Objektzusammenstellungen häufig als Substitution eines Themas, die Objekte werden in ihren potenziellen Aussagen beschränkt und erhalten Stellvertretercharakter für einen oftmals sehr komplexen Bereich. Ausstellungsdisplays entstehen auch tatsächlich oftmals auf diese Weise: Unter einem Aspekt werden Exponate versammelt, die dann als Belege und Illustrationen dienen. Da das Publikum jedoch nur mit der von den KuratorInnen getroffenen Auswahl konfrontiert ist, gerinnen die Ensembles leicht zu *dem* Bild etwa eines Ereignisses. Die zu den Objekten assoziierbaren Erzählungen lassen sich in Ausstellungen durch die Anordnung, Kontextualisierung und Präsentationsweisen einschränken und lenken. So kann eine Krone als kostbares Juwel auratisch inszeniert, als Beleg für die Goldschmiedekunst oder als Zeugnis einer Herrscherbiografie präsentiert werden.[131] Mit den möglichen Deutungsangeboten für ein Objekt gerät auch die Objektauswahl generell in den Blick. Die präsentierten Exponate sind immer ein Ausschnitt aus einer

Vielzahl möglicher Objekte. Welche gezeigt werden, hat inhaltliche, ästhetische, pragmatische, kulturpolitische etc. Gründe. Die BesucherInnen sehen nur die Spitze des Eisberges Museumssammlung, wobei ihnen die zugrunde liegenden Kriterien verborgen bleiben.

In der Anwendung der paradigmatischen und syntagmatischen Operationen zeigen sich also Ansatzpunkte, wie die fragmentierten Exponate innerhalb eines Ausstellungsdisplays zu einem *Text* verknüpft, wie durch Nachbarschaften und Substitutionsmöglichkeiten Zusammenhänge gebildet werden. Beide Operationen, die paradigmatische und syntagmatische Verknüpfung, beruhen auf Auswahlverfahren, die durch Assoziationen und Konnotationen bestimmt werden. Ihnen liegen gesellschaftliche Konventionen und Diskurse ebenso wie persönliche Erfahrungen der beteiligten Subjekte zugrunde. Die möglichen Assoziationen, die ein Objekt oder Display auslösen kann, sind zahlreich und ambivalent, sie können Angst- ebenso wie Wunschgeschichten in Gang setzen, die Auskunft geben über individuelle und kollektive Vorstellungen und Bilder. Dadurch entsteht ein dichtes Geflecht manifester und latenter Bedeutungen. „Denn jedes (bedeutung-tragende) Wort auf der syntagmatischen Achse wird von einer paradigmatischen Achse seiner nichtrealisierten Bedeutungen gleichsam gekreuzt.“[132] Das Achsenmodell von Jakobson kann nach Offe nun dazu beitragen, „die Wege und Ab- und Umwege des Assoziierens methodisch zugänglich zu machen und die Bedeutungskontexte, die eine Ausstellung oder ein Ding in einer Ausstellung evozieren, für die Angehörigen einer ‚interpretive community‘ zu beschreiben.“[133]

Der Auswahlprozess orientiert sich also nicht nur an den manifesten Bedeutungen, sondern arbeitet auch mit Verdichtungen auf der paradigmatischen und Verschiebungen auf der syntagmatischen Achse. Diese Schnittstelle des streng formalen Achsenmodells mit psychoanalytischen Ansätzen war für Offe ein weiterer Grund, dieses Verfahren für die Analyse von Ausstellungen zu erproben. Bereits Jakobson verglich sein Verfahren mit dem, was Freud in der Traumdeutung als Vorgang der Verdichtung und Verschiebung beschreibt.[134] Auf dem Weg der Verdichtung und Verschiebung können Geschichten auch „abschweifen, entgleisen, imaginär und idiosynkratisch erscheinen, außer Kontrolle geraten.“[135] Auf diese Weise funktioniert auch Geschichtsaneignung im Museum, wobei die Museumsdisplays die Projektionsfläche für diesen Prozess darstellen: „das, was Besucher hören, wenn die Dinge reden, dem Verständnis und damit auch der Verständigung im Museum zugänglich [zu] machen“.[136]

## Methoden-Bricolage

Die drei gewählten Verfahren aus der Ethnografie, Semiotik und Semantik können nicht nur dazu beitragen, Assoziationen und Konnotationen methodisch zugänglich zu machen und Bedeutungskontexte zu analysieren. Sie ermöglichen es auch, gesellschaftliche Konstruktionen nachvollziehbar zu machen und dem Involviertsein im Analyseprozess Raum zu geben. Die einzelnen disziplinären Zugänge zu verknüpfen und für eine differenzierte Ausstellungsanalyse nutzbar zu machen, haben wir in unserer Arbeit nach Möglichkeit versucht. Im Sinne einer Bricolage[137] haben wir aus dem Arsenal von schon Vorhandenem methodische Ansätze genommen, diese umfunktioniert und miteinander kombiniert für eine neue Anwendung in Anspruch genommen. Zwar flossen das semiotische und semantische Verfahren erst in die Überarbeitung des ersten Manuskriptes ein, doch ermöglichten sie es, durch einen neuerlichen, unter anderen Fragestellungen erfolgenden Zugang die Ergebnisse auszudifferenzieren, zu hinterfragen oder auch zu bestätigen. Da sich Methoden nur in einer intensiven Auseinandersetzung am Gegenstand der Untersuchung bewähren können, bedarf es noch weiterer konkreter Anwendungen, um beurteilen zu können, was sie jeweils für die Ausstellungsanalyse leisten können und wo auch ihre Grenzen liegen.

Eine Schwierigkeit sahen wir vor allem darin, wie in den Ausführungen unser Analyseprozess für die LeserInnen nachvollziehbar gemacht werden konnte. Da bei Ausstellungsdisplays nicht vorgegeben ist, was in welcher Abfolge anzuschauen ist, ist das Vorgehen nach einem bestimmten beschreibbaren Raster, also was in welcher Reihenfolge in den Blick zu nehmen und analysieren ist, nicht sinnvoll. Es bedarf der Isolierung einzelner Sequenzen, einzelner Objekte und Ausstellungselemente, um zunächst den Blick zu schärfen, auch wenn es dann gilt, die Komponenten wieder zusammenzuführen. In unserer Publikation sind hauptsächlich die Ergebnisse zu lesen, weniger der Prozess der Analyse. Da beispielsweise das Verfahren der Denotation, Konnotation und Metakommunikation im Detail nicht für jedes Objekt oder jede Objektzusammenstellung dokumentiert werden kann, können auch die einzelnen eingeführten Kategorien verschwimmen. Daher mag es für die LeserInnen manchmal unklar bleiben, wie aus den einzelnen Schritten eine Gesamtperspektive entwickelt wurde. Diese Komprimierung war aber im Sinne der Lesbarkeit notwendig.

## Anmerkungen

1 John Tagg: Ein Diskurs (dem die vernünftige Form fehlt), in: Christian Kravagna (Hg.), Privileg Blick. Kritik der visuellen Kultur, Berlin 1997, S. 187.

2 Saul Ostrow: Kulturelle Konservierungspolitik, in: Peter Weiermair (Hg.), Der Vogel Selbsterkenntnis. Aktuelle Künstlerpositionen und Volkskunst, Zürich, New York 1998, S. 123.

3 Sabine Offe: Ausstellungen, Einstellungen, Entstellungen. Jüdische Museen in Deutschland und Österreich, Berlin, Wien 2000, S. 301.

4 Viktoria Schmidt-Linsenhoff: Sexismus und Museum, in: kritische berichte, 3 (1985), S. 3.

5 V. Schmidt-Linsenhoff: Sexismus, S. 47.

6 Vgl. dazu: Gerlinde Hauer/Roswitha Muttenthaler/Anna Schober/Regina Wonisch: Das inszenierte Geschlecht. Feministische Strategien im Museum, Wien 1997.

7 Vgl. ebd., S. 175ff.

8 Elisabeth von Dücker: Gedachtes und Gemachtes. Frauen und Frauengeschichte im Museum der Arbeit in Hamburg. Ansprüche und Wirklichkeit, in: Bremische Zentralstelle für die Verwirklichung von der Gleichberechtigung der Frau (Hg.), Dokumentation der Tagung: Frauen ins Museum?, Bremen 1991, S. 19.

9 Museum der Arbeit (Hg.): Museum der Arbeit, Hamburg 1997, S. 113.

10 Irit Rogoff: Von Ruinen zu Trümmern, in: Silvia Baumgart u.a. (Hg.), Denkräume zwischen Wissenschaft und Kunst, Berlin 1993, S. 269.

11 Ebd., S. 269ff.

12 S. Offe: Ausstellungen, S. 134.

13 Ein Beispiel für eine abgegrenzte Thematisierung ist das Haus der Geschichte in Bonn. Statt einer kontinuierlichen und in Wechselbeziehung zur Gesellschaft erfolgenden Repräsentation, wird den GastarbeiterInnen ein Mal – in den 1960er Jahren – ein eigener kleiner Themenbereich unter der Überschrift „Arbeit + Leben = Heimat?“ gewidmet.

14 I. Rogoff: Ruinen, S. 258f.

15 Ivan Karp/Steven D. Lavine (Hg.): Exhibiting Cultures. The Poetics and Politics of Museum Display, Washington, London 1991, S. 374f.

16 Ebd., S. 376.

17 Gottfried Korff: Aporien der Musealisierung. Notizen zu einem Trend, der die Institution, nach der er benannt ist, hinter sich gelassen hat, in: Wolfgang Zacharias (Hg.), Zeitphänomen Musealisierung. Das Verschwinden der Gegenwart und die Konstruktion der Erinnerung, Essen 1990, S. 131.

18 Johannes von Moltke: Identities on Display. Jewishness and the Representational Politics of the Museum, in: Jonathan Boyarin/Daniel Boyarin (Hg.), Jews and other Differences. The New Jewish Cultural Studies, Minneapolis, London 1996, S. 91.

19 Susan Vogel: Art/artifact: African Art in Anthropology Collections, New York 1988, S. 11; zitiert nach I. Karp/S. Lavine: Exhibiting Cultures, S. 8.

20 Birgit Schulte: Die Ausstellung *vis-à-vis: kleine Unterschiede* im Karl Ernst Osthaus-Museum Hagen. Eine Revision zum Thema ‚gender', in: Roswitha Muttenthaler/Herbert Posch/Eva S.-Sturm (Hg.), Seiteneingänge. Museumsidee & Ausstellungsweisen, Wien 2000, S. 117ff.

21 Ebd., S. 130ff.

22 Ebd., S. 132.

23 Vgl. Musée d'Ethnographie de Neuchâtel (Hg.): Le musée cannibale, Neuchâtel 2002.

24 Christina Lutter/Markus Reisenleitner: Cultural Studies. Eine Einführung, Wien 1998, S. 101.

25 Gerlinde Schein/Sabine Strasser (Hg.): Intersexions. Feministische Anthropologie zu Geschlecht, Kultur und Sexualität, Wien 1997, S. 20.

26 Cornelia Klinger: Ungleichheit in den Verhältnissen von Klasse, Rasse und Geschlecht, in: Gudrun-Axeli Knapp/Angelika Wetterer (Hg.), Achsen der Differenz. Gesellschaftstheorie und feministische Kritik II, Münster 2003, S. 20.

27 Ebd., S. 26.

28 Ebd., S. 25.

29 Brigitte Kossek: Die Politik des Visuellen. Zur Sexuierung und Rassierung von Körpern / Identitäten, in: Johanna Gehmacher/Maria Mesner (Hg.), Frauen- und Geschlechtergeschichte. Positionen / Perspektiven, Innsbruck, Wien, 2003, S. 120ff.

30 B. Klinger: Ungleichheit, S. 35ff.

31 C. Lutter/M. Reisenleitner: Cultural Studies, S. 29.

32 C. Lutter/M. Reisenleitner: Cultural Studies, S. 119.

33 Homi K. Bhabha: Globale Ängste, in: Peter Weibel/Slavoj Žižek (Hg.), Inklusion : Exklusion. Probleme des Postkolonialismus und der globalen Migration, Wien 1997, S. 40.

34 C. Lutter/M. Reisenleitner: Cultural Studies, S. 129.

35 Clifford Geertz, zitiert nach H. Bhaba: Globale Ängste, S.27f.

36 H. Bhaba: Globale Ängste, S. 27f.

37 Slavoj Žižek, zitiert nach H. Bhaba: Globale Ängste, S. 31f.

38 Mieke Bal: Double Exposures. The Subject of Cultural Analysis, London, New York 1996, S. 19.

39 Ebd., S. 15.

40 Barbara Kirshenblatt-Gimblett: Objects of Ethnography, in: Ivan Karp/ Steven D. Lavine (Hg.), Exhibiting Cultures. The Poetics and Politics of Museum Display, Washington, London 1991, S. 392.

41 Christian F. Feest: Das Museum für Völkerkunde, in: Kurt Binder u.a., Das Museum für Völkerkunde in Wien, Wien, Salzburg 1980, S. 15.

42 In Österreich fanden Ethnographica Eingang in: Ambraser Sammlung, k.k. Münz- und Antikenkabinett, k.k. technologische Kabinett des polytechnischen Instituts, Österreichisches Museum für Kunst und Industrie, Handelsmuseum, Sammlung im Schloß Miramar. C. Feest: Museum für Völkerkunde, S. 17f.

43 Christian F. Feest/Sylvia S. Kasprycki: Ethnographische Sammlungen aus Nordamerika im Museum für Völkerkunde, in: Überlebenskunst nordamerikanischer Indianer, Wien 1993, S. 16.

44 C. Feest: Museum für Völkerkunde, S. 19.

45 C. Feest: Museum für Völkerkunde, S. 26. Die neu gegründeten Museen bildeten erste institutionelle Forschungsstätten der in Ausbildung begriffenen Disziplinen, deren Anerkennung in der Folge zur Institutionalisierung an den Universitäten führte.

46 C. Feest: Museum für Völkerkunde, S. 27.

47 Herbert Haupt: Das Kunsthistorische Museum. Die Geschichte des Hauses am Ring. Hundert Jahre im Spiegel historischer Ereignisse. Wien 1991, S. 51.

48 Vgl. Herbert Posch: Vom Scheitern einer Aneignung. Österreichische Museen am Übergang von der Monarchie zur Republik, Dipl.arb. Wien 1997.

49 C. Feest: Museum für Völkerkunde, S. 29f.

50 Ebd., S. 29.

51 Ebd., S. 30.

52 Ebd., S. 34.

53 Michael Mönninger: Ein Schauhaus für die ganze Welt, in: Die Zeit, 26 (2006), S. 41.

54 I. Karp/S. Lavine: Exhibiting Cultures, S. 23.

55 B. Kirshenblatt-Gimblett: Objects of Ethnography, S. 393.

56 Ebd., S. 387.

57 James Clifford: Sich selbst sammeln, in: Gottfried Korff/Martin Roth (Hg.), Das historische Museum. Labor, Schaubühne, Identitätsfabrik, Frankfurt, New York 1990, S. 102.

58 Ebd., S. 99.

59 G. Korff: Aporien der Musealisierung, S. 61.

60 Ebd., S. 62.

61 Ebd., S. 62.

62 S. Offe: Ausstellungen, S. 42.

63 M. Bal: Double Exposures, S. 2.
64 Ebd., S. 49.
65 Ebd., S. 49.
66 Ebd., S. 2.
67 Irit Rogoff: Der unverantwortliche Blick. Kritische Anmerkungen zur Kunstgeschichte, in: kritische berichte, 4 (1993), S. 41ff.
68 M. Bal: Double Exposures, S. 4.
69 Ebd., S. 30.
70 Ebd., S. 136.
71 Ebd., S. 88.
72 Ebd., S. 84.
73 Ebd., S. 30.
74 S. Offe: Ausstellungen, S. 294f.
75 J. von Moltke: Identities on Display, S. 97.
76 S. Offe: Ausstellungen, S. 296.
77 Vgl. Carol Duncan: Civilizing Rituals inside the Public Art Museums, London, New York 1995.
78 S. Offe: Ausstellungen, S. 299f.
79 Ebd., S. 301.
80 Ebd., S. 304f.
81 Ebd., S. 307f.
82 Ebd., S. 310.
83 Karl-Josef Pazzini: Suche nach Zusammenhalt, in: Karl-Josef Pazzini/Gottlob Porath (Hg.), Kontaktabzug. Medien im Prozeß der Bildung, Wien 2001, S. 204.
84 Vgl. Karl-Josef Pazzini: Das Museum als Symptom. Unveröff. Manuskript, Hamburg 1998
85 Slavoj Žižek: Die Tücke des Subjekts, Frankfurt 2001, S. 238.
86 Ebd., S. 248.
87 Karl-Josef Pazzini: z.B. ein Bild wörtlich nehmen oder ein Wort bildlich oder Zur Aktualisierung des Wissens, das einer, der manchmal Psychoanalytiker ist, an den Hacken hat, im Display einer Ausstellung. Unveröffentl. Vortragsmanuskript, Hamburg 2002, S. 2.
88 Ebd., S. 2.
89 Maya Nadig: Die verborgene Kultur der Frau. Ethnopsychoanalytische Gespräche mit Bäuerinnen in Mexiko, Frankfurt 1997, S. 39f.
90 Volkhard Knigge: Zur Kritik kritischer Geschichtsdidaktik: Normative Ent-Stellung des Subjekts und Verkennung trivialen Geschichtsbewusstseins, in: Geschichtsdidaktik 3 (1987), S. 265.
91 S. Offe: Ausstellungen, S. 49f.
92 Ebd., S. 50.
93 K. Pazzini: z.B. ein Bild wörtlich nehmen, S. 4.

94 Clifford Geertz: Dichte Beschreibung. Beiträge zum Verstehen kultureller Systeme, 5.Aufl. Frankfurt 1997, S. 24.

95 Vgl. August Ruhs: Die Untiefen der Seele, in: Lydia Marinelli (Hg.), „Meine ... alten und dreckigen Götter". Aus Sigmund Freuds Sammlung, Frankfurt 1998, S. 74.

96 C. Geertz: Dichte Beschreibung, S. 15.

97 Peter Braun/Peter J. Bräunlein/ Andrea Lauser: ... der teilnehmende Leser ... Erkundungen zwischen Ethnologie und Literatur, in: Kea. Zeitschrift für Kulturwissenschaften 12 (1999), S. 3f.

98 Vgl. Gottfried Korff: Fremde (der, die, das) und das Museum, in: Jürg Steiner (Hg.), Museumstechnik, Berlin 1997, S. 8ff.

99 Meinrad Ziegler: „Dichte Beschreibung" – Essayistisches Theoretisieren und persönlicher Standort in der Interpretation, in: Waltraud Kannonier-Finster/Meinrad Ziegler (Hg.), Exemplarische Erkenntnis. Zehn Beiträge zur interpretativen Erforschung sozialer Wirklichkeit, Innsbruck 1998, S. 77.

100 Ebd., S. 79.

101 C. Geertz: Dichte Beschreibung, S. 29f.

102 M. Ziegler: „Dichte Beschreibung", S. 66; Ziegler versucht, das Verfahren für die Beschreibung von sozialem Verhalten in den Sozialwissenschaften produktiv zu machen.

103 Ebd., S. 70.

104 Ebd., S. 75.

105 C. Geertz: Dichte Beschreibung, S. 36; Dies entspricht der Forschungslogik des abduktiven Schlusses: „Abduktive Deutungen vollziehen sich in einem sprunghaften Akt der Einsicht, der im Grunde bereits in den alltäglich vorgenommenen Wahrnehmungsurteilen angelegt ist. Dort sind sie vielfach unbewußt; gewissermaßen intuitiv stellen wir oft Zusammenhänge zwischen sehr heterogenen Beobachtungen her, die sich als treffend erweisen. Im Forschungsprozeß wird die unbewußte Abduktion des lebensweltlichen Wissens mit bewußtem theoretischen Wissen verknüpft und werden die Ergebnisse systematisch überprüft." M. Ziegler: „Dichte Beschreibung", S. 77.

106 C. Geertz: Dichte Beschreibung, S. 26.

107 M. Ziegler: „Dichte Beschreibung", S. 73.

108 S. Offe: Ausstellungen, S. 20.

109 Umberto Eco, zitiert nach Jana Scholze: Formen musealer Präsentation. Semiotische Ausstellungsanalysen, Diss. Berlin 2002, S. 15. 2004 wurde die Dissertation unter dem Titel „Medium Ausstellung" publiziert.

110 J. Scholze: Formen musealer Präsentation, S. 9.

111 Krzysztof Pomian: Der Ursprung des Museums. Vom Sammeln, Berlin 1988, S. 95; zitiert nach J. Scholze: Formen musealer Präsentation, S. 17.

112 J. Scholze: Formen musealer Präsentation, S. 11.

113 Ebd., S. 19.

114 Ebd., S. 11.

115 J. Scholze: Formen musealer Präsentation, S. 25f.

116 Ebd., S. 27.

117 Ebd., S. 28.

118 Ebd., S. 29f.

119 Ebd., S. 28f.

120 Ebd., S. 31.

121 Ebd., S. 33.

122 Ebd., S. 34.

123 Um unterschiedliche Ansätze der Ausstellungsanalyse auszutesten und einen Diskurs in Gang zu setzen, organisierten wir 2002 den Workshop „*Grammatiken* des Ausstellens". Dafür luden wir VertreterInnen der Disziplinen Semiotik, Psychoanalyse und Literaturwissenschaft – Jana Scholze, Karl-Josef Pazzini und Sabine Offe – ein, methodische Ansätze im Hinblick auf ein mögliches Erkenntnispotenzial für die Ausstellungsanalyse vorzustellen und einen Analyseprozess an ausgewählten Displays einer Schausammlung anzuleiten. Vgl. dazu: R. Muttenthaler/R. Wonisch: *Grammatiken* des Ausstellens, S. 117-133.

124 Sabine Offe: Was reden die Dinge, was hören die Besucher? Ansätze zur rhetorischen Analyse von Ausstellungen. Abstract zum Workshop „Grammatiken des Ausstellens", Wien 2002.

125 Sabine Offe: Was reden die Dinge, was hören die Besucher? Ansätze zur rhetorischen Analyse von Ausstellungen. Unveröffentl. Vortragsmanuskript, Bremen 2002 S. 2.

126 Ebd., S. 2.

127 Ebd., S. 2.

128 Ebd., S. 3.

129 Ebd., S. 2.

130 Ebd., S. 3f.

131 Ebd., S. 3.

132 Ebd., S. 3.

133 Ebd., S. 6.

134 Ebd., S. 4.

135 Ebd., S. 4.

136 Ebd., S. 5.

137 Den Begriff Bricolage (Bastelei) prägte Claude Lévi-Strauss in seinem Buch „Das wilde Denken" (dt. 1968).

## Präsentationen zu Natur – Das Naturhistorische Museum Wien

Das 1871-1881 errichtete Gebäude des Naturhistorischen Museums beschrieb der Direktor Bernd Lötsch Ende der 1990er Jahre als „ein Gesamtkunstwerk, geplant als Neo-Renaissance-Palast der Wissenschaften, Schatzkammer des Mineralien-, Pflanzen- und Tierreiches sowie der Menschenkunde und Urgeschichte, Tempel der Evolutionsidee, übersät mit Statuen berühmter Forscher und Entdecker, als wären sie die Schutzheiligen dieser ‚Kathedrale des Wissenschaftsglaubens des 19. Jahrhunderts'."[1]

Da jede gebaute Form einen definierenden Rahmen für das darin Auszustellende darstellt, erhebt sich die Frage, welchen Vorstellungen die Gestaltung verpflichtet ist, welches Wissenschafts- und Museumsverständnis seine Manifestationen auch in der Architektur und Ausstattung fand. Entgegen konkurrierenden tempelartigen Entwürfen war mit den Plänen von Gottfried Semper und Carl von Hasenauer eine den Palastbauten vergleichbare Architektur zur Ausführung gekommen. Die Anlehnung an eine säkulare Herrschaftsarchitektur entsprach Sempers Idee einer Verbindung der beiden geplanten Hofmuseen – dem Kunst- und Naturhistorischen Museum – mit dem politischen Machtzentrum Hofburg zum „Kaiserforum". Die Palastarchitektur mit sakralen Elementen kam dem Wunsch Franz Josephs I. nach einer Machtdemonstration des Kaiserhauses entgegen. In der Zusammenarbeit der beiden Architekten zeichnete Semper weitgehend für die Gesamtarchitektur und Außenfassade, Hasenauer für die innere Ausstattung. Die architektonische Ausgestaltung sollte auf die Gründungen der Sammlungen durch das Kaiserhaus Habsburg verweisen.[2]

Ferdinand I. hatte in Ambras die naturhistorische Tradition im Haus Habsburg begründet. Auch in Wien entstanden naturwissenschaftliche Sammlungen innerhalb der kaiserlichen Kunstkammern.[3] Die eigentliche Gründung einer eigenständigen Wiener naturhistorischen Sammlung wird aber Franz I. zugeschrieben, nach dessen Tod Maria Theresia die Sammlung 1765 dem Staat als Eigentum übergab. Unter Franz I. wurde begonnen, Ankäufe in europäischen Ländern, die über Kolonien herrschten, zu tätigen und Bestände von Forschungsreisenden und SammlerInnen zu erwerben. Zudem wurden erste Expeditionen finanziert.[4] Die Vergrößerungen der Sammlungen zielten auf ein möglichst vollständiges Beleg- und Studienmaterial, wobei sich die Schwerpunkte im Laufe der Zeit verlagerten. So förderte Maria Theresia aufgrund ihres Interesses an der besseren Verwertung der Bodenschätze Mineralogie und Geologie mit Fokus auf den Sammlungen aus den Bergwerken und Fundstätten der Monarchie.

Die fortschreitenden Erkenntnisse der Naturwissenschaften, die mit neuen Klassifikationsordnungen einherging, und das Anwachsen der Sammlungsbestände bedingten diverse Neuordnungen der Aufstellungen. Zumeist wurden die Objekte entsprechend naturwissenschaftlicher Systematiken aufgestellt, obgleich zeitweise auch dioramaartige Inszenierungen Eingang fanden. Mit den sich seit dem 18. Jahrhundert erweiternden Sammlungsbereichen, der Spezialisierung in diverse Disziplinen und den Berufungen von Fachleuten zur wissenschaftlichen Betreuung der Sammlungen wurde der Entwicklung des Museums als Forschungs- und Bildungsstätte Rechnung getragen. Die seit dem 19. Jahrhundert an Bedeutung gewinnenden Wissenschaften vom Menschen fanden ihren Niederschlag in der verstärkten Sammlung von Schädeln und Skeletten. 1876 wurde eine eigene Abteilung eingerichtet, die Anthropologie, Ethnologie und Prähistorie umfasste.

## Initiierende Setzungen: Eingang, Stiegenhaus und Kuppelhalle

BesucherInnen nähern sich dem Museumseingang über die kleine Parkanlage, die sich zwischen den spiegelbildlich gestalteten Gebäuden des Kunst- und Naturhistorischen Museums befindet. Der Blick in der Parkanlage wird von geformter Natur und einem zentral platzierten Denkmal bestimmt. Wege und Rasenflächen sind symmetrisch angelegt, auf dem Rasen stehen kugel- und zylinderförmig beschnittene Sträucher. In der Mitte des Platzes und auf der Achse zwischen den Eingängen der beiden Museen steht das große Maria-Theresia-Denkmal, das umrundet werden kann.

Bekrönt ist das Gebäude des Naturhistorischen Museums mit einer achteckigen Kuppel, die von vier Tabernakeln umgeben ist, in denen große Statuen stehen – jene der griechischen Gottheiten Poseidon, Urania, Gäa und Hephaistos als Symbole der vier Elemente. An der Spitze der Kuppel ragt eine weitere Statue in die Höhe, die des Sonnengottes Helios als „Symbol des allebenden Elements der Natur".[5] Um diese und die vielen anderen Statuen und Gestaltungselemente decodieren zu können, bedarf es allerdings Kenntnisse über historische Persönlichkeiten, naturwissenschaftliche Erfindungen und allegorische Darstellungen. Unterhalb der Kuppel befindet sich die Aufschrift: „Dem Reich der Natur und seiner Erforschung. Kaiser Franz Joseph I. MDCCCLXXXI". Diese Widmung bringt bereits das damalige Verständnis der Naturwissenschaften ins Spiel. Natur wird mit ihrer Aneignung und Beherrschung durch Benennung und Klassifizierung – Forschung genannt – verknüpft. Auf metakommunikativer Ebene codieren Anlage und Ausgestaltung des Gebäudes das Selbstverständnis von Museum und Naturwissenschaft im 19. Jahrhundert. Auch wenn die BesucherInnen keine kenntnisreiche Decodierung der Architekturelemente vornehmen und selbst wenn sie das Gebäude kaum beachten, wird ihnen zumindest die Anmutung eines historischen Ambientes bewusst.

Die Außenfassade verweist in ihrer bildnerischen Ausgestaltung auf die Entwicklung der Naturwissenschaften und zeigt eine große Zahl an Statuen berühmter Männer. Frauen kommen dagegen nicht als historische Persönlichkeiten vor, sondern in Gestalt von Allegorien oder symbolischen Figuren, die lediglich bedeutende Erfindungen repräsentieren. Laut architekturhistorischen Beschreibungen unterteilte Semper die Fassade in drei Ebenen: Die Dachbalustrade war den Erkenntnissen der Naturgesetze gewidmet als „historische Aufeinanderfolge von Statuen großer Männer des Wissens und Forschens". Das Obergeschoß war Ereignissen vorbehalten, die nach Sempers Vorstellungen den Horizont der Menschheit erweitert haben – symbolisiert durch die Statuen von „Entdeckern" und „Heerführern". In den Nischen neben den Fenstern links des Eingangs sind Vasco da Gama und Christoph Columbus zu sehen, auf der rechten Seite Magellan und Cook. Entlang des Hochparterres sollte die Geschichte der Erfindungen visualisiert werden. Genien wurden etwa mit Magnetnadel, Mikroskop, Teleskop, Thermometer, Barometer oder galvanischer Säule ausgestattet.

> „Semper wollte nicht nur die Geschichte der Wissenschaften, sondern auch die gesamte abendländische Geistesgeschichte in Beispielen illustrieren. Neben den Allegorien der Jahreszeiten, des Raumes [...], der Zeit, der vier Elemente u.s.w., finden sich auch Szenen der griechischen Mythologie und des Alten Testaments, wie z.B. Moses und Noah."[6]

BesucherInnen betreten vom Park aus das Museum. Der Haupteingang ist ein dreitüriges Portal, zu dem eine breite, sich nach oben verjüngende Treppe führt. Am Anfang des seitlich geschwungenen Treppengeländers steht je eine Figur auf einer hohen Säule. Es handelt sich um ein geflügeltes, weibliches

Wesen, das Lorbeerkranz und Palmzweig oder Fackel hält. Die Figur ist also mit Attributen von Bildung, Wissenschaft und Aufklärung ausgestattet.

Links und rechts des Eingangs gibt es je eine Skulpturengruppe aus Stein. Auf dem Sockel steht in goldener Schrift einmal „Europa", einmal „Amerika und Australien". Bei der Skulptur „Europa" handelt es sich um eine sitzende weibliche Figur in aufrechter Haltung mit dem Blick vorwärtsgerichtet. Auf ihrem Kopf sitzt ein Sternenkranz (ähnlich der Freiheitsstaue). In lange Kleidung gehüllt trägt sie in der einen Hand eine Fackel. Damit ist sie als allegorische Gestalt der Aufklärung zu decodieren. Ihre andere Hand ist in einer schützenden Geste seitlich weggestreckt. Diese Geste bezieht sich auf den neben ihr sitzenden Jüngling, der zu ihr aufschaut und eine Papierrolle und eine Leier hält. Zu seinen Füßen liegt eine Malerpalette. Die Darstellung lässt bürgerliche Bildungsideale konnotieren. Die Frau und der Jüngling tragen antikklassische Gesichtszüge. Hinter der Frauenhand mit der Fackel ist die Büste eines bärtigen Mannes versteckt, die nur bei genauer Betrachtung sichtbar wird. Es bleibt den BesucherInnen überlassen, diese zu deuten. Ist der versteckte Bärtige der lernende Jüngling in späterem Alter als weiser Gelehrter? Bildet er das Symbol für das zur Verfügung stehende Wissen? Wird mit der Büste jener – bedeutenden Männer – gedacht, die Wissen generieren?

Die Skulptur „Amerika und Australien" besteht aus drei Personen. Auf einem Steinthron mit Ritzarbeiten sitzt ein halbnackter Mann, mit einem Lendenschurz bekleidet. Ein Fell ist um Schulter und Oberschenkel gelegt und er ist mit Halskette, Oberarmband und Knöchelbändern geschmückt, hat lange Haare und am Hinterkopf einen Federschmuck. Sein Blick geht in die Ferne, er hält einen Stab und ein Schild. Vor dem Schild hockt eine Frau mit gekreuzten Beinen am Boden, die ein neben ihr stehendes Kind umfasst. Sie ist teilweise mit einem Tuch bedeckt, eine Brust und die Arme sind nackt. Ihr Haar ist dicht gekräuselt und mit einem schmalen Haarband versehen, die Gesichtszüge wirken beinahe finster, nicht dem klassisch-europäischen Schönheitsideal entsprechend. Das sich an die Mutter schmiegende Kind ist nackt, hat auch gekräuseltes Haar, seine Gesichtszüge ähneln denen der Frau. Darstellungsweise und Beschriftung ermöglichen die Denotation des Mannes als Angehörigen der indigenen Bevölkerung Amerikas, die von Frau und Kind als jene Australiens. Dabei wird der Mann als würdevoll, schützend und stark konnotiert, die Darstellung bedient das Bild des *edlen Wilden*, der Frau und Kind schützt und Kultur besitzt – er sitzt auf einem Steinthron mit Ritzarbeiten. Die Frau scheint dagegen eine niedrigere Stellung einzunehmen, entspricht dem Bild der *primitiven Wilden* ohne Kultur – sie sitzt zu Füßen des Mannes auf dem nackten Boden, hat also keinen kulturellen Hintergrund, ist nur Mutter.

Konnotationen und paradigmatische Ersetzungen zu den beiden Repräsentationen sind – abhängig vom Wissen der Betrachtenden – zwar vielfältig möglich, auf alle Fälle jedoch dichotomisch strukturiert: Auf der einen Seite – der Darstellung von Europa – stehen Begriffe wie Kultur, Bildung, Lernwille, Gelehrigkeit, Kunstsinnigkeit, Aufklärung; auf der anderen Seite – der Darstellung von Amerika und Australien – Begriffe wie Naturverbundenheit, Jagd, Krieg, Charakterisierungen von primitiven und edlen Wilden. Auch die Geschlechterrollen sind binär strukturiert, etwa die des schützenden Mannes und der schutzbedürftigen Frau mit Kind oder der erziehenden Frau und des lernenden Jünglings beziehungsweise des gelehrten Mannes. Während die Darstellung von Europa eher als eine idealisierte, allegorische Figur erkannt wird, können jene Amerikas und Australiens zudem stärker als stereotypisierte Abbilder von Bevölkerungen gelesen werden.

Als Ausgangspunkt für syntagmatische Erzählungen liegt die jeweils dominierende Figur nahe. Unter Schutz und Anleitung der Frau, die Aufklärung, Erziehung und Bildung symbolisiert, lernt der Jüngling Wissenschaft, Musik und Malerei, wird gebildet, um so eventuell zu einem weisen Mann zu werden. Dem gegenüber geht die andere Erzählung vom Mann aus, der als *edler Wilder*, als starker Jäger und Krieger Frau und Kind schützt. Während bei der einen Darstellung ein Entwicklungsprozess – das Aneignen von Wissen und Kunst – erzählt wird, vermittelt die andere eher ein gleich bleibendes Sein sowohl des Kriegers als auch der Mutter. Und auch das Kind ist kein lernendes, sondern verbleibt in der symbiotischen Bindung an die Mutter.

Die Eingangssituation bildet eine Schwelle, wobei der Übergang vom Außen- in den Innenraum nicht einladend gestaltet ist. Beim Ersteigen der Außentreppen wird auf massive, repräsentativ gestaltete, verschlossene Türen zugegangen. Auch nach dem Eintritt erfolgt noch keine einladende Geste. Man/frau befindet sich in einem kleinen Vorraum, einem Windfang, einem Zwischenraum, in dem lediglich Kassen und wenige Ankündigungstafeln vorhanden sind. Die marmornen Wandverkleidungen und die mit Stuck verzierten Gewölbedecken zeugen bereits von der repräsentativen Innengestaltung des Museums, doch noch versperren weitere Türen den Weg hinein. Diese sind aber weniger massiv und erlauben durch das Glas einen kleinen Einblick in das Innere. Werden sie durchschritten, eröffnet sich die Eingangshalle, deren Raumwirkung beeindrucken soll.

Die Eingangshalle ist mit einem Rundgewölbe ausgestattet, das sich auf acht dicke Säulen stützt. Zwischen den Säulen sind Stiegenaufgänge, Durchgänge und Nischen, wobei die in der Mittelachse angelegte Haupttreppe bereits zum Gang nach oben einlädt. Auf den ersten Blick auffällig erscheinen der Fußboden in schwarz-weißem, symmetrisch kreisförmig angeordnetem Muster und die Wandverkleidungen der Säulen aus beigegelbem Kunstmarmor mit rosa Maserung. An jeder Säuleninnenseite sind zwei hohe schwarze Marmorplatten angebracht, so dass sie wie weitere Säulen wirken. Diese schwarzen Marmorplatten akzentuieren den kreisförmigen Raum. Beim Blick in die Höhe wird durch eine runde Öffnung in der Decke erkennbar, dass sich über dem Obergeschoß eine Kuppel wölbt. In der Öffnung hängt ein Segelschiff. Der Durchblick erlaubt begrenzte Einblicke in den reich dekorierten Kuppelraum. Die Decke der Eingangshalle ist dagegen einfacher gehalten, sie ist mit dezent wirkender Stuckatur versehen, in erster Linie Ornamenten und ein paar Schwänen. Um die Öffnung sind acht Medaillons mit Profilen von Köpfen angeordnet, unter denen in Goldschrift Namen stehen: Baillon, Stuetz, Schreibers, Natterer, Kollar, Partsch, Hochstetter, Fenzl. Im Gegensatz zum Kunsthistorischen Museum, wo auf Künstler verwiesen wird, werden hier Personen angeführt, die sich um das Naturhistorische Museum verdient gemacht haben. Diese sind in der Regel nur Fachleuten bekannt.

Die Ausgestaltung des Inneren entspricht dem Stil der Gründerzeit, dem Historismus des 19. Jahrhunderts. Mit dem repräsentativ gestalteten Gebäude wird den Betrachtenden Prestige und Autorität der Institution signalisiert, die kommenden Ausstellungen werden im Voraus mit einem machtvollen Gestus gerahmt. Der schwarz-weiße Boden und die schwarzen Marmorplatten, der eingeschränkte, aber neugierig machende Blick hinauf in die Kuppel und der zentrale Stiegenaufgang bestimmen von architektonischer Seite die Atmosphäre. Den Raumeindruck dominieren aber auch die in der Halle aufgestellten Objekte. Die durch das Fußbodenmuster besonders betonte Mitte wird zur Präsentation eines laufend wechselnden Objektes benutzt. Während hier die zentrale Platzierung die Aufmerksamkeit automatisch anzieht, stellt ein ausgestopftes Tier – laut Objekttext ein „Südlicher See-Elefant“ – aufgrund seiner Größe und dem weit aufgerissenen Maul einen weiteren Blickfang dar, obgleich es in einer Nische neben der Haupttreppe steht. Hinter der gleichen schmiedeeisernen Umzäunung wie der See-Elefant ist auf der anderen Seite der Haupttreppe eine Informationsstelle mit Verkaufsstand untergebracht. Dabei ziert ein Elefantenkopf mit langen Stoßzähnen die Wand. Einen als eine Jagdtrophäe zu konnotierenden Kopf gerade über dem Verkaufsstand anzubringen, evoziert angesichts der Problematik des Elfenbeinhandels Fragen nach dem Verhältnis zwischen Großwildjagd, dem Markt für Elfenbein und Museumserwerbungen. Wird ein im Shopping-Bereich ausgestelltes Objekt nicht zu einem Kaufobjekt? Wird der Elefantenkopf zur unproblematisch zu erwerbenden Ware?

Neben der Aufstellung weniger Objekte wird die Halle nur sehr dezent für Ankündigungen und Infrastruktur genützt – neben dem Verkaufsstand gibt es in der Nische, bei der Eingangstür, eine Garderobe; den Wänden entlang stehen zum Teil rot gepolsterte Sitzgelegenheiten. Doch sind diese Eingriffe dem historischen Ambiente möglichst angepasst. Doch wenn Eingriffe gegenläufig wirken würden, hätten sie auch das Potenzial, den repräsentativen Gestus etwas zu brechen.

Von der Eingangshalle führen zwei seitliche kleine Treppen zu den Schauräumen des Hochparterres und ein repräsentativ und programmatisch ausge staltete Stiegenaufgang in das Obergeschoß. Der zentrale Treppenraum ist mit Stuck, Gemälden, Wandverkleidungen geschmückt. Über ihm wölbt sich das Deckengemälde „Der Kreislauf des Lebens" von Hans Canon, das sowohl durch seine Größe von 140 m² als auch durch die monumentalen Darstellungen visuell dominiert. Dichtgedrängte aufstrebende und fallende nackte Körper bilden einen Kreis, wobei Männer in Posen dargestellt sind, die sie als denkend, tätig und strebend ausweisen, die Haltungen der Frauen verweisen dagegen auf keine Tätigkeit. Während im unteren Kreissegment zentral platziert ein weißbärtiger Mann in Denk-Pose zu sehen ist, zeigt der obere Teil des Kreises zwei auf Pferden sitzende kämpfende Männer. Rechts beginnt der Kreis mit der Darstellung eines Mannes, der mit einer Harpune auf einen Fisch zielt, dem folgen ein Kind, ein Paar – der Mann legt den Arm um die Frau – und schließlich drei männliche Figuren, die nach verschiedenen Dingen fassen. Dabei scheinen diese drei Männer nicht nur für unterschiedliche Bestrebungen zu stehen, sondern auch *Rassen* zu verkörpern, die mit den dargestellten Tätigkeiten klischeehaft in Verbindung gebracht werden können: Ein gelbfarbiger Mann greift nach den Münzen, ein schwarzfarbiger streckt seine Hand nach dem gelbfarbigen Mann aus und ein weißfarbiger wendet beiden den Rücken zu und fasst nach einem Lorbeerkranz. Der linke Teil des Kreises zeigt Körper, die im freien Fall in die Tiefe stürzen. Die Kreislaufthematik greift die dominierende Vorstellung von Natur auf, als eine, die einer immer gleich ablaufenden Dynamik von Werden und Vergehen unterworfen ist. Gleichzeitig wird in diese Struktur die menschliche Geschichte gleichermaßen als Kontinuität von Entwicklung und Verfall eingeschrieben, bestimmt von scheinbar gleich bleibenden anthropologischen Konstanten wie kämpfenden Männern oder das Streben nach Erfolg, Ruhm, Macht, Geld. Letzteres wird dabei nicht nur als eine *männliche* Eigenschaft vermittelt sondern auch als eine *rassisch* geprägte Stereotypisierung. Die hier zum Tragen kommenden ideologischen Positionen spiegeln das im 19. Jahrhundert geläufige Verständnis von Natur, Naturwissenschaft und Gesellschaft. Noch bevor die Ausstellung selbst in den Blick kommt, werden grundsätzliche Aussagen getroffen, die das Kommende rahmen.

Auch die restlichen Ausgestaltungen der Treppe sind als metakommunikative Codierungen zu analysieren. Die reiche Ornamentik zeigt immer wieder Sujets, die als Verweise auf die im Haus vertretenen Wissenschaften zu lesen sind. Um das Deckengemälde sind Lunettenbilder angebracht, die verschiedene Naturwissenschaftsbereiche mithilfe (halb-)nackter Frauengestalten präsentieren.[7] In den Lunettenbildern steht *die Frau* zum einen allegorisch für *die Natur*, die der Erforschung zur Verfügung steht, zum anderen hat sie die Funktion der Repräsentation der entsprechenden naturwissenschaftlichen Methoden. Diejenigen, die diese Wissenschaften betrieben haben, erfahren ihre Darstellung auf der Ebene darunter: in Form von Statuen, die bekannte Naturwissenschaftler darstellen – allesamt Männer. Auf der Höhe des ersten Stockes sind rundum im Treppenhaus acht Nischen, in denen namentlich bezeichnete Statuen von Naturwissenschaftlern stehen wie Newton, Linné, Kepler, Aristoteles, Humboldt. Auf diese Weise finden heute hinterfragte Narrative zum Geschlechterverhältnis weiterhin ihre Darstellung, ohne mit aktuellen Diskursen konfrontiert zu werden.

Die Plattform des Stiegenaufganges wurde für eine kleine Ausstellung zur Geschichte des Hauses genutzt. An prominenter Stelle und schon von weitem sichtbar hing ein Gemälde, das Franz I., den Gatten der Regentin Maria Theresia, die Vorsteher wissenschaftlicher Institute und den kaiserlichen Leibarzt inmitten naturkundlicher Sammlungen zeigte. Vor dem Bild stand eine kleine Vitrine mit dem ausgestopften Schoßhündchen Maria Theresias. Diese Kombination konnte zu allerlei Assoziationen anregen: Wird der kaiserliche Sammler hier zum Sammler des Schoßhündchens seiner Gemahlin? Sprengt die Benennung der ehemaligen Hundebesitzerin nicht das sonst im Naturhistorischen Museum praktizierte Einordnen von Tieren in typologische Schemata? Ist das Schoßhündchen Stellvertreter der hier abwesenden, nicht repräsentierten „privaten" Maria Theresia? Bilder, die hier von dieser bekannten Herrscherin evoziert werden konnten, standen im Gegensatz zu jenen, die das repräsentative Denkmal im Park zwischen dem Natur- und Kunsthistorischen Museum aufrufen kann, wo sie erhoben thronend mit Insignien der Macht zu sehen ist und nicht mit einem Schoßhündchen.

Die zentrale Inszenierung von Gemälde und Schoßhündchen war von zwei Vitrinen flankiert, die Objekte, Abbildungen und Dokumente zur Geschichte der naturwissenschaftlichen Forschungen und der Erwerbungen des Museums zeigten. Fortgeführt wurde die Ausstellung zur Museumsgeschichte im ersten Stock im Umgang des Stiegenhauses. Gewürdigt wurden insbesondere Persönlichkeiten wie Franz I., Prinzessin Leopoldine und Wissenschaftler wie Johann Natterer sowie bekannte „Forschungsreisen" wie die Nordpolexpedition. Spannend war, dass mit der Prinzessin Leopoldine zwar einer Frau im Geschichtsnarrativ eine Rolle zukam, doch war die Präsentationsweise geschlechtsspezifisch: Die mit ihr verbundenen Objekte wurden dekorativ und symmetrisch geordnet präsentiert. In derselben Vitrine waren auch Objekte des Museumskurators Johann Natterer ausgestellt, die dagegen dichter gedrängt und nicht nach ästhetisch-harmonisch wirkenden Kriterien aufgestellt waren. Zudem erfolgte bei Natterer im Gegensatz zur Prinzessin Leopoldine eine ausführlichere Beschreibung seiner Leistungen, seiner Forschungsinteressen. Im Text zur Prinzessin Leopoldine waren ihre naturwissenschaftlichen Interessen nicht nur weniger ausgeführt, sondern wurden von ihrer Lebensgeschichte überlagert – sie wurde nach Brasilien verheiratet und führte eine unglückliche Ehe. Die Personen waren den Geschlechterrollen ihrer Zeit verpflichtet und können durchaus für die Sammlungen eine unterschiedlich bedeutende Rolle gespielt haben, doch ist auf alle Fälle zu hinterfragen, warum die Präsentationsweise der Objekte bei der Frau einen dekorativen Charakter hat und beim Mann nicht.

Das für das Selbstverständnis des Museums zentrale Thema der naturwissenschaftlichen Forschung besetzte prominenten Raum: Es begann mit der Widmung und der Gestaltung der Außenfassade, setzte sich in der Ausgestaltung der Innenräume fort und wurde auch noch in der Ausstellung im zentralen Treppenraum aufgegriffen. Bestimmt war diese Präsentation von der Intention, Forschern und Entdeckern zu huldigen, Geschichte als Erfolgsgeschichte des Fortschritts der Naturwissenschaften zu schreiben. Gemeinsam bildeten Ausgestaltung und Geschichts-Ausstellung das einführende Setting für die Präsentationen von Natur in den folgenden Ausstellungsräumen. Andersrum betrachtet wurden Erzählungen und Bilder zur Wissenschafts- und Museumsgeschichte in das rahmende Setting ausgelagert, die Ausstellungen konnten auf diese Weise geschichtsfrei bleiben. Die Aufstellungen von Tieren, Pflanzen und Mineralien erfolgten nach der Einteilung in Systematiken, die *natürlich* erschienen und nicht zeigten, dass sie das Ergebnis eines bestimmten naturwissenschaftlichen Erkenntnisinteresses waren, das Zusammenhänge definierte.

Am Ende der Treppen im Obergeschoß verläuft um das Stiegenhaus herum ein offener Gang, der ebenfalls für Aufstellungen genutzt wurde. Neben den zwei erwähnten Vitrinen zur Museumsgeschichte waren – wie auch im Erdgeschoß neben der Eingangshalle – einige Terrarien und Aquarien mit lebenden Tieren aufgestellt. Mit ihnen fand die lebende Natur Eingang in das Museum, das es ansonst mit einem Bestand an toter, präparierter Natur zu tun hat. Doch werden die BesucherInnen, wenn sie die Treppe hinaufgegangen sind, sich vorerst weniger dem Gang um das Stiegenhaus zuwenden, sondern werden wohl eher vom Kuppelraum angezogen, der sich am Ende der Treppe eröffnet. In der Mitte des Raumes ist die von einem Geländer umgrenzte Öffnung, die dem Publikum den Blick hinunter in die Eingangshalle gewährt. Gleichzeitig konnten die BesucherInnen das darüber abgehängte Schiffsmodell genauer in Augenschein nehmen. Eine Texttafel klärte auf, dass es sich um das Forschungsschiff von Hans Hass handelte, womit ein weiteres Mal einem Forscher beziehungsweise der Forschung gehuldigt wurde.

Der Aufbau des Kuppelraumes ist eine Fortführung der Baustruktur des unteren Raumes mit den acht Säulen, ist jedoch üppiger dekoriert: Die ornamentalen Stuckverzierungen an den Wänden und der Decke sind mit Figurengruppen und Putti mit Tieren angereichert. Zudem werden gedämpfte Farben verwendet und es wird verstärkt Gold eingesetzt. Die Kuppel dient vor allem zur Darstellung jener Wissenschaften, die das Naturhistorische Museum zur

Zeit des Baus des Gebäudes als seine Agenda verstand: Urgeschichte, Ethnografie, Anthropologie, Botanik, Zoologie, Paläontologie, Geologie, Mineralogie. Diese Bezeichnungen sind hoch oben in der Kuppel rundherum auf Tafeln angebracht. Über dem Schriftzug liegen jeweils zwei allegorische Figuren – meist Mann und Frau –, die auf die jeweilige Wissenschaft verweisen, sie versinnbildlichen. Insgesamt bleibt das Auge infolge der Überfülle an Verzierungen weniger am einzelnen haften. Die Symmetrie der Anordnung und die Überfülle lassen den Blick gleiten, es gibt keine Irritationen und wenige Punkte, die die Aufmerksamkeit besonders anziehen würden. Zu diesen gehören am ehesten die Darstellungen der Wissenschaften. Entscheidend ist aber vielmehr die durch die Ausgestaltung hergestellte Atmosphäre, die Demonstration einer machtvollen Institution.

Der Kuppelbereich ist der zentrale Raum, von dem die Schausäle wegführen. Genutzt wird er von Café und Shop. Die Einrichtung des Café Nautilus versucht, ein dem Naturhistorischen Museum gemäßes Ambiente zu schaffen. Es gibt hinterleuchtete Abbildungen von Nautilus-Schnecken und dreiteilige grüne Lampen, deren Unterteil kleine Aquarien sind. Doch entspricht die Einrichtung nicht der Raumarchitektur, da im Gegensatz zum Kunsthistorischen Museum die Großzügigkeit des Raumes mittels Raumteiler, die Nischen zum Sitzen und für den Shop schaffen, verstellt wird. Geboten wird allerdings ein ausgezeichneter Ausblick auf das gegenüberliegende Kunsthistorischen Museum und das Maria-Theresiadenkmal. Die hoch thronende Maria-Theresia ist von hier aus auf Blickhöhe zu sehen. Vom Kuppelraum zweigen nun beiderseits die Schausäle ab, die in Fluchten aneinandergereiht lange Durchblicke ermöglichen.

Die 1889 eröffnete Erstaufstellung im neuen Museumsgebäude sah fünf Abteilungen vor: die Mineralogische, die Geologisch-Paläontologische und die Anthropologisch-Ethnographisch-Prähistorische Abteilung im Hochparterre, die Zoologische und die Botanische Abteilung im ersten Stock. Die heutige Zuweisung der Flächen an die Abteilungen entspricht in weiten Teilen noch der beim Bau geplanten, doch kam es zu einigen Verschiebungen. Die Ethnografie wurde 1928 in ein eigenes Museum für Völkerkunde ausgelagert. Insofern sind heute die Ausgestaltung der Räume und der Inhalt der Aufstellungen in unterschiedlichem Ausmaß aufeinander abgestimmt. Während der erste Stock allein mit Stuckverzierungen versehen ist, sind die Säle des Hochparterres teilweise auch mit Gemälden und Statuen, so genannten Karyatiden ausgestattet. Die Bilder haben die Funktion von programmatischen Bilderzählungen, wie sie im 19. Jahrhundert in der Museumsraumausgestaltung üblich waren. „Schon Johann Wolfgang von Goethe hatte im Hinblick auf kunst- und kulturgeschichtliche Museen und Ausstellungsräume empfohlen, diese ‚geschmackvoll und analog den Gegenständen‘ zu verzieren.“[8] Die bildnerische

Ausstattung der Räumlichkeiten sollte einen Bezug zu den vorgesehenen Aufstellungen herstellen und wissenschaftliche Erkenntnisse in „dokumentarischer Exaktheit" visualisieren. Um dies zu unterstützen, erhielten etwa die für den ethnografischen Bereich arbeitenden Künstler Reisekosten zum Besuch der Gegenden, die sie darstellen sollten, Fotografien und Skizzen wurden als Vorlagen angekauft, diverse Quellen herangezogen.[9] Insofern können die Gemälde als zeitgenössische wissenschaftliche Vorstellungen gelesen werden. Die Dokumentationsforderung lancierte die möglichst „naturalistische" Wiedergabe. Dies bedingte auch eine künstlerische Beschränkung nicht nur der Komposition sondern auch teilweise der Stilrichtung. „Kunsthistoriker stellten fest, dass gerade jene Maler, die in anderen Arbeiten einen eher fortschrittlichen Stil vertraten, bei diesen Auftragswerken weit konservativer schienen, um eine Einheitlichkeit zu sichern."[10]

Im Folgenden wird der Blick auf Beispiele gegenwärtiger Aufstellungen der zoologischen, prähistorischen und anthropologischen Abteilung gerichtet.

## Geformte, formalisierte Natur

Der erste Stock ist heute der Zoologischen Abteilung gewidmet. Der erste Eindruck beim Betreten der Räume war zum einen von der stickigen Luft, dem intensiven Geruch der Konservierungsmittel geprägt, zum anderen von der Dichte der Aufstellungen. Infolge der dichten Bestückung lag das Augenmerk eher bei den Exponaten und weniger bei der dekorativen Ausgestaltung der Räume. In den Darstellungen des ornamentalen Flechtwerks und der Lünettenbilder an der Decke sind dem ursprünglichen Aufstellungsplan entsprechende Tierbilder einbezogen. Tiere werden auf diese Weise zum Teil der Ornamentik, sind ihrer Ästhetik verpflichtet. Es wird weder ein Natur-Setting – also eine realistische Darstellung von Naturräumen – suggeriert, noch sind die Tiere naturgetreu dargestellt sondern idealtypisch. Auf eine ideale Form reduziert fungieren die Tiere als Bezeichnung, als bildhafter Ausdruck. In diesem Sinn verdeutlichen sie den Umstand, dass es das Museum immer nur mit berührter Natur zu tun hat. „Sobald wir von Natur sprechen, sind wir mit ihr in Berührung gekommen. Naturphänomene werden mit dem Sprechen Bestandteil eines Textes, eines Gewebes. Das Sprechen selbst berührt Natur."[11] Die Formalisierung der Dekorationsmalerei entspricht auch der Idee, Natur nach Ordnungen von Ähnlichkeiten zu gruppieren, sie zu typisieren und Systematiken zu erstellen. Die idealtypische Darstellung von Natur könnte demnach als Parallele zu den in Naturmuseen üblichen Ordnungssystemen gelesen werden, mit deren Hilfe Präparate klassifiziert werden.

Wird ein klassifizierendes Ordnungssystem von Sammlungen auch auf Ausstellungen übertragen, die Objekte nach ihrer systematischen Zugehörigkeit präsentiert, wie dies im Naturhistorischen Museum der Fall ist, kann von einer typologischen Ausstellungsweise gesprochen werden.

„Die Ausstellungsobjekte werden in einem Ist-Zustand weitgehend von jeder temporalen Dimension befreit und in signifikanter Entferntheit zum täglichen Leben präsentiert. Im Kontext der Ausstellung werden sie zu Repräsentanten wissenschaftlicher Systeme. Dafür wird das einzelne Objekt, unabhängig von Kennzeichen der individuellen Geschichte, auf formale und funktionelle Eigenschaften reduziert. Es wird zum Vertreter einer spezifischen Formgestalt für den Typus innerhalb einer bestimmten Systematik. Die Fähigkeit von Objekten, sich als Zeichen aufeinander zu beziehen, Kombinationen einzugehen und Klassen auszubilden, wird dabei genutzt. Die Ordnung der Objekte innerhalb und zwischen den Klassen sowie die Ähnlichkeiten der Objekte innerhalb einer Klasse widerspiegeln die Systematik des museologisch wissenschaftlichen Kontextes.“[12]

In der Deckendekoration und im Aufstellungssystem fanden das damalige Selbstverständnis der Naturwissenschaft und die typologische Präsentationsweise im Museum ihren Niederschlag; die hier erfolgte Codierung ist als metakommunikative zu analysieren.

Das Naturhistorische Museum ist über weite Strecken nach wie vor klassifizierenden Aufstellungsprinzipien verpflichtet, die vor allem im 19. Jahrhundert Konjunktur hatten, heute in reiner Form aber kaum noch zur Anwendung kommen. Bei dieser Ausstellungsweise sind Präsentationsmittel auf ein Minimum reduziert, auf Vitrinen und Objektbeschriftungen. Die Vitrinen werden rein funktional als Behältnisse zum Schutz der Objekte verwendet. In der zoologischen Abteilung des Naturhistorischen Museum gibt es an Einrichtungsgegenständen nur riesige Vitrinen im Design der Gründerzeit, die die Räume ausfüllen. Da diese wie die Architektur nunmehr unter Denkmalschutz stehen, sind Veränderungen schwierig. Die Vitrinen würden jedoch unterschiedlichste Bespielungen erlauben. Dennoch folgte die Anordnung der Vitrinen als auch die dicht gedrängte Präsentation der Tierpräparate in den Vitrinen weiterhin Prinzipen der Symmetrie und Gleichförmigkeit. Die Folge war eine beruhigte, harmonisierte Atmosphäre, wobei aber die Fülle auch bedrückend wirken konnte. In der Zusammenstellung kam wie schon erwähnt das Prinzip der vergleichenden Typologie zum Tragen, d.h. die Objekte waren nach ihrer Zugehörigkeit in der zoologischen Systematik nebeneinander gereiht. „[…] typologische Ausstellungen präsentieren Ordnungsprinzipien wissenschaftlicher Klassifikationssysteme anhand weitgehend austauschbarer, exemplarischer Objekte. Die Museumsobjekte erscheinen in Klassen nach *Typologien* geordnet, aber isoliert […]“[13] Der Kontext der Objekte blieb ausgeklammert, weder durch Gestaltung noch durch narrative beziehungsweise informierende Inhalte wurde auf ihn Bezug genommen. Je nach Wissensgrad, verstärkt durch vergleichendes Betrachten, konnten die Objekte mehr oder minder denotiert werden. Ihre exakte wissenschaftliche Bezeichnung war den Beschriftungen zu entnehmen.

> „Mit der typologischen Präsentationsform wird hinsichtlich der immer schon artifiziellen Ordnung von Ausstellungsobjekten eine konsequente Haltung demonstriert. [...] Diese Direktheit lässt nur die Möglichkeit, allein die Ästhetik des Objekts auf sich wirken zu lassen oder sich auf eine Auseinandersetzung mit dem zu vergleichenden Material – ausgehend von der eigenen alltäglichen Erfahrung im Umgang mit den Dingen – einzulassen.“[14]

Der Vergleich von Form, Farbe, Materialität, Konsistenz u.ä. von Objektreihen ohne zusätzliches Wissen ist von begrenztem Erkenntniswert. Auch wenn die ursprüngliche Ausstellungsintention im 19. Jahrhundert die der Bildung von Interessierten war und so im Gegensatz zum Prinzip des Staunens in den Kunst- und Wunderkammern stehen sollte, werden heute zumeist die „strengen Ordnungen der Objektreihen [...] ausschließlich als ästhetische Strukturen, als lineare, regelmäßige Formen wahrgenommen.“[15]

Bis vor ein paar Jahren erfolgte die Aufstellung ohne kontextualisierenden Rahmen, d.h. die Vitrinen waren rein funktional gedacht. So viele Objekte wie möglich waren vor neutralem Hintergrund aneinander gereiht. Dies beschränkte den Rahmen für weit reichende Konnotationen. Auch wenn diese Präsentationsform nach wie vor dominiert, werden nunmehr die aufgrund des Denkmalschutzes nicht veränderbaren Vitrinen sukzessive umgestaltet. Auch wenn das klassifizierende Ausstellungsprinzip aufrecht blieb, wurden Böden und Hinterwände der Vitrinen zunehmend so eingerichtet, dass mit einigen charakteristischen Elementen das ursprüngliche Lebensumfeld der Tiere angedeutet wurde, ohne auf Realismus setzende Dioramen zu gestalten. So war der Hintergrund der Vitrinen, in denen ausgestopfte Affen ausgestellt waren, mit Pflanzen bemalt, allerdings nicht in realistischer Manier, vielmehr dekorativ und stimmungsvoll: Der dichte blau-grüne Blätterwald evozierte eine feucht-nebelige Urwaldatmosphäre. Verschiedene Landschaften sollten nachempfunden werden können, etwa durch mit rotem Sand bedeckte Böden, mittels Gesteinsnachbildungen oder durch das Ausstatten mit getrockneten Gräsern oder Baumstämmen. Das kontextualisierende Ambiente schuf zum einen Anhaltspunkte für vielfältigere konnotative Decodierungen als die alleinige Präsentation von Tierpräparaten. Zum anderen kam es auf der metakommunikativen Ebene zu Verschiebungen im Duktus der Ausstellung. Die Rahmung mit Kontexten ließ das Wissenschaftssystem der Klassifizierung etwas in den Hintergrund treten und schuf durch szenische Gestaltung eine lebendiger anmutende Atmosphäre. Die ausgestellten Präparate erschienen in einem attraktiveren Licht, sie wirkten individueller. Die puristisch auf Systematik rekurrierende Aufstellung allein von Präparaten konnte aufgrund heutiger Sehgewohnheiten als langweilig wahrgenommen werden und die Objekte offenbarten stärker ihren Charakter als tote, ausgestopfte Tiere. Trotz der vorgenommenen Veränderungen wurde der Eindruck nicht aufgehoben, dass es sich um ein Museum handelte, das einer vergangenen Zeit verhaftet ist, ein Museum eines Museums. Dies war der Unveränderbarkeit von Raumgestaltung und Vitrinen geschuldet, insbesondere der Beibehaltung einer klassifizierenden Aufstellung. Gleichzeitig erfolgte eine Anpassung an heute gängige Präsentationsformen und Wahrnehmungsmuster durch eine ansatzweise Verschiebung von „toten Tieren“ zu „lebendigen Ensembles“: Mit den Lebensräumen von Tieren hielt auch eine gewisse Naturanmutung in die starre Ordnung Einzug. Ein möglicher Effekt war, dass der der Aufstellung vorangegangene Tod und die Präparation der Tiere weniger bewusst wurde.

Natur-Exponate in Museen zeugen von der Beherrschung der Natur, denn die Tiere kommen nicht lebend sondern in der Regel als Tote ins Museum. Die Kadaver werden durch die Kunstfertigkeit der Taxidermie „lebensecht“ geformt, um dann dem Bestaunen als Wunder der Natur zu dienen, nachdem sie als integrierter Bestandteil der Natur zu existieren aufgehört haben. „Ein Naturmuseum ist Begleitung eines Glaubens an den Fortschritt und die Beschleunigung der Naturbeherrschung. Erst Natur, die man zu beherrschen glaubt, lässt sich widerstandslos ins Museum abführen.“[16] Naturmuseen sind also davon gekennzeichnet, dass der Museumsauftrag des Bewahrens nicht die Natur selbst trifft. Die Rahmung und Anordnung der ausgestellten Objekte ist daher von einem zusätzlichen Bestreben bestimmt, denn wie kein anderes Museum hat es – laut dem Psychoanalytiker und Erziehungswissenschaftler Karl-Josef Pazzini – die Voraussetzung seines Bestehens zu verschleiern: das Berühren von Natur als Bemächtigung, die die Tötung inkludiert.[17] „Wer also von Natur im Museum spricht, kann am Phänomen des Vergessens, des Verdrängens und des Verschiebens nicht vorbei.“[18] Jedes Töten bedarf der begründenden Rahmung und der kulturellen Bearbeitung, „indem das Individuum entlastet wird und gezeigt werden kann, wie weit die Tat, die auf der Seite des Todes steht, auch zum Leben der Gattung beiträgt.“[19] Eine solche Bearbeitung erfolgt etwa durch Praktiken der Rationalisierung. Im Museum wären dies „jene z.T. rationalisierten Techniken des Präparierens, Restaurierens und Konservierens, die als zentrale, das Museum konstituierende Techniken beschrieben und verstanden werden. Sie begründen nachträglich die Tötung und Akquisition. Sie bilden eine Möglichkeit, mit dem Fehlen umzugehen auf hohem symbolisiertem Niveau.“[20] Das Naturmuseum will den Tötungsakt, aber auch die Präparierung der Tiere in der Regel unsichtbar halten. Dies bedarf der Kunst der Präparation. Die Exponate des Naturhistorischen Museums wurden zumeist in Haltungen präpariert, die keine effektvollen waren oder eine bestimmte Geschichte erzählen würden – wie etwa jene Darstellung im Museum National de Histoire Naturelle in Paris, in der ein Tiger einen Last-Elefanten angreift. Die Art, in der sie für die Betrachtung angefertigt wurden, erinnerte an ein erstarrtes stereotypes Posieren vor der Kamera oder an naturwissenschaftlich orientierte Zeichnungen, die sich an typisierten Darstellungen ohne Makel orientierten.

Die im Museum präsentierte Natur ist eine tote und gleichzeitig künstlich wiederhergestellte Natur. In der Ausstellung soll der präsente und präsentierte Tod jedoch keinesfalls auffallen. Doch einige Präparate in der Aufstellung des Naturhistorischen Museums wiesen in den letzten Jahren häufig – eben wohl aufgrund ihres Alters – Mängel auf, das Fell wirkte zum Teil etwas räudig und verstaubt. Risse und kahle Stellen machten Vorstellungen von der Unveränderlichkeit, der Makellosigkeit, der Reinheit und der Unschuld von Naturobjekten brüchig und konnten die Betrachtenden mit Verwesung und Tod konfrontieren. Die Tiere würden erkennbar zu „Repräsentanten von toten Tieren“ – wie Pazzini analysierte –, wodurch die Verdrängung erschwert würde, „dass es sich ja bei Tierpräparaten um eine kunstvoll aufgebaute Oberfläche eines Kadavers handelt. Man bekam wider Willen eine Vorstellung geliefert, wie das Ausstellungsstück zu diesem geworden war.“[21] Die Bestrebungen der laufenden Neugestaltung im Naturhistorischen Museum Wien trachten daher auch danach, diese „Mängel“ zu beheben.

## Naturalisierte Geschichte

Die Erstaufstellung der Prähistorie im neuen Gebäude bestand aus drei Räumen und thematisierte die Zeit vom Paläolithikum bis ins Frühmittelalter. Die Aufstellung zum Untersuchungszeitpunkt 2000 umfasste denselben Zeitabschnitt, war aber flächenmäßig um zwei Räume der ehemaligen ethnologischen Abteilung erweitert. Während die ursprünglichen Säle der Prähistorie mit Bildern von wichtigen prähistorischen Grab- und Fundstätten ausgestattet sind, sind in den beiden anderen Sälen Bilder von der Architektur der Südsee, Amerikas und Ägyptens und vor allem Asiens zu sehen. Damit korrespondiert die bildnerische Ausgestaltung der Räume nur mehr partiell mit den Inhalten der Aufstellungen. In den ersten beiden Räumen ist inmitten der Grab- und Fundstätten auch ein so genanntes Idealbild angebracht. Es handelt sich um Darstellungen prähistorischen Lebens, wobei die Künstler auf Grundlage des damaligen wissenschaftlichen Erkenntnisstandes diese Bilder ausarbeiteten. Sie galten als wissenschaftlich fundierte Abbildungen. Die Konstruktionen, Projektionen und Annahmen sowohl der Wissenschaftler als auch der Künstler gingen hier eine untrennbare Verbindung ein. Die Frage ist, inwieweit durch die Bezeichnung Idealbild der Konstruktionscharakter mitassoziiert werden kann oder die ideologischen Produktionen bestätigt werden.

Für die exemplarische Analyse beschreiben wir den ersten Raum der prähistorischen Abteilung, wie er 2000 zu sehen war. Dem Paläolithikum und Neolithikum gewidmet, liegt dabei der Fokus auf den Präsentationen der Frauenstatuetten, die von der sonst gängigen Ausstellungsweise abwichen. Als Beispiel für die seit 2000 erfolgende sukzessive Umgestaltung wird zudem auf die neue Inszenierung der „Venus von Willendorf" eingegangen.

## Serielle Aufstellung versus Gendernarrative

Die großen, den ganzen Raum füllenden Vitrinen und die Ausgestaltung mit Wandgemälden prägten den ersten Eindruck beim Betreten des Raumes. Auffallend, aber das historistische Ambiente auch etwas brechend war zudem die an der Wand verlaufende Reihe großer Schwarz-Weiß-Fotografien.

Die großen, unter der Decke angebrachten Wandgemälde waren betitelt mit „Nordisches Hünengrab in Dänemark", „Ruine Hartenstein im Kremsthale", „Lösswand bei Willendorf" und „Idealbild aus der Steinzeit. Höhlenbewohner". Das als Idealbild bezeichnete Gemälde bot eine Darstellung des Alltagslebens, das friedlich, idyllisch, naturverbunden und harmonisch wirkte; Jäger versorgten die Gemeinschaft, die im Schutz einer Höhle zusammenlebte. Da es in der Ausstellung – mit Ausnahme der Jagd – kaum szenische Abbildungen gab, bildeten die Gemälde einen visuellen Rahmen für die seriell und kontextlos präsentierten Objekte, stellten zusätzliche konnotative Codierungen zur Verfügung.

Bei den unter Denkmalschutz stehenden Gründerzeit-Vitrinen handelte es sich um massive, im Raum aufgestellte Holzschränke mit Vitrinenaufsätzen und um kleinere Tischvitrinen, die der Wand entlang liefen. Zudem gab es an der Fensterfront Vitrinen neuerer Zeit. Insgesamt war der Raum dicht mit Vitrinen bestückt und ließ mit dieser klassischen Präsentationsweise auch entsprechende Objektanordnungen vermuten.

Das Arrangement der Objekte in den Vitrinen erfolgte vorwiegend nach dem Prinzip der Serie und nach ästhetischen Kriterien der Symmetrie, also der Aneinanderreihung von Ähnlichem in einem klaren Ordnungsschema. Immer Gleiches wie etwa Gefäße oder Klingen wurde der Größe nach in einer Reihe oder zu einem Muster angeordnet. Zu sehen waren Funde vor allem von Gebrauchsgütern wie Werkzeugen, Waffen, Schmuck, Gefäße etc., wenige figurale Darstellungen. Die Aufstellung erfolgte – wie der Eingangstext erklärte – nach zwei Prinzipien, einem kleinen als didaktisch bezeichneten Teil, der die neueren Vitrinen an der Fensterfront umfasste, und einem großen als systematisch bezeichneten Teil in den historischen Vitrinen:

„Der didaktische Teil ist durch Angabe der Bezeichnung des Gegenstandes und dessen Datierung gekennzeichnet. Der systematische Teil durch Angabe der Fundart und des Fundortes. Für eine rasche Übersicht über die Urzeit Mitteleuropas wird die Beschränkung auf den didaktischen Teil empfohlen. Das dort erworbene Wissen kann durch Benützung des systematischen Teiles weiter vertieft werden."

Doch trotz dieser Gebrauchsanweisung waren die Objekte in ihrer Bedeutung nur schwer zu decodieren. Wo eine Denotation nicht erfolgen konnte, weil ein Gegenstand nicht bekannt war, halfen Texte nur beschränkt, da in der Regel Sammelbeschriftungen für mehrere Objekte einer zusammengehörigen Einheit vorlagen. Im systematischen Teil, in dem immer zwei Beschriftungstafeln angebracht waren – eine zum Fundort und eine zur Fundart –, las sich dies etwa folgendermaßen:

„Seewalchen am Attersee; Pol. Bez. Vöcklabruck; Oberösterreich"
„Spätneolithikum, frühe Bronzezeit; Pfahlbausiedlung mit zwei Besiedlungsphasen; 3. Jahrtausend und Mitte 2. Jahrtausend v.Chr."

Nur an wenigen Stellen waren weitergehende Informationen zum Kontext der Objekte, ihrer Geschichte und Bedeutung zu erhalten. Im didaktischen Teil wurden zu den Objekten Beschriftungen und erklärende Texte beigegeben, doch handelte es sich bei den Texten um eine Art Auflistung von Kurzangaben. Im Gegensatz zu in Ausstellungen gebräuchlichen Texten wurden nicht vollständig formulierte Sätze, sondern nur lapidare Sätze beziehungsweise Satzteile aneinandergereiht, oft unter Schlagworten wie Wirtschaft oder Kunst subsumiert. Es gab keinen erzählenden Duktus, wie dies historische Texte in der Regel charakterisiert. Dies lässt sich am Beispiel der Vitrine zur Jungsteinzeit illustrieren:

„Kulturhistorische Bedeutung: Übergang zur produzierenden Wirtschaft.
Im Gefolge davon Weberei, Töpferei, Bergbau, auf Feuerstein, Verwendung von Kupfer und Gold, Steinschliff, Erfindung von Rad und Wagen, Tauschhandel.
Die Entwicklung wird durch die nacheiszeitliche Klimabesserung begünstigt. [...]"

Erzählende Texte gab es nur an drei Stellen, zu zwei Frauenstatuetten und zum Thema „Die Jagd. Lebensgrundlage für 2 Millionen Jahre". Das Thema Jagd wurde entlang von fünf Zeitabschnitten mittels Bild-Text-Tafeln abgehandelt. Zwischen schmalen Farbfotos von übereinander geschichteten Steinen befanden sich je ein Text und darüber eine Zeichnung, die eine bildliche Vorstellung von den Jagdpraktiken geben sollte. Die Texte waren in der üblichen Weise verfasst, in der Frauen in der männlichen Form subsumiert sein konnten. Die Zeichnungen zeigten nur Männer und vermittelten so eine eindeutige Geschlechtszuordnung. Die gängigen Vorstellungen von geschlechtsspezifischen Tätigkeiten, Verhaltensweisen etc. wurden so in einer Rückprojektion weiter zementiert und ließen den Text durch diese visuelle Anleitung auch stärker als im Text intendiert in diese Richtung lesen. Inzwischen wurde um 2005 im Zuge der Neubespielung der Vitrinen die Texttafel „Frauen jagen, Männer sammeln?“ angebracht, die anhand der Jagd das Nicht-Wissen um Geschlechterrollen in der Prähistorie ansprach.[22] Doch der beigegebene Cartoon vermittelte ein problematisches Bild: Eine dicke Frau mit Stöckelschuhen hielt eher ungeschickt Pfeil und Bogen. Es war das einzige Mal, dass ein Cartoon eingesetzt wurde, wodurch der Eindruck evoziert wurde, dass die Aussage so wieder relativiert wurde. Zudem machten andere Abbildungen wiederum eindeutige Geschlechtszuordnungen, indem sie Männer bei der Jagd und Frauen beim Kochen zeigten.

Im Gegensatz zur üblichen Objektpräsentation – dichte Objektreihen in Vitrinen – wurden drei Exponate isoliert in eigenen kleinen Vitrinen ausgestellt. Hierbei handelte es sich jeweils um Frauenstatuetten, die immer seitlich von einer der drei Türen des Raumes platziert waren. Die Galgenbergfigur flankierte die Tür zum Gang, die „Venus von Willendorf“ die Tür zur paläontologischen Abteilung und die Sitzfigur von Pazardžik die Tür zum nächsten Raum der prähistorischen Abteilung. Beinahe erschien diese Lage als Bewachung oder Schmückung der Durchgangsbereiche durch Frauenstatuetten.

Der „Venus von Willendorf“ kam dabei die Stellung zu, das erste Objekt zu sein, wenn BesucherInnen von den paläontologischen Räumen kommend die prähistorische Säle betraten und somit dem Wechsel von einem der Natur zu einem der Kultur zugeordneten Bereich folgten. Diese Positionierung der Frauenstatuette nach dem Übergang von *Natur* zur *Kultur* könnte in Anlehnung an Mieke Bal als Schwellensituation gelesen werden. Am Beispiel des American Museum of Natural History in New York beschrieb Bal die Problematik, Tiere und menschliche Kulturen nebeneinander zu stellen und sie deutete eine weibliche Statue, die sich am Durchgang vom Saal mit den asiatischen Säugetieren zu den Aufstellungen zu asiatischen Kulturen befand, als Zeichen dafür, dass die AusstellungsmacherInnen unbewusst einen Übergang für notwendig befunden haben. Die Statue wäre semiotisch als Schwelle gesetzt, würde die Funktion des Übergangs erfüllen. In Kontrast zu den sonstigen Inszenierungen des New Yorker Museums wurde die Statue – betitelt mit „Königin Maya gebiert Buddha aus ihrer Seite“ – isoliert in einer Nische gezeigt. Zum einen repräsentiere sie nach Bal eine Gebärende, was auf eine der *weiblichen Natur* entsprechende Funktion verweise. Zum anderen liefere die Objektbeschreibung eine Erzählung über Buddha und den Buddhismus und damit eine kulturelle Bedeutung. Doch stelle der Text gleichzeitig auch eine Verbindung von *Frau* und *Natur* her und naturalisiere damit teilweise die kulturelle Bedeutung. Die Art der Präsentation am Durchgang und der Text verleihe der Statue den Rahmen eines Übergangsstatus, die metaphorische Gleichsetzung von *Frau* und *Natur* vermittle zwischen *Natur* und *Kultur* und rechtfertige die Repräsentation von Kulturen im Rahmen eines naturhistorischen Museums. In diesem Sinn verblieb nach Bal das Zeichen für die Notwendigkeit eines Überganges in der Art, wie es inszeniert wurde, auf der Ebene des Symptoms, nicht des bewusst gesetzten Signals.[23]

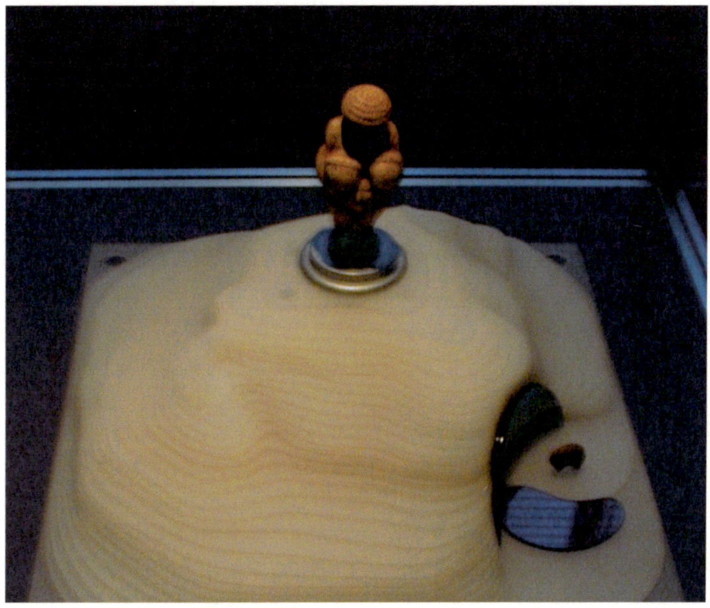

*Abb. 1: Inszenierung der „Venus von Willendorf"*

Die in einer kleinen Hochsicherheits-Vitrine aufgestellte „Venus von Willendorf" war nicht in der in der prähistorischen Abteilung üblichen Weise – nämlich mit neutralem Hintergrund – präsentiert, sondern sie stand auf einem weißen Hügel, der in Höhenlinien geschichtet war. Der Hügel hatte an einer Seite eine Einbuchtung, in die ein halbrundes Bild einer gemalten Hügellandschaft hineingesetzt war. Vor diesem Landschaftsbild stand eine kleine Tierfigur und daneben war ein See angedeutet. Die Frauenstatuette wurde mittels eines Spots hervorgehoben. Die Präsentation in einer eigenen Vitrine deutete auf den besonderen Wert hin, der dem Exponat beigemessen wurde. Indem die Figur durch die Landschaftsinszenierung auch kontextualisiert wurde, erhielt sie einen kulturhistorischen Rahmen. Die Inszenierung der Frauenstatuette ermöglichte Konnotationen in zwei Richtungen. Sie verwies einerseits auf den Fundort beziehungsweise die Fundgeschichte. Die nachgebildete Hügellandschaft konnte als die von Willendorf interpretiert werden – unterstützt durch das gemalte Bild –, wobei die Schichtungen als Erdschichten zu lesen waren. Diese Sicht wurde gestützt, da in unmittelbarer Nachbarschaft die Einteilung der Prähistorie in Epochen anhand der entsprechenden Erdschichtungen dargestellt wurde. Andererseits konnte die Inszenierung auf der symbolischen Ebene als Visualisierung von Vorstellungen verstanden werden, die sich die AusstellungsmacherInnen von dieser Zeit machten. Die auf dem Hügel thronende Frauenstatuette konnte als über der Natur wachende Göttin gedeutet werden oder als ein in der Naturlandschaft verankerter Teil der Natur. Beide Interpretationen erlaubten einen gewissen Zusammenhang von *Frau* mit *Natur*, der allerdings durch ein Detail der Inszenierung – die Tierfigur –, aber auch durch die begleitenden Texttafeln eine Verfestigung erfuhr.

Die Tierfigur nahm trotz ihrer vermeintlichen Randständigkeit eine wesentliche Funktion ein. Die gemeinsame Präsentation von *Frau* und Tier betonte den Status der *Frau* als der *Natur* zugeordnet – wie dies dem Denken der Moderne entspricht. Die Frauen- und die Tierfigur konnten auf paradigmatischer Ebene durch gemeinsame Begriffe wie figurale Darstellung, Kult- und Kunstgegenstand, Symbol des Lebens ersetzt werden und ermöglichten so, aufeinander zu verweisen, ein Naheverhältnis herzustellen. Die Tierfigur bestärkte nicht allein die metaphorische Gleichsetzung von *Frau* und *Natur*, vielmehr half sie der Statuette die Funktion des Überganges zwischen Kultur und Natur, von Tod und Leben wahrzunehmen. Die Statuette repräsentierte die Menschheit in Abgrenzung zum Raum der paläontologischen Abteilung vorher, die sich der fossilen Natur, den ausgestorbenen Lebewesen früherer Erdperioden widmet. Gleichzeitig suggerierte die Anordnung der Statuette mit einem Tier ihre Natur-Verbundenheit und stellte damit auch eine Kontinuität in der Entwicklung von Natur sicher.

Auch der Text – drei Texttafeln flankierten die Vitrine –, unterstützte die Deutung, die „Venus von Willendorf" sei semiotisch als Schwelle gesetzt. Indem die Ausführungen die ursprünglich rote Farbgebung der Statuette als „Symbol des Lebens" und die Darstellung der Geschlechtsmerkmale als „Symbol für Fruchtbarkeit" bezeichneten,[24] erschien die Positionierung einer Frauenstatuette mit diesen Zuschreibungen als – wenn auch unbewusste – Setzung, die Paläontologie und Prähistorie abgrenzte und verband. Weiters stärkte der Text die in der Inszenierung angelegte Vorstellung Natur-Frau, etwa indem auf ein „weibliches Prinzip" rekurriert wurde, das auf eine angeblich naturgegebene Essenz des Frauseins schließen ließ.

„Sie sind keine porträthaften Darstellungen, sondern eher eine sinnbildliche Verkörperung des weiblichen Prinzips."

Doch der Text ermöglichte, die Inszenierung der Frauenstatuette mit weiteren Konnotationen und syntagmatischen Erzählungen zu deuten. Unter anderem unterlegte die Fundgeschichte die Inszenierung mit dem Narrativ einer Erfolgsgeschichte wissenschaftlicher Entdeckungs- und Forschungsbestrebungen von Männern, die in der „authentischen" Schilderung des Moments der Entdeckung gipfelte. Zitiert wurde ein Augenzeugenbericht:

„Es war an einem herrlichen Augustmorgen des Jahres 1908, als die Venus von Willendorf nach vieltausendjährigem Schlaf die sonnenhelle Wachau wiedersah. Sie wurde in Szombathys und meiner unmittelbaren Gegenwart in einer Tiefe von etwa 25 cm unter der ungestörten Aschenschichte in der Nachbarschaft eines großen Herdes entdeckt … (J. Bayer im Neuen Wiener Tagblatt am 4.2.1910)"

Das Setting von „herrlichem Augustmorgen" und „sonnenheller Wachau" rahmte nicht lediglich glorifizierend den Moment, machte das Ereignis zu einem besonderen und setzte damit den beteiligten Wissenschaftlern ein Denkmal. Der Text argumentierte die Ausgrabung auch als eine Erlösungs- und Erweckungsgeschichte aus dem „vieltausendjährigen Schlaf". Dies rechtfertigte – unbewusst – die Störung der Ruhe in der „ungestörten Aschenschichte" und wies den Forschern die *männliche* Rolle des erlösenden Prinzen und der „Venus von Willendorf" die *weibliche* Rolle der zu erweckenden Prinzessin zu. Ihren Ausdruck fand der Triumph der Entdeckung in der Inszenierung, in der die erweckte Frauenfigur auf dem Hügel stand, den Blicken von allen Seiten freigegeben.

Ein weiteres Beispiel, wie sich manche der vielfältig möglichen Konnotationen und Erzählungen zu einem Display gegenseitig bestärken können, stellt die zweite Vitrine mit einer Statuette dar. Bei der Figur handelte es sich um die älteste in Österreich gefundene Statuette, die nach dem Fundort Galgenberg benannt ist. Zu sehen war eine zierliche Figur, die auf dem mittleren von drei, aus Schichten bestehenden Hügeln stand. Während diese Grundkonstellation der Präsentation der „Venus von Willendorf" ähnelte, war im Unterschied zu ihr die Galgenbergstatuette nicht mit weiteren Kontextualisierungselementen versehen, sondern war auf einem Drehteller platziert. Auf diese Weise wurde die Statuette langsam gedreht, konnte aber per Knopfdruck kurz zum Stillstand gebracht werden. Die Drehung wie auch das Anhalten diente der Betrachtung von allen Seiten, rekurrierte aber auch auf die Pose der Figur, die laut Ausstellungstext der einer Tänzerin ähneln würde, weshalb sie von den ausgrabenden Wissenschaftlern den Spitznamen „Fanny" erhalten hatte – nach der österreichischen Tänzerin Fanny Elßler. Der Text gab eine Beschreibung und Interpretation der Figur, die durch Detailfotos zusätzlich verdeutlicht wurde. Dabei machte die anfangs verwendete Formulierung „als Frauengestalt interpretierte Figur" zwar deutlich, dass hier keine Eindeutigkeit gegeben war. Dennoch wurde im übrigen Text die Figur als Frau gehandelt, wie der Name „Fanny" zeigte – insbesondere die tanzende Pose schien sie als *weiblich* zu prädestinieren. Einer zuschreibenden Sprache bediente sich auch folgende Textstelle:

„Die in Frontalansicht dargestellten Beine sind durch eine spitzovale Ausnehmung getrennt, im Fußbereich verbunden. Der Oberkörper verjüngt sich nach oben zu – dies ist besonders an der Rückseite gut erkennbar. Die Figur hält den linken Arm schräg nach oben gerichtet, wodurch keine Schulter erkennbar ist. Unterhalb dieses erhobenen Armes ist in Seitenansicht die hängende linke Brust dargestellt."

Das Vorhandensein weiblicher Attribute wurde direkt und indirekt angeführt, indem die Kennzeichnung einer Brust behauptet und nicht mehr interpretiert wurde und bei der Beschreibung zu Formulierungen gegriffen wurde wie „spitzovale Ausnehmung", die geschlechtsspezifisch konnotiert werden konnten.

Die dritte isoliert in einer Vitrine gezeigte Frauenfigur war in keinen Kontext gebettet – weder visuell noch durch ausführliche schriftliche Erklärungen. Ihre Präsentation auf einem in der Vitrine gestellten kleinen Holzsockel unterstrich ihre sitzende Haltung, ließ sie thronend erscheinen. Die Objektbeschriftung diente lediglich der Bezeichnung und Einordnung:

„Sitzfigur von Pazardžik; Ton; Mitte 4. Jtsd. vor Chr.; Die Plastik stammt aus einem Siedlungshügel im Maritza-Tal bei Pazardžik im bulgarischen Thrazien."

Die Objektbeschriftung entspricht der in der Aufstellung üblichen knappen Betextung der Objekte, die sich auf die Benennung von Objekt, Material und die räumliche wie zeitliche Einordnung – also die Klassifizierung – beschränkte.

Diese Figur gehörte aber zu den wenigen ausgewählten Exponaten, die im Raum zudem als Fotografie zu sehen waren. Denn neben der Vitrinenaufstellung erzeugte eine Art durchlaufende Bildschiene aus aneinander gereihten Großabbildungen einen starken visuellen Effekt: Über den niederen, an der Wand verlaufenden Tischvitrinen waren durchgehend Paneele angebracht, die abwechselnd weiß und schwarz waren. Auf diesem Schwarz-Weiß-Hintergrund waren einige wenige stark vergrößerte Schwarz-Weiß-Fotografien von Objekten zu sehen, die ohne erklärenden Text nur mittels Überschriften in Themenblöcke gruppiert waren. Die erste Einheit „Groß-Säuger des Pleistozäns" umfasste die Abbildungen von fünf Tieren. Dem schloss sich – abweichend vom üblichen Bildpaneel – der oben beschriebene Bereich zum Thema „Die Jagd" an. Danach wurde das Bild-Paneel mit Fotografien von Statuetten mit der Beschriftung „Jungsteinzeitliche Idolplastik" fortgesetzt, gefolgt von

Detailansichten von Objekten unter dem Titel „Verzierungsmotive von jungsteinzeitlicher Keramik".

Beim Bereich Idolplastik waren vier stark vergrößerte Fotos der schon erwähnten Sitzfigur von Pazardžik zu sehen, der Kopf allein und die ganze Figur von drei verschiedenen Seiten. Weiters gab es zwei Fotografien – von vorne und hinten – einer länglichen schmalen Statuette und eine Fotografie einer amorph wirkenden Figur. Um welche es sich handelte, konnte nur eruiert werden, indem die BesucherInnen die Originale in einer der vielen Vitrinen ausfindig machten. Dies erforderte ein aufmerksames Schauen. So konnte die eine Figur bei einem Grabfund der Lengyel-Kultur des Mittelneolithikums in Hadersdorf a. Kamp aufgefunden werden, die andere bei den Tonplastiken, so genannten Idolen, der Tripolje-Cucuteni-Kultur des Jungneolithikums aus Šipinci (Ukraine) zugeordnet. Letztere war Teil einer Reihe von Statuetten, unter der parallel eine zweite Reihe von Tierfiguren angeordnet war. Diese Kombination von Mensch und Tier war schon in der erwähnten Inszenierung der „Venus von Willendorf" zu sehen.

Indem die im Original vorhandenen Statuetten durch die Abbildung verdoppelt wurden, wurde ihnen Bedeutung zugesprochen. Die Präsentationsweise der Fotografien legte bestimmte Lesarten nahe. Zum einen schienen die Bildfolgen darauf zu zielen, durch Vergrößerung und mehrmalige Abbildung eines Objektes die Form zu betonen, die nunmehr auf den ersten Blick als *weiblich* konnotiert werden konnten. Die originalen Statuetten sind klein und die geschlechtsspezifisch zu interpretierenden Körperformen wenig auffallend. Erst die vergrößerten Fotografien ließen – insbesondere auch durch die unterschiedlichen Perspektiven – die zum Runden tendierenden Körperformen markant werden, die als *weiblich* gedeutet werden konnten. Die Betonung von als *weiblich* interpretierte Körperformen ermöglichte, sie als Symbole der Fruchtbarkeit zu sehen, wie dies auch in den Texten zur „Venus von Willendorf" zu lesen war. Die hier evozierte Bildsprache leistete der Idee einer Typologiebildung Vorschub. Zum andern wurde durch die Bildfolge eine dekorative Wirkung und Ästhetisierung der Objekte erzielt, die eine Verortung in Zeit und Raum obsolet machte. Damit konnten die mit den Figuren verbundenen Vorstellungen verstärkt zum ahistorischen Mythos gefrieren – zum „Sinnbild eines weiblichen Prinzips", wie dies im Text zur „Venus von Willendorf" formuliert war.

Neben der Präsentationsweise, durch isolierte Vergrößerungen *Weiblichkeit* aufzurufen und zu ästhetisieren, konnte auch die Auswahl der Bildsujets als Programmatik gelesen werden. Denn die Motivwahl und -folge konnte in syntagmatischer Weise verknüpft werden: Die Abfolge ging von den Tieren über die Jagd zu den Idolfiguren und schließlich zur Abstraktion von Verzierungen. Die Geschichte war eine der Behauptung gegenüber der Natur, durch

Entwicklung verbesserter Methoden der Tötung von Tieren, durch Entwicklung von Kunstfertigkeiten.

Im zweiten Raum der Prähistorischen Abteilung, der die frühe, mittlere und späte Bronzezeit abdeckte, war die Grundinszenierung dieselbe wie im ersten Raum. Es gab keine Einzelvitrinen mit Statuetten, dafür in Vitrinen ausgestellte Bestattungsfunde. Die Präsentation von Toten in dieser Weise wirkte wie geöffnete Gräber. Sie rekurrierte auf die ursprüngliche Grabsituation, jedoch mit dem entscheidenden Unterschied, dass die Toten nicht in der Erde verborgen, geschützt, sondern den Blicken freigegeben waren. Außer dem durchlässigen Vitrinenglas stand dem Betrachten nichts im Wege. Das Glas diente nicht nur dem Schutz der Objekte auf sicherheitstechnischer und konservatorischer Ebene, sondern es stellte sicher, dass gefahrlos geschaut werden konnte, es lud zum voyeuristischen Betrachten dessen ein, was normalerweise den Blicken entzogen ist. Die Überreste der Toten wurden wie andere Objekte behandelt, sie waren nicht in einem gesonderten Bereich untergebracht oder etwas geschützt durch die Dunkelheit von eingerichteten Nischen etc.
Zwei Vitrinen waren in den Boden eingelassen, worin die Skelette wie in offenen Gräbern lagen, und es war nur ein kurzer Text beigegeben.[25] Der dritte Bestattungsfund von sieben Personen war in einer erhöhten Einfassung ausgestellt, über die sich eine Glaskuppel wölbte. Diese Präsentation ließ einen Sarg konnotieren. Darin lagen zum Teil ineinander verkeilt wirkende Skelette, an deren Anordnung auch die beigegebene Erklärungstafel „Rätselhafte Skelette – Familiengrab in der Speichergrube“ anknüpfte. Nachdem der Text beschrieben hatte, dass es sich um eine gleichzeitig bestattete Familie handelte, wurden unter der Überschrift „Gewaltsamer Tod?“ Vermutungen zur Todesursache und zur Haltung der Skelette angestellt, die in folgenden Sätzen gipfelten:

> „Der wohl menschlich ergreifendste Befund ist die Lage der Mutter und des sechsjährigen Knaben. Die Mutter legt scheinbar beruhigend und beschützend ihre rechte Hand auf das sterbende Kind, das sich an sie klammert.“

Im Zentrum des Textes stand die von den WissenschaftlerInnen zentral aufgeworfene Frage nach der Todesursache. Zum Nicht-Wissen aber Wissen-Wollen, das zu Vermutungen führte, kam ein weiteres Moment, die emotionale Aufladung des Narrativs durch den Entwurf einer menschlichen Tragödie, zugespitzt im mütterlichen Idealbild: die Mutter, die das Kind zu schützen versucht. Die ausführliche Beschreibung samt erklärenden Zeichnungen[26] hatte die Form einer Erzählung im Gegensatz zur sonst üblichen Form der Aneinanderreihung von Informationen.

Resümierend gesehen kamen schriftliche Narrative nur bei wenigen Objekten oder Themen zum Einsatz, beispielsweise bei den Frauenstatuetten, der Jagd, dem Grab. Gemeinsam scheint ihnen zu sein, dass sie in unterschiedlicher Weise Erzählungen zu *gender* waren, zu geschlechtsspezifischen Tätigkeiten, Verhaltensmustern und Zuweisungen. Der Charakter der Erzählungen bewegte sich dabei zwischen objektiv scheinenden sachlichen Darstellungen wie bei den Texten zur Jagd und chronikartigen, ausschmückenden, auf Emotionen setzende Berichterstattungen wie bei den Texten zur „Venus von Willendorf" oder zum Familiengrab.

## Erzählen als anleitendes Prinzip

Die beschriebene Präsentation des Paläolithikum und Neolithikum wurde seit 2002 einer sukzessiven Veränderung unterzogen. Obgleich die raumdominierende Aufstellung der Großvitrinen bestehen blieb, veränderte sich der Raumeindruck dennoch. Dies lag an der Entfernung der neueren, kleinen Vitrinen, wodurch der Raum weniger angeräumt wirkte, und an einem prägnanten gestalterisch-innenarchitektonischen Eingriff: In der Mitte des Raumes wurde zwischen zwei der historischen Raumvitrinen ein Haus errichtet. Dieses bestand – den Vitrinen angepasst – aus Holz, doch seine Form und Gestaltungselemente wie die Andeutung von Säulen ließ einen antiken Tempel konnotieren. Im Giebeldreieck oberhalb des Einganges war in goldenen Versalien „Venus von Willendorf" zu lesen. Die Frauenstatuette war aus ihrer Inszenierung auf dem Hügel geholt und mit einer neuen Rahmung versehen worden, die sie mit Wänden umgab, sie versteckte. Dieser Bau und mit ihm die Statuette nahm eine dominierende Position ein, indem der Tempel – die Vitrinen überragend – den höchsten Punkt im Raum bildete und zudem dessen Zentrum besetzte. Mit dieser Positionierung in der mittleren Achse des Raumes befand sich der Bau direkt unter dem Idealbild zur Steinzeit. Den hier abgebildeten HöhlenbewohnerInnen wurde ein als antiker Tempel zu decodierendes Gebäude gegenübergestellt. Doch was hat ein Tempel mit der prähistorischen Zeit zu tun? Ein Tempel ist nicht der historischen Verortung der Statuette angemessen, allerdings passt er zum ebenfalls irreführenden Namen, der ihr gegeben wurde, nämlich „Venus". Die durch den Tempel erfolgte historische Kontextualisierung führte in die Irre. Die Prähistorie kannte keine Tempel dieser Art. Die eventuell intendierte Absicht, der Frauenstatuette einen sakralen Rahmen zu verleihen und dafür eine bekannte Form heranzuziehen, die allgemein als kultischer Ort decodiert werden konnte, verkannte, dass mit dem beliebigen Einsatz von historischen architektonischen Versatzstücken kein Bewusstsein für zeitbedingte und raumabhängige Formen kultureller Praktiken geschaffen werden konnte, im Gegenteil, diese Art der Gestaltung und Rahmung leistete einer ahistorischen Präsentation Vorschub.

Das Betreten des Hauses erlaubte vorerst noch keinen Blick auf die „Venus von Willendorf". Innen war das Haus gänzlich schwarz gestrichen oder mit schwarzem Stoff ausgelegt. In diesem dunklen Ambiente boten eine Text-Bild-Tafel und zwei Vitrinen mit je vier Frauenstatuetten Blickfänge. Die Vitrinen waren links und rechts der Tür in die Wand eingelassen, die Figuren hatten keine Objektbeschriftungen, es wurde nur ausgewiesen, dass es sich um Kopien handelte. Die Text-Bild-Tafel war hinterleuchtet, befand sich in der Mitte gegenüber der Tür und verstellte so die Sicht auf den weiteren Raum. Sie zeigte oben eine historische Fotografie der Ausgrabung bei Willendorf, unter der – abgesetzt vom übrigen Text – das schon bei der vorigen Inszenierung erwähnte Zitat stand, das den Moment der Entdeckung schilderte: *„Es war an einem herrlichen Augustmorgen..."* Die Erweckungsgeschichte hatte nun einen prominenten Platz erhalten, rahmte die folgende Erzählung. Der weitere Text behandelte erst kurz die „Venus von Willendorf", dann Frauenstatuetten allgemein, wobei unterschiedliche Charakteristika von in West- oder Osteuropa gefundenen Figuren beschrieben wurden. Dazu war eine Landkarte zu sehen, auf der neun Frauenfiguren entsprechend ihrem Fundort, der namentlich ausgewiesen wurde,[27] positioniert waren. Acht der abgebildeten Frauenfiguren konnten als jene identifiziert werden, die auch in den Wandvitrinen zu sehen waren. Indem diesen nun ein Fundort zugewiesen werden konnte, wurde deutlich, dass die Vitrine links vier in Westeuropa gefundene Statuetten zeigte, die Vitrine rechts vier in Osteuropa gefundene Figuren. Die auf der Landkarte in der Mitte abgebildete neunte Figur mit der Fundortbezeichnung Willendorf war an dieser Stelle noch nicht zu sehen. Doch mit der auf der Karte vorgenommenen Anordnung, bei der die „Venus von Willendorf" jeweils von vier Statuetten flankiert war, erfolgte ihre Verortung als die Mitte Europas, die Verbindung zwischen Ost und West – Begrifflichkeiten einer viel späteren Zeit. Auch der Text bestätigte dies:

„Die ‚Venus von Willendorf' vereint Merkmale aus Ost- und Westeuropa."

Durch das Verwenden heutiger Begrifflichkeiten und vor dem Hintergrund der historisch-politisch begründeten Differenz von Ost und West konnten auch bestimmte Vorstellungen von Österreich konnotiert werden: Mit der „Venus von Willendorf" ist Österreich schon immer Mitte und Vermittler gewesen. Es erfolgten hier unbewusst Rückprojektionen und eine Vermischung von gegenwärtigen Annahmen und gesellschaftlichen Verfasstheiten mit jenen der Vergangenheit.

Um nun die „Venus von Willendorf" zu Gesicht zu bekommen, mussten die BesucherInnen um die Bild-Text-Tafel herumgehen. Dahinter erstreckte sich ein bis auf eine kleine Vitrine leerer dunkler Raum. In der Mitte befand sich eine kleine Vitrine, in der auf schwarzem Samtboden die Frauenstatuette präsentiert wurde. Sie wurde von oben mit einem Spot beleuchtet und stand auch nicht aufrecht wie in der alten Inszenierung, sondern war etwas nach hinten gekippt, fast halb liegend. Rechts seitlich an der Wand war ein Schalter angebracht. Wurde er betätigt, erschien die Figur in rotes Licht getaucht und das Spiel einer Flöte war zu hören. Dass rote Farbe ins Spiel gebracht wurde, konnte zwar damit begründet werden, dass sie – wie im vorangegangenen Text ausgeführt – ursprünglich rot bemalt war. Aber rotes Licht in einer dunklen Kammer erlaubte unweigerlich auch andere Konnotationen, etwa die einer Peepshow. Dies wurde auch durch die nach hinten geneigte Haltung der Figur bestärkt. Ein weiblicher Körper war in bekannter Pose dem voyeuristischen Blicken freigegeben. BetrachterInnen konnten auch um die Vitrine herumgehen und die Figur von allen Seiten in Augenschein nehmen. Dabei zeigte sich, dass hinter der Statuette im schwarzen Samt ein eiförmiges Loch war, aus dem ein Lichtspot auf das Gesäß strahlte. Die zu hörenden Flötenklänge dienten der atmosphärischen Stimmung, weckten gleichwohl Assoziationen von spirituellen, sphärischen Klängen, von geheimnisvollen, rituell-mystischen Welten. Die isolierte Präsentation in einer eigenen Nische verbunden mit der Musik erlaubte auch die Deutung, dass hier einer Göttin gehuldigt wurde. Die Figur konnte so zwischen zwei geläufigen Zuschreibungen an Frauen changieren – zwischen Heiliger und Hure. Insgesamt wirkte die Statuette in dem kleinen, schwarzen, intimen Raum dem voyeuristischen Blick stärker ausgesetzt als in der vorhergehenden Präsentation. Betrachtende konnten dem in ungestörter Intimität frönen und/oder sich durch die Klangatmosphäre in eine mystische Stimmung versetzen lassen.

Bei Erscheinen der Publikation 2006 war neben der neuen zentralen Inszenierung der „Venus von Willendorf" noch die Galgenbergfigur in unveränderter Form zu sehen. Die Bildpaneele waren entfernt und die Präsentationen in den historischen Vitrinen wurden sukzessiv umgestaltet. Es wurde begonnen, das klassifizierende Aufstellungsprinzip aufzuheben und die Objekte nunmehr nach Themen zu ordnen, die das Leben und Arbeiten in jener Zeit zeigen sollten. Neu war dabei vor allem die Rahmung der Objekte mit vielen erklärenden Texttafeln und Abbildungen. Bei letzteren handelte es sich um aquarellierte Zeichnungen, die das Leben und Arbeiten veranschaulichen sollten. Auch ein Video zum Gerben von Häuten kam zum Einsatz. Diese Visualisierungen ermöglichten zwar umfassendere Konnotationen und Narrative zu den Objekten als die vorherige klassifizierende Aufstellung, aber sie kanalisierten diese auch in bestimmter Weise. Die Abbildungen schrieben Bilder und Vorstellungen auch fest, ohne zu thematisieren, dass es sich um Konstruktionen handelt. So waren die abgebildeten Tätigkeiten stereotyp geschlechtsspezifisch dargestellt, z.B. eine kochende Frau und jagende Männer. Insgesamt wirkten die Vitrinen zum einen farbiger, abwechslungsreicher und kamen heutigen Ausstellungsintentionen und Wahrnehmungsgewohnheiten, Dinge in Zusammenhänge zu stellen, entgegen. Zum anderen waren die Präsentationen nunmehr textlastig. Bilder und Texte verdrängten die Objekte aus ihrer früheren zentralen Position. Sie versahen die Objekte nicht lediglich mit einem erklärenden Rahmen, vielmehr erhielten die Objekte tendenziell die Funktion, die Bild- und Texterzählungen zu verifizieren und illustrieren.

## Evolution der Unterschiede

Die heutige Anthropologische Abteilung gehörte bis 1931 einer Abteilung an, die ursprünglich drei Sammlungen umfasste: Ethnografie, Prähistorie und Anthropologie. Während sich 1927 die ethnografische Sammlung als Museum für Völkerkunde etablierte, verblieben die anderen beiden Bereiche im Naturhistorischen Museum.[28] Die Ende des 19. Jahrhunderts erfolgte Aufstellung der Anthropologie war bald geschlossen worden. Die Bestände lagerten im Depot und im Studiensaal und standen Forschungszwecken zur Verfügung. Ab 1930 kamen sie im Zuge der nunmehrigen Bestrebungen der Popularisierung von Forschungsergebnissen wieder zur Aufstellung. Die anthropologische Forschung war bemüht, sich gesellschaftlicher Bedeutung zu versichern, die Anwendbarkeit ihrer Ergebnisse zu demonstrieren und Unterstützung zu reklamieren.[29] Diese Ausstellungen ab den 1930er Jahren standen aber vor allem auch beispielhaft für die Repräsentation von *Rassen* in Museen. Sie waren ein wichtiges Medium zur Ausbildung eines differenzierenden Blicks.

„Die verschiedenen ‚Rassen‘ können nur durch ihre Vergegenständlichung eine Wirklichkeit außerhalb der Vorstellungen erhalten, d.h. indem sie durch konkrete, räumlich situierte Objekte repräsentiert werden, die stets auf eine abstrakte Kategorie – die Rasse – verweisen. Darin liegt die doppelte Bedeutung des Wortes ‚Repräsentation‘: Das *Dar*stellen der Rassen wird zu der zentralen Bedingung ihrer *Vor*stellbarkeit. Nicht eine abstrakte Referenz auf die ‚Wissenschaftlichkeit‘ der Darstellung, sondern die Präsentationstechniken selbst erzeugen die spezifische Realität des Objekts. Es ist erst diese konkrete Übersetzung eines Klassifikationssystems, die die Wechselwirkungen von ‚common sense‘ und Anthropologie verständlich werden läßt.“[30]

Die auf rassistischen Wissenschaftskonzepten gründende Ausstellungspolitik der 1930er Jahre[31] gipfelte nicht nur in Präsentationen, denen die NS-Rassenideologie zugrunde lag. Das Museum vermaß auch Kriegsgefangene oder vor der Deportation stehende Juden, erwarb Schädel und Totenmasken von ermordeten jüdischen KZ-Häftlingen und polnischen Oppositionellen.[32] Ende 1939 wurde für die Sonderausstellung „Der Anteil der Ostmark an der Erforschung der deutschen Kolonialgebiete" lebensgroße Plastiken der „wichtigsten Rassentypen" hergestellt.[33] Anhand der Sammlung des so genannten „rassenkundlichen Materials" zeigt sich nicht allein, wie Menschen zum Material für WissenschaftlerInnen und zu Demonstrationsobjekten für die Popularisierungsbestrebungen rassenkundlicher Ideologie und Forschung wurden. Die kontinuierliche Existenz und Nutzung der Sammlung für Forschungszwecke nach 1945 spiegelt auch den unreflektierten Umgang mit diesem Bestand bis in die jüngste Vergangenheit. So verblieben die Schädel und Gipsabgüsse von toten jüdischen KZ-Häftlingen im Sammlungsbestand, bis sie 1991 der Israelitischen Kultusgemeinde übergeben wurden, die die Schädel bestattete. Das Naturhistorische Museum entzog sich einer Auseinandersetzung mit den eigenen Prämissen und Politiken, indem es sich der Konstruktion der Wertneutralität wissenschaftlicher Forschung und des Missbrauchs der Wissenschaft durch den Nationalsozialismus bediente. Verteidigt wurde ein „wissenschaftlicher Rassenbegriff" und die den Forschungsgegenstand Anthropologie konstituierenden Vermessungstechniken. Demgegenüber wurde ein der Anthropologie „externer, pathologisierter ‚Rassismus'" denunziert. „Indem die Trennlinie zwischen ‚Wissenschaft' und ‚Ideologie' nach den neuen politischen Erfordernissen gezogen wird, kann die ‚Rasse' so weiterhin (zumindest eine gewisse Zeit lang) legitimes Objekt wissenschaftlicher Praxis und staatlicher Politik bleiben".[34] Seitens des Museums erfolgte bis in die 1990er Jahre keine Auseinandersetzung mit der Wissenschafts- und Museumspolitik in der NS-Zeit; dies zu thematisieren unternahmen zwei Ausstellungen des Jüdischen Museums der Stadt Wien.[35]

Noch 1978 erstellte das Naturhistorische Museum eine bis in die 1990er Jahre bestehende anthropologische Aufstellung, die von wissenschaftstheoretischen Annahmen der *Rassenkunde* und dem unhinterfragten Begriff der *Rasse* geprägt war. In den 1990er Jahren wurde lediglich eine Tafel dazu gestellt, die die Ausstellung teilweise zu verteidigen suchte und eine Neuaufstellung ankündigte, dabei aber folgendermaßen argumentierte: „In diesem Zusammenhang ist es für uns ein Gebot der Stunde, darzustellen, auf welche Art und Weise gerade unser Jahrhundert den an sich wertneutralen biologischen Rassebegriff zum Rassismus verwandelte und ihn als legitime Grundlage für die Ausrottung und Vertreibung ganzer Völker unter dem Deckmantel der Wissenschaft mißbrauchte."[36]

Erst 1997 wurde der so genannte „Rassensaal", der „Rassentypen" zeigte, auf Druck massiver öffentlicher Kritik geschlossen. 1999 folgte die Schließung des nicht minder problematischen Raumes zur Evolution des Menschen.[37] Moulagen von *Rassentypen* kamen im Naturhistorischen Museum 1998 (!) ebenfalls zur Aufstellung, ohne ihre Geschichte und Funktion zu erwähnen. Sie wurden im Rahmen einer Ausstellung zum Thema Blut im Eingangsbereich präsentiert. Versehen mit einem Text, der besagte, dass jedes

Blut „gleich" sei, verwiesen die präsentierten Figuren auf das Gegenteil – die nach *rassenkundlichen* Kriterien erstellten typischen physiognomischen Merkmale.

Bis 2006 erfolgte noch keine Neuaufstellung der anthropologischen Abteilung. Die zwei vorgesehenen Schauräume, die zwischen Prähistorie und Kindersaal liegen, wurden für Sonderausstellungen genutzt. Im Rahmen der Ausstellung zum Thema Gehirn 1999/2000 wurden kleine Module erstellt, die laut Text Teil der geplanten Neuaufstellung sein sollten: das Neandertaler-Diorama und Wandvitrinen zum Thema Evolution des Menschen.

*Abb. 2: Ausschnitt aus dem Neandertaler-Diorama*

Im Diorama wurde eine auf Realismus setzende Darstellungsweise gewählt, die sowohl eine rasche Denotation als Steinzeitmenschen erlaubte als auch eine authentische Rekonstruktion konnotieren ließ. Der Boden war vollständig mit Steinabsplitterungen, Knochenteilen beziehungsweise Skelettresten bedeckt. Um zwei Feuerstellen – rot glühende Holzstücke bedeckt mit Holzästen – hockten zwei Männer und ein Kind. Der jüngere Mann aß ein hellrotes Stück Fleisch, der ältere Mann gegenüber hielt einen Stein in der Hand, das Kind neben ihm schaute auf ihn. Am Rand der Inszenierung war zu lesen, dass das Neandertaler-Diorama in Arbeit sei und Teil der neuen Anthropologischen Schausäle sein würde. Es war eine Abbildung angebracht, die zeigte, wie die geplante Rekonstruktion endgültig aussehen sollte. Hier wurde deutlich, dass die gezeigte Szene um zwei weitere Personen ergänzt werden sollte, eine Frau, die Holzäste bringt, und eine, die an der Feuerstelle hantiert. Die hier angedeuteten geschlechtsspezifischen Verhaltensweisen und Arbeitsteilungen basierten nicht auf gesichertem Wissen, doch auf diese Weise erschienen sie als universelle, bereits in der Prähistorie bestehende Muster. Gängigen Konnotationen zum Zusammenhang von Frau und Versorgung mit Wärme, Essen und sonstigen reproduktiven Tätigkeiten wurde so Raum eröffnet, ohne zu thematisieren, inwieweit die präsentierten Vorstellungen über Neandertaler von zeitgenössischen Annahmen und Rückprojektionen bestimmt werden.

2002 wurde das Diorama entsprechend der Abbildung erweitert. Eine Frau kam hinzu, die hockend eine Feuerstelle betreut. Weiters gab es eine Texttafel: Das Computerbild eines Schädels diente als Hintergrund und unter der Überschrift „Who is who?“ folgte ein allgemeiner Text zum Leben der Neandertaler, der das Setting des Dioramas – Feuer, Steinabsplitterungen – erklären sollte. Dem schlossen sich kurze Beschreibungen zu drei der Rekonstruktionen an, den beiden Männern und dem Kind. Zur Rekonstruktion des „alten Mannes von La Chapelle-aux-Saints“ war zu lesen:

„Der ältere Neandertaler zeigt dem Kind die Herstellung von Werkzeug.“

Damit bestätigte der Text die im Diorama nachgestellten geschlechtsspezifischen Zuweisungen, unterlegte die Produktion von Werkzeug als *männliche* Domäne. Für die Frau fand sich keine Erläuterung. Angesprochen wurde auch die Produktion der Dermoplastik-Figuren: Es handelte sich um Rekonstruktionen „auf der Basis fossiler Neandertalerskelettreste mit Hilfe neuester wissenschaftlicher Erkenntnisse und Methoden im Atelier Elisabeth Daynès, Paris“. Da erwähnt wurde, dass die Rekonstruktionen der gezeigten Figuren auf Skelettresten beruhte, nicht aber, wie es zu den präsentierten Posen – der Mann verfügt über das Werkzeug Stein, die Frau betreut das Feuer – kam, erschienen diese und die Gesamtausführung des Dioramas als wissenschaftlich abgesicherte Tatsache. Der Fiktionscharakter von Wissenschaft, die ihr zugrunde liegenden Annahmen waren so ausgeblendet. Dies entsprach metakommunikativen Codes eines Museums- und Wissenschaftsverständnisses, das die Standortgebundenheit von Forschung und Repräsentation nicht reflektiert, also den Ort, von dem aus gesprochen wird.

Die Problematik der ideologischen Dimension von Repräsentationen bestimmte auch die weiteren Darstellungen. Im anschließenden Raum wurde in einer Wandvitrine eine Bildmontage gezeigt. Die Vitrine war innen in kräftigen Farben gehalten – Rückwand, Decke und Boden in kräftigem Rot und die Seitenwände in Gelb. An der Hinterwand befanden sich zwei Fotografien, links eine Naturlandschaft, rechts ein Wolkenkratzer. Davor war ein verschieden wahrnehmbares Bild von zwei nebeneinander gehenden Mann-Frau-Paaren angebracht. Abhängig vom Standpunkt der Betrachtung war von der linken Seite aus ein Paar aus den Anfängen der menschlichen Evolution zu sehen – das Vorbild dazu steht im American Museum of Natural History in New York –, von der rechten Seite aus erschien ein Paar der Gegenwart. Von vorne betrachtet, ging ein Bild in das andere über.

*Abb. 3: Wandvitrine „Evolution der Unterschiede"*

Auffallend war die Haltung, die beide Paare einnahmen; der Mann legte jeweils der Frau den Arm um die Schulter. Der Ausstellungstext mit der Überschrift „Evolution und Verhalten" begründete dieses geschlechtsspezifische Verhaltensmuster damit, dass auch menschliches Verhalten das Produkt der Evolution wäre und in der Entwicklung jedes Menschen „weitergeformt" würde, denn:

> „In der Evolution des Menschen war es entscheidend, ob Merkmale gut an die zu bewältigende Umwelt angepasst waren oder nicht. Dieser Aneignungsprozess hat Spuren in uns hinterlassen, von der Fortbewegung (aufrechter Gang) bis zu unseren Beziehungen. Verhaltensforscher untersuchen diese Verhaltensmuster und ihre evolutionäre Bedeutung."

Vom Text unterstützt erschien die in der Präsentation eingenommene Geste unabdingbar für das Überleben und nicht sozial konstituiert. Die damit verbundene Essentialisierung als immer schon in dieser Weise dagewesene unveränderliche anthropologische Konstante wurde so als zwingende Notwendigkeit gerechtfertigt. Zudem war das Paar der Gegenwart eines *unseres* Kulturkreises. Sein in konkreten gesellschaftlichen Kontexten gründendes Verhalten konnte so als universal für alle Menschen aller Kulturen konnotiert werden, konnte den Eindruck erwecken, dass *wir* die Norm darstellen.

Dieses Display bildete auch das Finale einer größeren Erzählung zur Evolution des Menschen, die immer wieder mit ähnlichen Narrativen und Bildern operierte, die sich so fortlaufend gegenseitig bestätigen und verfestigen konnten. Die der beschriebenen Inszenierung vorangegangene Präsentation umfasste vier Wandvitrinen, in denen die Evolution des Menschen thematisiert wurde. Ihren Anfang nahm die Evolutions-Erzählung mit dem Display zum Thema „Mensch und Affe". Im Zentrum der Vitrine war eine Steinplatte mit Fußabdrücken platziert. Die Objektbeschriftung bezeichnete sie als versteinerte Fußspuren aufrecht gehender Vorfahren, deren unterschiedliche Fußgrößen und Schrittweiten „beweisen, dass zwei unterschiedlich große Australopithecinen hier gegangen sind".

*Abb. 4: Detail aus der Wandvitrine „Affe und Mensch"*

Zusätzlich war der Beschriftung der Fußabdrücke eine Abbildung hinzugefügt, die von der Art und Größe wie ein Passfoto aussah. Dieses zeigte die beiden Köpfe jenes Paares der Evolutionsgeschichte, bei dem der Mann der Frau den Arm um die Schulter legte. Dieses Geschlechterbild erfuhr hier nun seine Verfestigung. Mit dem Foto wurde suggeriert, dass die unterschiedlich großen Fußspuren geschlechtsspezifisch bedingt wären und nicht etwa auf Altersunterschieden beruhten oder die Abdrücke nicht gleichzeitig entstanden –

auch wenn dies im Text nicht zu lesen war. Und es wurde eine Verbindung zur oben beschriebenen Vitrine „Evolution und Verhalten" hergestellt, die deren Narrativ bestätigte: Die Evidenz der unterschiedlichen Fußspuren sicherte die Deutung ab, dass das präsentierte *männliche* Verhaltensmuster, der Frau den Arm um die Schulter zu legen, notwendig für die Evolution des Menschen war. Der große *männliche* und der kleine *weibliche* Fußabdruck korrespondierten mit dem *Mann* als Beschützer und der *Frau* als zu Beschützender: Ein Originalobjekt bezeugte das geschlechtsspezifische Verhalten in der frühen Menschheitsentwicklung, machte es gleichsam *natürlich*.

Im eher dunklen Raum bildeten die Displays zur Evolution Blickfänge. Die von innen beleuchteten Vitrinen fielen schon von weitem durch die kräftigen Farben auf. Rückwand, Decke und Boden waren in Rot und die Seitenwände in Gelb gehalten. An den beiden Seitenwänden war zudem ein schmaler, vertikaler hinterleuchteter Bildstreifen angebracht, der Vorfahren der Menschen inmitten leuchtend grüner Natur zeigte. Damit konnte Urwald, unberührte Natur konnotiert werden und die Vorstellung von sich im Einklang mit der Natur entwickelnden oder von in Abhängigkeit von der Natur lebenden menschlichen Vorfahren evoziert werden.

Dargestellt wurde die Evolutions-Erzählung anhand von Schädeln beziehungsweise deren Gehirnvolumen. Dabei waren sowohl die Grundgestaltung der Vitrinen als auch die Anordnung der Exponate und der Flachware durch einen hohen Grad an Symmetrie gekennzeichnet. Jede Vitrine war gleichermaßen links und rechts durch das erwähnte schmale Naturbild gerahmt. In den Ecken der Vitrinen befand sich immer die gleiche Art von Grafik: Rechts prangte jeweils die Weltkarte, auf der „Ausgewählte Fundplätze und Wanderungen" des thematisierten Evolutionstypus eingezeichnet waren, links war das Schaubild „Zeitliche Stellung der Hominiden" positioniert. Neben letzterem waren typische Objekte der präsentierten Epoche ausgestellt wie ein Fellstück und Blätter mit einer Heuschrecke, ein angebrannter Holzast und ein Faustkeil oder ein Pfeil und zwei Faustkeile.

In diesem gleich bleibenden, der Symmetrie verpflichteten Rahmen wurden die Schädelobjekte in verschiedenen Formen, aber immer spiegelbildlich angeordnet, so dass die Symmetrie gewahrt blieb. Als Musterbeispiel dafür können die beiden letzten der vier Displays herangezogen werden. Zum Thema „Die ältesten Menschen" waren fünf Schädel spiegelbildlich in einer auf- und absteigenden Linie angeordnet. Unter dem mittleren Schädel war noch eine Gehirnnachbildung samt Texttafel platziert. Auf dem mit Sand bedeckten Boden lag ein Skelett, umgeben von ein paar Steinen, wie bei einem Grabfund. Die auf Symmetrie basierende Gestaltung hatte den Effekt, dass Harmonie, Ausgewogenheit, Vollkommenheit konnotiert werden konnten. Auf metakommunikativer Ebene gesprochen, wurde den Zeugnissen der Menschheitsentwicklung auf gestalterischer Ebene mit einem ausgeprägten Ordnungswillen begegnet. Ähnliches galt auch für die nächste Vitrine mit den Themen „Die Neandertaler" und „Der moderne Mensch". Im Zentrum befand sich eine große Farbfotografie von der Rekonstruktion eines Bestattungsfundes. Links und rechts davon waren je drei Schädeln als Dreieck angeordnet. Darunter lagen jeweils eine Gehirnnachbildung, ein Thementext und einige Objekte. Beim Bereich Neandertaler waren dies Absplitterungen von Steinen, beim Bereich Homo sapiens vier Frauenfigurinen, Knochen und eine auf dem Rücken liegende kleine Tierfigur.[38]

Eine auf Symmetrie bedachte Gestaltung ist zwar ein in Museen geläufiges ästhetisches Prinzip. Doch war der hier präsentierte hohe Grad an Gleichförmigkeit auffallend. Sie konnte auf metakommunikativer Ebene zum einen als visualisierter wissenschaftlicher Ordnungswille gelesen werden, zum anderen als Ausdruck der Geschlossenheit, in der es keine Leerstellen und Unsicherheiten gibt, nichts offen bleibt, sondern suggeriert wird, dass das hier präsentierte Wissen auf Fakten beruht. In diesem Sinne würde die formale Gestaltungsebene der Bedeutung von wissenschaftlichen Denk- und Ordnungssystemen entsprechen, denen Forschung und Repräsentationen unterworfen werden.

Die Texte waren im naturwissenschaftlichen Duktus der Information gehalten: Es gab eine Auflistung von Daten und Texte zur Entwicklung des Menschen, zur Funktion von Körperteilen. Die Informationen waren auf Funde und deren Einordnung in Arten und Entwicklungsstufen bezogen, enthielten aber kaum Verweise auf Geschlechterunterschiede. Lediglich beim Text „Die ältesten Menschen" wurde auf die sich allmählich verringernden Größenunterschiede zwischen den Geschlechtern verwiesen. Die Sprache war in den üblichen geschlechtsspezifischen Codierungen verfasst. Zwar wurden Knochenfunde als männlich oder weiblich bezeichnet, doch war die Bezeichnung in der kanonisierten *männlichen* Form z.B. Australopethicus, Paranthropus, Homo. Auch die – allerdings wenig eingesetzten – allgemeinen Benennungen wie „Vorfahre" oder „er" verwiesen auf *den Mann, die Frau* konnte mitgedacht werden.

„homo ergaster
Objekt: Schädel einer erwachsenen Frau, KNM-ER 3733
Fundort: Koobi Fora am Turkanasee, Kenia
Homo ergaster wurde bis zu 180 cm groß und 70 kg schwer. Der Schädel ist langgestreckt, aber niedrig, mit starken Augenwülsten und einem Volumen von ca. 1250 $cm^3$. Er benutzte bereits das Feuer und stellte Faustkeile (Acheuléenkultur) her.
Vorkommen: vor 1,8 – 1,5 Millionen Jahren in Ost- und Südafrika"

Bemerkenswert war zudem auch die Konzeption der Objektbeschriftungen. Sie ließen in der Gestaltung an ein Formular denken. Oben stand die Bezeichnung des Typus, dem der Schädel zugeordnet wurde, davon abgesetzt folgten die immer gleichen Angaben. Auch die Verwendung von Rubriken wie „Objekt:", „Fundort:" und „Vorkommen:" erinnerten an Formulare. Letztere ermöglichte zudem Konnotationen zu der Art und Weise, wie auf Beschriftungstafeln von Zoologischen Gärten oder in naturkundlichen Museen die Verbreitung von Tieren und Pflanzen angegeben wird.

Weiters war im rechten oberen Eck der Objektbeschriftungstafeln mittels einer Büroklammer das schon erwähnte „Passfoto" angehängt. Dies vervollständigte den Eindruck, dass es sich um Formulare der Verwaltung handelte, changierend zwischen Inventarkarte eines Museums und Personendatenblatt des Passamtes. Die Verwendung eines Passfotos brachte die Konnotation der Identifizierung ins Spiel. Mittels Beschreibung und Foto soll ein Ausweis ein Individuum möglichst eindeutig bestimmen und einer (Staats-)Gemeinschaft zugehörig definieren. Die Schädel bekamen ein Gesicht und wurden so auch für den Blick von Nicht-WissenschaftlerInnen einfacher unterscheidbar. Zudem konnten Betrachtende auch eine Verbindung zum Neandertaler-Diorama herstellen, denn die Passfotos der drei präsentierten Neandertalerschädel zeigten die Gesichter der rekonstruierten Personen des Dioramas. Die Dermoplastiken erhielten so eine nachweisbare Identität, die Schädel und Objektbeschriftungen wurden zur nachprüfbaren Evidenz, zu Daten einer Personenbeschreibung.

Resümierend kann festgestellt werden, dass die Präsentationsformen der anthropologischen Abteilung mit den rekonstruierenden Visualisierungen mittels Dermoplastiken und Passfotos auf Rezeptionsformen setzten, die Nähe herstellten, das Publikum in eine Identitätsstiftungsgeschichte einbezogen. Dies gipfelte in der Darstellung des Paares unserer Gegenwart, bei der der Mann der Frau ebenso den Arm um die Schulter legte wie dies schon die Vorfahren des Menschen machten. Die Botschaft war schwer übersehbar: So sind *wir* und dies war *unsere* Entwicklung.

Gerahmt waren die Module zur Geschichte der Evolution vom Ambiente der historistischen Ausgestaltung der Räume: den holzvertäfelten Wänden, den Stuckverzierungen, großformatigen Gemälden und Gipsfiguren. Die Gemälde und Figuren, die an den Wänden direkt unter der Decke angebracht sind, waren allerdings für die ehemals hier angesiedelte ethnografische Abteilung angefertigt worden. Sie dienten der Illustration außereuropäischer Landschaften, Architekturen und Bevölkerungen. Damit entsprachen ihre Darstellungen nicht der heute in diesen Räumen präsentierten anthropologischen Themen. Abgesehen von dieser mangelnden Übereinstimmung wohnt den von Wissenschaftskonzeptionen des 19. Jahrhunderts geprägten Darstellungen aber ein grundsätzliches Dilemma inne: Wie ist mit den ihnen inhärenten problematischen Narrativen zu verfahren? Können sie als rein historische Dekoration ohne bedeutungskonstituierende Wirkung abgetan werden? Handelt es sich um Statements, die nach wie vor Relevanz besitzen? Laut der ursprünglichen Konzeption des Naturhistorischen Museums wurde der primäre Zweck der Bilder nicht so sehr in der Dekoration als in der didaktischen Aufgabe der Vermittlung einer auf wissenschaftlich-dokumentarischer Basis erstellten Abbildung gesehen. Als „Dokumentationen" wurden die Bilder mit dem Status wissenschaftlich gesicherter Autorität ausgestattet, der in gewisser Weise aufrecht blieb. Auch wenn heutige BetrachterInnen die Bilder weniger als ethnografische Darstellungen aktueller Lebensverhältnisse außereuropäischer Kulturen begreifen, können sie als Dokumentationen verstanden werden, wie ethnische Gruppierungen in vergangenen Zeiten lebten.

Die Problematik der Repräsentation stellt sich in ähnlicher Weise für die Gipsfiguren, deren unterschiedliche Ausstattung auf verschiedene indigene außereuropäische Populationen schließen lässt. Die Männer- und Frauenfiguren sind eher spärlich bekleidet und mit Utensilien ausgestattet, die ehemals gängigen geschlechtsspezifischen Zuweisungen entsprachen: Männer halten Jagdgeräte und Waffen und einmal auch einen Kopf, Frauen dagegen Gefäße, Essbares, Fächer, Babys. Vereinzelt nehmen Figuren eine Pose ein, in der sie die Arme hinter den Kopf legten. Diese üblicherweise als *weiblich* konnotierte Haltung ist auch bei den Männerfiguren zu finden, die Kulturen der Südsee personifizieren sollten. Für die Beschreibung dieser Vorgangsweise kann der Begriff Feminisierung hilfreich sein. Nach Irit Rogoff meint er weniger, dass eine *Verweiblichung* des *Männlichen* erfolgt, sondern ein Darstellungssystem zur Anwendung kommt, „das anhand binärer Oppositionen von starken und schwachen Zeichen funktioniert".[39] In der traditionellen binären Logik der Symbolisierungen ist dem schwachen Zeichen der Begriff des *Weiblichen* zugeordnet. Über diese Konstruktion erfolgen Bedeutungszuweisungen und Herrschaftsansprüche. Das *Weibliche* ist dem *Männlichen* in ähnlicher Weise untergeordnet wie die *Anderen* der *eigenen* europäischen Kultur. Im Gegensatz zu den Gemälden mit den naturalistisch und dokumentarisch gehaltenen Ansichten sind die Figuren aber der allegorischen Ausdrucksweise verpflichtet,[40] sie haben eine dekorative und symbolische Funktion. Ein Effekt ist die Repräsentation der vermeintlichen *Essenz*, des *Wesens* dieser *Anderen*. Mit diesen essentialisierenden Zuschreibungen geht ihre Exotisierung einher. Womit sich die Frage stellt, ob sie damit weniger der Historisierung unterliegen und ihre Aussagekraft auch für heutige BetrachterInnen ungebrochener bleibt als dies bei den Gemälden der Fall ist.

## Anmerkungen

1 Bernd Lötsch: Nach 250 Jahren – Das NEUE Naturhistorische Museum, in: Christa Riedl-Dorn, Das Haus der Wunder. Zur Geschichte des Naturhistorischen Museums in Wien, Wien 1998, S.IX
2 C. Riedl-Dorn: Das Haus der Wunder, S. 186.
3 Ebd., S. 7ff.
4 Ebd., S. 15ff.
5 Ebd., S. 186.
6 Ebd., S. 186.
7 „Die deduktive ist durch eine Frauengestalt, im Begriffe Fundamentallehrsätze niederzuschreiben, dargestellt; ein Kind hält die Tafel; auf einer Rolle sind die Lehrsätze moderner Naturanschauung angedeutet: ‚Die Kraft ist konstant', und ‚Das Wesen der erkennbaren Natur ist Bewegungsdifferenz'. Die induktive ist durch eine Kristall beobachtende weibliche Gestalt versinnlicht, die von Gegenständen der Naturreiche umgeben ist, mit einem Kinde, Physik und Mathematik gehören dem Mittelbogen an und sind zwei weibliche Figuren mit den üblichen Emblemen. Im gleichen Geist sind sämtliche Lunetten gehalten." Brief von Hans Canon 1883; zitiert nach C. Riedl-Dorn: Haus der Wunder, S. 191. Die Themen waren Canon vorgegeben: Zoologie, Vulkanismus, Erdmagnetismus, Botanik, Mineralogie, Geologie, Paläontologie, vergleichende Anatomie, Tier- und Pflanzengeographie, Physik und Mathematik, Chemie, induktive Wissenschaft, Astronomie, deduktive Wissenschaft.
8 C. Riedl-Dorn: Haus der Wunder, S. 195.
9 Ebd., S. 195f.
10 Ebd., S. 196.
11 Karl-Josef Pazzini: Unberührte Natur, in: Gottfried Fliedl/Roswitha Muttenthaler/Herbert Posch (Hg.), Wie zu sehen ist. Essays zur Theorie des Ausstellens, Wien 1995, S. 125.
12 J. Scholze: Formen musealer Präsentation, S. 83f.
13 Ebd., S. 83.
14 Ebd., S. 84.
15 Ebd., S. 84.
16 K. Pazzini: Unberührte Natur, S. 135.
17 Sigmund Freud, zitiert nach K. Pazzini: Unberührte Natur, S. 129.
18 K. Pazzini: Unberührte Natur, S. 137.
19 Karl-Josef Pazzini: Das Museum als Unschuldskomödie, in: Karl-Josef Pazzini (Hg.), Unschuldskomödien. Museum und Psychoanalyse, Wien 1999, S. 160.
20 Ebd., S. 162.
21 Ebd., S. 154.

22 Der Text lautete: „Wir wissen nicht, wie die Arbeit zwischen Männern und Frauen in der Altsteinzeit aufgeteilt war. [...] Ob nur Männer jagten und allein die Frauen für die Verarbeitung der Jagdbeute verantwortlich waren? Genauso denkbar ist es, dass beim Auftauchen einer Rentierherde alle, die konnten, jagten und die Beute am Lagerplatz gemeinsam aufgearbeitet haben. [...] Es könnte aber auch überlieferte Rollenbilder der verschiedenen Alters- und Geschlechtsgruppen gegeben haben, die bestimmten, was Frauen, Männer und Kinder zu tun hatten."

23 M. Bal: Double Exposures, S. 22-26.

24 Der Ausstellungstext lautete:
„Ursprünglich war die Statuette dick mit roter Erdfarbe bemalt. Rot war ein beliebter Farbstoff und wurde vermutlich als Symbol des Lebens betrachtet. Die starke Betonung der Geschlechtsmerkmale läßt uns die *Venus von Willendorf* als ein Symbol für Fruchtbarkeit erscheinen."

25 Die beiden Betextungen lauteten:
„Hockergrab; Gross-Weikersdorf; Pol. Bez. Tulln; Niederösterreich; Grab 4; Hockergrab der Frühen Bronzezeit. Der Tote wurde durch Fesselung in diese Lage gebracht. Auf der Brust Fleischbeigabe mit Knochenpfriem."
„Brandgrab; Litochovany; Bez. Litomerice; Böhmen; Grab 11; Brandgrab der Späten Bronzezeit. Die Reste des verbrannten Leichnams sind in einer Urne geborgen."

26 Bei der nunmehr neu gemachten Tafel sind die Zeichnungen zur besseren Verständlichkeit farbig gestaltet. Das Skelett jeder Person ist in einer anderen Farbe gehalten und auch im Text gibt es einen korrespondierenden Farbeinsatz.

27 Die angegebenen Fundorte von Westen nach Osten waren: Lespugue, Turac, Grimaldi, Savignano, Willendorf, Dolnì Vestonice, Moravany, Eliseevici, Kostenki

28 Der neue Direktor der Prähistorischen Abteilung Oswald Menghin, der 1938 an die Universität wechselte, gehörte der NSDAP an: „Ende 1945 wurde Menghin nicht mehr im Dienst belassen und kam als Mitglied des Seyß-Inquart-Kabinetts auf die Kriegsverbrecherliste, war 1947 in einem amerikanischen Internierungslager und gelangte 1948 nach Argentinien; 1956 wurde das Verfahren gegen ihn eingestellt. Er war auch Lehrer seines Nachfolgers am Museum, Eduard Benninger [...]" C. Riedl-Dorn: Haus der Wunder, S. 218.

29 Die Ausstellungen der Anthropologischen Abteilung der 1930er Jahren verweisen laut Klaus Taschwer darauf, dass die Präsentationen nicht allein als propagandistische Schauen verstanden wurden, sondern die Betonung lag auf den „Erkenntnissen der Forschung" und ihrer „praktischen Anwendbarkeit", die weiteres Sammeln und Forschen notwendig

machte. Vgl. Klaus Taschwer: „Anthropologie ins Volk". Zur Ausstellungspolitik einer anwendbaren Wissenschaft bis 1945, in: Herbert Posch u.a. (Hg.), Politik der Präsentationen. Museum und Ausstellung in Österreich 1918-1945, Wien 1996, S. 254.

30 Andreas Mayer: Von der „Rasse" zur „Menschheit". Zur Inszenierung der Rassenanthropologie im Wiener Naturhistorischen Museum, in: Herbert Posch u.a. (Hg.), Politik der Präsentationen. Museum und Ausstellung in Österreich 1918-1945, Wien 1996, S. 219f.

31 Der 1930 eingerichtete Schausaal war der „Rassengliederung der Menschheit", nach geographischen Gesichtspunkten geordnet, gewidmet. 1935 wurde zusätzlich eine große „familienbiologische Ausstellung" mit Themen wie „allgemeine Vererbungslehre und Mendelismus", „Geschlechtskrankheiten", „quantitative Biologie und Bevölkerungsstatistik" und „aktiver Familienschutz" eröffnet. 1936 wurde diese um die Darstellung des „gesunden" Menschen erweitert. Vgl. C. Riedl-Dorn: Haus der Wunder, S. 220.

32 Schon 1938-39 wurde für die Sonderausstellung „Das rassische und seelische Erscheinungsbild der Juden" die Beschaffung von „Material" eingefordert. Vgl. K. Taschwer: „Anthropologie ins Volk", S. 249.

33 Ebd., S. 252.

34 A. Mayer: Von der „Rasse" zur „Menschheit", S. 214. 1945 wurde eine Ausstellung zur Widerlegung der NS-Rassenlehren mit „wissenschaftlichen" Mitteln geplant – unter der Leitung des Direktors der Anthropologischen Abteilung, Robert Routil, der 1939-43 neben Josef Wastl und Anton Lang jener Kommission angehörte, die *rassenkundliche* Untersuchungen in Kriegsgefangenenlagern und an der Bevölkerung durchführte. Wie Mayer darlegt, musste dabei zur Legitimierung der eigenen wissenschaftlichen Tätigkeit die Anthropologie von „ihrer ‚politischen', instrumentellen Seite" getrennt werden, der nationalsozialistische Rassismus als „Irrlehre" erklärt werden. Auch die 1949 gezeigte Monumentalschau „Die Menschheit – eine Familie" diente der Trennung der „Irrlehren" von der „Wissenschaft". Vgl. ebd., S. 220ff.

35 Die Ausstellung „Beschlagnahmt. Die Sammlung des Wiener Jüdischen Museums" 1995 fand in jenen fünf Wiener Museen statt, die Objekte des Jüdischen Museums in ihre Sammlungen einverleibten. Nachgegangen wurde Objekten von deren Beschlagnahmung 1938 bis zu ihrer Rückstellung oder ihrem Ort heute. U.a. wurde die 1939 eröffnete antisemitische Ausstellung im Naturhistorischen Museum angesprochen.
Die Ausstellung „Masken. Versuch über die Schoa" 1997 thematisierte die Reduktion des Menschen zum bloßen „Material" für Wissenschaftler. Gezeigt wurden Dokumente der Beschaffung von jüdischen Schädeln und Totenmasken durch den damaligen Sammlungsleiter Josef

Wastl, der diese 1942 vom Anatomischen Institut der Reichsuniversität Posen angefordert hatte, und der Verbleib im Inventar der Anthropologischen Sammlung des Naturhistorischen Museums bis zur Übergabe an die Israelitische Kultusgemeinde 1991. Dargestellt wurde die Beteiligung der Naturwissenschaften und der Medizin an der NS-Vernichtungspolitik.

36 Zitiert nach K. Taschwer: „Anthropologie ins Volk“, S. 238.

37 Die Vitrinen – in Naturfarben beziehungsweise mit Materialien wie Holz, Kork und Messing ausgestaltet – präsentierten in erster Linie Schädel. Diese waren unter anderen nach klassifizierten „Typen“ wie Awaren, Slawen, Germanen, Kelten eingeteilt. Die symmetrische Anordnung der Objekte konnte als Verweis auf die Bedeutung von Klassifikations- und Ordnungssysteme gelesen werden. Die Texte gaben immer wieder *rassenkundliche* Betrachtungen preis, etwa: „Die Awaren waren zuerst in Zentralasien als kriegerische Nomadenstämme nachgewiesen. Sie faßten nach langen Wanderungen in Pannonien festen Fuß. Kennzeichnend für die Awaren ist die Körperhöhe und das markant profilierte, europide Gesicht. Mongolides Rassenerbe, kenntlich am flachen Horizontalprofil ist nur mit 7% nachweisbar.“

38 Eine syntagmatische Erzählung wäre, dass der Homo sapiens infolge seiner Fähigkeit, figurale Darstellungen zu produzieren, im Gegensatz zum Neandertaler als moderner Mensch gilt. Da hier eine Kopie der schon in der Prähistorie ausgestellten „Venus von Willendorf“ zu sehen war, konnte auch gefolgert werden, dass mit diesem Ereignis die Agenden wissenschaftlicher Tätigkeit sich von der Anthropologie auf die Prähistorie verlagern.

39 I. Rogoff: Ruinen, S. 269.

40 C. Riedl-Dorn: Haus der Wunder, S. 198.

## Präsentationen zu Kunst – Das Kunsthistorische Museum Wien

Das Kunsthistorische Museum haben wir nicht nur aufgrund der dichotomischen Gegenüberstellung zum Naturhistorischen Museum gewählt, es geht auch um die Beziehung zum Museum für Völkerkunde. Von diesen drei Museen ist das Kunsthistorische Museum aufgrund des hohen Marktwertes der Kunstwerke und der nicht einfach zu decodierenden Objekte der Repräsentationsort mit dem höchsten gesellschaftlichen Stellenwert und elitären Anspruch. In diesem Zusammenhang lohnt es sich, die unterschiedliche Wertschätzung von Kunstobjekten und Artefakten näher zu beleuchten, die das Prestige der jeweiligen Institution bestimmt. Signifikant dabei ist, dass das Kunsthistorische Museum vielfach als Ausdruck *eigener* Kultur verstanden wird: Die Werke stammen von KünstlerInnen unterschiedlicher, wenngleich europäischer Herkunft. Die *eigene* Kulturleistung des Museums beruht auf der Sammeltätigkeit des Herrscherhauses und in der Folge der MuseumskuratorInnen. Die Arbeit letzterer basiert jedoch auf einem Kunstbegriff, der westliche Kunst universalisierte: Westliche Kunst, egal welcher Provenienz wird dabei – im Unterschied etwa zu auf Regionen oder Nationen bezogene kulturhistorische Museen – als *eigene* angesehen. Ein Effekt dieser Entwicklung besteht darin, dass westliche Kunststandards zum bestimmenden Klassifikationskriterium für die Anerkennung und Bewertung von Kunstobjekten wurden.

Die Gemäldegalerie – untergebracht in den repräsentativen Oberlichtsälen – bildet das Herzstück des Kunsthistorischen Museums. Sie enthält italienische, französische und spanische Malerei sowie Werke der niederländischen, flämischen und deutschen Malerei mit Schwerpunkt auf dem Zeitraum zwischen dem 15. und 17. Jahrhundert. Den Antiken, der ägyptisch-orientalischen Sammlung und der Kunstkammer sind die weniger prominenten Seitentrakte zugewiesen. Teile dieser Bestände sind aufgrund des akuten Raummangels überhaupt aus dem Gebäude des Kunsthistorischen Museums ausgelagert. So befinden sich Exponate der Ägyptischen Abteilung und der Waffensammlung in Räumlichkeiten der Neuen Hofburg. Dass die Waffensammlung im Obergeschoß des Corps des Logis-Trakt, also über dem Museum für Völkerkunde aufgestellt wurde, ist sicherlich sachlich begründbar. Doch auf der symbolischen Ebene ergibt sich daraus ein beinahe zynischer Effekt: Die überlegene Waffentechnik der Europäer war ein wesentlicher Faktor für die Aneignung jener Objekte, die in den unteren Räumen präsentiert werden.

Da der antiken Kunst seit der Renaissance Vorbildcharakter für die Kunstproduktion zugesprochen wurde, war es durchaus üblich, dass Kunsthistorische Museen auch Antikensammlungen enthalten. Objekte außereuropäischer Kulturen haben hingegen nur dann Eingang gefunden, wenn sie als Hochkulturen anerkannt waren und in einem Naheverhältnis zur europäischen Kultur gesehen wurden. So gibt es im Kunsthistorischen Museum eine eigene Abteilung für die im Rahmen der Ägyptomanie des 19. Jahrhunderts aus dem Vorderen Orient gesammelten Objekte, nicht aber für die „alten" Kulturen Süd- und Mittelamerikas oder Asiens. Objekte aus nicht-westlichen Kulturen befinden sich vereinzelt in der Kunstkammer, da diese auf die frühere Sammelpraxis der Kunst- und Wunderkammern zurückgeht, wo Merkwürdigkeiten und Besonderheiten ungeachtet ihrer Herkunft als Auswahlprinzipien galten. Das entspricht der im 19. Jahrhundert gängigen Museumspraxis, dass die materielle Kultur der meisten außereuropäischen Kulturen unabhängig von ihrem ursprünglichen Kontext als ethnografische Objekte und nicht als Kunstwerke gelesen wurde. Erst im Laufe des 20. Jahrhunderts wurden auch bei diversen nichtwestlichen Kulturen, vor allem jenen, die als Hochkulturen bewertet wurden, Unterscheidungen zwischen ethnografischen Objekten und Kunstwerken bzw. kunsthandwerklichen Produkten getroffen. Dies manifestierte sich in vielfältigen temporären Ausstellungen, aber auch in eigenen Museen – wie dem Art Africains et Océaniens oder dem 2006 eröffneten Musée Branly in Paris – und Kunstpräsentationen in ethnografischen Museen. Doch selbst wenn bestimmte Objekte in ethnografischen Museen als Kunstwerke präsentiert werden, haftet ihnen aufgrund des institutionellen Rahmens immer das Etikett des *Anderen*, des Fremden an und bestimmt so die Wahrnehmung. In ethnografischen Museen werden Objekte, die in einen religiösen Kontext eingebunden waren, heute zumeist auch als solche markiert. In den kunsthistorischen Museen befinden sich ebenso viele Kunstwerke, die für Kirchen oder andere sakrale Zusammenhänge produziert worden sind. Hier werden sie jedoch völlig losgelöst von ihrer ursprünglichen Bestimmung präsentiert, als ob die Kunst immer schon einen autonomen Status gehabt hätte. Ob Objekte außereuropäischer Kulturen als Kunstwerke definiert werden, liegt nicht zuletzt daran, inwiefern sie bestimmten westlichen Kunstkriterien entsprechen. Wenn ethnografische Objekte aufgewertet und in einem Kunstkontext präsentiert werden, wie es derzeit zunehmend der Fall ist, stellt sich die Frage, wer definiert was als Kunstobjekt und welcher Kunstbegriff findet dabei Anwendung.

Bereits durch die Klassifizierung der Objekte unterschiedlicher Kulturen nach Kunstobjekten oder Artefakten, die auch ein hierarchisches Verhältnis widerspiegelt, wird kulturelle Differenz erzeugt. Dass diese Trennlinie zwischen *art* und *artefact* – im Englischen zeigt sich die Nähe auch auf der semantischen Ebene sehr deutlich – eine konstruierte ist, wird jedoch zunehmend kritisiert.[1] Manche Objekte der Antikensammlung oder der Kunstkammer des Kunsthistorischen Museums könnten auch in anderen Museen ausgestellt werden, so wie umgekehrt auch Objekte aus anderen Museen aufgrund ihrer ästhetischen Qualitäten durchaus dort ihren Platz haben könnten. Doch die Grenzen der unterschiedlichen institutionellen Rahmungen sind trotz inhaltlicher Überschneidungen kaum durchlässig. Eine Wanderung der Objekte findet kaum und wenn, dann nur temporär statt. Die Trennung in verschiedene Museumstypen nach Objektgruppen erzeugt die Vorstellung, dass die Objektkategorien den jeweiligen Sammlungen vorgängig wären.[2] Es sind jedoch die Institutionen selbst und vor allem die dahinter stehenden wissenschaftlichen Konzepte, die die Differenzen konstruieren. Sie sind es, die den Gegenstand imaginieren und formen.[3] In diesem Sinne gilt für die Kunstgeschichte dasselbe wie für die Ethnografie oder die Erforschung der Natur, erst die Wissenschaft schafft den Gegenstand der Untersuchung. So werden die Exponate, die sich im Kunsthistorischen Museum befinden, in erster Linie unter formalästhetischen Kriterien betrachtet, während die kulturhistorischen Kontexte weitgehend ausgeblendet bleiben. Daher kann dort eine Fülle von christlichen und mythologischen Darstellungen gezeigt werden, ohne wie etwa im Museum für Völkerkunde in eine religiöse oder magisch-mythische Inszenierung eingebunden zu sein. Im Kunsthistorischen Museum wird die Form vom Inhalt weitgehend abstrahiert. Dieses Ausstellungsprinzip gilt auch für die Objekte der Antikensammlung, die nicht nur Skulpturen, sondern auch Gebrauchsgegenstände wie Tongefäße und Schmuckstücke enthält.[4] Neben der Kanonbildung in den Präsentationsweisen besteht das Problem vor allem darin, dass die jeweilige Verortung in der Museumslandschaft zugleich eine Wertung darstellt. So haben Kunstmuseen, egal, ob es sich um eine Sammlung zeitgenössischer oder historischer Kunstwerke handelt, ein höheres Prestige.

Das Verhältnis des Kunsthistorischen zum Naturhistorischen Museum ist durch die seit dem 18. Jahrhundert gedachte Dichotomie von Kunst und Natur bestimmt, auch wenn durch die räumliche Nähe und die weitgehende architektonische Übereinstimmung der Baukörper Ähnlichkeit auf der visuellen Ebene erzeugt wird. Blickt man von der Rotunde des Kunsthistorischen Museums durch das zentrale Fenster, sieht man die Kuppel des vis á vis gelegenen Naturhistorischen Museums und kann aufgrund der spiegelbildlichen Bauweise Innen- und Außenperspektive zugleich genießen. Dass die Abgrenzung nicht ganz so klar ist, wie sie auf den ersten Blick erscheint, manifestiert sich nicht nur in Überschneidungen der Sammlungsinhalte, sondern vor allem in der Strukturierung der Ausstellungsräume und Präsentationsformen – wie noch zu zeigen ist.

Für die Analyse von Gemäldegalerien gelten andere Voraussetzungen als für die bisher besprochenen Ausstellungsdisplays. Denn hier werden die Objekte zumeist nach formal-ästhetischen Kriterien geordnet, so dass es im eigentlichen Sinn keine Ausstellungs-Narrative gibt. Dass die Zusammenstellung der Gemälde im Kunsthistorischen Museum trotz dieser Voraussetzung etwas erzählt, soll in der Analyse gezeigt werden. Dabei liegt der Schwerpunkt jedoch nicht auf einer detaillierten ikonografischen Bildanalyse, sondern darauf, wie die auf der Oberfläche erscheinenden Bildinhalte in einem Raum zusammenwirken, wie sie sich bestätigen, unterstützen oder gegenseitig unterlaufen. Die Botschaft der Bilder wird durch Codes erzeugt, die von den BetrachterInnen bei der Wahrnehmung verarbeitet werden, wobei das betreffende Bild jeweils als ein Cluster von visuellen Zitaten diverser bildlicher und außerbildlicher Codes fungiert.[5] Doch zunächst geht es um das Setting der Eingangssituation, das den Museumsbesuch vorab strukturiert und beeinflusst.

## Inszenierung des Imposanten

Haben die BesucherInnen die mächtigen Eingangstüren geöffnet, stehen sie in einem kleinen Zwischenraum, der durch eine weitere Türfront vom Innenraum getrennt ist. Hier befindet sich die Kassa. Dieser pragmatische Aspekt des Museumsbesuchs wird aus dem „Kunsttempel“ ausgespart, wird an einen Zwischenort verbannt. Dann erst wird das Publikum in einem in Weiß und Grau gehaltenen Kuppelraum empfangen. Das zirkelhafte Muster der schwarzweißen Kacheln Steinbodens zeigt das Zentrum an. Richten die BesucherInnen den Blick gegen die helle Kassettendecke, so können sie bei genauerer Betrachtung die Medaillons der bedeutendsten Renaissancekünstler auf den Gebieten der Architektur, Plastik, Malerei und Goldschmiedekunst – Bramante, Michelangelo, Raffael und Cellini – erkennen. Der eigentliche Anziehungspunkt ist jedoch die Raumöffnung in der Mitte, die den Blick auf die sich darüber wölbende Museumskuppel freigibt. Die vertikale Verbindung des Vestibüls mit der darüber liegenden Kuppelhalle schafft ein Raumgefühl, das von Offenheit und Großzügigkeit geprägt ist. Die Kuppel setzt so nicht nur von außen einen besonderen Akzent, sondern ist auch im Innenraum das zentrale architektonische Element, wie es der Museumsarchitektur des 19. Jahrhunderts entsprach.[6] Dass die repräsentativen Räume, wie Vestibül, Stiegenaufgang und Kuppelhalle zur Zeit der Museumsgründung von großer Bedeutung waren, zeigte sich daran, dass dafür ein eigenes Wachpersonal zur Verfügung gestellt wurde. Im Unterschied zu den Schausälen, wo Hausdiener für die Sicherheit verantwortlich waren, hielten in den zentralen Räumen Posten der k.u.k. Leibgarde-Infanterie-Compagnie Wache.[7]

Versuchen sich die MuseumsbesucherInnen zunächst im Raum selbst Orientierung zu verschaffen, dann fällt vor allem der Museumsshop rechts vom Eingangsbereich ins Auge. Die Leuchtstoffröhren, die in einer geraden Linie den Weg zu dem einige Stufen tiefer gelegenen eigentlichen Geschäftsbereich weisen, lenken den Blick aus dem Zentrum hinaus. In der Rotunde befinden sich auch der Informationsstand der Freunde des Kunsthistorischen Museums und eine Ausgabestelle für die Kopfhörer des akustischen Leitsystems. Diese für das Publikum begrüßenswerten Serviceeinrichtungen fördern das geschäftige Treiben der dichten BesucherInnenmenge und schaffen eine lebendige, touristische Atmosphäre, aber sie „stören" den Raumeindruck, nehmen den repräsentativen Eindruck der Institution zurück. Auf diese Weise hat die Ökonomie doch Einzug in das Museum gehalten, das – wie das Naturhistorische Museum – von der ursprünglichen Konzeption als ein Gesamtkunstwerk angelegt war. Denn die Bauaufgabe bestand darin, den kaiserlichen Sammlungen einen würdigen Rahmen zu verleihen:

> „Es gilt mancherorts als Glaubenssatz, die Ausstattung von Museumsräumen müsse einfach sein, um die Werke der Kunst zur vollen Wirkung zu bringen. Bei der Anlage des Wiener Kunsthistorischen Museums wurde vielmehr das Prinzip verfolgt, den Juwelen der alten Meister die denkbar glänzendste Fassung zu geben. Das Vollkommenste, was die hochentwickelte Wiener Bautechnik, Dekorationskunst und Kunstindustrie zu leisten vermögen, wurde aufgeboten. Was der höchsten Kunst als Rahmen dienen soll, muß selbst ein Kunstwerk ersten Ranges sein: das war hier der leitende Gedanke",

schrieb der Akademieprofessor Carl von Lützow anlässlich der Eröffnung des Kunsthistorischen Museums im Jahre 1891.[8] Für die Außenarchitektur zeichnete Gottfried Semper, für die Innenarchitektur vor allem Carl Hasenauer verantwortlich. Die innere Ausgestaltung als Gesamtkunstwerk entsprach nicht nur der ästhetischen Konvention des Historismus des 19. Jahrhunderts, es galt auch, die MuseumsbesucherInnen auf die Präsentationen der Kunstwerke in entsprechender Weise einzustimmen. Wenngleich die raffiniert durchkomponierten Details nur von sehr kunstgeschichtlich versierten BesucherInnen entschlüsselt werden können, so vermittelt doch der Eindruck des Gebäudes einen imposanten Rahmen, der die Wahrnehmung dominiert.[9]

Von der Rotunde aus gelangt man über die Seitenaufgänge in die Ägyptische Sammlung, die Antikensammlung oder in die Kunstkammer. Der eigentliche Anziehungspunkt ist jedoch die zentrale Prunktreppe aus weißem Carraramarmor. Die Treppe empor steigend gehen die BesucherInnen direkt auf die Theseus-Gruppe von Antonio Canova zu. In der Mitte des Treppenabsatzes positioniert dient sie bereits vom Eingangsbereich aus als Blickfang. Ohne dafür entworfen zu sein, wie aus dem Objekttext hervorgeht, fügt sie sich gut in das Aufgangsszenario ein.[10]

„Die monumentale Gruppe Canovas, die die *Überwindung animalischer Natur durch menschliche Vernunft* [Hvh. d. A.] darstellt, wurde von Napoleon für den Corso in Mailand in Auftrag gegeben. Nach Napoleons Sturz erwarb Kaiser Franz II. in Rom Canovas Werk. 1822/23 wurde es nach Wien gebracht und hier im eigens dafür erbauten Theseus-Tempel im Volksgarten aufgestellt. 1891 hatte die Skulptur ihren heutigen Platz im neu erbauten Kunsthistorischen Museum.“

*Abb. 5: Skulpturengruppe: Theseus im Kampf mit einem Kentaur*

Die Figurengruppe zeigt Theseus, der einen Kentaur überwältigt hat, in einer kämpferischen Siegerpose. Nach der griechischen Mythologie gelang es den Lapithen mit seiner Hilfe, die Kentauren, die ihre Frauen rauben wollten, zu besiegen, erläutert der Objekttext. Die kräftige, martialische Gestalt am Anfang ins Zentrum zu setzen, kann zunächst als Machtdemonstration des Kaiserhauses verstanden werden. Die Theseus-Darstellung korrespondiert mit den beiden Wappen haltenden Löwen des Bildhauers Edmund Hofmann von Aspenburg, die am Treppenabsatz den Abschluss des Stiegengeländers bilden: Sie stützen sich gegenseitig in ihrem machtvollen Gehabe. Zudem flankieren die Büsten von Kaiser Franz Joseph I. und Kaiser Franz I. als Verweis auf die eigentlichen Machthaber, nämlich das Kaiserhaus, die Theseus-Skulptur. Unter diesem Aspekt könnte auch die Geschichte des Objekterwerbs, der im Objekttext ungewöhnlich viel Raum gegeben wird, aus einem anderen Blickwinkel betrachtet werden. Nach dem Sturz Napoleons erwirbt ein Habsburger die Plastik und besiegelt so auf der symbolischen Ebene den Sieg über den machtvollen Herrscher.

Der Objekttext transportiert aber auch eine Botschaft, die für das gesamte Museum gleichsam als Programm gelesen werden kann: den Sieg der Kultur über die „ungezähmte" Natur. Damit könnte auch das dichotome Verhältnis zwischen Kunst und Natur zum Ausdruck kommen, dem das Kunsthistorische Museum seit seiner Gründung verpflichtet war – im Unterschied zu den Kunst- und Wunderkammern, wo Naturerscheinungen und Kunstobjekte gleichermaßen den Makrokosmos repräsentierten. Dass es sich dabei um einen *männlichen* Heros handelt, der über die oft *weiblich* konnotierte Natur triumphiert, sei hier nur am Rande erwähnt.

Die Überhöhung der Kunst und die Huldigung an die Meister – allesamt männliche Künstler – wird auch in der malerischen Ausgestaltung des Stiegenaufgangs deutlich. Die farbenprächtigen Fresken dienen nicht nur dem Schmuck, die Raumgestaltung zielt auch darauf ab, den BesucherInnen schrittweise die Programmatik des Hauses zu eröffnen.[11] Das vom Kustos Albert Ilg entworfene Bildprogramm hat das „Universum der Kunst" zum Thema.[12] Blickfang ist vor allem das großflächige Deckengemälde von Michael Munkacsy, das die ideale Apotheose der Kunst darstellt. Richten die MuseumsbesucherInnen den Blick gegen die Decke, werden sie auf einem „imaginären Weg" noch weiter in das Bild hineingezogen. Denn auch im Deckenfresko steigt ein Besucher eine steile Treppe empor. Da die Figur den BetrachterInnen den Rücken zuwendet, entspricht ihre Gehrichtung der des Museumspublikums und kann so eine identifikatorische Haltung fördern. Die Stiege führt ins „Atelier der Renaissancemeister". In diesem Sinne nimmt das Gemälde den Weg der MuseumsbesucherInnen vorweg. So wie der „imaginäre Besucher" auf die bekanntesten Künstler der Renaissance trifft, wird das Museumspublikum einige der weltweit bedeutendsten „Meisterwerke" zu Gesicht bekommen.

Das Gemälde zeigt berühmte Künstler in Interaktion miteinander oder in stilisierten Arbeitssituationen: Auf dem Treppenabsatz findet ein Gespräch zwischen dem weißbärtigen Leonardo da Vinci und Raffael über ein in Arbeit befindliches Staffeleibild statt. Hinter der Balustrade stützt der den beiden zuhörende Michelangelo den Kopf auf den gebeugten Arm. Auf dem zweiten Treppenabsatz wird die klassische Malschul-Situation bestehend aus Meister, Schülern und weiblichen Modellen dargestellt. Tizian unterweist eine Schülergruppe in der Kunst des Aktzeichnens. Auf einem Gerüst vor einer riesigen Leinwand steht Paolo Veronese mit einer Palette in der Hand. In der Mitte der Komposition befindet sich die Papstloge, in der der Kunstliebhaber Papst Julius II. Rovere gemeinsam mit einem Kardinal über der Szene thront. Eine

Kuppelhalle wölbt sich über dem „Atelier" und stellt so auf der ikonischen Ebene einen Bezug zur Rotunde her. Die runde Laternenöffnung der Kuppel reißt den Bildraum auf und ermöglicht den Blick ins Unendliche.[13] Am Firmament schweben Fama und Gloria als Symbolfiguren für Ruhm und Ehre der Kunst. Hatte bereits die zentrale Positionierung der Kirchenfürsten in der Bildkomposition die Kunst in die Nähe des Sakralen gerückt, so führt der Blick zum leuchtenden Blau des Himmels gleichsam auf eine transzendente Ebene. Die in den Himmelsraum erweiterte Kuppel – die das Bild eigentlich dominiert – kann nicht nur als allegorische Überhöhung der Kunst, sondern auch des Kunstmuseums gelesen werden.

Der in Paris lebende ungarische Historienmaler Michael von Munkacsy war erst die dritte Wahl für die Ausführung des Monumentalbildes, nachdem die beiden anderen Historienmaler Hans Makart (1884) und Hans Canon (1885) über den Entwürfen verstorben waren. Makarts Entwurf hatte den „Sieg des Lichtes über die Finsternis" zum Thema: Helios, in dessen Gefolge die Tugenden auftauchen, besiegt die Laster, die in die Nacht entweichen. Hans Canon übernahm für seinen Entwurf zwar dieselbe Thematik, wählte jedoch das kreisförmige Kompositionsschema, das er bereits für das Deckengemälde „Kreislauf des Lebens" im Naturhistorischen Museum verwendet hatte.[14] Der allegorische Bildinhalt hätte die Botschaft der Theseus-Gruppe verstärkt, denn der „Sieg des Lichts über die Finsternis" kann auch unter dem Aspekt der Zähmung der unberechenbaren, chaotischen Natur durch die Kultur decodiert werden. Im Unterschied zu den beiden ersten Entwürfen steht bei Munkacsy nicht die Abstraktion der Kunst im Mittelpunkt, ihm geht es um die konkreten Urheber, die Meister.

Das Gemälde von Munkacsy ermöglicht es dem Publikum, sich gleichsam in das Bild hinein zu versetzen, sich in der Rolle der BetrachterInnen als Teil der Kulturgemeinschaft zu fühlen. Als Miteingeweihte können sie sich dann selbst in die höheren Gefilde der Kunst begeben. Der „ideale Betrachter", der hier imaginiert wird, ist der gebildete Bürger, der nicht nur die Künstler kennt, sondern auch die in den Gemälden verarbeiteten Stoffe. Das Gemälde könnte aber auch die Körperhaltung für den Museumsbesuch nahe legen: Der Blick ist ehrfurchtsvoll nach oben, auf die Meisterwerke zu richten.

Auch in der malerischen Ausgestaltung der Seitenwände des Stiegenaufgangs wurden berühmte Künstler verewigt: Hans Makart erhielt den Auftrag, die klassischen Meister der Malerei mit ihren Lieblingsstoffen darzustellen. Markart wählte dafür Holbein, Dürer, Raffael, Rembrandt, Rubens, Michelangelo, Tizian, Murillo, Velasquez und Leonardo da Vinci, die er mit ihren Modellen oder zentralen Figuren ihrer Werke zusammenstellte. Dazu ergänzte er Allegorien der Malerei und Bildhauerei.[15] Die vorgesehenen weiblichen und männlichen Aktfiguren nach antiken Vorlagen konnte Markart nicht mehr umsetzen. Damit wäre ein Zyklus reiner Dekorationsmalerei entstanden, ohne jeglichen Verweis auf die wertvollen kaiserlichen Kunstsammlungen. Daher bekamen die Künstler Franz Matsch und die Gebrüder Klimt vom Kurator Ilg den Auftrag,[16] als Ergänzung zu den Malerpersönlichkeiten die übrigen Richtungen der bildenden Kunst zu thematisieren und sich dabei auf die konkreten Inhalte des Museums zu beziehen.

Von den BesucherInnen wird in der Regel vor allem das durchgestaltete kunstvolle Ambiente wahrgenommen, die Decodierung des Bildprogramms erfordert ein gewisses Maß an klassischer Allgemeinbildung. An den gewählten Sujets wird deutlich, was für den Kunstbetrieb nicht nur zur Zeit der Renaissance charakteristisch war: Die bedeutenden Künstler sind männlich, Frauen hingegen kommen zumeist nur als Modelle oder Allegorien vor.

Haben die BesucherInnen über den Treppenaufgang das Hochparterre erreicht, gelangen sie zur zentralen Kuppelhalle. Auch hier hat der moderne Museumsbetrieb Einzug gehalten. Die Vitrine eines weiteren Museumsshops verwehrt auf der rechten Seite des Stiegenaufgangs zunächst den Zugang in die Mitte des Kuppelraums. Haben die BesucherInnen diese Barriere umgangen, befinden sie sich zwischen den Tischen und Stühlen des Cafés.

*Abb. 6: Café in der Kuppelhalle*

Rund um die Öffnung, die die beiden Kuppelräume vertikal verbindet, sind Tische angeordnet. Es herrscht ein lebhafter Betrieb, Kaffeeduft erfüllt den Raum. Der prominenteste Ort des Museums, der als das Zentrum schlechthin – als leere Mitte[17] – konzipiert wurde, ist nun durch die Gastronomie besetzt. Nur das Öffnen der Decke zwischen den Ebenen, garantierte einen Leerraum, eine Mitte, die nicht zu besetzen ist. Zu dieser „Leerstelle" zieht es die BesucherInnen immer wieder hin, doch der Kaffeehausbetrieb lässt sie nicht lange verweilen. Inmitten der lebendigen Atmosphäre vermag sich der „ehrfurchtsvolle Schauer" vor dem beeindruckenden Gebäude nicht so recht einstellen.

Mit dem Kuppelraum nahm die Museumsarchitektur des 19. Jahrhunderts auf einen anderen Gedächtnisort Bezug, nämlich die Ruhmeshalle. Im Kunsthistorischen Museum werden in der Rotunde zwar nicht Statuen berühmter Männer gezeigt, aber emblematische Abbildungen des Bauherrn und bedeutender Mitglieder des Herrscherhauses, insbesondere jene, die einen wesentlichen Beitrag zu den Sammlungen geleistet haben, finden sich im elfenbeinfarbenen Stuckrelief eingemeißelt. Doch auch diese Gestaltungselemente treten nicht zuletzt aufgrund des Caféhausbetriebes in den Hintergrund. Was bedeutet es nun, diese für die Museumsarchitektur des 19. Jahrhunderts so typische, leere, doch mit hohem symbolischen Gehalt aufgeladene Rotunde mit einem Café, das sich großer Beliebtheit erfreut, zu besetzen? Hat hier schlichtweg die Ökonomie die Oberhand gewonnen? Oder der leibliche Genuss über die bildungsbeflissene Gelehrsamkeit des Bürgertums des 19. Jahrhunderts? Dies muss allerdings kein Widerspruch sein. So wie das Café zu müßigem Genuss einlädt, könnte auch die Sammlung unter dem Aspekt des Genießens begangen werden. Lassen die BesucherInnen das lebendige Treiben hinter sich, tauchen sie nach dem Passieren einer Glastüre in die ruhigere Atmosphäre der Gemäldegalerie ein.

## Das Herzstück der Sammlung – die Gemäldegalerie

Von der Rotunde des Obergeschosses gelangt man in die Oberlichtsäle und die daran anschließenden Kabinette, wo sich die Gemäldegalerie, die prominenteste Sammlung im Kunsthistorischen Museum, befindet. Sie erfreute sich seit jeher des größten Publikumsinteresses.[18] Eine Gemäldegalerie lädt vielleicht mehr als ein anderes Museum zum Flanieren ein. Die Gemälde sind zwar nach unterschiedlichen Kriterien geordnet, aber es gibt keine Abfolge, die für das Nachvollziehen eines Narrativs bedeutsam wäre. Die BesucherInnen können sich nach ihren Vorlieben treiben lassen. Da die Fülle der Objekte ohnedies die Aufnahmefähigkeit überfordert, bedarf es einer selektiven Wahrnehmung. Welche Gemälde genauer betrachtet werden, hängt von persönlichen Faktoren, wie Geschmack und individuellem Vorwissen, aber auch von der Berühmtheit und Vermarktung der Bilder ab. Denn ein Zugang zu den Bildern wird vom Wiedererkennungseffekt gelenkt: Das bedeutet, Sujets, die man in unterschiedlichen Formen als Abbildungen kennt, im Original sehen zu wollen. Durch die technische Reproduzierbarkeit verloren die Kunstwerke nicht ihre Aura, sie wurden einfach populärer. Man kann sich vor dem Original daran erinnern lassen, dass es sich um ein bekanntes Gemälde handelt, von dem man schon Illustrationen, Ansichtskarten und Plakate gesehen hat.[19] So garantieren eigentlich die Reproduktionen und der Wiedererkennungseffekt die Besonderheit, die Aura des Originals. Denn nur ein Gemälde, das in vielfältiger Weise reproduziert wurde, muss wirklich wertvoll sein.[20] Die klare Einteilung nach Kriterien wie Regionen oder Künstlern ermöglicht nicht nur, die Werke rasch aufzufinden, sie strukturiert auch die Wahrnehmung.

Von der Rotunde ausgehend müssen sich die BesucherInnen zunächst entscheiden, ob sie nach links oder rechts gehen. Tendenziell scheint der BesucherInnenstrom eher eine Wendung nach links zu vollziehen, wo sich die Italienische, Spanische und Französische Malerei befinden, aber grundsätzlich sind die Räumlichkeiten symmetrisch angeordnet. Nur ein kleiner Orientierungsplan, der vor dem Caféhausbereich angebracht ist, gibt einen Überblick über die ausgestellten Sammlungen, in den Sälen selbst findet sich nicht immer eine Bezeichnung. Ein Übersichtsplan kann auch am Stand des Vereins der Freunde des Kunsthistorischen Museums für einen Euro erworben werden.

## Der Parcours

Auch wenn die BesucherInnen ihren eigenen Wegen folgen, das Schema, nach dem die Säle der Gemäldegalerie strukturiert sind, bleibt präsent. Der Parcours durch die Gemäldegalerie ist als Rundgang angelegt, wobei der linke Halbkreis der Italienischen, Spanischen und Französischen Malerei gewidmet ist, der rechte der Holländischen, Flämischen und Deutschen Malerei. Die tendenziell helleren, farbigeren Bilder der südländischen Malerei werden durch die Farbgestaltung der Ausstellungsräume noch unterstützt, wo Türkisblau, ein helles Lachsrot, ein kräftiges Rot und sattes Grün dominieren. Dagegen sind die Säle der nordischen Malerei in gedeckten Dunkelrot-, Braun- und Grüntönen gehalten, die ebenfalls mit den Farben der Gemälde korrespondieren. Damit werden die beiden Kulturkreise nicht nur verstärkt als solche wahrgenommen, es werden auch damit verbundene Klischeevorstellungen bestätigt. Außer dem regionalen Bezug und zeitlichen Bezug gibt es keinen Hinweis darauf, wie die einzelnen Säle oder die Werke innerhalb eines Saales zueinander in Beziehung stehen. Getrennt sind die Bereiche durch den Stiegenaufgang und die Kuppelhalle, die gleichsam die Mittelachse bilden. Öffnen die BesucherInnen die Glastüre zu den Sammlungsbereichen, liegen die Säle hintereinander so angeordnet, dass sich zunächst eine lange Raumflucht ergibt. Am Ende der ersten Raumflucht ist ein Fenster zu sehen, das zwar keinen Ausblick ermöglicht, aber trotzdem einen Eindruck der Offenheit und der Unabschließbarkeit der Sammlung vermittelt. Die weiteren Raumfluchten haben keine derartige Verbindung zur Außenwelt und wirken dadurch viel hermetischer – ein Kosmos für sich.

Die Ausstellungsräume sind so angeordnet, dass der Parcours zunächst durch die großen vielfältig ausgestalteten Oberlichtsäle führt. Die Beleuchtung erfolgt hier vor allem durch das Lichtfeld an der Decke, das durch den hellen Wandabschnitt, der sich über den mit Seidentapeten verkleideten Seitenwänden wölbt, reflektiert wird. In den reichen Wandverzierungen sind die Namen berühmter Malerpersönlichkeiten eingemeißelt und manchmal eine Bezeichnung des Saales, wie zum Beispiel „Italienische Schule". Denn ursprünglich waren die Räume und ihre Ausgestaltung auf die Sammlungsbestände, die gezeigt werden sollten, im Sinne eines Gesamtkunstwerkes ausgerichtet. Nur haben sich mit der Zeit Verschiebungen bei der Präsentation der Werke ergeben, so dass Inhalt und Form oftmals nicht mehr übereinstimmen. In diesen Ausstellungsräumen befinden sich jene Bildformate, die schon durch ihre Ausmaße beeindrucken.

In den meisten der repräsentativen Säle gibt es noch eine zusätzliche Türöffnung, die in einen weiteren Raum führt. Auch hier müssen sich die BesucherInnen, wenn sie keinen Übersichtsplan besitzen, von dem, was sie zu sehen bekommen, überraschen lassen. Es sind kleinere, untereinander verbundene Kabinette, die sich wie ein äußerer Ring um die Oberlichtsäle gruppieren, sozusagen eine zweite Schiene bilden. Architektonisch sind diese Kunstkabinette sehr viel schlichter gestaltet, die Fensterfront ist durch nicht besonders attraktive Jalousien verdunkelt. Aufgrund der beengten Platzverhältnisse werden dort kleinformatigere Bilder präsentiert, die ungeachtet ihrer Qualität weniger imposant wirken. Dadurch ergibt sich eine doppelte Struktur, die aufgrund der unterschiedlichen Ausgestaltung der Räume ein hierarchisches Verhältnis schafft. In den zentralen Ausstellungsräumen befinden sich zudem plüschige Sitzbänke, von denen aus die Gemälde an den gegenüberliegenden Wänden in einer bequemen Position eingehend betrachtet, studiert und genossen werden können. Damit wird den Werken unwillkürlich ein höherer Wert beigemessen: Hier lohnt es sich, länger zu verweilen. Derartige Sitzgelegenheiten finden sich vor allem in Kunst(-historischen) Museen, denn der ideale Betrachter oder die ideale Betrachterin, der/die dabei imaginiert wird, ist der „Kunstliebhaber" beziehungsweise die „Kunstliebhaberin", der/die sich in den Anblick eines Gemäldes oder Kunstobjekts versenkt oder sich darüber austauscht. Und selbst wenn die Sitzbänke nur als Ruhemöglichkeit von MuseumsbesucherInnen genutzt werden, sie stellen einen Anziehungspunkt dar, den es in den Kabinetten nicht gibt. Die kleineren Kabinette bieten allerdings einen intimeren Rahmen für die Betrachtung der Bilder. Die kleineren Formate ermöglichen es, näher an die Werke heranzutreten und einen genaueren Blick darauf zu werfen. Damit kann unabhängig von der KennerInnenschaft ein unmittelbareres Verhältnis zu den Werken hergestellt werden.

Da der Rundgang jeweils von zwei Seiten begehbar ist, und immer auch die Möglichkeit besteht, vom „Haupt-Parcours" abzuweichen und einen Wechsel in die kleineren Kabinette vorzunehmen, werden die BesucherInnen auf ihrem Weg durch die Schausammlung nicht „gegängelt". Umgekehrt ist es daher auch schwer nachzuvollziehen, wie sich die BesucherInnen in den Räumen bewegen. Denn es gibt von der bereits beschriebenen Raumaufteilung abgesehen keinen gestalterischen Eingriff, um die Aufmerksamkeit des Publikums zu lenken. Jeder Saal steht paradigmatisch für eine Region oder einen Künstler. Zwischen den Sälen oder den Stilrichtungen werden keinerlei Bezüge hergestellt, gegenseitige Abhängigkeiten und Beeinflussungen können so nicht in den Blick geraten.

## Das Tableau

Bei seiner Eröffnung 1891 hatte das Kunsthistorische Museum eher den Charakter einer privaten Kunstkammer, die die Vorlieben der Sammlerpersönlichkeiten widerspiegelte. Es war kein „modernes", also systematisch aufgebautes Museum, in dem wie in einem Lehrbuch der Kunstgeschichte jede Epoche und jede Schule mit Beispielen vertreten war. Es entwickelte sich aber bald in diese Richtung.[21] In den „modernen" Kunsthistorischen Museen ging es darum, möglichst viele Ikonen des Kunstkanons zu besitzen und die wichtigsten Epochen der Kunstgeschichte abdecken zu können. Daher ist die Struktur der einzelnen Museen bis heute sehr ähnlich, sie profilieren sich dabei vor allem mit der Schwerpunktsetzung, die in ihrer Sammlungsgeschichte begründet liegt. Die Werke, die paradigmatisch für eine Epoche oder eine Schule stehen, sind im Grunde austauschbar. Das ist in den meisten Museen auch der Fall, denn Objekte werden für Ausstellungen ausgeliehen oder restauriert, so dass sich immer kleine Verschiebungen ergeben, die jedoch die Narrative nicht wesentlich verändern. Die Akzente werden durch den Sammlungsbestand, nicht die Art der Präsentation gesetzt. Sind die BesucherInnen mit dem Kunstkanon vertraut, so wissen sie in etwa, was sie zu erwarten haben. Die Präsentationsweise, die Art der Hängung sorgt kaum für Überraschungen: Bilder in einer Reihe – nur selten sind sie auch übereinander angebracht – entlang den Wänden, nach Ort, Zeit der Entstehung und Stilrichtung geordnet. Die Anordnung der Gemälde, die so selbstverständlich und unhinterfragt die Präsentationsweise in kunsthistorischen Museen prägt, dass sie schon beinahe *natürlich* wirkt, ist Ausdruck des spezifischen Wissenschaftsverständnisses des 19. Jahrhunderts. Daher soll im Folgenden die historische Entwicklung, die zu dieser Form der Hängung führte, kurz nachgezeichnet werden.

Mit der Entstehung des „modernen“ Museums im Zuge der Aufklärung wurden die Gemälde nicht mehr nach dekorativen Kriterien – in einer unübersehbaren Fülle an den Wänden angebracht –, sondern nach wissenschaftlichen, chronologischen, formalen oder regionalen Kriterien geordnet. Dadurch entstanden Tableaus – ähnlich wie bei der Klassifizierung von Naturphänomenen. Dass es nach der Auflösung der Kunst- und Wunderkammern, die in der Ordnung der Objekte nach unterschiedlichen Disziplinen mündete, Parallelen zwischen den Ordnungsprinzipien von Kunst und Natur gab, wird jedoch – so die Kritik der Kunsthistorikerin Deborah Meijers – selten beachtet. Zu sehr schienen sich die KunsthistorikerInnen zu freuen, dass sich die bildenden Künste der „unwürdigen Gesellschaft“ von Steinen, Pflanzen, Tieren entledigt hatten.[22] Wie nah Natur und Kultur bis dahin zusammen lagen, manifestierte sich beispielsweise in der Zuordnung der Mineralien. Die Neustrukturierung der Hofsammlungen hatte zur Folge, dass beispielsweise Aerolithen, die sich bis dahin in der Schatzkammer befunden hatten, unter Ignaz von Born (1778-1780) in das Naturalienkabinett eingeordnet wurden. Dadurch verloren sie ihren Wert als „wundersame“ Ausprägung der Natur und wurden von nun an als Steinsorten betrachtet.[23] Umgekehrt verblieben im Naturhistorischen Museum einige Objekte, die durchaus auch in der Kunstkammer des Kunsthistorischen Museums gezeigt werden könnten: aus Edelsteinen gefertigte Schmuckstücke und Ziergegenstände.

Die Reorganisation der Gemäldegalerie im Oberen Belvedere nach Chronologie und Stilrichtungen, die Christian Mechel 1781 vorgenommenen hatte und die als Grundstein für die Entwicklung des modernen Kunsthistorischen Museums des 19. Jahrhunderts gilt, muss nach Meijers im Kontext der gleichzeitig stattfindenden Reorganisation des Naturialienkabinetts gesehen werden.[24] Neu daran war, dass sich die Säle nicht wie vordem in der Galerie der Stallburg[25] wie in einer Kette aneinander reihten, sondern eher wie Felder einer Fläche unterteilt, also nach dem System eines Tableaus angeordnet waren.[26] Indem die räumliche Trennung mit inhaltlichen Zäsuren zusammenfiel – oder diese zumindest suggerierte –, entstand der Eindruck, mit jedem Betreten eines Saales mit einer anderen Kategorie der Sammlung konfrontiert zu sein. Innerhalb der jeweiligen Kategorie sollten die BetrachterInnen durch das Zusammenführen möglichst vieler Bilder eines Künstlers oder einer Schule in der Lage sein, Vergleiche anzustellen.[27] Doch die von Mechel eingeführte Klassifizierung fand nicht ungeteilte Zustimmung. Ein Argument, das den Vorwurf des „Galeriemords“ entkräften sollte, ist vor allem im Hinblick auf die These Meijers interessant. Dabei wurde ein Vergleich mit den Naturalienkabinetten gezogen: Diese unterlägen im Grunde derselben Systematik und würden dadurch auch nicht an Wert verlieren.[28] Als „Musterkarte der Malerei“

wurde die Aufstellung als langweilig abgewertet. Im Gegensatz dazu wurde die Galerie in Dresden als Augenweide, als abwechslungsreich und lebendig gelobt.[29] Der Unterschied zwischen den beiden Aufstellungen lag in der Zusammenstellung der Exponate, wenngleich die Absicht, Vergleichsmöglichkeiten zu schaffen, dieselbe war. Mechel tendierte dazu, ähnliche Bilder zu versammeln, während in Dresden Gemälde unterschiedlicher Stilrichtungen in einem Raum konfrontiert wurden. So führte der Vergleich der Kunstwerke bei Mechels Aufstellung eher zur Feststellung von Übereinstimmungen, während bei der Präsentation in Dresden die Differenzen zwischen den Stilrichtungen deutlich wurden. Christoph Mechel wählte für die Präsentation jedoch nicht nur Meisterwerke, sondern Gemälde unterschiedlicher Qualität. Denn durch den Vergleich der Kunstwerke sollte die KunstkennerInnenschaft geschult werden.[30] Die Kriterien dafür, was die Qualität eines Kunstwerks ausmacht, sollten sich von selbst den BetrachterInnen „offenbaren". Dahinter stand die Auffassung von Rene Descartes, dass jede Erkenntnis durch die Vergleichung zweier oder mehrerer Dinge miteinander erworben wird. Demnach gibt es keine wahre Erkenntnis, außer durch Anschauung, das heißt durch einen Akt der reinen Intelligenz und Deduktion, die die Evidenzen miteinander verbindet.[31] Nicht zuletzt deshalb gab es auch keine Objekttafeln mit Angaben zu den Künstlern oder Schulen. Das hatte aber auch zur Folge, dass die vergleichende Betrachtung eher dazu führte, vorher erworbenes, autorisiertes Wissen zu bestätigen.[32]

Die Präsentation historischer Kunstwerke entwickelte sich dahingehend, dass nur noch Meisterwerke ohne Entwicklungslinien oder Vergleichsobjekte präsentiert wurden. Die „Historisierung" wurde also wieder zugunsten einer Ontologisierung zurückgenommen. In diesem Sinne trug die wissenschaftliche Hängung nach Schulen, Stilen und Ländern, die auch die gegenwärtige Präsentation bestimmt, zu einer Metaphorisierung in der Betrachtung von Kunstwerken bei.

Die entscheidende Neuerung lag in der sichtbar gewordenen Galerie. Die Bilder bedeckten nun nicht mehr dicht gedrängt die gesamte Wand, so dass der die BetrachterInnen in den Bann ziehende „Totaleffekt" durch die Fülle der Bilder, die nicht als Einzelobjekte wahrnehmbar waren, ausblieb. Der visuelle Gesamteindruck der barocken Schaubühne wurde also zugunsten des Kaleidoskops abgelöst.[33] Durch die Freilegung eines neutralen Untergrunds konnten die Bilder unterschieden und damit eine Entwicklung der Malerei vermittelt werden. Auf diese Weise sollte die Geschichte der Kunst sichtbar werden, ohne jedoch die gesellschaftlichen Faktoren der Veränderungen zu berücksichtigen. Der leere Hintergrund war demnach die Vorbedingung der Geschichte, obwohl er paradoxerweise durch seine Neutralität zugleich die Negation dieses Erzählens selbst darstellte. Denn ein weiterer Effekt bestand darin, dass das, was auf der Galeriewand dargeboten wurde, als die *wahre*, *natürliche* Erzählung, die Naturgeschichte der Malerei erschien.[34] So betrachtet, ist die Wand der Galerie mit den Schubladen in den Schränken der Naturalienkabinette vergleichbar. Beide Präsentationsformen beruhen auf der Loslösung der Objekte aus ihrem Kontext und der Verortung der Exponate in einem Schema der Klassifikation, das als solches absolut gesetzt wird. Die Geschichte der Malerei und der Natur wurden somit auf dieselbe phänomenologische Weise erzählt, in beiden Fällen ging es vor allem darum, im Feld des Sichtbaren, auf der Oberfläche Unterschiede und Gemeinsamkeiten festzustellen.[35]

Die Galeriewand – also der Rahmen – wurde als differenzschaffendes Medium zu einem immer wichtigeren Faktor. Selbst gleichsam „unsichtbar" wurde sie zur Folie, vor der das einzelne Kunstwerk in Erscheinung treten konnte. Der Trend der immer leerer werdenden Galeriewand, als Voraussetzung der Vereinzelung der Objekte setzte sich weiter fort. Die Kunstwerke brauchten immer mehr Raum, um ihre Wirkung entfalten zu können – so die Argumentation. Diese Entwicklung lässt sich anhand des Kunsthistorischen Museums gut nachvollziehen. Der Galeriedirektor Eduard von Engerth hatte sich bei der Erstaufstellung im neuen Haus noch von dem Prinzip anleiten lassen, dem Publikum möglichst viele Gemälde zu zeigen. Die sehr gedrängte Hängung hatte allerdings schon bei der Eröffnung des Hauses Anlass zur Kritik gegeben, so dass bereits 1893 eine Neuordnung erfolgte. Gustav Glück, der seit 1911 als erster Kunsthistoriker – bis zu diesem Zeitpunkt waren die Direktoren Maler – die Sammlung leitete, schuf die für Jahrzehnte gültige Hängung. Diese folgte dem Grundgedanken, dass die Qualität eines Gemäldes erst dann in vollem Maße zur Geltung kommen könne, wenn dem Bild der zur Entfaltung seines „Eigencharakters" notwendige Freiraum gegeben würde.[36] Die Vereinzelung von Objekten wurde in der Folge über die Kunstmuseen hinaus zu einem Gestaltungsmittel, um Exponaten eine besondere Bedeutung zu verleihen.

Strukturell betrachtet hat sich an der Hängung der Gemälde und dem zugrunde liegenden Raster, dem Tableau, nicht viel verändert. Der Kompromiss zwischen symmetrisch-dekorativer und kunsthistorischer Ordnung bestimmt nach wie vor die Präsentation der Gemälde: Einerseits sind sie nach Stilrichtungen, andererseits nach ästhetischen Kriterien, wie Größe, Formate und Rahmungen geordnet. In wenigen Fällen scheinen auch die Bildinhalte eine Rolle zu spielen wie bei einer Reihe von Porträts oder Stadtansichten. Die Hängung nach kunsthistorischen Kriterien enthält jedoch implizite Wertungen – etwa im Hinblick auf die Qualität der Werke –, die wesentliche metakommunikative Voraussetzungen für die Rezeptionssituation bilden.

Durch die Qualitätskriterien wird die Auswahl der Werke legitimiert, was nicht ins Museum Eingang gefunden hat, abgewertet. Mieke Bal beschreibt die dabei angewendeten Strategien, einen Kunstkanon zu schaffen, mit den

Begriffen Wiederholung und Metaphorisierung. Indem die MuseumsbesucherInnen oftmals und an unterschiedlichen Orten auf die Werke bestimmter KünstlerInnen einer Stilrichtung treffen, werden diese Bilder gleichsam zu Metaphern einer bestimmten Epoche oder eines Künstlers/einer Künstlerin. Der blind machende Effekt der Ähnlichkeit in der Wiederholung besteht nun darin, dass die Differenzen nicht mehr gesehen werden, weil man nur sieht, was man ohnedies schon weiß.[37] Im Unterschied dazu findet bei Artefakten eine andere rhetorische Figur, nämlich die der Synekdoche, Anwendung. Unter Synekdoche wird das Verfahren verstanden, Teile eines Systems als repräsentativ für eine Gesamtheit zu begreifen. Allerdings funktioniert die synekdochische Lesart von Artefakten nur dann, wenn der kulturelle Kontext, dem sie angehören als eine Einheit, eine geschlossene Entität betrachtet wird. Beide Verfahren – Metapher und Synekdoche – stehen insofern miteinander in Beziehung, als die Betonung des einen Aspekts den anderen ausblendet und vor allem die Kontextualisierung in den Hintergrund tritt.[38] Doch in diesem Zusammenhang interessiert nicht nur der metakommunikative Aspekt, sondern auch die Analyse der Ausstellungsdisplays, also die konkrete Hängung der Galerie.

## Zur Narrativität der Bilder

Es stellt sich die Frage, wie eine Aneinanderreihung von Meisterwerken, jenseits der Kunstkritik und des Kunstbetriebs interpretiert werden kann. Ebenso wie in den anderen Museen geht es uns nicht um einen fachspezifischen, also in dem Fall einen kunsthistorischen Diskurs, sondern darum, welche Bilder und Narrationen zu *gender, race* und *class* mittransportiert werden. Bei einer Gemäldegalerie handelt es sich immer um dieselbe Objektkategorie: Gemälde sind Objekte, bei denen sich die RezipientInnen auf der denotativen Ebene über die Funktion Kunstwerk oder die Bezeichnung (Öl-)Gemälde hinaus kaum Orientierung verschaffen können. Aufgrund des Wertes ist davon auszugehen, dass nur gesellschaftliche Eliten – weltliche und geistliche – derartige Kunstwerke besessen haben, aber zumeist wird nicht vermittelt, für welchen sozialen Raum, zu welchem Anlass ein Gemälde geschaffen worden ist. Bezieht man sich auf den Inhalt des Gemäldes, so kann etwa eine Unterscheidung zwischen Porträtbildern, Landschaftsdarstellungen, mythologische Szenen getroffen werden.

Ein Kunstwerk ist jedoch kein beliebiges historisches Objekt. Dieses Mehr an Bedeutung, das dem Kunstwerk anhaftet und immer über einen Gebrauchsgegenstand, sei er symbolisch noch so aufgeladen, hinaus weist, trägt manchmal eine gewisse Unsicherheit in die Rezeption hinein. Die BetrachterInnen eines Kunstwerks sind gefangen in einem Geflecht aus Wissen und Nicht-Wissen, aus Dingen, die nach Bezeichnung verlangen und solchen, die sprachlos machen. All das angesichts ein und derselben Oberfläche des Bildes oder der Skulptur, auf der nichts verborgen bleibt, auf der alles einfach dargestellt ist.[39] Es gibt zwei idealtypische Betrachtungsweisen, die sich gegenseitig nicht ausschließen. Die RezipientInnen können zum einen versuchen, sich über Motiv, Komposition, handwerkliche und historische Fakten einen Zugang zum Gemälde zu erschließen, zum anderen sich von der Anmutungsqualität des Gemäldes ansprechen lassen, einem Gesichtsausdruck, einer Stimmung oder Farbkombination. Einen „reinen Blick" auf das Kunstwerk gibt es nicht, was wir sehen, hängt immer davon ab, was wir wissen. Unbemerkt schieben sich die von der Kunstgeschichte produzierten Kategorien und Begriffe zwischen Auge und Bild. Sich von der Anmutungsqualität eines Objekts berühren zu lassen, ist bei anderen musealen Repräsentationen auch immer Teil der Rezeption, aber im Kunstmuseum ist es aufgrund der geringen Informationen, die zu den Bildern angeboten werden, oftmals der einzig mögliche Zugang für BesucherInnen ohne Spezialwissen. Nicht zuletzt deshalb ist die Rezeption von Kunstwerken in hohem Maß individuell, also von den Bildern im Kopf, die die BesucherInnen mitbringen, bestimmt.

Demgegenüber ist die Präsentationsweise sehr stark formalisiert und lässt jenseits der spezifischen Hängung kaum einen Gestaltungsspielraum für die KuratorInnen offen. Dennoch kann die Ausstellung einer ähnlichen Analyse unterzogen werden wie die Displays in den anderen Museen – das bedeutet, die Auswahl und Zusammenstellung der Bilder sowie die sich daraus ergebenden Effekte in den Blick zu nehmen. Auch ohne kunsthistorisches Hintergrundwissen können die Kunstwerke gelesen werden, solange man sich darauf beschränkt, an der Oberfläche der Bilder bei den jeweiligen Motiven, Farben und Strukturen im konkreten Ausstellungsraum zu bleiben. Diese bestimmen auch unabhängig vom Wissen um die charakteristischen Stilmerkmale der KünstlerInnen die Wahrnehmung.

In Anlehnung an die Kulturwissenschaftlerin Mieke Bal gehen wir davon aus, dass Bilder und Bilderfolgen, selbst wenn sie nach formalen Kriterien in eine systematische Ordnung gebracht wurden, keiner „narrativen Unschuld" unterliegen. Die Narrative versteht Bal nicht als Form einer literarischen Gattung, sondern als Modus, als sinnstiftende kulturelle Praxis.[40] Das Verfahren der Bedeutungsproduktion besteht in der Kombination visueller Eindrücke, die auf vielfältigen Ebenen stattfinden kann. So können Farben, Formen, figurative oder inhaltliche Bezüge basierend auf Ähnlichkeiten oder Kontrastverhältnissen hergestellt werden, wobei immer auch Assoziationen und Konnotation mitschwingen. Der Blick ist bewusst auf die Oberfläche und den sich darauf eröffnenden Subtexten gerichtet. So wie wir bei der Analyse kulturhistorischer Museumsdisplays davon ausgehen, dass die Kontextualisierung der Exponate nicht nur durch Objektbeschriftungen und Texte, sondern auch durch die Nachbarschaft von Objekten und der Ausstellungsarchitektur erfolgt, ist im Kunsthistorischen Museum die Zusammenstellung der Gemälde, also die Hängung, von besonderem Interesse.

## Der Tizian-Saal – ein Rundgang

Im Ausstellungsbereich der „Italienischen Schule“ soll ein Saal analysiert werden, der einem Maler gewidmet ist, nämlich dem in Venedig wirkenden Renaissancekünstler Tizian.[41] Es handelt sich dabei um Saal I im „Hauptgang“ der Gemäldegalerie, insofern könnte diesem Raum als Einstieg eine besondere Bedeutung zukommen. Doch am Ende des repräsentativen Stiegenaufgangs im Kuppelsaal angelangt, ist es von der Gehrichtung her nahe liegender bei Saal VII mit der Besichtigung zu beginnen. Wählen die BesucherInnen diesen Eingang, so starten sie eigentlich im letzten Raum jenes Bereichs, der der italienischen, spanischen und französischen Malerei gewidmet ist, und erreichen erst zum Schluss den Tizian-Saal. Denn um zum ersten Saal zu kommen, müssten sich die BesucherInnen sofort nach Erreichen des Treppenabsatzes scharf nach links wenden und einen schmalen Gang entlang gehen, während der Eingang zu Saal VII bereits in Sichtweite ist.

Dass dieser Raum dem Künstler Tizian gewidmet ist, erschloss sich für diejenigen, die die Bilder nicht kannten, erst beim Lesen der Objektbeschriftungen. Es wurden keine biografischen oder kunsthistorischen Ausführungen zur Person Tizian zur Verfügung gestellt, wie es bei Sonderausstellungen durchaus üblich ist. Die etwas längeren Texte bei einigen Bildern bezogen sich in sehr spezifischer Weise auf das jeweilige Gemälde, vermittelten aber keine Hintergrundinformationen. Auch über den Audioguide ließen sich keine allgemeinen Informationen zu einem Raum, einer Künstlerbiografie oder Stilrichtung abrufen. Die BesucherInnen waren also weitgehend auf sich allein gestellt, was aber auch eine relativ eigenständige Rezeption ermöglichte. Selbst wenn das Publikum um die kunsthistorische Bedeutung Tizians nicht weiß, allein die Tatsache, dass ihm ein eigener Raum gewidmet wurde, bedeutet eine hohe Wertschätzung – sei es aufgrund der Sammelpraxis der Habsburger oder der MuseumskuratorInnen. Zudem schuf die purpurrote Seidentapete einen gediegenen, edel anmutenden Hintergrund und verstärkte auf diese Weise den Eindruck des Besonderen.

Aber wie konnte sich das Publikum nun im Saal orientieren? Die Werke waren nicht chronologisch, nicht nach Bildmotiven geordnet, sondern standen exemplarisch für die Malkunst, das Gesamtwerk Tizians. Und Tizian stand exemplarisch für die Kunst der Hochrenaissance in Italien. Da es innerhalb des Saales keine Anhaltspunkte für eine bestimmte Reihenfolge der Werke gab, konnten die BesucherInnen nun entlang der Wand von Gemälde zu Gemälde gehen oder sich treiben lassen und je nach Anziehungskraft der Objekte den Parcours wählen. Und oftmals sind es die Werke, die einen besonders hohen Bekanntheitsgrad erlangt haben, gleichsam zu Ikonen der Kunstgeschichte geworden sind, die ins Auge springen. Wie es dem Ordnungsprinzip einer Galerie entspricht, sind die Gemälde auf Augenhöhe der BetrachterInnen in einer Reihe angeordnet, nur in Ausnahmefällen sind sie auch übereinander gehängt. Strukturell ist die Aneinanderreihung von Bildern dem Zusammenfügen von Wörtern zu einem Satz – wie bei der syntagmatischen Lesart – ähnlich. Das schrittweise Abgehen der Galeriewände oder zumindest einzelner Bildsequenzen verstärkt auf der körperlichen Ebene diese Verknüpfungsform, die jedoch auf der syntagmatischen Ebene nicht zwangsläufig eine Und-, sondern auch eine Oder-Verbindung bedeuten kann.

Ließ man den Blick zunächst durch den Saal schweifen, waren unterschiedliche Sujets festzustellen: Porträts, mythologische und christliche Motive. Dass an manchen Stellen dreidimensionale Objekte auftauchten, ist darauf zurückzuführen, dass die Kunstkammer zu diesem Zeitpunkt wegen Renovierungsarbeiten für längere Zeit geschlossen war und auf diese Weise zumindest ein paar der wertvollen Objekte in der Gemäldegalerie zu sehen gegeben wurden. Bei den Porträts ist auf der ersten Ebene zwischen Frauen- und Männerköpfen zu unterscheiden. Auffallend dabei ist, dass die Männerporträts vom Gesamteindruck dunkel erscheinen. Denn die Protagonisten sind in hochgeschlossenen, schwarzen oder dunkelbraunen Gewändern, von denen sich nur das helle Gesicht abhebt, dargestellt. Dadurch werden der Kopf und die Gesichtszüge mehr als der Körper betont und den abgebildeten Personen ein Anstrich von Seriosität und Bedeutung verliehen. Dagegen ist die Kleidung der Frauen zumeist heller, farbiger und lässt mehr an freier Haut zum Vorschein kommen. Insbesondere dann, wenn es sich nicht um konkrete Persönlichkeiten wie Isabella d'Este oder Lavinia, die Tochter Tizians, handelt. Auch die Haare treten stärker in Erscheinung. Dass Frauen durch hellere Farben hervorgehoben sind – was nicht zuletzt darin begründet ist, dass mehr nackte Haut zu sehen ist – traf nicht nur auf die Porträts zu, sondern bestimmte generell die Frauendarstellungen im Raum.

Bei näherer Betrachtung fiel auf, dass es bei manchen Gemälden neben den klassischen Objektbeschriftungen, die sich auf den Namen des Künstlers, die Datierung und den Entstehungsort beschränkten, zusätzliche Erläuterungen gab, was eher selten in den Schausammlungen Kunsthistorischer Museen anzutreffen ist. Diese Bildtexte waren nicht nach einem einheitlichen Schema erstellt, sondern vermittelten unterschiedliche Informationen: Sie bezogen sich auf den im Werk verarbeiteten mythologischen oder biblischen Stoff, auf die abgebildeten Personen oder einzelne biografische Daten zum Künstler, wenn sie in Zusammenhang mit dem konkreten Werk standen. Hier stellte sich die Frage nach dem Verhältnis von Text und Bild, also inwiefern die Texte Leseanleitung für die Bilder darstellten, ob sie neue Perspektiven für das Publikum eröffneten oder den Blick einengten. Interessant war jedoch nicht nur die Beziehung zwischen Objekttexten und Gemälden, sondern auch das Zusammenwirken der einzelnen Gemälde aufgrund ihrer Nachbarschaften.

Betrat man den Tizian-Raum am Ende des Rundgangs durch die Italienische Abteilung und bewegte sich in Richtung Ausgang weiter, dann befand sich an der linken Wand eine Reihe von sieben Gemälden. Das erste Bild, ein Porträt mit dem Titel „Bildnis eines Mannes im Pelz (um 1570)" stammt nicht von Tizian, sondern von einem unbekannten venezianischen Künstler. Es weist die zuvor beschriebenen Merkmale eines Männerporträts auf. Daneben befand sich ein Gemälde von größerem Format, das ein mythologisches Thema zum Inhalt hat: „Danae (Tizian und Werkstatt, 1554)". Es zeigt die Vereinigung Jupiters mit Danae durch einen Goldregen. Danae ruht kaum bekleidet in einer sinnlichen Pose auf einer Liegestatt. Durch ihre zentrale Position und strahlend helle Haut kommt sie im Bild besonders zur Geltung. Der Objekttext vermittelte die zugrunde liegende Erzählung: Danae war von ihrem Vater, dem König Akrisios von Argos in einen Turm gesperrt worden, weil das Orakel prophezeit hatte, dass er von seinem Enkel ermordet werden würde. Zudem verwies der Text auf zwei frühere Gemälde Tizians, die dieser für den Kardinal Alessandro Farnese und Philip II. von Spanien gemalt hatte. Die „sinnlich-breite Lagerung" der Danae – erfuhr das Publikum aus dem Text – blieb stets gleich, verändert wurde nur die Figur der Dienerin, die den Goldregen auffängt. Indem die Sinnlichkeit der Darstellung als Konstante festgestellt wurde, lenkte der Text den Blick darauf und verstärkte, was ohnedies kaum zu übersehen war: Danae erscheint als die Verführerin und nicht Jupiter, der in Form des Goldregens beiläufig wirken muss.

Das dritte Bild war wiederum ein Porträt mit dem Titel „Benedetto Varchi". Im Objekttext wurde zum einen der Porträtierte, zum andern die Malweise gewürdigt:

> „Als berühmter Florentiner Historiker und Humanist hatte sich Benedetto Varchi (1503-1565) um die toskanische Sprache und die Florentiner Geschichte verdient gemacht und zum kunsttheoretischen Disput um die Vorrangstellung der Künste bedeutende Schriften beigetragen. [...] Die zurückhaltende und dennoch grandiose Inszenierung mit den wenigen ein vornehmes Ambiente andeutenden Versatzstücken und die elegante Haltung des Portraitierten machen dieses Bildnis zum Vorbild für die aristokratische Portraitmalerei der folgenden Jahrhunderte, besonders für Van Dyck."

Es handelte sich nicht nur um einen vornehmen, geistvollen Menschen, er wurde auch von Tizian elegant und stilvoll dargestellt. Generell waren es Personen von gesellschaftlicher und kultureller Bedeutung, die porträtiert wurden. Andernfalls waren es typisierte Darstellungen wie ein Bracchia-Spieler oder eine Dame mit schwarzem Kleid. Auch hier mochten reale Personen als Vorbilder gedient haben, aber sie wurden nicht namentlich erwähnt. Dies entspricht der Kunstproduktion der Zeit, aus der die Gemälde stammen, dennoch bestimmten die Bildinhalte die Atmosphäre des Kunsthistorischen Museums als symbolisch hoch besetzten Raum mit.

In der Mitte der Galeriewand war das vierte, vom Format her größte Gemälde – „Ecce Homo (Tizian, 1543)“ – positioniert und markierte so das Zentrum des Raumes. Allerdings ist die Person, um die es eigentlich geht, Christus, unscheinbar und ganz an den linken Rand gerückt. Die BetrachterInnen müssen den zeigenden Gesten der Menschenmenge, also gleichsam der Aufforderung „sehet diesen Mann“ selbst Folge leisten. Der Blick der Menge ist nach oben gerichtet und lenkt so auch die Blickrichtung des Publikums. Durch die zentrale Hängung des Bildes wurde der „Menschensohn“ – das einzige christliche Motiv an dieser Wand – vielleicht unbewusst in den Mittelpunkt gerückt. Im Bildvordergrund befindet sich an prominenter Stelle ein Wappen der Habsburger, damit könnte eine Verbindung zwischen dem römischen Imperium und dem Habsburger Reich hergestellt werden. Tizian war nicht nur Hofmaler, sondern auch kaiserlicher Ritter und wurde 1533 von Karl V. geadelt – erfuhren die BesucherInnen aus dem Objekttext. Hier verbinden sich unterschiedliche Ikonen der Macht: der Mann als Menschensohn, Herrscherhaus und Kirche. Der Objekttext unterstrich die Dramatik des Geschehens:

> „Mit diesem Ausruf ‚sehet diesen Mann‘ stellte Pontius Pilatus, der römische Statthalter in Jerusalem, den gegeißelten Christus dem jüdischen Volk vor, um seine Freilassung anzubieten. Auftraggeber dieses in Italien seltenen Themas war der flämische Kaufmann Giovanni d’Anna (von Haanen). Virtuos schildert Tizian den brutalen Vorgang als unmittelbar sinnliches Erlebnis. Mit theatralischer Eindringlichkeit läuft das Geschehen parallel zur Bildfläche ab. Die erregte Bewegung der Figuren kennzeichnet Tizians Stil der vierziger Jahre, in welchen er Michelangelo in seinem dramatischen Figurenideal größte Aufmerksamkeit widmet.“

Im Objekttext wurde auch darauf eingegangen, welche historischen Persönlichkeiten in den Figuren der Menschenmenge porträtiert worden sind. Unerwähnt blieb allerdings eine Frauenfigur, die nicht nur aufgrund ihrer zentralen Position und ihrem hellen Gewand, sondern auch ihrer Mimik auffällt. Sie wendet sich vom eigentlichen Geschehen ab, blickt keck, vielleicht ein bisschen naiv aus dem Bild heraus und unterläuft so die Dramatik der Szene. Es ist wahrscheinlich kein Zufall, dass es sich bei der einzigen Figur, die mit dem Publikum in Beziehung tritt, um eine Frauendarstellung handelt. Doch darauf ging der Text nicht ein.

Das Gemälde hing vis à vis vom Durchgang zu den kleinen Kunstkabinetten, von wo es aufgrund seiner Größe bereits einen besonderen Blickfang darstellte. Diese zentrale Positionierung gegenüber einem Eingang findet sich auch in anderen Sälen, wodurch die Achsen zwischen innerem und äußerem Rundgang betont werden. Indem die Linearität des Rundgangs zugunsten der Querverbindungen zurückgenommen wird, verstärkt sich der Eindruck des flächenmäßigen Rasters.

*Abb. 7: Gemälde „Ecce homo" im Tizian-Raum (hier mit der Skulptur einer späteren als der beschriebenen Aufstellung)*

An die Christusdarstellung schloss als fünftes Bild das von Tizian um 1551 geschaffene „Bildnis des Kurfürsten Johann Friedrich von Sachsen", zu dem es im Objekttext hieß:

„Als einer der Protagonisten des Schmalkaldischen Bundes der Protestanten kämpfte Johann Friedrich der Großmütige [...] in der Schlacht bei Mühlberg, 1547, gegen den Kaiser Karl V. und wurde von diesem gefangen genommen. Tizian, der beim Reichstag zahlreiche Porträts des siegreichen Kaisers und seines Gefolges malte, fertigte auch vom berühmten Widersacher zwei Bildnisse an: eines in Rüstung mit der noch stark erkennbaren Wunde unter dem Auge und dieses in stumpfer, resignierter Haltung. Fast scheint es als habe Tizian mit den für ihn untypischen harten Konturen und der feinen zeichnerischen Pinselführung auf die Malweise der deutschen Maler, z.B. des sächsischen Hofmalers Cranach, anspielen wollen."

Die Hommage an das Haus Habsburg wurde durch den Hinweis auf die stumpfe resignierte Haltung des Widersachers verstärkt. Das Porträt stand auch im Gegensatz zum als feinsinnig beschriebenen Benedetto Varchis, das sich links von der Christusdarstellung befand: hier ein eleganter Geistesmensch – dort ein geschlagener dumpfer Kriegsherr. Durch diese Hängung wurde ein weiterer bipolarer Gegensatz inszeniert.

Analog zur Bilderfolge links des zentralen Gemäldes „Ecce homo" war das sechste Bild wieder einem mythologischen Thema gewidmet: „Diana und Kallisto (Tizian, 1566)". Der Objekttext nahm auf die Erzählung Bezug, die der Darstellung zugrunde liegt. Kallisto hat Diana, der Wald- und Jagdgöttin, Jungfräulichkeit gelobt. Doch von Jupiter durch eine List verführt, musste sie ihr Gelöbnis brechen. Das Bild zeigt Diana, als sie von der Schwangerschaft Kallistos erfährt und sie verstößt. Damit korrespondierte es von der Thematik her – wenn auch zufällig – mit dem Gemälde der „Danae"; auch hier handelt es sich um eine Verführungsgeschichte Jupiters. Die Szene findet in einer Waldlichtung statt, wo Nymphen lagern und in einem Bach baden, im Hintergrund plätschert ein Brunnen. Auf dieses Ambiente schien sich auch das unmittelbar vor dem Gemälde platzierte Prunkbecken aus Bronze zu beziehen und verstärkte damit den naturhaft-sinnlichen Aspekt des Gemäldes. Es handelte sich um ein Objekt der Kunstkammer, die zu diesem Zeitpunkt umgestaltet wurde. Nackte badende Frauenfiguren stellen ein beliebtes Bildsujet dar, das sich in vielfältigen Formen findet. Die Bildproduktion der damaligen Zeit prägte nicht zuletzt durch die permanente Reproduktion den Blick auf die Geschlechter und die damit verbundene Klischeebildung nicht unwesentlich mit. Das Problem sind jedoch nicht die Bildinhalte selbst, sondern dass sie im Museum unkommentiert bleiben und so unhinterfragt den Bilderkanon in den Köpfen der BesucherInnen speisen.

Als Abschluss der Bilderfolge dieser Wand hing das 1535 entstandene Frauenporträt mit dem Titel „Mädchen im Pelz".

> „Dieses idealisierte, aber dennoch individuelle Frauenporträt steht beispielhaft für Tizians Stil der dreißiger Jahre. Die vornehme blonde Frau stand Tizian in mehreren für den Herzog von Urbino gemalten Bildnissen Modell und zwar in jeweils verschiedener Aufmachung. Nur mit einem Pelzmantel umhüllt erscheint sie hier monumental in entwaffnender Großzügigkeit und zugleich in höchstem Grad intimer Idealisierung."

Im Objekttext wurde zwar die Individualität der Frau beschworen, doch sie trägt keinen Namen. Im Unterschied zu den beiden anderen porträtierten Männern, die eine bestimmte Funktion hatten und nicht zuletzt auch deswegen ins Bild gesetzt wurden, ist hier die Schönheit der Frau repräsentiert. Maler und Modell – eine Standardsituation im Kunstbetrieb, ein Verhältnis, das in der Kunstgeschichte oft zum Thema gemacht worden ist. Mit der Beschreibung ihrer „entwaffnenden Großzügigkeit" wurde die Frau im Objekttext zur Verführerin stilisiert, obwohl nicht sie es war, die die Pose, die Kleidung etc. bestimmte. Vom Motiv her korrespondierte es mit dem Gemälde, das an den

Anfang der Bilderreihe gesetzt war, das „Bildnis des Mannes im Pelz“. Rückblickend betrachtet konnte man meinen, dass hier auf der formalen Ebene ein Kreis geschlossen werden sollte. Dieser Eindruck wurde dadurch bestärkt, dass die beiden in Pelz gehüllten Figuren die Köpfe einander zuwendeten und so eine visuelle Klammer bildeten. Verglich man die beiden Darstellungen, so waren die bereits beschriebenen Unterschiede zwischen Frauen- und Männerporträts zu erkennen: Sinnlichkeit des Frauen- versus Seriosität des Männerbildes. Das Bildnis des Mannes im Pelz unterscheidet sich allerdings insofern von den anderen Männerporträts, als hier keine konkrete Person mit ihren Funktionen und Tätigkeiten dargestellt wird. Bei den Frauendarstellungen lässt sich das umgekehrte Verhältnis feststellen: Die typisierten Darstellungen überwiegen bei weitem die Porträts historischer Persönlichkeiten.

Trat man nun ein paar Schritte zurück in die Raummitte und betrachtete die Gemäldereihe in ihrer Gesamtheit, so fiel auf, dass sich auf der formalen Ebene eine völlig symmetrische Struktur, ein Rhythmus in der Abfolge ergab: Porträt – mythologische Darstellung – Porträt – Christusdarstellung – Porträt – mythologische Darstellung – Porträt. Dies korrespondierte auch mit den Bildformaten: Bei den Porträts handelte es sich jeweils um kleine Hochformate, bei den übrigen Motiven um bedeutend größere Querformate, wobei die Christusdarstellung in der Mitte die anderen Gemälde in ihren Ausmaßen noch übertraf. Auch die Farbigkeit der Bilder unterstützte die Wahrnehmung dieser Struktur. Die Porträts sind in dunklen Farben gehalten, während die übrigen Gemälde eine viel lebendigere Farbigkeit aufweisen. Die Auswahl der Bilder schien also mehr auf symmetrisch-dekorativen als auf wissenschaftlichen Kriterien zu beruhen. Dieser Eindruck wurde durch ein anderes formales Prinzip noch verstärkt. Die Mittelachse der Galeriewand bildete die Christusdarstellung „Ecce homo“. Und auf diesen Mittelpunkt waren die Protagonisten der übrigen Bilder in ihrer Gestik ausgerichtet. Bei näherer Betrachtung des Raumes, scheint es ein ungeschriebenes Gesetz zu sein, dass die im Profil dargestellten Figuren sich zur Wandmitte wenden, also den Blick jeweils nach innen richten. Dadurch entstand eine geschlossene Struktur und das mittlere Gemälde konnte in seiner zentralen Position noch stärker wahrgenommen werden. Als Nebeneffekt wurde damit die Botschaft des Gemäldes „sehet dieser Mann“ zusätzlich unterstützt – denn es waren tatsächlich „alle Augenpaare“ auf ihn gerichtet. So weist der Arm, den Diana drohend gegen Kallisto erhebt, in dieselbe Richtung wie die aus der Menschenmenge ragenden Arme, die auf Christus zeigen.

Am Wandabschnitt rechts der Eingangstür war die Zusammenstellung von sechs Gemälden zu sehen. Den Beginn setzte der von Tizian um 1515 gemalte „Lira-da-braccio-Spieler“. Dem Objekttext konnten die BesucherInnen entnehmen, dass es sich wahrscheinlich um Palma Vecchio, also eine konkrete historische Person handelte.

> „Dieses nahsichtige Brustbild eines Musikers gehört an den Anfang der später sehr beliebten Bildgattung von Musizierenden. Der eindringliche gegen den Betrachter gewandte Blick des jungen, sein Instrument spielenden Mannes will jenen mehr um Zuhören als *Anschauen* [Hvh. d. A.] auffordern."

Interessant war, dass der Objekttext beim Bildnis des attraktiven jungen Mannes den Blick von seinem Äußeren hin zu seiner Tätigkeit lenkte. Beim folgenden Porträt einer schönen blonden Frau gab es keinen vergleichbaren Text, der den Blick auf die Oberfläche zu relativieren trachtete. „Violante (Tizian, 1510/1515)" ist nicht der Name der Frau, sondern bezieht sich auf ein Accessoire ihrer Kleidung, einem Veilchen an ihrem Dekoltée. Sie gehört in die venezianische Tradition der idealisierten Frauenporträts.

Daneben befand sich als drittes Bild die Darstellung einer Madonna, deren etwas dunklerer Teint auffallend war. Maria hat also in diesem Gemälde nicht die alabasterweiße Haut, die für die meisten Frauendarstellungen – nicht nur bei Tizian – charakteristisch ist. Darauf bezieht sich offensichtlich der Titel „Zigeunermadonna (Tizian, 1510/11)". Obwohl die braune Hautfarbe im Vorderen Orient die *natürliche* ist, wurde sie durch die Bildunterschrift zur Ausnahme, als das *Andere* markiert. Indem der Objekttext den Zusammenhang zwischen Hautfarbe und Titel herstellte, ohne jedoch auf die Problematik des abwertenden Begriffs „Zigeunermadonna" einzugehen, erhielt die Bezeichnung eine nicht hinterfragte Selbstverständlichkeit.

> „Trotz der geschlossenen Dreiecksform der Figurengruppe gibt die – wohl nach ihrem dunklen Teint so benannte – Zigeunermadonna den Eindruck entspannter Natürlichkeit."

Mit den Worten „entspannt" und „Natürlichkeit" wurde die Mariendarstellung auf einer assoziativen Ebene in die Nähe von *Naturvölkern* gerückt, wie es eben ihrem dunklen Teint „entspricht". So kann eine Doppelbewegung entstehen: Durch die Betonung der Natürlichkeit fällt es stärker auf, wie harmonisch sich Madonna und Kind in die sie umgebende Naturlandschaft einfügen, die Farben ihres Gewandes mit jener der Umgebung korrespondieren, wodurch umgekehrt die im Text angesprochene Verbindung zur Natur bestärkt wird.

In die venezianische Tradition der idealisierten Frauenporträts gehörte auch das anschließende vierte Gemälde mit dem Titel „Junge Frau in schwarzem Kleid (Tizian, 1520)". Im Kontrast zu dem schwarzen Kleid heben sich die leuchtend blonden Haare der jungen Frau markant ab. Zwischen den beiden auffallend blonden Frauen wirkte die so genannte „Zigeunermadonna" noch dunkler, wurde ihre *Andersartigkeit* zusätzlich betont.

Unmittelbar über der „Zigeunermadonna“ befand sich die Darstellung „Christus und die Ehebrecherin“, ein unvollendetes Werk Tizians. Infolge der zweireihigen Hängung entstand eine Dreiecksstruktur: Das Zentrum bildete die „Zigeunermadonna“, die auch den prunkvollsten Rahmen besaß, flankiert von zwei Frauenporträts und darüber „Christus und die Ehebrecherin“.

*Abb. 8: „Christus und die Ehebrecherin“, „Zigeunermadonna“ und „Kirschenmadonna“ im Tizian-Raum (hier mit einer Reproduktion aus einer späteren als der beschriebenen Aufstellung)*

Damit wurde durch die Hängung eine Struktur, die der Bildkomposition der „Zigeunermadonna“ inhärent ist und auf die auch im Objekttext explizit verwiesen wurde, verdoppelt: die geschlossene Dreieckstruktur. Aber auch auf der ikonischen Ebene ließen sich Bezüge herstellen. Die „in sich ruhende“ Madonna mit Kind wurde von zwei weltlichen Frauendarstellungen gerahmt. In dieser bipolaren Gegenüberstellung nahm die Ehebrecherin eine Zwischenposition ein: Hier trafen weltliche und religiöse Motive zusammen. Die Ehebrecherin hat sich zwar womöglich eines Vergehens schuldig gemacht, wird aber aufgrund ihrer demütigen und reuigen Haltung von Christus „rehabilitiert“. Wie die Ehebrecherin könnten auch die beiden schönen Frauen entweder Verlockungen erliegen oder selbst zu Verführerinnen werden. Im Gegensatz dazu stand Maria als weibliches Idealbild. Damit wurden die beiden Pole – Heilige und Hure –, die Frauenvorstellungen und -darstellungen vor allem aus *männlicher* Sicht prägen, auf den Punkt gebracht und unhinterfragt reproduziert.

Den Abschluss auf dieser Wand machte das Gemälde „Christus mit der Weltkugel (Tizian, 1530)“. Es bildete gemeinsam mit dem „Lira-Spieler“ am Beginn der Anordnung eine *männliche* Klammer. Nahm man das Gemälde

„Christus und die Ehebrecherin" noch in den Blick, entstand eine *männlich* dominierte Dreiecksstruktur. Und auch hier ließen sich inhaltliche Bezüge herstellen. Zunächst zwischen den beiden Christusdarstellungen: Die vergebende Geste im Hinblick auf die Ehebrecherin korrespondierte mit dem durch die Weltkugel angedeuteten Erlösungswerk Christi. Diese Lesart wurde auch durch den Objekttext gestützt:

„Die durchsichtige, schimmernde, spiegelnde Kugel, die die Welt bedeutet, weist auf die universale Gültigkeit des Erlösungswerkes. Der Tragweite des ‚Salvator mundi' entspricht ein Christusbild von Majestät und Güte."

Die Männerdarstellungen verband, dass sie durch aktives Handeln gekennzeichnet sind: der Lira-Spieler durch sein Musizieren, Christus durch den Akt der Vergebung beziehungsweise sein Erlösungswerk. Die Frauendarstellungen weisen eher Attribute des Seins auf: Schönheit, Demut und das In-sich-Ruhen.

Im Unterschied zur anderen Wand war hier die Blickrichtung der ProtagonistInnen auf die Raummitte also die BetrachterInnen hin ausgerichtet, so dass sich in Verbindung mit der doppelten Dreieckskonstellation eine kompakte Struktur, die die Narrative verdichtete, ergab.

Im Raumeck gleichsam als Übergang zum nächsten Wandabschnitt stand eine Bronzestatue mit dem Titel „Negervenus", die aus der Kunstkammer stammt. Sie datiert ungefähr aus derselben Zeit wie die Gemälde von Tizian, nämlich aus dem 16. Jahrhundert, allerdings ist der Entstehungsort ein anderer: die Niederlande. Der Begriff „Negervenus" ist ähnlich problematisch wie jener der „Zigeunermadonna". Und auch hier fand in der Objektbeschriftung keine wie immer geartete Relativierung der Terminologie statt. Anders als beim Prunkbecken vor der Kallisto-Darstellung ließ sich kein inhaltlicher Zusammenhang mit den Gemälden in ihrer unmittelbaren Nähe herstellen: auf der einen Seite „Christus mit der Weltkugel" und auf der anderen das Gemälde mit dem Titel „Kirschenmadonna (Tizian, 1516/1517)". Im Gegenteil, die mythologische Venus zwischen einer Christus- und einer Mariendarstellung verursachte eine Irritation. Die Venus konnte als Gegenbild zu Maria verstanden werden und korrespondierte daher mit den sinnlichen Frauendarstellungen neben der „Zigeunermadonna". Mit der Mariendarstellung verband sie allerdings die dunkle Hautfarbe. Was die Sinnlichkeit betraf, so gab es aber auch einen Bezug zur „Kirschenmadonna", dem ersten Gemälde des nächsten Wandabschnitts, der drei Bilder umfasste.

Bei der „Kirschenmadonna" handelt es sich um eine Mariendarstellung mit Jesus und dem Knaben Johannes, wobei die Kinder Maria Kirschen anbieten und damit ein sinnlich-naturhaftes, aber auch dynamisches Element in die Komposition hineinbringen.

„Ähnlich wie bei der ‚Zigeunermadonna' sind Maria, Christus und der kleine Johannes zwischen Festtuch und Brüstung in eine Dreiecksform komponiert, die wiederum Dauer, Gültigkeit und Harmonie bedeutet. Doch drohen vor allem die dynamischen Gesten der der Muttergottes Kirschen darbringenden Kinder das Gleichgewicht zu sprengen. Erst in einem zweiten Malgang hat Tizian die beiden Heiligen Joseph und Zacharias eingefügt, die die Komposition beruhigen und stabilisieren."

Durch den Verweis auf die Dreieckskomposition des Marienbilds auf der vorher beschriebenen Wandfläche konnte der Eindruck entstehen, dass insbesondere Marienbilder einer äußerst harmonischen, stabilen Komposition bedürfen.

Rechts neben der „Kirschenmadonna" hing das Gemälde der „Madonna mit dem Kind und der Hl. Stephanus Hieronymus und Mauritius (Tizian, 1520)". Bei diesem Werk ist auffällig, dass Maria aus dem Zentrum an den linken Rand gedrängt ist, um Platz für den alten Kirchenvater Hieronymus zu schaffen. Dadurch, dass der Mariendarstellung aufgrund der differenzierten Ausgestaltung dennoch eine zentrale Position verliehen worden ist, entsteht eine größere Dynamik. Die beiden Männerdarstellungen bildeten einen Übergang zum daneben hängenden Männerporträt, dem „Bildnis des sogenannten Arztes von Parma (Tizian, um 1518)". Es war das dritte und letzte Bild an dieser Wandfläche, die durch den Durchgang zum angrenzenden kleinen Kunstkabinett unterbrochen ist. Auf der Oberfläche der Bilder entstand in der beschriebenen Gehrichtung folgende Struktur: Maria steht beim ersten Gemälde im Zentrum, beim nächsten befindet sie sich am linken Rand und zum Abschluss folgt eine Männerdarstellung. Von der Dichte der Darstellungen und der Farbigkeit lag das Zentrum bei der „Kirschenmadonna" und flachte nach außen hin ab. Die Gehrichtung wirkte sich in gewisser Weise auf die Rezeption der Gemälde aus; die entgegen gesetzte Abfolge konnte den Blick verändern: Maria kommt ins Bild.

Beim „Arzt von Parma" handelt es sich um den Präsidenten des Ärztekollegiums in Venedig, der sich auch als Literat betätigt und ein ironisches Gedicht auf die Probleme der Medizin verfasst hat. Auch hier gab der Objekttext einen Hinweis darauf, was der Porträtierte geleistet hat. Das Gemälde wurde im Objekttext als würdevolle Darstellung mit einem leicht ironischen Gesichtsausdruck charakterisiert und damit nochmals bestätigt, dass die Darstellung dem Charakter des Porträtierten entspricht. Da durch die Hängung der „Arzt von Parma" im „Blickkontakt" zum „Lira-Spieler" stand, sich also ihre Blicke zu treffen schienen, ergab sich eine geschlossene Struktur.

Vom Sujet her stellte das Gemälde eine Verbindung zu den drei Porträts des nächsten Wandabschnitts her, wenngleich dazwischen der Durchgang zu den kleineren Kabinetten lag. Auffallend war, dass die „Bronzebüste von Karl V. (Leone Leoni, 1555)“, die rechts des Gemäldes „Der sogenannte Arzt von Parma“ aufgestellt war, den Blick vom Porträtierten abwendete. Sie stand im „Blickkontakt“ mit der ebenfalls von Leone Leoni 1555 geschaffenen Büste von Königin Maria von Ungarn, der jüngeren Schwester von Karl V. Gemeinsam flankierten die aufeinander bezogenen Büsten den Durchgang zu den kleineren Kunstkabinetten und bildeten so eine eigene Einheit. In inhaltlicher Hinsicht konnte höchstens ein Bezug zu den Werken der gegenüberliegenden Wand hergestellt werden. Aus dem Objekttext zum Gemälde „Ecce homo“ erfuhr das Publikum, dass Tizian im Dienste von Karl V. gestanden und von ihm geadelt worden ist.

Bei der Anordnung der drei Porträts des Wandabschnitts rechts vom Durchgang zu den Kabinetten „Bildnis einer vornehmen Dame“, „Bildnis eines Mannes im luchsverbrämten Mantel“ und „Lavinia“ fiel auf, dass zwei Frauendarstellungen ein Männerbildnis flankierten. Alle drei sind sehr dunkel gehalten und wirkten somit repräsentativ. Aber was die Blickrichtung betraf, war auch hier dasselbe Schema anzutreffen: Die porträtierten Frauen richteten den Blick auf das im Zentrum befindliche Männerbildnis, wodurch ein ähnlich symmetrisches Verhältnis entstand, wie auf der gegenüberliegenden Wand, mit der Christusdarstellung in der Mitte.

In der Raumecke befand sich in einer Vitrine eine kleine Bronzestatue mit dem Titel „Venus felix“ von Pier Jacopo Bonacolsi (um 1500). Ihr dunkler Körper steht in Kontrast mit den goldfarbenen Haaren und dem um die Hüften geschwungenen goldenen Tuch. Anders als bei der Venusstatue in der gegenüber liegenden Ecke konnte man hier einen unmittelbaren ikonischen Bezug zum Gemälde „Jacopo Strada (Tizian, 1567/68)“ herstellen. Es war das erste von den drei Bildern der folgenden Wand. Strada war Kunstsammler und Händler, aber auch Antiquarius am Hof der Habsburger. Auf diese Tätigkeit verweisen die vor ihm liegenden Objekte, ein männlicher Torso und Münzen, sowie eine kleine Venusstatue, die er mit den Händen umfasst. Indem der Sammler, der das Kulturgut verwaltet, ordnet und beurteilt, gerade die Venusstatue in der Hand hält, wird diese auf der symbolischen Ebene mehr noch als die anderen Dinge zum Objekt. Der Sammler, so könnte man konnotieren, hat sie in der Hand, er kann über sie verfügen.

„Die Sammelleidenschaft für die vor ihm ausgebreiteten Kunstobjekte drückt sich ganz besonders im physischen Umklammern und zur Schaustellen der Venusstatue aus, während in seinem gleichzeitigen mißtrauischen Umsichblicken ein Charakterzug des Händlers psychologisch feinst mitgeteilt wird.“

Der Text betonte die voyeuristische Komponente, indem die Sammelleidenschaft insbesondere mit dem physischen Umklammern und zur Schaustellen der Venusstatue in Verbindung gebracht wurde. Dass dem Gemälde zudem eine reale Venusstatue zugeordnet wurde, verstärkte den Objektcharakter. Es konnte aber auch die Assoziation entstehen, dass die Venus in der Vitrine oder in der Umklammerung der Hand des Sammlers in ihrer „zügellosen" Leidenschaft gebannt ist.

Anders im neben „Jacopo Strada" hängenden Gemälde „Mars, Venus und Amor", das Tizian und Werkstatt zugewiesen wurde. Hier wird Venus nackt in einer sinnlichen Pose gezeigt. Sie nimmt den meisten Raum ein, während Mars völlig in den Hintergrund tritt. Mars umfängt Venus zwar von hinten, jedoch ohne besitzergreifenden Gestus, die Leidenschaft der Venus steht im Vordergrund. Im Objekttext hieß es dazu:

„In ihrer Pose ähnlich der Danae gibt sich Venus der leidenschaftlichen Umarmung des sie von hinten umfangenden Mars hin. Diese Vereinigung der Göttin der Liebe mit dem Kriegsgott, der die Tochter Hamonia entspringen wird, symbolisiert das lebenserhaltende Verhältnis gegensätzlicher Kräfte."

Indem der Text auf die Tochter als Folge dieser Verbindung von Mars und Venus verwies, wurde ein Zusammenhang zur Leben spendenden Fähigkeit der Frau hergestellt, der im Bild gar nicht angelegt war, aber *weibliche* Klischeevorstellungen bediente.

Den Abschluss bildete ein Gemälde von Isabella d'Este (Tizian 1534/36), der Kunstmäzenin am Hof zu Mantua. Im Objekttext wurde zunächst ihre außergewöhnliche Leistung als Förderin der Künste gewürdigt, aber auch betont, dass es sich bei den eigentlichen Kreativen um männliche Künstler handelt:

„Als eine der größten weiblichen Kunstmäzene aller Zeiten, machte sie den Mantuaner Hof zum Zentrum der *bedeutendsten Männer* [Hvh. d. A.] der Renaissance."

Durch die Bezeichnung der Künstler und Gelehrten als bedeutendste *Männer* wurden sie in ihrer Geschlechtlichkeit bestätigt. Indem vor allem darauf verwiesen wurde, dass sie den Hof zu einem Treffpunkt für die künstlerische und geistige Elite machte und unerwähnt blieb, worin ihre konkrete Förderung von Künstlern bestand, wurde sie zum Hintergrund, zur Folie, vor der die bedeutenden Männer in Erscheinung treten. Dies konnte auch umgekehrt gelesen werden, nämlich dass es eigentlich die Anwesenheit der Künstler war, die ihren Ruhm beförderte. Zudem beinhaltete der Text den Hinweis, dass sie von Tizian idealisiert dargestellt worden war:

„[…] im vorliegenden Bild stark verjüngt und idealisiert, als schöne auch in der Mode den Ton angebende Frau […]"

Schön und modebewusst wurde sie trotz ihrer außergewöhnlichen Stellung in Kultur und Politik wieder auf ihre *Weiblichkeit* verwiesen. Aber auch hier durfte sie nicht reüssieren, denn ihr vorteilhaftes Äußeres verdankte sie dem wohlwollenden Blick des Malers. In Verbindung mit den sie umgebenden Venusdarstellungen, dem Inbegriff von *Weiblichkeit* und Sinnlichkeit, verstärkte dies die Botschaft, die auf ihr Äußeres und ihre *Weiblichkeit* zielten. Durch die Objekttexte der drei Bilder wurden also nicht nur Klischeevorstellungen, die in den Bildern angelegt sind, verstärkt, einige wurden auch erst durch die Texte hervorgerufen.

## Frauenbilder – Männerbilder

Die Gemälde im Kunsthistorischen Museum werden ohne gesellschaftlichen Kontext präsentiert, was dazu beiträgt, den im Kunstbetrieb verbreiteten Geniekult zu stützen. Die einzige Relativierung des Künstlergenies findet statt, wenn darauf hingewiesen wird, dass es sich bei einem Gemälde um ein Werkstattbild handelt. Da dem Publikum die Entstehungsbedingungen der Werke nicht vermittelt werden, ist es auch kein Thema, dass in der überwiegenden Mehrzahl männliche Künstler in der Schausammlung des Museums vertreten sind. Denn wie zumeist ist Geschlecht nur dann ein Thema, wenn es um Frauen geht. Auf diese Weise werden die gesellschaftlichen Bedingungen verschleiert, die es vor allem Männern möglich machten, sich künstlerisch zu betätigen. Damit wird jedoch nicht nur das männliche Künstlergenie zu einer unhinterfragten Selbstverständlichkeit, auch der *männliche* Blick auf Ereignisse und Phänomene, Themen und Personen. Hier kommt zum Tragen, was Birgit Schulte für den Bestand des Karl Ernst Osthaus-Museum in Hagen feststellen konnte. Männer werden zumeist in ihren gesellschaftlichen Funktionen gezeigt, also oftmals in repräsentativer Kleidung vor einem Hintergrund oder mit Zeichen, die auf ihre Stellung verweisen, porträtiert. Frauen kommen überdurchschnittlich oft in der Natur vor, sei es im Wasser oder in sonnendurchfluteten Wald- und Wiesenlandschaften, weder durch Mauern noch durch Kleidung eingeengt.[42] Diese vielen Beispiele namenloser Frauen neben dem Topos der „female nude“ waren es, die Feministinnen in den 1970er Jahren einklagen ließ, dass Frauen als Subjekte abwesend seien, während *Weiblichkeit* im Objektstatus in vielfältiger Weise verfügbar gemacht wird.[43] Das heißt nicht, dass Künstlerinnen *andere* Bilder malen würden, weil sie Frauen *sind*, sondern weil sie im jeweiligen herrschenden Geschlechterverhältnis in deren Rolle als Frauen andere gesellschaftliche Erfahrungen machen, die ebenso in die Bilder einfließen würden wie es bei den männlichen Künstlern der Fall ist. Zudem tragen die Hängung und die Objekttexte im Kunsthistorischen Museum dazu bei, den patriarchalen Blick, der sich ohnedies in den Bildern manifestiert, noch zu verstärken, anstatt ihn in Frage zu stellen.

## Schwarz-Weiß-Malerei

Der Kontrast hell – dunkel ist ein wesentliches Stilelement, das in vielen Werken des Kunsthistorischen Museums zu finden ist. Dabei handelt es sich nicht um ein individuelles Gestaltungselement, sondern um ein Schema, das fast durchgängig in der Kunstproduktion der damaligen Zeit angewendet wird. Ebenso wie sich durch die Wiederholung von typischen Präsentationen von Frauen spezifische Frauenbilder unbewusst einprägen, so auch das Prinzip, dass „Lichtgestalten" gut und edel sind, während alles Dunkle mit finsteren Mächten, Unheil in Verbindung gebracht wird. Die Dunkelheit wird benötigt, um das Licht sichtbar zu machen.

Im Tizian-Raum ist es entweder der Lichtschein (z.B. Hl. Schein), der auf eine Person fällt, oder die alabaster-weiße Haut, die diesen Effekt der Sichtbarkeit verursacht. Generell kann für die Darstellungsweise festgestellt werden, dass in der Regel *weiße* Frauen weißer als *weiße* Männer sind. Bei Männern tritt eine helle Haut vor allem dann auf, wenn sie tot sind. Bei Christusdarstellungen fallen beide Kategorien zusammen, das Weiß der Reinheit und die bleiche Haut als Zeichen des Todes. Gegensätze wie hell - dunkel, Geist - Körper, gut - schlecht sind charakteristisch für das Denkschema der abendländisch-christlichen Kultur. Dunkelheit steht dabei für das Körperliche, Licht für den Geist. In vielen Gemälden wird dieses Schwarz-Weiß-Schema verfestigt und als Topos internalisiert. Diese Bilder im Kopf, die hier gespeist werden, bestimmen dann auch die Wahrnehmung außerhalb des Museums und werden von den BesucherInnen in Alltagssituationen hineingetragen.

In Rassendiskursen, wo die *weiße* Hautfarbe gegenüber der *schwarzen* privilegiert ist, findet sich ein ähnliches Schema. Das Problem ist, dass die Hell-Dunkelmetaphern, die in der abendländisch-christlichen Kultur verbreitet sind, mit diesen *Rassendiskursen* und den damit verbundenen Wertungen vielleicht auch unbewusst in Verbindung gebracht werden können. Also auch wenn es kaum explizite Statements wie bei der „Zigeunermadonnna" gibt, in denen sich eine bestimmte Haltung zu *Eigenem* und *Anderem* manifestiert, trägt doch der Einsatz von Helligkeit und Dunkelheit dazu bei, dichotome Denkschemata und Wahrnehmungsmuster zu befördern.

Ähnliches gilt für die Kategorien *class* und *gender*. Wenn historische Personen dargestellt sind, so handelt es sich um Angehörige der Oberschicht, Mitglieder von Herrscherhäusern, Adelige, Kirchenfürsten, reiche und angesehene Persönlichkeiten des öffentlichen Lebens. Abgesehen davon, dass es sich die niedrigeren sozialen Schichten nicht leisten konnten, ein Porträt in Auftrag zu geben, waren sie als konkret benannte Individuen nicht „bildwürdig". Im Bezug auf das Geschlechterverhältnis gibt es viele Bilder, in denen Männer und Frauen in stereotypen Weisen repräsentiert sind. Dies entspricht den Diskursen zur Zeit der Entstehung der Gemälde. Da die Bilder jedoch nicht in einen historischen Kontext eingebunden sind, werden die ihnen inhärenten Botschaften unkommentiert weitertradiert.

## Anmerkungen

1 Vgl. die Ausstellung von Susan Vogel „Art/artifact" im Center for African Art in New York 1988.

2 M. Bal: Double Exposures, S. 73.

3 Georges Didi-Hubermann: Vor einem Bild. München, Wien 2000, S. 95.

4 Die ägyptische Sammlung und die Antikensammlung wurden 2005 beziehungsweise 2006 neu aufgestellt.

5 Louis Marin: Zu einer Theorie des Lesens in den bildenden Künsten: Poussins Arkadische Hirten, in: Wolfgang Kemp (Hg.), Der Betrachter ist im Bild. Kunstwissenschaft und Rezeptionsästhetik, Berlin, Hamburg 1992, S. 144f.

6 Gottfried Fliedl/Karl-Josef Pazzini: Museum Opfer Blick. Zu Etienne Louis Boullees Museumsphantasie von 1783, in: Gottfried Fliedl (Hg.), Die Erfindung des Museums. Anfänge der bürgerlichen Museumsidee in der Französischen Revolution, Wien 1996, S. 134.

7 H. Haupt: Das Kunsthistorische Museum, S. 53.

8 Ebd., S. 26f.

9 Vgl. Tony Bennett: The Exhibitionary Complex, in: Reesa Greenberg/ Bruce F. Ferguson/Sandy Nairne (Hg.), Thinking about Exhibitions, London, New York 1996, S. 90.

10 Beatrix Kriller/Georg Kugler: Das Kunsthistorische Museum. Die Architektur und Ausstattung. Idee und Wirklichkeit des Gesamtkunstwerkes, Wien 1991, S. 264.

11 Ebd., S. 211.

12 Ebd., S. 214.

13 Ebd., S. 252f.

14 Ebd., S. 247.

15 Ebd., S. 240.

16 Ebd., S. 221.

17 Vgl. G. Fliedl/K. Pazzini: Museum Opfer Blick, S. 146.

18 Dies manifestierte sich auch in dem Entschluss, die Gemälde so lange als möglich im Oberen Belvedere zu belassen und sie erst kurz vor der Eröffnung in das neu erbaute Kunsthistorische Museum (1891) am Ring zu übersiedeln. H. Haupt: Das Kunsthistorische Museum, S. 51.

19 John Berger: Sehen. Das Bild der Welt in der Bilderwelt. Reinbeck bei Hamburg 1974, S. 21.

20 Ebd., S. 50.
21 H. Haupt: Das Kunsthistorische Museum, S. 35.
22 Debora J. Meijers: Kunst als Natur. Die Habsburger Gemäldegalerie in Wien um 1780, Wien 1995, S. 104.
23 Ebd., S. 111.
24 Ebd., S. 10f.
25 Erzherzog Maximilian, der spätere Kaiser Maximilian II., ließ die Stallburg Mitte des 16. Jahrhunderts als Residenz errichten. Ursprünglich sollte der erste Elefant von Wien dort einziehen. Von 1659 bis 1776 war hier die Kunstsammlung des Erzherzogs Maximilian untergebracht, die so genannte Stallburg-Galerie.
26 D. Meijers: Kunst als Natur, S. 56.
27 Ebd., S. 31.
28 Ebd., S. 81.
29 Ebd., S. 80ff.
30 Ebd., S. 142ff.
31 Michel Foucault: Die Ordnung der Dinge, Frankfurt/M. 1990, S. 85.
32 D. Meijers: Kunst als Natur, S. 93.
33 Ebd., S. 52.
34 Ebd., S. 52.
35 Ebd., S. 120.
36 H. Haupt: Das Kunsthistorische Museum, S. 51.
37 M. Bal: Double Exposures, S. 75.
38 Ebd., S. 77.
39 G. Didi-Hubermann: Vor einem Bild, S. 9.
40 Mieke Bal: Kulturanalyse, Frankfurt 2002, S. 9.
41 Die folgende Beschreibung des Raumes datiert aus dem Jahr 2003.
42 B. Schulte: Ausstellung vis-à-vis: kleine Unterschiede, S. 127.
43 V. Schmidt-Linsenhoff: Sexismus und Museum, S. 47.

# Präsentationen zu den *Anderen* – Das Museum für Völkerkunde

## Initiierende Setzungen: Eingang und zentrale Halle

„Alle Menschen sind frei und gleich an Würde und Rechten geboren… ohne irgendwelcher Unterscheidung wie etwa nach Rasse, Farbe, Geschlecht, Sprache, Religion, politischer oder sonstiger Überzeugung, nationaler oder sozialer Herkunft, nach Eigentum, Geburt oder sonstigen Umständen.
Allgemeine Erklärung der Menschenrechte Vereinte Nationen Artikel 1"

„Alle Nationen und Völker haben das Recht auf Selbstbestimmung; kraft dieses Rechts entscheiden sie frei über ihren politischen Status und gestalten in Freiheit ihre wirtschaftliche, soziale und kulturelle Entwicklung.
Abkommen der Organisation der nicht repräsentierten Nationen und Völker. Aus der Präambel"

Diese beiden Zitate waren zum Zeitpunkt der Untersuchung[1] im Eingangsbereich des Museums links und rechts des mittleren Stiegenaufgangs angebracht und als Mission Statement, das den Standpunkt des Museums offen legen sollte, zu verstehen. Nach dem damaligen Direktor Peter Kann sollte die Menschenrechtsdeklaration die Absicht des Museums, zu einer besseren „Völkerverständigung" beizutragen, zum Ausdruck bringen. Denn „Toleranz ist mir zu wenig. […] Wir wollen mit unseren gesamten Tätigkeiten, Ausstellungen und Veranstaltungen, Respekt und Achtung für Menschen von anderen Kulturen erzeugen". Mehr noch, als ein „Museum der Kulturen der Menschheit", als „Ort der Kommunikation […], wo die Begegnung mit Menschen anderer Kulturen möglich ist", wäre es die Aufgabe des Museums für Völkerkunde, „gegen Rassismus und Ethnozentrismus anzukämpfen". Kultur definierte Peter Kann „als eine Art Lebensbewältigung", als verschiedene Lösungen, das Leben zu meistern.[2]

Mit dem Zitat setzte das Museum nicht auf eine eigene Formulierung für seine gesellschaftspolitische Positionierung, sondern auf eine allgemein anerkannte. In jedem Fall sollte die Menschenrechtserklärung auf eine politisch korrekte, liberale und weltoffene Haltung verweisen. Das hieße allerdings auch, eine kritische Stellungnahme zur Geschichte der *eigenen* Institution und zur Konzeption eines ethnografischen Museums im Kontext hegemonialer Machtstrukturen zu beziehen. Andernfalls erhält das mission statement – wie Mieke Bal am Beispiel des American Museum of Natural History darlegt – eine entschuldende Geste für die nachfolgenden Präsentationen, „[...] it remains a preface, whose spatial position outside the hall reflects its ideological position of framing what happens inside with an apology."[3]

Bei ethnografischen Beständen ist die Frage nach der Herkunft der Exponate von besonderer Bedeutung. Auch wenn die Objekte nicht im Zuge der Kolonialisierung, sondern durch Forschende und Reisende „erworben" wurden, stellt sich aufgrund der ungleichen Machtverhältnisse vielfach die Frage nach der Rechtmäßigkeit des Besitzes. Aber auch jenseits der rechtlichen Dimension geht es um den musealen Umgang mit diesem Erbe. Wie können ethnografische Objekte ausgestellt werden, ohne dabei die kolonialistischen aber auch post-kolonialistischen Verhältnisse aus dem Blick zu verlieren?[4] „How can we ‚show', point out, what *it* can show us, without reiterating age-old projections, yet without isolating these objects from their familiar surroundings, the ‚contexts' or frames of which they are part?"[5]

Das Museum für Völkerkunde erhielt bei seiner Gründung im Jahre 1928 keinen eigenen Museumsbau, sondern wurde in einem Seitenflügel der Neuen Hofburg untergebracht. Obwohl die ethnografische Sammlung damit einen prominenten Aufstellungsort bekommen hatte, blieb das Museum dennoch unscheinbar. Der in das Gesamtensemble der Hofburg eingebundene Eingangsbereich fiel kaum ins Auge und lud auch nicht zu einem Besuch ein. Im Gegenteil, hatten die BesucherInnen die schweren Eisentüren geöffnet, befanden sie sich in einem Foyer mit grauen Garderobekästchen und einer Portierloge, die dem Raum eher einen Amtscharakter verlieh. Aber schließlich handelte es sich nicht nur um den Museumseingang, sondern auch um einen Zugang zu Räumlichkeiten der Nationalbibliothek.

Die an den beiden zentralen Säulen angebrachten Zitate zu den Menschenrechten waren auf ihren Plexiglasscheiben leicht zu übersehen. Der Raum lud aber auch nicht zum Schauen und Verweilen ein. Erst nach Überwindung einer kurzen Treppe wurde sichtbar, dass sich die BesucherInnen in einem Museum befanden. Eine Kassa mit Katalogen und Postkarten sowie die Artikeln des Museumshops waren ein deutlicher Hinweis. Doch auch dieser Bereich ließ eine einladende Geste vermissen. Der Blick ins Innere des Museums wurde den BesucherInnen durch geschlossene Türen verwehrt. Dahinter eröffnete sich eine leere, über zwei Stockwerke reichende Halle ausgestattet mit Lichtkuppel, Säulen, Marmor und Fresken. Nichts wies darauf hin, was das Publikum erwartete, kein Hinweisschild zeigte den Weg zu den Schausammlungen, kein ethnografisches Objekt brach den Raumeindruck. Nur für Veranstaltungen oder zum Teil für Sonderausstellungen wurde die freie Fläche genutzt. Die Ausgestaltung der zentralen Halle war zwar im Unterschied zum Natur- und Kunsthistorischen Museum nicht für das Museum geplant, doch indem sie von Objekten freigehalten wurde, entsprach sie der für die Museumsbauten des 19. Jahrhunderts charakteristischen „leeren Mitte"[6]. Da der Raum nicht von ethnografischen Objekten besetzt war, konnte er in seiner klassizistischen Ausgestaltung als Ausdruck der *eigenen* Kultur wahrgenommen werden. Von hier aus begaben sich die BesucherInnen über verschiedene Eingänge und eine Treppe zu den wesentlich kleineren Seitenräumen, in denen die Schausammlung untergebracht ist. So wurde auf metakommunikativer Ebene die vorgegebene Raumordnung zu einem Sinnbild des Eurozentrismus. Im Vergleich zur repräsentativen Halle erschienen die Ausstellungsräume sehr schlicht. Hier fehlte die im Zentrum vermittelte Großzügigkeit – so, als ob es sich um Nebenschauplätze handelte. Zimmerfluchten reihten sich aneinander, bis die BesucherInnen an einem Ende angelangt wieder zum Ausgangspunkt zurückkehren mussten. Gerade die Eingangssituation bestimmt – wenngleich zumeist unbewusst – die Haltung und den Blick des Publikums auf das Ausgestellte mit.

Zum Zeitpunkt der Untersuchung konnte im Museum für Völkerkunde aufgrund der Präsentationsästhetik zwischen älteren und jüngeren Aufstellungen unterschieden werden. Zu ersteren zählte der Bereich Asien (China, Korea und Japan) sowie die Abteilung „Jäger- und Sammlervölker aus aller Welt". Die in den 1990er Jahren eingerichteten Bereiche zu den „Eskimos", zu Polynesien, Amerika und Afrika entsprachen vor allem von der ästhetischen Gestaltung her zeitgemäßen Standards. Daher wählten wir aus den neueren Aufstellungen die im linken Seitentrakt befindliche Amerika-Ausstellung für unsere Analyse.

Inhaltlich war die Amerika-Ausstellung zunächst in zwei Bereiche gegliedert: „Das Altertum der Neuen Welt. Voreuropäische Kulturen Amerikas" (1992) und „Indianer Nordamerikas" (1993). Trotz des gleichen Ausstellungsdesigns – Vitrinen, Lichtführung und Bild-Text-Tafeln – handelte es sich um zwei unabhängige Präsentationen mit eigenem Katalog. Der Bereich „Das Altertum der Neuen Welt" umfasste den Zeitraum von den Anfängen der Besiedelung bis zum Beginn des 16. Jahrhunderts – also dem Beginn der Kolonisierung. Der Bereich „Indianer Nordamerikas" begann erst ab dem 18. Jahrhundert und reichte bis in die Gegenwart. Zudem unterschieden sich die beiden Ausstellungen in ihrem geografischen Fokus: Der erste Teil konzentrierte sich auf die kulturelle Entwicklung in Süd- und Mittelamerika, der zweite beschränkte sich dagegen auf Nordamerika.

## Ausstellung „Das Altertum der Neuen Welt. Voreuropäische Kulturen Amerikas"

Da es kein Leitsystem gab, mussten die BesucherInnen, die sich keinen Übersichtsplan an der Kassa besorgt hatten, selbst ihren Weg durch das Museum finden. Raumbeschriftungen, wie „Polynesien" und „Amerika", befanden sich unmittelbar auf der Vorderfront der Eingangstüren, die zu den Bereichen führten. Standen die Türen offen, galt es für die BesucherInnen, die mit Räumlichkeiten nicht vertraut waren, sich sozusagen auf ein „unbekanntes Terrain" einlassen. Nur die ersten vagen Eindrücke vom Eingangsbereich aus konnten als Entscheidungshilfe für die Wahl des Parcours dienen. Wenn auch wahrscheinlich nicht intendiert, handelte es sich dabei eigentlich um einen interessanten „Zugang" zu einem ethnologischen Museum, waren doch die europäischen Kolonialmächte, Forschenden und Reisenden auf den unbekannten Kontinenten zunächst vor eine ähnlich ungewisse Situation gestellt.

Die bunte Bilderfolge einer Projektion im Eingangsbereich zu Amerika und Polynesien konnte die BesucherInnen anziehen und auf die Ausstellungen einstimmen. Unmittelbar vis à vis vom Eingang als einzelnes Ausstellungselement positioniert, bot sie einen attraktiven Blickfang. Die Bilder zum Bereich Amerika zeigten malerische Landschaftsstriche, Ruinen beeindruckender Bauwerke, exotische Artefakte und bunt gewebte Stoffe. Die Bilderfolge zu Polynesien – das azurblaue Meer, unberührte Palmenstrände, üppige Früchte – mutete ebenfalls idyllisch an. Da die Projektionsfläche für beide Bereiche genutzt wurde, konnten sich die visuellen Eindrücke auch vermischen und überlagern. In beiden Fällen schien es sich um heile Welten zu handeln, präsentiert wie Urlaubsparadiese.

Die Projektion lief allerdings nicht permanent in einer Endlosschleife, sie musste von den BesucherInnen durch Knopfdruck aktiviert werden. Der einzige Lichtspot im Raum war auf das nicht besonders ansprechende Ausstellungselement gerichtet, von dem aus die Projektion in Gang gesetzt wurde und die Kopfhörer für die akustische Untermalung angebracht waren. Ohne Projektion war der Eingangsbereich sehr dunkel und nicht gerade einladend.

Auch hier erleichterte kein Hinweisschild die erste Orientierung. Dass der Ausstellungsraum links vom Eingangsbereich Polynesien gewidmet war, eröffnete sich nicht auf den ersten Blick. Die BesucherInnen waren auf den Bereichstext – ein A4-Blatt, das einer Halterung neben der Eingangstür zu entnehmen war – oder die Objektbeschriftungen angewiesen. Auf Grund der Empfindlichkeit der Exponate war der Raum insgesamt sehr schwach beleuchtet. Dadurch entstand, selbst wenn die farbenprächtigen Projektionen zu sehen waren, eine düstere und gedämpfte Atmosphäre, in der jedes Geräusch – sei es das Knarren des alten Parkettbodens oder die Stimmen von BesucherInnen – auffiel. Dies konnte die BesucherInnen entweder animieren, sich lautlos durch die Räume zu bewegen oder gerade deshalb besonders laut „aufzutreten".

## Raumatmosphäre

Durch die Türöffnung auf der rechten Seite des Eingangsbereichs gelangten die BesucherInnen in die Amerika-Abteilung. Ein auf den Boden projizierter Schriftzug markierte den Bereich „Altertum der Neuen Welt". Im Unterschied zur nüchtern weiß gehaltenen Polynesien-Abteilung waren die Wände hier in einem sonnigen Hellgelb getüncht. Die beinahe bedrückend ruhige Raumatmosphäre wurde allerdings auch dadurch nicht wesentlich aufgehellt.

Das Gelb der Wandfarbe in den ersten Räumen stand in Kontrast zu den dunkelroten, mit schwarzem Samt ausgelegten Vitrinen, die den Raumeindruck dominierten. Das klassische Design der Vitrinen und die Anordnung der Exponate zeugten vom Bemühen um eine gediegene ästhetische Präsentation. Der schwarze Samt vermittelte einen Hauch von Luxus und betonte den Wert der Objekte. In den Vitrinen standen die Artefakte vereinzelt oder in kleineren Objektgruppen auf Glasplatten und wurden wie kunstgewerbliche Objekte zur Schau gestellt. Die Ordnung ergab sich vor allem nach ästhetischen Kriterien insbesondere formalen Ähnlichkeiten, wie Material, Muster und Form. Die Textilien wurden, selbst wenn es sich nicht um Tücher oder Decken, sondern um Kleidungsstücke handelte, so flächig aufgespannt, dass insbesondere die Stoffstruktur und die Muster ins Auge fielen. Auf diese Weise fügten sich die Textilobjekte gut in die formal-ästhetische Präsentation ein: Nicht die Funktion, sondern das Design stand so im Vordergrund. Die Objektbeschriftungen waren nicht direkt bei den Exponaten, sondern außen an der Vitrine angebracht, wo sie die Ästhetik der Präsentation nicht störten.

Da die Exponate nur punktuell mit Spots ausgeleuchtet wurden, entstand in den dunklen Vitrinen ein interessantes Licht-Schattenspiel, das die Plastizität der Objekte betonte. Reduzierter Lichteinsatz kann im Museum auch als Hinweis gelesen werden, dass es sich um schonungsbedürftige Stücke handelt. Der Gold- und Silberschmuck hingegen war gut beleuchtet und erstrahlte vor dem dunklen Samthintergrund in hellem Glanz. Auf diese Weise korrespondierten die Schmuckgegenstände mit den hellgelb getünchten Wänden, die die ersten beiden Räume in ein warmes Licht tauchten.

*Abb. 9: Vitrinenbeispiel aus „Altertum der Neuen Welt"*

Es gab in den ersten beiden Räumen keine Präsentation, die eine besondere Aufmerksamkeit auf sich zog. Im Gegenteil, die Gleichförmigkeit der Objekte und Objektpräsentationen erzeugte einen statischen Eindruck. Bei genauerer Betrachtung waren sich die Vitrinen von der Objektbestückung sehr ähnlich: Gefäße und Figuren aus Ton oder Stein reihten sich aneinander, dazwischen tauchten vereinzelt Textilien auf. Die Geschmeide aus Gold und Silber waren in eigenen, zumeist kleineren Vitrinen – wie in Schmuckkästchen – zusammengefasst. Nur die links und rechts vom zentralen Parcours positionierten Exponate, die teilweise frei, ohne schützende, aber auch Distanz schaffende Glasvitrinen ausgestellt waren, brachten etwas Abwechslung in die gleichförmige Präsentation. Im Unterschied zu den mit Samt ausgelegten Vitrinen wurden hier manche Objekte – so wie die aus Ton geformten Nachbildungen von Feldfrüchten und Kinderurnen – auf grobkörnigem Sand präsentiert. Dadurch wurde die Vorstellung einer „erdigen Kultur", aber auch die Assoziation Grabungsstätte evoziert. Letzteres wurde zudem durch die großformatigen Fotos von den Fundorten der Exponate, die über den Vitrinen angebracht waren, nahe gelegt. Die Gegenwart, die durch die zeitgenössischen Fotos in die Ausstellung eingebracht wurde, war von Bildern, wie sie aus Reiseführern bekannt sind, geprägt: Überreste und Spuren einer vergangenen Kultur in einer menschenleeren Landschaft. Wie bei den Objektpräsentationen fehlte auch auf den Fotos jeglicher sozialer Kontext, so dass sie ein ebenso statisches Bild vermittelten. Insbesondere die Großaufnahmen von Objekten verdoppelten nur den Blick, sie eröffneten keine neue Perspektive auf die Exponate. Durch diesen engen objektbezogenen Fokus wurde ein distanzierter Blick inszeniert.

Im dritten Raum wechselte die Wandfarbe in ein gedämpftes Kaminrot, das den Raum noch dunkler erscheinen ließ. Von der Türschwelle aus – eigentlich schon vom Eingangsbereich aus zu erahnen – musste der Blick unwillkürlich auf den funkelnden Federschmuck am Ende des Raumes fallen. Egal, ob nun die BesucherInnen wussten, dass es sich dabei um die so genannte „Federkrone des Montezuma" handelte, es war ein Blickfang und übte eine besondere Anziehungskraft aus. Abgesehen von der roten Wandfarbe und der Dunkelheit des Raumes prägte ein Spalier von kultischen Steinfiguren auf türkisgrünen Sockeln die magisch-mythisch anmutende Atmosphäre. Durch die Wahl der Objekte aber vor allem die Inszenierungsmittel wurde hier am deutlichsten einem Bedürfnis nach Exotik und Geheimnis entsprochen.

## Der Parcours

Bereits vom Eingangsbereich aus war zu erkennen, dass noch zwei weitere ähnlich große Räume – in einer Raumflucht angeordnet – folgten. Insofern war der Parcours klar vorgegeben, doch innerhalb der Räume konnte zunächst ein Gefühl der Desorientierung entstehen. Vitrinen unterschiedlicher Größe waren nicht nur entlang der Wände, sondern auch frei im Raum positioniert, ohne dass eine thematische Gliederung erkennbar gewesen wäre, die einzelnen Bereiche waren auf den ersten Blick nicht voneinander abzugrenzen. Die an den Wänden angebrachten Text-Bild-Tafeln, die über die geografischen Regionen oder jeweiligen Kulturen informierten, waren den im Raum stehenden Vitrinen nicht immer eindeutig zuzuordnen.

Auch aus der Objektzusammenstellung ergab sich für nicht einschlägig vorgebildete BesucherInnen keine erkennbare Struktur, sei es eine Ordnung nach thematischen Einheiten (Alltag, religiöse Riten und Bestattung) oder Materialien (Textilien, Keramik, Stein). So befanden sich Grabbeigaben, Kultobjekte, Schmuckstücke und diverse Gefäße scheinbar beiläufig nebeneinander in den Vitrinen, ohne dass der Versuch unternommen worden wäre, inhaltliche Bezüge und Zusammenhänge herzustellen, Geschichten zu erzählen. Aber auch die formalen Differenzen unter den Exponaten gaben wenig Aufschluss über die einzelnen Kulturen oder deren historische Entwicklung. Text- und Objektebene fielen so auseinander, denn die Objekte trugen nicht, was die Texte erzählten.

Der Bereich unmittelbar rechts neben dem Eingang war mit dem auf den Boden projizierten Begriff „Anfänge" markiert. Auf dieser Seite mit der Rezeption der Ausstellung zu beginnen, war aber auch deshalb nahe liegend, weil sich dort Tafeln mit Landkarten und ein Bereichstext befanden. Einen übergeordneten Text, der in die Ausstellung einführte, gab es nicht. Insbesondere die Landkarten mit ihren farbigen Markierungen versprachen einen gewissen Überblick. Wie der Parcours von dieser Einheit aus weiter zu verfolgen war, blieb offen. Es gab keine Hinweise, wie etwa die Nummerierungen der Text-Bild-Tafeln, die eine bestimmte Abfolge bei der Rezeption der Ausstellung nahe gelegt hätten. Anhand der Überschriften der Texttafeln konnten die BesucherInnen erkennen, dass die Ausstellungseinheiten nach geografischen Räumen oder Kulturen zusammengestellt waren und aufgrund der Datierungen einer groben chronologischen Ordnung folgten. Vor allem waren es die jeweils in der Mitte der Räume projizierten Bodenmarkierungen „Anfänge“, „Formatives Stadium“, „Klassik“, „Nachklassik“, die eine fortlaufende Entwicklung suggerierten, nachzuvollziehen wie ein „Gang durch die Geschichte“.

Die Text-Bild-Tafeln waren die einzigen Informationsträger, die es den BesucherInnen ermöglichten, einen Zusammenhang herzustellen, denn die Objektbeschriftungen beschränkten sich zumeist auf Minimalinformationen, wie Kulturkreis, Datierung, Benennung des Objekts.

Im ersten Raum waren auf der linken Seite folgende Regionen behandelt: Nordanden: Kolumbien, Nordanden: Ecuador, Tiefland Südamerikas (Amazonas-Tal), Nordwest-Argentinien (Valliserrana und die Bergtäler Region) sowie die Paracas-Kultur und die Chavin-Kultur. Auf der rechten Seite ging es um das Südwestliche Nordamerika, das Östliche Nordamerika, Zentralamerika und Mesaamerika (Vorklassische Dorfkulturen und die La Venta-Kultur). Durch die regionalen Bezeichnungen, insbesondere jene, die sich auf Staatsgebiete bezogen, waren die Objekte einfach geografisch zu verorten. Die Kulturbezeichnungen hingegen waren ohne spezifisches Vorwissen nicht geläufig. Die Texte zu den Regionen wurden aufgrund der Fülle – vor allem im ersten Raum – und ihrer Länge wahrscheinlich nur von jenen BesucherInnen gelesen, die ein besonderes Interesse an der Thematik mitbrachten. Die Aufstellung lud also mehr zum Flanieren als zum Nachvollziehen eines bestimmten Parcours ein. Und da die einzelnen Ausstellungseinheiten nicht direkt in Beziehung zueinander standen, war es für die Rezeption auch nicht unbedingt erforderlich, eine bestimmte Reihenfolge einzuhalten.

Die frei im Raum aufgestellten Vitrinen und Exponate – Kinder-Urnen und aus Ton gefertigte Früchte in Sand, eine einzelne Frauenstatuette, Goldgeschmeide, Herrschaftssitze, eine Stele, ein Modell einer berühmten Tempelanlage, Utensilien für das rituelle Ballspiel, ein Spalier von steinerner Figuren – unterschieden sich hinsichtlich der Objektart oder Präsentationsweise von den dahinter liegenden Wandvitrinen durch ihre Vielfältigkeit. Dadurch ergab sich in der Mitte der Räume ein Parcours, der wie eine Achse durch die drei hintereinander angeordneten Räume führte. Folgten die BesucherInnen diesem Strang, so ergab sich eine assoziative Bilderkette vor dem Hintergrund gleichförmiger Objektensembles. Auf diese Weise entfaltete sich gleichsam eine Sogwirkung, die die BesucherInnen oftmals rasch die Räume passieren ließ. Wenige Monate vor der Schließung des Museums wurden aus dem mittleren Bereich einige Objekte entfernt. Dadurch entstand nicht nur ein offeneres Raumgefühl, auch der Zugang zu den Wandvitrinen wurde erleichtert.

## Klassisch-europäische Rahmungen

Die auf den Boden projizierten Epochen-Bezeichnungen – „Anfänge", „Formatives Stadium", „Klassik" und „Nachklassik" – bildeten Orientierungspunkte und strukturierten die Erzählung auf einer ersten Ebene. Die Abschnitte korrespondierten mit den drei aufeinander folgenden Räumen. Da jedoch beispielsweise das „Formative Stadium" in den einzelnen Kulturen zu unterschiedlichen Zeiten auftauchte, wurde das scheinbar klare chronologische Schema wieder unterlaufen. Im ersten Raum datierten die Objekte aus einem Zeitraum zwischen 1000 v.d.Z. bis 1500 n.d.Z. und wiesen daher große Unterschiede auf. Schmuckstücke hingegen, die aus dem so genannten „Formativen Stadium" stammten und solche aus der „Klassik" oder „Nachklassik" waren sich durchaus ähnlich. Dadurch war es schwierig, ein Gefühl für Zeit und Raum zu entwickeln.

Auf den vier Landkarten im Eingangsbereich konnten die kulturellen Entwicklungsstufen in einem geografischen und zeitlichen Rahmen verortet werden. Kurze Textpassagen charakterisierten den jeweiligen Zeitabschnitt. Obwohl die Tafeln nicht als Einführung gestaltet waren, gaben sie dennoch gewissermaßen eine Leseanleitung für die Präsentation. Interessant dabei waren die verwendeten Begrifflichkeiten, Einordnungen und Definitionen, denn gerade in ihnen manifestiert sich oftmals die metakommunikative Rahmung einer Ausstellung, also die wissenschaftlichen und gesellschaftspolitischen Positionierungen der KuratorInnen.

Im ersten Text, der die Zeit um 8000 v.d.Z. erläuterte, fiel der Hinweis auf, dass der indigenen Bevölkerung Amerikas – abgeschottet von der „Alten Welt" – wesentliche Entwicklungsschritte „fehlen" würden.

> „Die Kulturen, die europäischen Eroberern seit 1492 in Amerika entgegentraten, waren das Ergebnis einer bis zu 25.000 Jahre dauernden Entwicklung, die im Wesentlichen ohne Einflüsse aus der Alten Welt vonstatten ging. Diese Entwicklung unterscheidet sich von jener der Alten Welt durch das weitgehende Fehlen von Herdenviehzucht, der Nutzung der technischen Drehbewegung (Radfahrzeuge, Mühlen, Töpferscheiben usw.) sowie der Eisenverarbeitung."

Die „Neue Welt" wäre demnach – suggerierte die Formulierung – gar nicht in der Lage gewesen, das kulturelle Niveau Europas zu erreichen. Die fehlende Nutzung der technischen Drehbewegung zeige, dass die indigenen Völker Amerikas das Rad im wahrsten Sinne des Wortes nicht erfunden hätten und ihnen somit eine wesentliche Grundlage technischer Innovation gefehlt hätte. Da die Eisenverarbeitung unter anderem die Kriegstechnik revolutionierte, waren sie den europäischen Mächten auch militärisch unterlegen. Nach dieser Argumentation waren vor allem jene Gebiete „nicht entwickelt", auf denen die Vormachtstellung der westlichen Kultur gründet: Kapitalakkumulation, Technik, Waffenproduktion. Damit wurden diese Wertvorstellungen und Technologien aber auch unhinterfragt als Kennzeichen des Fortschritts festgeschrieben. Indem die kulturelle Entwicklung der indigenen Bevölkerung Amerikas vor allem durch einen Mangel beschrieben wurde, fand eine negative Abgrenzung statt. Unausgesprochen war die „Alte Welt" der Maßstab, an dem die übrigen Kulturen gemessen wurden, so dass der Blick auf das Spezifische der dargestellten Kultur verstellt wurde.

War von der „Alten Welt", also den vor der „Entdeckung" Amerikas bekannten Erdteilen, die Rede, so konnte damit eine alte Kultur im Sinne einer langen Tradition und Entwicklung konnotiert werden. Wurde jedoch wie auf der dritten Text-Bild-Tafel, die den Übergang zum „Formativen Stadium" (etwa 500 v.d.Z.) beschrieb, der Begriff altes Amerika im Unterschied zum kolonialen neuen Amerika gebraucht, so haftete dem alten Amerika und damit den indigenen Kulturen etwas Archaisches an:

> „Den Schritt in das folgende formative Stadium vollzogen nicht mehr alle Kulturen des alten Amerika. Es wurde durch seßhaftes, dörfliches Leben bestimmt, wobei das Auftreten von Bodenbau und Töpferei als wesentliche Bestimmungsmerkmale angesehen werden. Noch geringer war die Zahl der Bevölkerungen, die das Stadium der Hochkulturentwicklung erreichten. Die bereits *wenigstens* [Hvh. d. A.] ansatzweise vorhandene Gliederung der Gesellschaft in Stände verstärkte sich durch den wachsenden Unterschied zwischen städtischen Zentren und dem dörflichen Umfeld und durch die Entstehung einer zentralen Verwaltung in der Hand von Eliten."

Indem die indigenen Kultur weitgehend von dörflichem Leben, Bodenbau und Töpferei bestimmt dargestellt wurde, erhielt die aus europäischer Perspektive getroffene Bezeichnung „Neue Welt" eine zusätzliche Bedeutung: nämlich, dass erst durch die „Ankunft" der EuropäerInnen das neue Amerika entstanden sei und moderne Errungenschaften der „Zivilisation" Einzug halten konnten. Dadurch markierten die AusstellungsmacherInnen sie nicht nur als „rückständig", sondern – nach einer Definition der Kulturwissenschaftlerin Irit Rogoff – zudem als feminisierte.[7]

Auch in der „Alten Welt" gab es unterschiedlich entwickelte und ausdifferenzierte Gesellschaften in dem behandelten Zeitraum. Und nicht allen von ihnen wurde der Status einer „Hochkultur" zugesprochen, wie etwa der germanischen und slawischen im Unterschied zur griechischen und römischen Kultur. Zudem stellt sich die Frage, ob der Begriff Stände bei der hier thematisierten Ausdifferenzierung der Gesellschaft tatsächlich Sinn machte. Als aus den Schulgeschichtsbüchern vertraute Bezeichnung evozierte er jedenfalls Vorstellungen und Bilder, die vor allem vom europäischen Ständewesen geprägt waren. Indem die Hierarchisierung der Gesellschaft und die Herausbildung von Eliten als Garanten für Entwicklung und Fortschritt transportiert wurden, musste der Umkehrschluss sein, dass eine tendenziell „egalitäre" Gesellschaft zur Stagnation verurteilt sei.

Auf der metakommunikativen Ebene wurde deutlich, dass der Blick auf die indigene Bevölkerung Amerikas von Europa aus gerichtet wurde. Es ist nicht per se zu kritisieren, dass in einem ethnologischen Museum sozusagen die *eigene* Kultur die Sichtweise bestimmt, denn letztlich ist das jene Perspektive, die *wir* einnehmen können. Problematisch ist es nur, wenn dies nicht mitreflektiert wird. Denn vor allem dann werden implizit Wertungen und Zuschreibungen gemacht, die einem eurozentristischen Subjekt-Objekt-Verhältnis entsprechen.

Die vor allem in der Kunst- und Literaturgeschichte gebräuchlichen Begriffe wie „Klassik" und „Nachklassik" wurden etwas behutsamer eingeführt. Auf der vierten Tafel wurde die Zeit um 500 n.d.Z. folgendermaßen dargestellt:

> „Dabei folgte einer manchmal als ‚Klassik' bezeichnete(n) Epoche, die mit dem Vorherrschen von Stadtstaaten und regionaler Entwicklung (vor allem auch ‚klassischer' Kunststile) verbunden war, die durch Verweltlichung, Aufschwung des Militarismus, Entstehung von Eroberungsreichen und dem Verfall der ‚klassischen' Stile charakterisierte ‚Nachklassik'."

Die Begriffe wurden unter Anführungszeichen gestellt und ihre Verwendung mit der Einschränkung „manchmal" relativiert. Doch indem die AusstellungsmacherInnen die Epochen-Bezeichnungen in Form von Lichtspots auf den Boden projizierten und damit sozusagen auf den Punkt brachten, wurden sie auch festgeschrieben – so als wären sie universell gültig. Dass die Schriftzüge nicht in Druck-, sondern in ephemeren Lichtzeichen erschienen, hätte ein Hinweis darauf sein können, dass den KuratorInnen die Vorläufigkeit solcher Kategorisierungen bewusst war – wäre dies nicht in vielfältiger Weise in der Ausstellung konterkariert worden. Eine andere mögliche Lesart war, die Leuchtschrift, die von einer unsichtbaren Quelle gleichsam aus dem Off auf die Bodenfläche geworfen wurde, als eine besonders autoritäre Form der Vermittlung zu betrachten. Die Zeichen konnten zwar durch die körperliche Präsenz der BesucherInnen zum „Verschwinden" gebracht werden, doch nur „um den Preis", dass sie sich – wenngleich immateriell – in deren Körper einschrieben. Damit wurde auf der formalen Ebene ein Prinzip deutlich, das in der Regel bis heute für die Definitionsmacht der Institution Museum konstitutiv ist: den Ort, von dem aus gesprochen wird, nicht offen zu legen und von dieser Position aus, die *eigene* Sicht auf *Andere* zu projizieren und festzuschreiben. Zudem markierten die drei Begriffe in Übereinstimmung mit der fortschreitenden Gehrichtung eine lineare Entwicklung, die so nicht gegeben war. Wie aus den unterschiedlichen Datierungen in den jeweiligen Räumen deutlich wurde, bestand wie in der „Alten Welt" eine Gleichzeitigkeit des Ungleichzeitigen.

Mit der Verwendung des Begriffs „Klassik", der in der europäischen Kunst- und Literaturgeschichte auf einen „Höhepunkt" einer Entwicklung verweist, könnte eine Aufwertung der Objekte intendiert gewesen sein. Gestützt wurde diese Annahme durch eine Präsentationsform, die die formalen und ästhetischen Qualitäten der Exponate und damit deren Wertschätzung betonte. Gleichzeitig entstand durch die Aneinanderreihung ähnlicher Objekte auf der visuellen Ebene eine gewisse Nivellierung: Für ein nicht einschlägig gebildetes Publikum waren die Unterschiede zwischen den Objekten und damit den einzelnen Kulturen nicht besonders signifikant und damit auch kein Höhepunkt zu erkennen. Doch ähnlich wie bei der Bezeichnung „Stände" handelt es sich bei „Klassik" um einen europäisch geprägten Begriff, so dass sich auch hier die Frage stellt, ob er für die Beschreibung von Entwicklungen der indigenen Kulturen tauglich ist. Oder anders ausgedrückt, was passiert, wenn für europäische Verhältnisse entwickelte Begrifflichkeiten *anderen* Kulturen gleichsam übergestülpt werden. Andererseits haben *wir* nur *unsere* Sprache zur Verfügung, um kulturelle Phänomene zu erfassen und beschreiben.

Im Unterschied zur „Klassik" hat die Bezeichnung „Nachklassik" im Allgemeinen einen negativen Beigeschmack, nämlich den des Epigonen-Zeitalters. Zudem wurde die „Nachklassik" mit einer „Verweltlichung", die durch den „Aufschwung des Militarismus" und der „Entstehung von Eroberungsreichen" gekennzeichnet war, in Verbindung gebracht – allesamt Entwicklungen, die nicht positiv konnotiert werden. Der Begriff „Eroberungsreich" betonte, dass die Reichsbildung nicht ohne Gewalt und Unterdrückung vonstatten ging. Da Reichs- oder Staatsbildungen zumeist unter Gewaltanwendung erfolgen, ist unklar, warum diese Spezifizierung erfolgte. In dem spezifischen Kontext könnte der Zusatz „Eroberung" – wenn auch unbewusst – eine Entschuldungsfunktion gehabt haben. Indem die indigene Bevölkerung Amerikas als nicht so friedlich und wehrlos gezeichnet wurde, wie es dem Klischee so mancher populären Darstellung entspricht, wurden die europäischen Eroberer unwillkürlich in ein besseres Licht gerückt. Eine militärische Auseinandersetzung mit einem kriegerischen Volk stößt eher auf Akzeptanz denn das Niedermetzeln einer wehrlosen Bevölkerung.[8]

Gleichzeitig wurde – ohne dass dies in der Absicht der AusstellungsmacherInnen gelegen sein mag – mit dem Begriff „Nachklassik" der Eindruck vermittelt, dass die indigenen Kulturen ohnedies schon im Niedergang begriffen waren, als die europäische Kolonisation einsetzte. Der „kulturelle Verfall" wurde also zunächst inneren Ursachen – kriegerischen Auseinandersetzungen unter den einzelnen Stämmen oder Völkern – zugeschrieben. Und da nur wenige Völker in der Lage waren, eine Hochkultur auszubilden, waren es zumeist archaische Kulturen, denen die europäischen Eroberer gegenüber standen. Dieses Bild wurde zudem durch die Periodisierung gestützt. Die Trias „Formatives Stadium", „Klassik" und „Nachklassik" erinnert an den Verlauf natürlicher Reifungsprozesse. Durch diese gleichsam naturhafte Konnotierung konnte die kulturelle Entwicklung Amerikas als Aufstieg und Untergang jenseits konkreter historischer Bezugsrahmen betrachtet werden.

Die unterschiedliche Codierung von alter und neuer Welt fand sich nicht nur bei den Texten zu den Landkarten, sondern auch bei der ersten Text-Bild-Tafel der Schausammlung mit dem Titel „Besiedlung - Lithikum - Archaikum", der ebenfalls eine Leittext-Funktion zukommen konnte.

„Am altweltlichen Ursprung der amerikanischen Menschen können heute keine Zweifel bestehen – das Fehlen möglicher Vorfahren in Amerika selbst schließt jede andere Erklärung aus."

Die Erkenntnis, dass die Besiedelung vom Norden Asiens über die Beringstraße erfolgte, mag vom wissenschaftlichen Standpunkt aus zutreffen. Doch welche Funktion sollte diese Feststellung am Beginn der Ausstellung haben? Der Begriff „Alte Welt" macht gewissermaßen nur aus *unserer* Perspektive Sinn. Es ist der Blick der europäischen Mächte, denen sich im 16. Jahrhundert unerwartet ein *neuer* Kontinent erschlossen hat. Die Unterscheidung ist nur dann von Bedeutung, wenn es darum geht, ein Zentrum festzulegen, von dem aus die Welt betrachtet werden soll. Zur Illustration des Textes war eine Zeichnung mit der Bildunterschrift „Einwanderung der ersten Menschen in die Neue Welt" beigefügt. Es gab allerdings keine Angaben zur Datierung oder Urheberschaft des Bildes. Auf der Abbildungsebene wurde damit der im 16. Jahrhundert geprägte Begriff „Neue Welt" überzeitlich festgeschrieben.

Mit den Eingangstexten, die den BesucherInnen zur ersten Orientierung dienten, wurde der Blick der weißen, geschichtsmächtigen EuropäerInnen auf eine *andere* Kultur reproduziert. Diese erschien nicht nur in den Texten, sondern auch auf der visuellen Ebene in ihrer Homogenität und Naturhaftigkeit als

„feminisierte"[9]. Die Gesellschaftsformen waren nach der Darstellung der AusstellungsmacherInnen wenig ausdifferenziert, es fehlten die wesentlichen technischen Errungenschaften und nur wenige Völker waren in der Lage, eine Hochkultur auszubilden. Durch diese im Sinne eines schwachen Zeichens „feminisierte" Repräsentation wurde die indigene Bevölkerung nicht nur als das *Andere* festgeschrieben, es erfolgte auch eine Abwertung der Kultur.

Gleichzeitig wurde der Versuch unternommen, die Objekte durch die ästhetisierende Präsentation als Kunstobjekte – ähnlich einer Antikensammlung – aufzuwerten. In beiden Fällen handelte es sich um eine Form der Aneignung *des Fremden*, indem aus der europäischen Kultur vertraute Codierungen, Einordnungen und Begrifflichkeiten, ohne sie zu relativieren, der indigenen Bevölkerung Amerikas übergestülpt wurden.

Im Folgenden sollen nun einzelne Displays unter dem Aspekt, wie sich die Kategorien *gender*, *race* oder *class* darin manifestierten, genauer in den Blick genommen werden. Dabei liegt der Schwerpunkt bei den Kategorien *gender* oder *race*, da die ausgestellten Zeugnisse der materiellen Überlieferung ohne entsprechende Kontextualisierung kaum Aussagen zur gesellschaftlichen Differenzierung zulassen.

## Magisch-mythische Inszenierung

Der dritte Raum unterschied sich von den ersten beiden vor allem durch die Wandfarbe, die nicht in hellem Gelb, sondern in dunklem Rot gehalten war. Das gedämpfte Licht und die fremdartigen Kultobjekte erzeugten eine dichte geheimnisvolle Atmosphäre. In diesem bereits emotional aufgeladenen Ambiente wurde das „Juwel" der Amerika-Sammlung, die „Federkrone des Montezuma" wirkungsvoll in Szene gesetzt. Dabei handelte es sich um eine besonders sprechende Inszenierung, die sich von den bisher beschriebenen Präsentationsformen signifikant unterschied. An dieser Ausstellungseinheit wurde vor allem deutlich, wie der Umgang mit dem *Anderen*, dem *Fremden* im Zusammenspiel von Sakralisierung und Abwertung erfolgen kann. Dabei geht es um die symbolische Aneignung von Objekten ebenso wie um die brisante Frage der konkreten Inbesitznahme von Artefakten durch die Institution Museum. In diesem Zusammenhang interessiert jedoch nicht so sehr die Sammelpraxis zur Entstehungszeit des Museums, sondern der aktuelle Umgang mit der Last des kolonialen Erbes.

Der Federschmuck, der Teil einer aztekischen Priestertracht ist, hat aufgrund seiner fälschlichen Bezeichnung als „Federkrone des Montezuma" einen außerordentlich hohen Bekanntheitsgrad erreicht. Neben den magisch-mythischen Geschichten, die sich um dieses Objekt ranken, hat die Rückgabeforderung an Mexiko den öffentlichen Diskurs bestimmt.[10] Demzufolge stand der Federschmuck nicht nur im letzten Raum im Mittelpunkt, seine Präsentation schien die zentrale Inszenierung für die gesamte Ausstellungseinheit zu sein. Schon vom Eingangsbereich aus war er am Ende der Raumflucht zu sehen. Die BesucherInnen mussten also direkt auf das eindrucksvolle Objekt zugehen – es war End- und Höhepunkt des Bereichs „Das Altertum der Neuen Welt".

*Abb. 10: Display „Federkrone des Montezuma"*

Als singuläres Objekt in einer mit schwarzem Stoff ausgelegten Vitrine präsentiert, kam der bunte Federschmuck in seiner Ästhetik wirkungsvoll zur Geltung – insbesondere da es sich um die einzige Vitrine auf der gesamten Wandfläche handelte. Auch wenn die BesucherInnen noch gar nichts über das Exponat wussten, schon durch diese Vereinzelung wurde dem Federschmuck eine besondere Bedeutung verliehen. Ein Aufkleber auf der Vitrine mit dem Zeichen Fotografierverbot war ein weiterer Hinweis auf den Wert des Federschmucks. Dadurch, dass das Objekt in keinen unmittelbaren Kontext eingebunden war, lud die Inszenierung vor allem zur Bewunderung seiner Ästhetik ein.

Die Lichtführung unterstützte zudem die mit Bedeutung aufgeladene Inszenierung. In dem ohnehin relativ dämmrigen Raum war der Federschmuck nur sehr spärlich beleuchtet vor einem schwarzen Hintergrund präsentiert. Erst wenn sich BesucherInnen näherten, wurde das Licht durch einen Bewegungsmelder gesteuert plötzlich heller. Der abrupte Lichtimpuls hatte eine zusätzliche Signalwirkung, der Wechsel der Helligkeitsstufen erregte unwillkürlich Aufmerksamkeit.

Vor der „Federkronen“-Inszenierung befanden sich rechts vom Mittelgang – wie in einem Spalier aufgestellt – Podeste mit Götterstatuen und Tierdarstellungen. Die punktuelle Beleuchtung durch die kleinen Lichtspots verlieh den exotisch anmutenden Figuren zusätzlich einen geheimnisvollen Ausdruck. Die Sockel waren in einem satten Türkis gehalten, das mit dem smaragdschillernden Gefieder der „Federkrone“ korrespondierte und so einen visuellen Zusammenhang herstellte. Die Aufstellung der Götterstatuen, die einen Großteil des Raumes einnahm, betonte den kultischen Charakter der „Federkronen“-Inszenierung.

Links vom Parcours, der zum Federschmuck hinführte, befand sich ein schwarzes Ausstellungsmöbel, das in seiner abgestuften Pyramidenform auch die Assoziation Kultstätte hervorrufen konnte. Das darin eingebaute Videogerät setzte den einzigen visuellen und akustischen Kontrapunkt. Die bewegten Bilder und vor allem die Stimme aus dem Off störte die ruhige, konzentrierte Atmosphäre, die sich in diesem Raum einstellen konnte. Da der Apparat allerdings von den BesucherInnen aktiviert werden musste, stellte er keine permanente Schallquelle dar.

Doch so singulär, wie der Federschmuck auf den ersten Blick an der Wand wirkte, war er eigentlich nicht. Denn hinter den getönten, undurchsichtigen Plexiglasscheiben, die die „Federkronen“-Präsentation links und rechts flankierten, eröffnete sich jeweils ein kleiner Raum. Da es sich um einen schmalen Durchlass handelte und es keinen deutlichen Hinweis auf die dahinter liegenden Exponate gab, konnten die BesucherInnen leicht daran vorbeigehen. Bei einem flüchtigen Blick war nicht zu erkennen, dass sich die seitlich an den Wänden angebrachten Texte auf die Objekte in den kleinen Räumen bezogen.

In der rechten Kammer befand sich eine Vitrine mit „Mexikanischen Kostbarkeiten“: ein aztekischer Prunkschild, ein Holzschild mit Türkismosaiken, ein Obsidianspiegel, ein Entenköpfchen aus Amethyst und ein beilförmiger Anhänger aus Jadeit. Im Blickpunkt standen nicht die Symbolik oder der kulturelle Kontext, sondern die Fertigungsweise und das Material der Kostbarkeiten. Da die Objekte in keinem inhaltlichen Zusammenhang standen, stellten sich eher Konnotationen wie Schatzkästchen oder Kunst- und Wunderkammer ein. Auf diese Weise korrespondierten die kleinen Kostbarkeiten mit dem Federschmuck, auch wenn sie nicht so eindrucksvoll waren. Doch gerade so bestätigten sie den herausragenden Stellenwert des Federobjekts.

Betraten die BesucherInnen die zweite Nische, so trafen sie ziemlich unvermutet auf eine Grab-Installation. Der Raum war so klein, dass sie sich dem Anblick nicht entziehen konnten. Bei genauerem Hinsehen entpuppte sich ein Exponat als Mumienbündel. Unwillkürlich konnte das Gefühl entstehen, ein Eindringling in einem intimen oder sogar sakralen Raum zu sein. Das Passieren des engen Durchgangs verstärkte, ohne dass die BesucherInnen es beeinflussen hätten können, die voyeuristische Situation. Der Objekttext zur Mumie unterschied sich in seiner Ausführlichkeit, nicht aber in der Diktion von jenen, die die Keramikprodukte in den vorangegangenen Räumen beschrieben hatten, und machte den toten Körper so zu einem x-beliebigen Exponat:

> „Mumienbündel im Originalzustand aus Candivilea, Chillan Tal, mittlere Küste Peru. Der Tote sitzt in Hockerstellung in einem Korb und ist in mehrere Lagen von Tüchern eingehüllt. Auf dem Kopf befinden sich eine (beschädigte) Maske und ein Stirnschmuck aus Kupferblech sowie ein Federkopfschmuck. Um den Hals hängt eine Pinzette aus Kupferblech, eine gewebte Tasche und ein Netzbeutel, in dem sich ein Weberkörbchen befindet [...]."

Neben der Mumie befanden sich Tongefäße, die als Grabbeigaben wahrgenommen werden konnten. Das Wissen um einen toten Körper in einer Vitrine wirft zwangsläufig die Frage nach der Angemessenheit im Umgang mit Toten auf. So nüchtern und objektbezogen die Beschreibung auch sein mochte, in der sakral aufgeladenen Raumatmosphäre erhielt die Inszenierung auch einen rituellen Charakter. Und gerade deshalb irritierte die scheinbar neutrale Beschreibung.

Die Begegnung mit der Mumie war eine unheimliche Erfahrung, die durch die Inszenierung zusätzlich verstärkt wurde. Aber gerade das Changieren zwischen dem Heimlichen und Unheimlichen konnte auch eine neue Perspektive eröffnen. Denn die Mumie ist ein Objekt, das sich per se dem Blick entzieht. Sie besteht nur, ist sichtbar, solange man sie eben nicht sieht, sie in ihrer Verhüllung belässt.[11] Damit wurde die Frage nach den „Grenzen der Sichtbarkeit und der Sicherheit des Wissens über das Gesehene" [12] aufgeworfen, die auch zu einer produktiven Verunsicherung geführt haben könnte. Denn zumeist verspricht das Museum genau das Gegenteil, es gibt vor, zu zeigen, wie es damals war, und thematisiert nicht das, was sich entzieht, was nicht zu zeigen ist, das Undarstellbare.

Die BesucherInnen mussten jedenfalls neugierig sein und den Blick „hinter die Kulissen" wagen, die Schwelle überschreiten, um die Schätze zu sehen zu bekommen, um Eingang in das „Reich der Toten" zu finden. Hatte sich das Publikum diese zweite Ebene der Inszenierung erschlossen, dann verstärkten die beiden Seitenteile den Kult- und Kunstcharakter des Federschmucks.

Die zuvor beschriebenen „sakralisierenden" Elemente, wie das pyramidenförmige Ausstellungsmöbel und die Götterstatuen konnten als Teil des kulturellen Systems der indigenen Bevölkerung gesehen werden. Die einem Tryptichon ähnelnde Ikonographie der „Federkronen"-Inszenierung entsprach hingegen – selbst wenn die Seitenteile nicht unmittelbar sichtbar waren – der christlichen Symbolik. Durch den Rundbogen, der sich über der Vitrine mit dem Federschmuck wölbte und so eine Nische bildete, konnte auf der architektonischen Ebene die Konnotation Kirchenbau entstehen. Diesem Objekt, das in der Frage des kulturellen Eigentums zu einem Streitfall zwischen indigenen Communities Mexikos und dem Museum geworden war, gleichsam eine christliche Bildsprache zu unterlegen, konnte als sehr subtiler – vielleicht auch unbewusster – Ausdruck eines eurozentristischen Blicks empfunden werden.

Der magisch-mythische Charakter wurde zudem durch einen Pulquebecher aus grünlichem Stein verstärkt, der seitlich vor dem Federschmuck positioniert war. Aus diesem wurde Pulque (Agavenwein) getrunken, der Mitgliedern der Oberschicht, alten Leuten und KandidatInnen für das Menschenopfer vorbehalten war. Die Assoziation mit dem Opferritus wurde noch dadurch gestützt, dass die Becherwand mit einem Totenkopf verziert war. Durch die visuelle Verknüpfung von Federschmuck als Teil des aztekischen Priesterkults und einem Utensil bei Menschenopfern verdichtete sich das Bild einer archaischen Kultur. Es konnte aber auch – um in der zuvor beschriebenen christlichen Symbolik zu bleiben – die Assoziationskette Altar - Kelch - Blut entstehen. Denn schweifte der Blick vom Pulquebecher wieder zurück auf die fächerartig ausgebreitete „Federkrone", so vermochte sie in ihrer zentralen, erhöhten, schwebenden und zugleich fixierten Position auch das Bild des Gekreuzigten – in der christlichen Bildsprache der visuelle Code für das „Menschenopfer" schlechthin – als Konnotation hervorrufen. Dies geschah sicher nicht in der Regel. Doch es war uns wichtig, die konkreten Konnotationen und Assoziationen, die bei uns auftauchten, ernst zu nehmen, egal wie gängig oder abschweifend die Lesarten waren, um auf die Bandbreite möglicher Interpretationsrahmen zu verweisen.

Dort, wo der Begriff des Opfers explizit vorkam, nämlich im Bereichstext „Mexikanische Kostbarkeiten", war der Kontext ein völlig anderer.

„Die Spanische Eroberung Mexikos brachte das ‚neue goldene Land' in den Gesichtskreis Europas. Aztekische und mixtekische Arbeiten aus Gold, Federn und Türkis werden als Belege der Fremdheit bestaunt und in den Kunst- und Wunderkammern europäischer Fürsten und Gelehrter bewahrt. Als der erste Rausch der Neuheit verflogen war, wurden die Überreste einer zerstörten Welt selbst *Opfer* [Hvh. d. A.] von Ungeziefer und Nachlässigkeit. Weniger als hundert dieser Objekte (viele davon frühkolonialen Ursprungs) haben sich bis heute erhalten. Die in Wien befindlichen Kostbarkeiten, darunter drei von sechs erhaltenen Federarbeiten, stammen aus den habsburgischen Sammlungen des 16. Jahrhunderts, gehen aber nicht auf Familienbeziehungen zu den spanischen Habsburgern zurück."

Der Text vermittelte den Eindruck, dass die Objektkultur der indigenen Bevölkerung in erster Linie bestaunt und in unmittelbarer Folge in die europäischen Sammlungen aufgenommen wurde. Was Gegenstände aus Gold und Türkis betrifft, so dienten diese sicherlich auch zur Bereicherung und nicht nur als (wissenschaftliche) Sammelobjekte. Zudem konnte die Verwendung des Opferbegriffs als äußerst zynisch empfunden werden. Denn es waren die vernachlässigten musealisierten Objekte, die als Opfer bezeichnet wurden. Und die „Opfer von Ungeziefer und Nachlässigkeit" wurden in einem Atemzug mit der „zerstörten Welt" genannt, deren viele menschliche Opfer jedoch unerwähnt blieben. Die mangelnde Pflege der Objekte in den Museen konnte jedoch auch als Zeichen der Geringschätzung jener Kultur, die so leichtfertig zerstört worden war, gelesen werden. Denn nachdem die Ordnungsprinzipien der Kunst- und Wunderkammern von neuen wissenschaftlichen Kriterien des 18. Jahrhunderts abgelöst worden waren, konnten die ethnografischen Objekte weder eindeutig den Natur- noch den Kunstsammlungen zugeordnet werden. Im Unterschied dazu wurden die Antikensammlungen und ägyptische Bestände, weil sie als materielle Überlieferung von Hochkulturen galten, sehr wohl in die Kunstmuseen aufgenommen. Doch letztendlich war auf die Institution Museum als Kultur bewahrende Einrichtung doch Verlass. Denn nicht zuletzt dem Museum ist es zu verdanken, dass die aztekischen Federobjekte aus den habsburgischen Sammlungen als weltweit beinahe einzige Exemplare vor der endgültigen Zerstörung bewahrt worden sind.

Die Umgestaltung des Bereichs kurz vor der Schließung des Museums, bei der vor allem der mittlere Bereich der Aufstellungen reduziert worden war, wirkte sich auch auf die Lesart der „Federkronen"-Inszenierung aus. Am auffallendsten war, dass das schwarze pyramidenförmige Ausstellungsmöbel fehlte. An seiner Stelle wurde die Vitrine mit dem Pulque-Becher aufgestellt, die nun etwas verloren auf der verhältnismäßig großen leeren Fläche wirkte. Dadurch eröffnete sich aber mehr Raum vor den Wandvitrinen, wodurch diese viel besser zur Geltung kamen. Das veränderte die Wahrnehmung der „Federkrone" insofern, als es mehr Anreiz gab, vom zentralen, direkt auf das Objekt hinführenden Parcours abzuweichen. Bis dahin war es nahe liegend diesem zu folgen, da er so dicht flankiert von jenen Exponaten war, die vor den Wandvitrinen standen. Damit wurde die bedeutungsvolle Platzierung des Federschmucks am Ende des „Mittelganges" etwas zurückgenommen.

Durch die Veränderungen im unmittelbaren Umfeld der „Federkronen"-Präsentation wurde die Lesart des Exponats nochmals verschoben. Die Plexiglaswände, die die kleinen Nischen rechts und links der „Federkronen"-Vitrinen vom Ausstellungsraum abtrennten, waren durch hellere und durchsichtigere Scheiben ersetzt worden. Da nun die dahinter befindlichen Objekte leicht durchschimmerten, war der Effekt des Entdeckens und des Übertretens einer Schwelle nicht mehr gegeben. In der linken Nische war das Mumienbündel und die Grabbeigaben durch die Kinderurnen[13] aus dem ersten Raum ersetzt worden. Insofern wurde der Charakter der Grabkammer zwar beibehalten, aber es fehlte das außergewöhnliche Objekt. Hinter der Plexiglaswand musste das Publikum eigentlich etwas Besonderes erwarten und wurde mit Tongefäßen konfrontiert, wie sie in den übrigen Ausstellungsräumen zu Dutzenden zu sehen waren. Zudem war für BesucherInnen, die die frühere Aufstellung nicht kannten, unverständlich, warum im Bereich der „Nachklassik" Objekte aus dem „Formativen Stadium" gezeigt wurden.

Durch die Verlagerung des Pulque-Bechers aus der unmittelbaren Nähe des Federschmuckes in die Mitte des Raumes wurde ein weiteres wesentliches Element zurückgenommen, das zum magisch-mythischen Charakter der Inszenierung beigetragen hatte.

In einem weiteren Analyseschritt galt es, die Inszenierung des Federschmuckes mit den Informationen, die die BesucherInnen dazu bekamen, in Beziehung zu setzen. Wie wurde die Geschichte der so genannten „Federkrone des Montezuma" erzählt? Diese Frage ist insofern besonders brisant, als von Seiten der indigenen Bevölkerung Mexikos vehemente Rückgabeforderungen gestellt werden.[14] Der Objekttext in der Vitrine beschränkte sich auf die Beschreibung der Materialien und anderer formaler Kriterien, wie es auch bei den übrigen Objekten der Fall war.

„Kopfschmuck aus Federn des Quetzal, Cotinga, Kuckuck und Löffelreiher, Goldflitter. Die Federn sind in ein Netz geknüpft und mit Stäben versteift. Bis ins 18. Jahrhundert war in der Mitte der Stirn (vielleicht auf einer Helmmaske) ein goldener Vogelkopf angebracht, der dem Kopfschmuck die Gestalt eines Vogels gab."

Allerdings gab es links von der „Federkrone" einen weiteren erläuternden Text mit dem Titel „Altmexikanischer Federkopfschmuck". Aufgrund der unspezifischen Überschrift konnten die BesucherInnen meinen, dass es sich um eine allgemeine Information zur Bedeutung des Federkopfschmucks in Mexiko handelte. Doch es ging um aztekische Priestertrachten und den konkreten Federschmuck in der Vitrine.

„Im aztekischen Mexiko war besonders wertvoller Federschmuck Teil jener Göttertrachten, die von Priestern im Ritual angelegt wurden. Teil einer solchen Tracht ist auch der einzige erhaltene Federkopfschmuck aus dem vorspanischen Mexiko, den die Unkenntnis des 19. Jahrhunderts irrigerweise zur ‚Federkrone des Moctezuma' machte. (Moctezuma trug wie alle aztekischen Herrscher als Zeichen seiner Würde ein türkises Diadem.) Das Stück wurde 1590 von Erzherzog Ferdinand von Tirol mit der Tettnanger Kunstkammer des Grafen Ulrich von Montfort erworben, in der er 1575 belegbar ist. Ein noch im 18. Jahrhundert die Stirn schmückender goldener Vogel ist ebenso verloren gegangen wie eine ursprünglich wohl vorhandene Helmmaske, auf der er getragen wurde."

BesucherInnen, die mit der Diskussion um die Rückgabe des Federschmucks an Mexiko nicht vertraut waren, blieben durch diesen Text auch weiterhin davon unbehelligt. Und wer darüber informiert war, für den gab es implizite Hinweise, die der Entlastung des Museums dienten. Indem die Zuschreibung „Federkrone des Montezuma" auf einen Irrtum des 19. Jahrhunderts zurückgeführt wurde, konnte sie als überholt und irrelevant gelten. Gleichzeitig wurden diejenigen, die den Federschmuck mit der Argumentation zurückforderten, er hätte eine große kulturelle und symbolische Bedeutung für die indigene Bevölkerung Mexikos, als unwissend abgewertet. Sie würden einer Fehleinschätzung aufsitzen und sich nicht auf dem aktuellen wissenschaftlichen Stand befinden.

Diesen „Missverständnissen" in der Diskussion sollte auch das zur freien Entnahme aufliegende Informationsblatt entgegenwirken. Der Text ist symptomatisch für die Auseinandersetzung mit den Rückgabeforderungen.

„1. Der altmexikanische Federkopfschmuck im Museum für Völkerkunde ist nicht die ‚Federkrone des Montezuma', weil es eine solche Krone nie gegeben hat. Montezuma (richtiger: Motecuzoma Xocoyotzin) trug als aztekischer Herrscher, so wie seine Vorgänger, als Zeichen seines Amtes ein türkises Diadem. Der Federkopfschmuck zählt auch nicht zu den sogenannten ‚Gastgeschenken des Montezuma', die dieser 1519 dem spanischen Eroberer Cortes überbringen ließ.

2. Federkopfschmucke, wie der in Wien verwahrte, waren Teile von Göttertrachten, die von aztekischen Priestern im Rahmen von Ritualen getragen wurden. Von den hunderten solcher Objekte, die einst existiert haben, und von den Dutzenden, die im 16. Jahrhundert nach Europa gekommen sind, hat sich nur das in Wien befindliche Exemplar dank guter Behandlung bis heute erhalten. Seine nur scheinbare Einmaligkeit war einer der Gründe für die im 19. Jahrhundert erfolgte (und mittlerweile als Irrtum erkannte) Identifikation als aztekische ‚Kaiserkrone'.

3. Die Geschichte des Wiener Federkopfschmuckes läßt sich bis 1575 zurückverfolgen. Mit anderen Federsachen wurde er in diesem Jahr im Inventar der Kunstkammer des Grafen Ulrich von Monffort in Tettnang (Oberschwaben) als ‚allerlei mörische Rüstung von Federwerk' bezeichnet. Sein Auftreten in der provinziellen Sammlung des Grafen von Monffort illustriert die weite Verbreitung solcher Arbeiten in europäischen Kollektionen des 16. Jahrhunderts. Die Tettnanger Kunstkammer ging 1590 durch Kauf in den Besitz von Erzherzog Ferdinand von Tirol über

und wurde Teil von dessen Ambraser Sammlung, die im 19. Jahrhundert nach Wien verlegt wurde. 1880 gelangte der Kopfputz durch Tausch aus habsburgischem Familienbesitz in den Besitz der anthropologisch-ethnographischen Abteilung des Naturhistorischen Museums, aus der 1928 das heutige Museum für Völkerkunde entstand. Das Stück kam nicht über habsburgische Familienbeziehungen aus Spanien nach Österreich."

Zu Punkt 1: Die Rückgabeforderungen seitens indigener Bevölkerungsgruppen aus Mexiko schienen nicht erwähnenswert, obwohl der Text nur vor diesem Hintergrund verständlich war. Die „Federkrone" war das einzige Objekt, bei dem es einen so ausführlichen Text gab, den die BesucherInnen mit nach Hause nehmen konnten. Das mochte nun an der Bedeutung des Exponats oder aber auch an der Botschaft, die das Museum vermitteln wollte, gelegen sein. Im Kontext der Rückgabeforderungen betrachtet, konnte die Zurückweisung des Begriffs „Federkrone" nicht nur darauf abzielen, einen historischen Fehler richtig zu stellen, sondern auch etwaige Besitzansprüche von vornherein zu entkräften. Denn, was nicht existiert, kann nicht gefordert werden. Der Hinweis, dass der Schmuck nicht als „Gastgeschenk" dem Eroberer Cortes übergeben worden war, konnte auch als Bemühen verstanden werden, einen unmittelbaren Zusammenhang mit der Kolonialisierung zu vermeiden.

Zu Punkt 2: Indem betont wurde, dass der Federschmuck Teil einer aztekischen Priesterkleidung war, die es zu hunderten gab, wurde die durch die Inszenierung akzentuierte Besonderheit des Objekts unterlaufen. Damit erfolgte jedoch eine Abwertung eines der attraktivsten Exponate, die nicht im Interesse des Museums sein konnte. Als vermeintliche Herrschaftsinsignie sollte der Federschmuck zwar den Status der Einmaligkeit einbüßen, nicht jedoch als Objekt an sich seine Bedeutung verlieren. Denn sein herausragender Stellenwert stünde ihm insofern zu, als es sich um den – laut Text – weltweit einzigen noch vorhandenen Priesterschmuck handelt. Dass das Museum den Schmuck so sorgfältig bewahrte, lag aber wahrscheinlich nicht zuletzt in diesem „Missverständnis" begründet. Den Mythos, der sich um das Objekt rankte, galt es jedenfalls zu entzaubern, die Einzigartigkeit des Museumsobjektes jedoch zu retten.

Zu Punkt 3: Dass der Federschmuck unter anderen „Federsachen" in einer „provinziellen" Sammlung auftauchte, konnte als Indiz gelesen werden, dass diese Arbeiten vor allem als Kuriositäten betrachtet wurden. Interessant war aber auch die Beschreibung, wie der Kopfschmuck in den Besitz des Museums für Völkerkunde kam: durch Kauf und Tausch – also „rechtmäßige" Verfahren der Aneignung. Trotzdem wurde zusätzlich darauf hingewiesen, dass das Objekt nicht durch habsburgische Familienbeziehungen nach Österreich kam. Und wenn die Habsburger nicht unmittelbar etwas mit dem Erwerb zu tun hatten, könnte auch die Republik als Rechtsnachfolgerin der Habsburger

Monarchie nicht mit Rückgabeforderungen belangt werden – schien der Schlusssatz zum Ausdruck bringen zu wollen.

Die Kulturen, der die (ethnografischen) Objekte angehörten, sind zumeist zerstört, verschwunden oder marginalisiert und die Staaten, die sich auf deren Gebieten befinden, gehen auf jene Gesellschaften zurück, die zur Vernichtung oder Verdrängung beigetragen haben.[15] In der Auseinandersetzung mit VertreterInnen indigener Communities um derartige Objekte prallen jedoch oftmals unterschiedliche Wertesysteme aufeinander. Was selten in der Auseinandersetzung um ethnografische Objekte berücksichtigt wird, ist der Umstand, dass der Eigentumsbegriff, wie er in den meisten Staaten nicht nur der westlichen Welt Gültigkeit hat, als Prämisse nicht in Frage gestellt wird. Dieses Rechtsverständnis, auch wenn es kein transhistorisches und universell gültiges ist, bestimmt den Diskurs und damit bereits die Ergebnisse. Als Beispiel nennt die Kulturwissenschaftlerin Mieke Bal einen Konflikt um ein Gelände, auf dem sich alte Begräbnisstätten der Native Americans befinden. Signifikant für die Auseinandersetzung war, dass hier zwei Wertesysteme ins Spiel kamen: das Recht auf Eigentum und das Recht auf Glauben. Da jedoch die Glaubensvorstellungen der Native Americans im Unterschied zum konkreten, abgesicherten Recht auf Eigentum als archaisch und irrational bewertet wurden, waren die Native Americans von Anfang an in der unterlegenen Position. Nur wenn das Recht auf Eigentum und das Recht auf Glauben als gleichwertige Sachverhalte behandelt werden, könnte die Auseinandersetzung auf derselben Ebene geführt werden. Denn auch die aktuellen Vorstellungen hinsichtlich des Rechts auf Eigentum könnten als eine Form von „Glauben", also als eine Konstruktion definiert werden.[16]

Die Prämisse, dass die Bewahrung seltener und damit zumeist auch wertvoller Objekte außer Zweifel steht, ist ebenfalls keine überzeitliche, universell gültige Kategorie. Zudem ist sie eng mit dem Eigentumsbegriff verknüpft: Es kann nur bewahrt werden, worauf man ein Anrecht besitzt.[17] Es handelt sich jedenfalls um eine kulturelle Praxis, die in den Gesellschaften, denen die Objekte entstammen, vielfach unüblich war.[18] So gesehen können die Objekte oftmals nur bewahrt werden, indem sie aus ihrem ursprünglichen Kontext entfernt werden. Allerdings bedeutet „Bewahren" in den Museen oftmals Stillstellung, „Begraben" in unterirdischen Depots. Umgekehrt wirkt das Ausstellen der Objekte aufgrund der Beanspruchung durch Transport, Beleuchtung und ähnliches der Konservierung entgegen. Insofern stellt sich die Frage, ob das Argument der Sicherung tatsächlich für die Rechtfertigung der Weigerung, derartige Objekte zurückzugeben, „ausreichend" ist.

Nach der Umgestaltung des Bereichs fehlten die Texte, die zum Mitnehmen für die BesucherInnen neben der Vitrine mit dem Federschmuck auflagen. Die Hintergründe dafür waren im Zusammenhang dieser Arbeit nicht zu eruieren. Fest steht jedoch, dass auch das Fehlen des Textes die Rezeption des Bereichs veränderte.

## Leerstelle Kolumbus

Der Federschmuck ist insbesondere in populären Darstellungen zum Symbol für *Indianer* schlechthin geworden. Insofern stellte die so genannte „Federkrone des Montezuma" am Ende der Präsentation „Das Altertum der neuen Welt" ein ideales Übergangsobjekt für den nächsten Bereich „Indianer Nordamerikas" dar. Vielleicht war es auch auf diese gelungene Überleitung zurückzuführen, dass der zeitliche und räumliche Bruch zwischen den beiden Bereichen nicht besonders deutlich wurde, obwohl sich die folgende Präsentation auf Nordamerika beschränkte und schwerpunktmäßig im 19. Jahrhundert angesiedelt war.

Im Untertitel des Bereichs „Voreuropäische Kulturen Amerikas" war die Zäsur durch die Kolonisation implizit angesprochen, aber durch den zeitlichen Schnitt nicht Thema der Amerika-Abteilung. Es fanden sich zwar an manchen Stellen Hinweise auf die Eroberung durch die Spanier, aber das Problem der Kolonialisierung wurde nirgends explizit angesprochen. Die „Leerstelle" Kolumbus war insofern besonders überraschend, als dieser Museumsbereich als Beitrag zum Kolumbus-Jahr 1992 konzipiert worden war. Der damalige Museumsdirektor Hans Manndorf merkte dazu lapidar im Katalog an: „Dem Forschungsgegenstand der Wissenschaft der Völkerkunde entsprechend befaßt sich unsere Ausstellung jedoch nicht mit der Reise von Christoph Kolumbus und ihrer Bedeutung für Europa, sondern mit den vorkolumbianischen Kulturen des neu entdeckten Kontinents."[19]

Eine Leerstelle muss allerdings nicht per se einen Mangel an Auseinandersetzung bedeuten, sie kann auch konzeptionell genutzt werden, um auf eine Auslöschung in ihrer radikalsten Form zu verweisen. Dabei müsste allerdings die Auslassung als Leerstelle bewusst gemacht werden. Beispiele dafür sind die Voids, die Leerräume, im Jüdischen Museum Berlin oder Denkmale von Jochen Gerz, die von Anfang an so konzipiert sind, dass sie mit der Zeit verschwinden.[20] Ein Grund, die Vernichtungsgeschichte der indigenen Bevölkerung nicht zu zeigen, hätte darin liegen können, die Native Americans nicht unter dem Opferaspekt betrachten zu wollen. Es hätte sich auch um eine bewusste Irritation handeln können: im Kolumbus-Jahr gerade nichts über Kolumbus zu erzählen. Denn die Geschichte der Gräueltaten der Kolonialmächte zu verweigern, hätte auch darauf abzielen können, es dem Publikum zu verunmöglichen, die Ausstellung mit einer Haltung der Betroffenheit zu konsumieren, um dann das Museum mit einem Gefühl der Entlastung zu verlassen. In jedem Fall hätte die Auslassung mit der Vernichtungsgeschichte in Verbindung gebracht werden müssen, was in der Ausstellung nicht erfolgte. Es blieb lediglich eine nicht bewusst gesetzte „Lücke" in Form des zeitlichen und räumlichen Bruchs zur anschließenden Ausstellungseinheit „Indianer Nordamerikas". Und da diese Lücke durch die gleich bleibende Gestaltung auf der visuellen Ebene so „nahtlos" geschlossen wurde, konnten die BesucherInnen sie kaum wahrnehmen.

Es gab aber einige Stellen in der Ausstellung, wo die Kolonialisierung angesprochen wurde, obwohl sie nicht Thema der Ausstellung war. Und gerade unter dem Aspekt, dass diese für Europa und die indigene Bevölkerung Amerikas so einschneidende Entwicklung ausgeblendet bleiben sollte, ist es von besonderem Interesse, in welcher Weise die Kolonialisierung unterschwellig ins Spiel kam. Denn gerade dann, wenn etwas nicht explizit Thema einer Ausstellung ist, kann es als Symptom einer verdrängten Geschichte zum Tragen kommen. Auf der metakommunikativen Ebene wird in einem Museum für Völkerkunde der Umgang mit der Geschichte der Kolonialisierung zweifellos zu einem Indiz für die gesellschaftspolitische und wissenschaftstheoretische Positionierung der Institution.

Da die Ausstellung vorgab, eine klare Grenze zur Kolonialzeit zu ziehen, fielen in den Objektbeschriftungen Datierungen wie „frühkolonial" oder „kolonialzeitlich" besonders auf. Diese Zeitangaben unterschieden sich durch den Bezug auf ein konkretes historisches Ereignis deutlich von den übrigen vagen Begriffen, wie „Frühphase" oder „Später Horizont". Das Wissen um den historischen Kontext mussten die BesucherInnen jedoch selbst mitbringen.

Über die zeitliche Einordnung hinaus schienen die Datierungen, die auf die Kolonialzeit verwiesen, keine Bedeutung zu haben. Es wurde kein Zusammenhang zwischen dem jeweiligen Exponat und den Erfahrungen der Kolonialisierung hergestellt, die natürlich nicht generell, aber doch in einigen Fällen gegeben sein mochten. In der Ausstellungseinheit mit dem Titel „Austausch" zum Bereich Afrika gab es etwa einige solcher (Gebrauchs-)Gegenstände, in denen die Kolonialherrschaft „verarbeitet" war, und dies auch zum Thema gemacht wurde.

In jedem Fall stellt sich die Frage, warum Objekte aus der Kolonialzeit in einer Ausstellungseinheit, die sich explizit mit voreuropäischen Kulturen beschäftigt, überhaupt gezeigt wurden. Oder umgekehrt, warum wurde die Kolonialisierung ausgeklammert, wenn diese Exponate gezeigt werden sollten? Im Text „Mexikanische Kostbarkeiten", der sich auf die Objekte in der Nische rechts neben der „Federkrone des Montezuma" bezog, wäre ein Hinweis auf die europäischen Eroberer auf der Hand gelegen.

„Der leichte und für zeremonielle Verwendung bestimmte Federmosaikschild mit dem Abbild eines blauen Kojoten, aus dessen Mund die Glyphe ‚Wasser, Verbranntes' – eine aztekische Umschreibung für ‚Krieg' – entspringt, war um 1522 ein Geschenk an den Bischof von Palenica, dessen Nachfolger ihn 1554 an Kaiser Ferdinand I. sandte."

Im Text wurde ein Bild der friedlichen Koexistenz und des Austausches zwischen der indigenen Bevölkerung und den Spaniern gezeichnet: Der Federmosaikschild war ein Geschenk an einen Bischof – über die näheren Umstände erfuhr das Publikum nichts. Unklar blieb auch, warum dessen Nachfolger das Geschenk an Kaiser Ferdinand I. sandte. Der Bischof von Palencia wurde so selbstverständlich im Text erwähnt, als wäre es nichts Außergewöhnliches, dass Azteken Funktionsträger der katholischen Kirche beschenkten. Jedenfalls wurde der Eindruck vermittelt, es wäre keine Gewalt im Spiel gewesen. Um so mehr irritierte, dass das Geschenk ein Zeichen enthält, das auf Kriegshandlungen verweist. Insofern stellt sich die Frage, ob die Glyphe als Hinweis auf die konkrete Vernichtungspolitik der Kolonialmächte gelesen werden konnte, oder ob es sich gleichsam um ein „überzeitliches" Symbol für kriegerische Auseinandersetzungen handelte. Weiter hieß es im Text:

„Sicher kolonialzeitlichen Ursprungs sind der Federfächer (früher ein Abzeichen von Reisenden, Kaufleuten und Diplomaten) und die tierkopfgestaltige Spiegelfassung (in deren Mosaik Glasscherben verarbeitet sind)."

Bunte Glasscherben und Glasperlen dienten den Kolonialmächten als Tauschmittel für die Schätze der indigenen Bevölkerung. Dass sie bei der Herstellung von repräsentativen Gegenständen Verwendung fanden, zeigt, dass die Glasprodukte als wertvoll galten. Auf diese Weise wurde das zentrale Thema der Ausbeutung seitens der Kolonialmächte angedeutet, ohne jedoch näher erläutert zu werden. Es bedurfte jedoch dieses Hintergrundwissens, um nicht die Verarbeitung von Glasscherben als traditionelle künstlerische Praktik der Azteken zu lesen.

Der Objekttext beim Exponat mit der Bezeichnung „Gürtel mit Zemi" (Große Antillen, Taíno, Formatives Stadium, 1525-1550 n.d.Z.) im ersten Raum enthält ebenfalls einen Hinweis auf die Kolonialzeit:

„Zemi waren im Glauben der Taíno übernatürliche Wesen, die in vielen Gegenständen gegenwärtig waren und auf ihnen dargestellt wurden. Hohlspiegel und afrikanische Schneckenschalen verraten eine Herkunft aus der frühen Kolonialzeit. Nur fünf Taíno-Objekte des 16. Jahrhunderts haben sich erhalten."

Auch hier wird nicht erklärt, warum die Hohlspiegel und afrikanischen Schneckenschalen auf die Kolonialherrschaft verweisen. Und ähnlich wie bei den Texten zur „Federkrone des Montezumas" folgte dort, wo ein Zusammenhang zur Kolonialisierung bestand, im selben Atemzug ein Hinweis auf die bewahrende Tätigkeit der SammlerInnen und Museen, denen die Überlieferung dieser seltenen Objekte zu verdanken sei.

Auf derartige Weise wurde die historische Zäsur, die Ausbeutungs- und Unterdrückungsgeschichte, die ihren Anfang bei der Kolonialisierung durch die Spanier nahm, angedeutet, ohne jedoch auf die konkreten Ereignisse einzugehen. Durch die verschleiernden Ausdrucksformen blieben die historischen Zusammenhänge nicht nur unklar, sie wurden auch verharmlost. Der Bereichstext zum Reich der Azteken (Nachklassisches Stadium, 1345-1521 n.d.Z.) wurde beispielsweise mit der Formulierung „vor dem Eintreffen der Spanier“ eingeleitet. Dadurch, dass in der Folge nicht weiter auf die Kolonisation eingegangen wurde, konnte der Begriff „Eintreffen“ beinahe zynisch anmuten.

Auf der Texttafel zur Tajín-Kultur (Klassisches Stadium, 500-950 n.d.Z.) erfuhren die BesucherInnen, dass sich hier ein Ballspiel, bei dem die Spieler den Ball mit Hüften und Knien in der Luft zu halten trachteten, besonderer Beliebtheit erfreute. Das Spiel endete mit der Opferung des unterlegenen Spielers. Die dazugehörige Illustration zeigte zwei Ballspieler – aus jeglichem Kontext herausgelöst –, so dass erst der Hinweis, dass aztekische Ballspieler als „Akrobaten“ am Hof Karls V. 1529 beträchtliches Aufsehen erregten, eine Lesart jenseits der reinen Bebilderung eröffnete. Das rituelle Spiel wurde zur Attraktion für die Hofgesellschaft. Unerwähnt blieb jedoch, auf welche Weise und warum die Azteken überhaupt an den Hof Karls V. gekommen waren. Unwahrscheinlich anzunehmen, dass es ihr freier Entschluss gewesen ist.

Dass im Bereichstext „Mexikanische Kostbarkeiten“ von der „zerstörten Welt“ die Rede war, konnte als Hinweis auf die Folgen der Kolonisation gelesen werden. Indem jedoch die AkteurInnen und Ursachen der Zerstörung nicht benannt wurden, blieb es den BesucherInnen überlassen, welche Bilder dazu entstanden. In jedem Fall wurde die Zerstörung als ein unvermeidliches Ereignis vermittelt.

Da nicht nur im Kontext der Kolonialisierung, sondern generell in der Ausstellung selten AkteurInnen ausgewiesen wurden, waren jene Stellen, wo es doch der Fall war, von besonderem Interesse. Bei der Beschriftung einer Stele aus der Provinz Chontales/Nicaragua (500-1500 n.d.Z.) – eine menschliche Figur mit Würdenzeichen und Tierdarstellungen – wurde angegeben, wie sie den Weg nach Österreich fand:

> „Einziges außerhalb Nicaragua vorhandenes Exemplar einer Chontales-Stele. 1839 vom österreichischen Reisenden Emanuel Ritter von Friedrichsthal gesammelt.“

Es war vielleicht kein Zufall, dass es ein „Reisender“ war, bei dem ausgewiesen wurde, wer das Objekt in Besitz genommen hatte. Denn in diesem Fall schien es sich um ein „rechtmäßiges“ Unterfangen zu handeln. Doch so harmlos die Bezeichnung „Reisender" klingen mag, eine Stele, die eine höher gestellte Person darstellte, war, wenn nicht ein Kultgegenstand, so doch ein Repräsentationsobjekt. Daher stellt sich dennoch die Frage, warum dieser Gegenstand in den Besitz Emanuels Ritter von Friedrichsthal kam und welchen Hintergrund seine Sammlung hatte. Selbst wenn es nicht vorrangig um Bereicherung ging, sondern auch „wissenschaftliches" Interesse im Spiel war, kann dies nicht als Freibrief für die Aneignung von Objekten gelten.

Dass sich nur vereinzelt Hinweise auf die Kolonialisierung fanden, entsprach der Themenstellung. Irritierend war jedoch, wie verharmlosend die europäischen Eroberer erwähnt wurden. Ein Effekt war, dass dadurch die Beschreibungen von kriegerischen Akten der indigenen Bevölkerung unwillkürlich mehr Gewicht erhielten. Dies wurde insbesondere an der ambivalenten Darstellung der Inka deutlich. So brachte der Bereichstext Anerkennung für das kleine Volk, das in relativ kurzer Zeit durch effektive militärische und zivile Organisationsstrukturen ein ziemlich großes Gebiet zu beherrschen vermochte, zum Ausdruck. Der Aufbau von einheitlichen Verwaltungsstrukturen in den beherrschten Gebieten wurde schon in der Überschrift als ein singuläres Phänomen markiert. Im Unterschied zu den anderen Texten wurde hier nicht von der Kultur, sondern vom „Reich" der Inka gesprochen.

„Militärische Organisation: Kurzfristige Mobilisierung durch vorzügliches Nachrichtenwesen und Registrierung der Bevölkerung; schneller Aufmarsch der Truppen und gesicherter Nachschub, Lamakarawanen auf den strategisch angelegten Straßen; Vorratslager entlang den Straßen; Trockenfleisch [...] und Trockenkartoffel [...] als Marschverpflegung; Garnisonen in Festungen und Massendeportationen ganzer Völkerschaften bei Aufständen in den eroberten Gebieten.
Zivile Organisation: Arbeitsdienst oder Mita (Militärdienst, Bergwerksarbeit, ...) für das Volk; Aufbau eines Beamtenapparats (Inspektoren, Verwalter, ...) zur Erfassung [...] und Kontrolle des Volkes und der Tributleistungen. Einführung des Quechua als Staatssprache im ganzen Reich."

Allerdings wurde die kriegerische Expansionstätigkeit der Inka auch negativ bewertet. Die Inka herrschten nicht nur mit brutalen Methoden (Massendeportation, Niederschlagen von Aufständen), sie fühlten sich auch den anderen Kulturen überlegen.

„Politisch-religiöses Sendungsbewußtsein: Ableitung der Inka-Dynastie vom Sonnengott Inti; der sapan inka, der Eine Souverän, herrscht durch göttliches Recht (von Gottesgnaden); als Nachkommen des Sonnengottes bringt man den Segen der wahren Religion; Einführung des Sonnenkultes als Staatsreligion; nach der Ursprungslegende der Inka war man Urheber der Kultur und daher den anderen Völkern überlegen."

Schlüsselbegriffe wie „Massendeportation“ und „Urheber der Kultur“ ließen durchaus Assoziationen zur Ideologie des Nationalsozialismus entstehen. Auch wenn die politischen Systeme sicherlich nicht vergleichbar sind, konnte die sprachliche Nähe negative Konnotationen fördern. Dass die Inka andere Kulturen brutal unterdrückten, konnte gleichzeitig die Unterwerfung des Kontinents durch europäische Mächte in ein anderes Licht rücken. Damit wurde das Klischeebild der friedfertigen und wehrlosen indigenen Bevölkerung unterlaufen.

Bei genauerer Betrachtung der Art und Weise, wie die europäischen Mächte in der Ausstellung „zur Sprache“ kamen, obwohl sie aufgrund der thematischen Eingrenzung gar nicht Thema der Ausstellung waren, zeigte sich, dass durch implizite Aussagen die vermeintliche Leerstelle Kolumbus mit Bildern gefüllt und Setzungen vorgenommen wurden. Diese zielten aber nicht auf eine kritische Auseinandersetzung mit dem Thema der Kolonialisierung, sondern verdeckten eher die Gewaltgeschichte.

Was die Leerstelle Kolumbus betraf, so war auch die Diashow am Beginn der Ausstellungseinheit von Interesse. Sie begann bei der Einwanderung von Menschen über die Beringstraße aus Asien. Der Erzählstrang orientierte sich an der Abfolge der geografischen Regionen vom äußersten Norden bis an die Südspitze des Kontinents, nach Feuerland. Dabei dominierten Landschaftsbilder und kulturelle Relikte, insbesondere die Überreste alter Kultstätten. Die vielen Detailaufnahmen von historischen Stätten, figurativen Darstellungen, und Verzierungen erzeugten einen eher touristischen Blick auf die Kultur. Den Schlusspunkt setzte Kolumbus, der in der übrigen Ausstellung nicht vorkam. Zunächst wurde ein Schiff gezeigt, dann ein kleines Porträtbild von Kolumbus dazu eingeblendet, unterlegt mit dem Text, dass Kolumbus nicht der erste Europäer war, der den neuen Kontinent betrat, es war auch nicht seine Absicht, aber die Auswirkungen waren die größten. Als nächstes Bild folgte die Skyline von New York, im Vordergrund ein Mann, der aufgrund seiner Kleidung als Native American erkennbar war. Das letzte Bild war die Rückenansicht eines Native American mit Federkopfschmuck, der die Arme „siegessicher“ oder zumindest mit einer Geste der Selbstbehauptung in die Höhe streckte.

In dieser Bildfolge wurde die Kolonialisierung mit der Ankunft Kolumbus gleichgesetzt und so personalisiert. Gleichzeitig wurde er aber „entschuldet“, indem darauf verwiesen wurde, dass es nicht seine Absicht war, dort zu landen. Das Wissen um die „Auswirkungen“ der Entdeckung Amerikas wurde vorausgesetzt; das Ausmaß der Gewalt, dic politischen Hintergründe und Interessen der AkteurInnen wurden nicht thematisiert. Mit dem visuellen Sprung von Kolumbus zur Skyline von New York wurden geschickt Kolonisierung und Genozid ausgeblendet und eine Ikone westlicher Kulturleistung und Modernisierung aufgerufen: Die europäischen Mächte haben nicht nur Gewalt und Zerstörung gebracht, sondern auch technologische Entwicklung und Wissen. Die Geste der Selbstbehauptung der Native Americans ist eine trügerische. Das Bild transportiert die Klischeevorstellung von Native Americans, die einer traditionsverhafteten Lebensweise verpflichtet sind und nicht gänzlich assimiliert in den jeweiligen Gesellschaftssystemen leben. Als Projektionsfläche beliebt sind Native Americans also vor allem dann, wenn sie als *Andere* kenntlich bleiben und exotisch anmutende Lebensweisen und Riten beibehalten.

## Archaische Frauen – edle Männer

Vor dem Hintergrund der These, dass visuelle Repräsentationen, die indigene Völker als homogene und „geschichtslose" Gesellschaften zeichnen, als „feminisierte" im Sinne von schwachen Zeichen gelesen werden können, ist es interessant, wie im Kontext der Schausammlung konkrete Frauen und Männer und das Geschlechterverhältnis repräsentiert werden. Grundsätzlich waren die geschlechtsspezifischen Lebensverhältnisse kein explizites Thema der Präsentation. Das mag am Material, den vielen Ton- und Steingefäßen und Götterdarstellungen gelegen sein, die wenig Aufschluss über das gesellschaftliche Leben geben. Doch gerade bei scheinbar geschlechtsneutralen Präsentationen ist der Frage nachzugehen, ob nicht auch hier Aussagen über Frauen und Männer getroffen werden.

Zunächst galt es einen Blick auf jene Objekte zu werfen, bei denen ein expliziter Bezug zu *Männlichkeit* und *Weiblichkeit* bestand. Im ersten Raum befand sich eine zentral positionierte Vitrine, die nur ein einziges Objekt enthielt: eine etwa 10 cm große Ton-Frauenstatuette der Valdivia Kultur (3200-1500 v.d.Z.). Der Objektbeschriftung war eine kurze Erläuterung beigefügt, wie es nur bei wenigen Exponaten der Fall war:

> „Valdivia an der südlichen Küste zählt zu den frühesten Entstehungszentren der Keramik in Amerika. Zum erstaunlichsten Fundinventar gehören die weiblichen Statuetten, die mit 2300 v.Chr. die älteste, figurale Keramik Amerikas repräsentieren."

Die Frauenstatuette deutete auf eine besondere Verehrung von Frauen hin, wie es generell in Ackerbau-Kulturen, in denen die Fruchtbarkeit des Bodens einen wesentlichen Überlebensfaktor darstellte, keine Seltenheit war. Welchen Effekt hatte die Feststellung, dass es sich um einen „erstaunlichen" Fund handle? Die Beifügung mochte sich auf das Alter der figuralen Keramik beziehen. Dennoch unterlag der Präsentationsweise und der Objektbeschriftung auch ein Subtext. Die Vereinzelung des Objekts in der Vitrine und der Hinweis auf die Besonderheit des Exponats verstärkten sich gegenseitig in ihrer Wirkung.

*Abb. 11: Frauenstatuette der Valdivia-Kultur*

Die Frauenstatuette wurde hervorgehoben und ihr eine außergewöhnliche aber damit auch gewissermaßen exotisierende Bedeutung verliehen. Im dazugehörigen Bereichstext „Nordanden: Ecuador“ wurde die Berühmtheit der Frauenstatuetten betont:

„Bereits um 3200 v.Chr. vollzog sich in Valdivia an der Südküste im heutigen Ecuador der Übergang zu einer dörflichen Lebensweise mit Bodenbau; gleichzeitig tritt auch Keramik (Töpfe, Schalen, ab 2300 v.Chr. die *berühmten* [Hvh. d. A.] Frauenstatuetten) auf, die zur ältesten von Amerika zählt.“

Hier wurde der Zusammenhang zwischen Ackerbau, der Entwicklung von Keramikgefäßen und den figuralen Frauendarstellungen zwar nicht ausgeführt, aber zumindest angedeutet. Der Zusatz „berühmt“, der sich sonst bei keinem anderen Objekt fand, ließ die Frauenstatuetten als etwas Außergewöhnliches erscheinen. Indem die Frauenfiguren jedoch zu etwas Besonderem, zur Ausnahme stilisiert wurden, wurde der Blick darauf verstellt, dass die Verehrung von *Frauen* oder *Weiblichkeit* im Rahmen von Fruchtbarkeitsritualen eine sehr gängige Praxis in den frühen Ackerbau-Gesellschaften war.

Dass der mit Frauenverehrung in Verbindung stehende Fruchtbarkeitskult verbreitet war, zeigte sich am Ende des ersten Raumes im Bereich „Vorklassische Dorfkulturen", wo ebenfalls Frauenstatuetten präsentiert waren. Doch im Unterschied zur Vitrine in der Raummitte wurden hier mehrere ähnliche Figuren nebeneinander gezeigt. Die Präsentationsform der Reihung suggerierte eine massenhafte Verbreitung der Frauenfiguren, so dass damit der Charakter der Besonderheit des Kultobjektes verloren ging. Dies wurde auch durch den Bereichstext, in dem die Figuren mit der übrigen Keramikproduktion in einem Atemzug erwähnt werden, unterstrichen.

> „Ab 2500 v.Chr. kam es in Mesoamerika zur Errichtung permanent genutzter Dörfer, deren Bewohner sich zunehmend vom Anbau von Mais, Bohnen, Kürbissen und anderen Pflanzen ernährten. Neben keramischen Gefäßen stellte man überall auch weibliche Tonfigürchen her. Sie werden mit Fruchtbarkeitsvorstellungen in Verbindung gebracht, die für diese frühen Bodenbauer sicher wichtig waren. Sie bieten zugleich den Hinweis auf die Herausbildung von Standesunterschieden und Spezialisierungen im handwerklichen Bereich."

In Verbindung mit dem Titel des Bereichstextes „Vorklassische Dorfkulturen" konnte beim Anblick der Frauenfiguren leicht die Assoziation des Naturhaften und Archaischen entstehen. Der Begriff „Dorfkultur" evozierte die Vorstellung von kleinen Ansiedlungen, in denen die Bevölkerung vor allem von der Landwirtschaft ohne ausdifferenzierte und übergreifende gesellschaftliche Strukturen lebte. Dass die Figuren für die „frühen Bodenbauer" wichtig waren, verstärkte den Eindruck, dass dieser Fruchtbarkeitskult als archaisch zu werten ist, aber im ländlichen – also nicht so „entwickelten" Raum – derart unzeitgemäße Rituale länger fortbestehen konnten.

Im Unterschied zur „Frauenstatuette" der Valdivia-Kultur wurden hier die Frauendarstellungen als „weibliche Tonfigürchen" bezeichnet und dadurch eher als folkloristische Produkte markiert. Bereits die Terminologie – Frauenstatuette versus weibliche Tonfigürchen – erweckte gegensätzliche Assoziationen: Der Begriff Statuette ist im Kunstbereich anzusiedeln, während Figürchen eher ein Objekt mit dekorativen Charakter bezeichnet.

Der Nachsatz zur Spezialisierung im handwerklichen Bereich ließ vermuten, dass die Produktion der Frauenfiguren in den Händen männlicher Handwerker lag. Diese unvermittelt auftauchende Information konnte den Eindruck entstehen lassen, dass angesichts des in der Bevölkerung dominierenden, mit *Weiblichkeit* verbundenen Fruchtbarkeitskults auf diese Weise – wenngleich unbewusst – *Männlichkeit* wieder ins Spiel gebracht werden sollte. Diese Lesart wurde auch insofern verstärkt, als in der angrenzenden Vitrine zur La Venta Kultur Mesoamerikas (Vorklassik 1200-400 v.d.Z.) ausschließlich männliche Figuren gezeigt wurden – bezeichnet als „Männliche Figur in Bewegung", „Männliche Figur als Brustschmuck" etc. Obwohl sie sich von der Größe her nicht von den „weiblichen Tonfigürchen" unterschieden, wurden die Männerdarstellungen als „Figuren" bezeichnet.

*Abb. 12: Männer- und Frauenfiguren*

Aus der Objektbeschriftung ging hervor, dass die Figuren aus Jadeit und Serpentin gemeinsam mit Grünsteinbeilklingen in Grabstätten gefunden wurden, es sich also um Grabbeigaben handelte.[21] Auf diese Weise wurden die männlichen Figuren auch in einen kultischen Zusammenhang gestellt.

„Stilistisch zeichnet sich die Kunst von La Venta durch weiche Rundung der Formen und überproportionale Betonung des Kopfes aus."

Die weiche Rundung der Form wird zwar meistens mit *Weiblichkeit* in Verbindung gebracht, aber die „überproportionale Betonung" des Kopfes kann – den geläufigen Geschlechterstereotypen entsprechend – eher mit *männlicher* Rationalität und Denkvermögen assoziiert werden. Implizit wurde dabei vermittelt, dass in der La Venta Kultur, die als erste Hochkultur Mexikos bezeichnet wird, im Gegensatz zu den frühen Dorfkulturen *weibliche* Fruchtbarkeitsrituale obsolet geworden waren und damit *Männlichkeit* eine höhere Bedeutung erlangte. Visuell manifestierte sich dies für die BesucherInnen in den unterschiedlichen Materialien der Objekte: unbemalter Ton versus Jadeit und Serpentin, edle Steine, die eingeführt werden mussten. Dass diese beiden Vitrinen nebeneinander gestellt wurden, konnte als Ausdruck für den (unbewussten) Wunsch gelesen werden, dem dominanten Fruchtbarkeitskult *Männlichkeit* entgegenzusetzen – so als könnten die AusstellungsmacherInnen die Vitrine mit den vielen Frauenfiguren nicht für sich stehen lassen. Im Katalog wurde dieses dichotome Präsentationsprinzip noch verdoppelt: Auf dem linken Blatt einer Doppelseite sind die Frauen-, auf dem anderen die Männerfiguren beschrieben.[22]

Im Unterschied zu den *weiblichen* Fruchtbarkeitsritualen waren es die von Männern dominierten Priesterkulte, die die imposanten Tempelanlagen hervorgebracht hatten. Im Text zur Teotihuacan-Kultur (Klassisches Stadium, 1-750 n.d.Z.) im zweiten Raum kam die Geringschätzung des Fruchtbarkeitskults als archaisches Ritual explizit zum Ausdruck:

„Ein Vulkanausbruch im südlichen Hochtal führte im 1. Jh. n.Chr. zur Konzentration der Bevölkerung in der bis dahin unbedeutenden Siedlung, deren vorklassische Wurzeln im Fortleben der Tonfigürchen-Tradition [sic!] sichtbar sind. Um die gleich zu Beginn errichtete Sonnenpyramide, die Mondpyramide und die ‚Straße der Toten' wuchs im Verlauf von 7 Jahrhunderten eine Stadt mit bis zu 150.000 Einwohnern, mit Palästen der Priesterschaften und Wohnbezirken der Vielvölkergemeinde."

Die „unbedeutende Siedlung" war hier mit den Tonfigürchen verknüpft. Dass Fruchtbarkeitsrituale und die Verehrung *weiblicher* Symbole trotz der religiösen Dominanz von Sonnen-, Mond und Tiergottheiten nicht völlig an Bedeutung verloren hatten, zeigte sich im dritten Raum. Im Bereich der Chancay Kultur (1000-1450 n.d.Z.) wurde ein zweiteiliges Model, das laut Objektbeschriftung zur „Massenproduktion meist weiblicher Tonfiguren", den so genannten Chuchimilcos diente, und ein mit einem Hemd bekleidetes Chuchimilco präsentiert. Der Begriff „Massenproduktion" konnte die Konnotation hervorrufen, dass es sich um ein einfaches, für breite Schichten leicht zu erwerbendes Produkt handelte. Demgegenüber haben „Pyramiden" und „Paläste der Priesterschaft" die Anmutung des Monumentalen und Einzigartigen. Damit konnte eine Abwertung des mit *Weiblichkeit* verbundenen Fruchtbarkeitskultes erfolgen. Dass die Figuren massenhaften Absatz fanden, konnte jedoch auch als Verweis auf die Bedeutung für große Teile der Bevölkerung gelesen werden. Die immer wieder auftauchenden Frauenstatuetten wären ein guter Ansatzpunkt gewesen, die Gleichzeitigkeit des Ungleichzeitigen, die jeder gesellschaftlichen Praxis eigen ist, zu thematisieren. Auf diese Weise hätte auch die von den Bodenmarkierungen suggerierte lineare Entwicklung vom

„Formativen Stadium" zur „Klassik" und „Nachklassik" unterlaufen werden können.

Die Darstellung von *Weiblichkeit* oder frauendominierten Kulten erfolgte in einer tendenziell abwertenden Weise. Insofern verstärkte sich die Geringschätzung als eine „feminisierte" Kultur – auch wenn dies von den AusstellungsmacherInnen nicht intendiert war. Dass es sich dabei nicht um einen bewussten Vorgang handelte, dafür spricht, dass deren materielle Kultur durch eine ästhetisierte Präsentation gewürdigt werden sollte.

## Materielle Kultur und gesellschaftliche Ausdifferenzierung

Auf der Text-Ebene wurde an unterschiedlichen Stellen vermittelt, dass eine Kultur dann als entwickelt gelten kann, wenn sie eine repräsentative Architektur, eine differenzierte Produktkultur und eine hierarchische Gliederung der Gesellschaft aufweist. Nur wenn eine Schicht von der Erwerbsarbeit befreit ist, sind Kapazitäten für andere Funktionen vor allem im Bereich der Verwaltung, Religion und künstlerischen Betätigung frei. Damit wurden derart ausdifferenzierte Gesellschaften unhinterfragt höher bewertet. So wurde – wie bereits erwähnt – das „Formative Stadium" dahingehend beschrieben, dass sich hier bereits ansatzweise eine hierarchische Gliederung der Gesellschaft, die Herausbildung von Eliten und eine damit verbundene straffere Verwaltung abgezeichnet hätten. Dort, wo es also keine mächtige Dynastie mit den damit verbundenen Herrschaftsformen wie Personenkult und Militarismus gab, wurden die Gesellschaften als nicht „entwicklungsfähig" beschrieben.

„Im Gegensatz zu anderen Kulturen Mesoamerikas gibt es in Teotihuacan keine Hinweise auf Personenkult und dynastische Interessen. Die enge Verbindung von profanen und sakralen Bauten, von kollektiver Macht und Religion, läßt am ehesten auf Priesterherrschaft (‚Theokratie') schließen. Nach 650 n.Chr. scheint der Einfluß dieser Eliten und damit der Stadt zu schwinden, während anderswo der Militarismus immer stärker an Bedeutung gewann. Das Ende von Teotihuacan um 750 n.Chr. kam plötzlich und hatte wohl innere Ursachen."

Die Ursachen für den Untergang der Kultur sind zwar nicht bekannt, aber der Text führte ihn implizit auf eine zu schwache Führungsebene zurück. Dass der „Entwicklungsgrad" der materiellen Kultur und der Architektur allerdings nur mit Einschränkung für die Einschätzung einer Kultur dienen kann, wurde von den AusstellungsmacherInnen in folgendem Text kurz angerissen.

„Ab 800 n.Chr. treten neben Völkern wie am Rio Sinu, die kunstvoll gearbeitete Goldgegenstände in den Gräbern hinterlassen haben, insbesondere solche auf, die sich durch ‚Ansätze von Staatenbildung' auszeichnen. Dazu gehören die Tairona in der Sierra Nevada de Santa Marta mit zahlreichen terrassierten Stadtanlagen (Ciudad

Perdida, Pueblito usw.) mit bemerkenswerter Steinarchitektur (Hausfundamente, Straßen, Brücken, Kanäle). Vielfältige Keramikprodukte, Arbeiten der Steinschneidekunst und nicht zuletzt Schmuckgegenstände aus Gold vervollständigen das Bild der Tairona. Die Musica im Hochland von Bogotá hatten die am meisten fortgeschrittenen sozio-politischen und religiösen Strukturen entwickelt, während ihre materielle Kultur eher dagegen sprach."

Rituale und Formen des Zusammenlebens sind, sofern sie keine materiellen Ausdrucksformen in Objekten oder Schriftzeugnissen finden, kaum zu überliefern. Für Museen bilden jedoch die materiellen Überreste die Basis ihrer Repräsentationen. Demgemäß können aufgrund der Konzentration auf die materielle Überlieferung zum einen nur bestimmte Aspekte der Lebenskultur, zum anderen vor allem jene gesellschaftlichen Schichten visualisiert werden, die eine reiche Objektkultur hinterlassen haben.

Auf der visuellen Ebene wurde dies durch die Auswahl und Präsentation der Objekte immer wieder reinszeniert. Keramik, Produkte aus unterschiedlichen Steinmaterialien und Schmuck wurden so präsentiert, dass der Blick auf Material, Muster, Abbildungen und Formen gelenkt wurde. Die Exponate standen dabei paradigmatisch, sozusagen pars pro toto, für die gesamte Kultur, ohne auszuweisen, dass es sich zumeist um Kultobjekte oder die Gebrauchsgegenstände der Eliten handelte. Ein Umstand, der für viele Museen gilt, denn diese Artefakte haben grundsätzlich größere Chancen zu überdauern. Dabei spielen das Material (Keramik, Goldschmuck, Steinprodukte) ebenso wie die gesellschaftliche Wertschätzung, die Sammelpolitik, aber auch Zufälle eine Rolle. Damit sind niedrigere soziale Schichten, die kaum über Repräsentationsobjekte verfügen und Alltagsgegenstände solange benützen und umnutzen, bis sie nicht mehr zu gebrauchen sind, mittels materieller Kultur schwieriger zu repräsentieren.[23] Insofern kann den AusstellungsmacherInnen nicht die ungleiche Gewichtung des Materials zum Vorwurf gemacht werden, aber die Negierung dieses Problems. Der kulturelle Kontext wurde über die Texte vermittelt, die aber kaum auf die Objekte Bezug nahmen. Text und visuelle Ebene fielen so ziemlich auseinander.

## Ausstellung „Indianer Nordamerikas"

Nach der zentralen Inszenierung des Federschmucks, die den Abschluss des Ausstellungsbereiches „Das Altertum der neuen Welt" bildete, machten die BesucherInnen beim Betreten des folgenden Raumes einen zeitlichen und räumlichen Sprung. Auf dem Boden war in Leuchtschrift „Indianer Nordamerikas" projiziert. Die Benennung des Ausstellungsbereiches wurde damit nicht nur in gleicher Weise wie in den vorangegangenen Räumen vorgenommen, sondern es wurde ein weiteres Mal deutlich, dass den verwendeten Begrifflichkeiten durchgängig eine westliche Perspektive eingeschrieben war – ob „Neue Welt", „Klassik" oder „Indianer". Trotz dieser grundlegenden Gemeinsamkeit unterschied sich die Bezeichnung „Indianer Nordamerikas" von den vorigen Beschriftungen: Es gab nur diese eine Leuchtschrift und die verwendeten Begriffe waren den Kategorien Ethnie und Raum zuzuordnen. Dagegen basierte die Bezeichnung „Das Altertum der Neuen Welt" auf der Verschränkung der Kategorien Zeit und Raum und die folgenden Stil-Benennungen wie „Formatives Stadium" oder„Klassik" waren mit Zeiträumen verknüpft.

Während die Bedeutungen der Stilbezeichnungen sich einem Nicht-Fachpublikum kaum unmittelbar erschlossen, erlaubte die Bezeichnung „Indianer Nordamerikas" sowohl eine schnellere Denotation, da die Begriffe geläufig waren, als auch die Konnotation weit verbreiteter, populärer Vorstellungen. Gleichzeitig wurde mit dem Begriff *Indianer* auch auf metakommunikativer Ebene eine Setzung vorgenommen: Von den AusstellungsmacherInnen war ein von kolonisierenden EuropäerInnen geprägter, inzwischen hinterfragter, wenn auch nach wie vor populärer Begriff benutzt worden. Dessen Verwendung erleichterte nicht nur, eine Flut von Stereotypen abzurufen, die mit der Bezeichnung unlösbar verbunden sind, sondern als wissenschaftliche Institution bestätigte das Museum auch die Legitimität der Benennung. Die Bezeichnung *Indianer* konnte damit auf gleicher Ebene wie die mit Wissenschaftlichkeit konnotierten Begriffe „Altertum" oder „Klassik" wahrgenommen werden.

Welche Effekte hat es, Anknüpfungspunkte für populäre Vorstellungen zu schaffen, die das Publikum sowieso in den Köpfen mitbringt? Diese sind davon abhängig, inwiefern Möglichkeiten der Reflexion oder Bestätigung geschaffen werden. Die Frage war daher, wie sich die folgenden Repräsentationen gegenüber dieser ersten Setzung verhielten, inwieweit die evozierten populären Projektionen weitergeführt oder hinterfragt und gebrochen wurden. Bevor aber detailliert auf die Displays eingegangen wird, soll das Augenmerk auf die Raumatmosphäre, die Anordnung der Inszenierungen im Raum und ihre Effekte gelenkt werden, da sie neben der Leuchtschrift-Benennung den ersten Eindruck bestimmten.

Nach Verlassen des stimmungsvoll inszenierten Raumes mit dem Federschmuck, sahen die BesucherInnen zwei aufeinander folgende Räume, die in gleicher Weise gestaltet und doch unterschiedlich zu den vorangegangenen wirkten. Es kamen gleiche Ausstellungsmittel – die Vitrinen, die unter der Decke angebrachten Großabbildungen, die Bild-Text-Tafeln und die Lichtführung – in den Blick. Doch gab es keine farbigen Wände, keine inszenierende Aufstellung, wie dies mit den Götterstatuen gemacht wurde. Die beiden Räume waren weiß ausgemalt und hatten den Charakter eines funktionalen Rahmens, einer „weißen Zelle". Dies ließ technische Ausstattungen wie die an der Decke angebrachten rechteckigen Lichtschienen für Spots oder die Schiene zur Abhängung von Bildern stärker hervortreten und trug zu einer Raumwirkung bei, die eher als nüchtern wahrgenommen werden konnte. Von dieser nüchtern-funktionalen Rahmung hob sich jedoch das Ausgestellte ab, die Objekte und farbigen großen Bilder vermittelten einen lebendigeren Eindruck.

Die Anmutung der Objektanordnungen unterschied sich von jenen der vorangegangenen Räume. BesucherInnen hatten es nun mit einem vielfältigeren Spektrum und mit in der Regel vertrauten Dingen zu tun, mit Alltagsgegenständen wie Bekleidung und Werkzeugen oder mit geläufigen rituellen Gegenständen wie Masken, Schmuck etc. Zudem waren die Exponate anders präsentiert, auch wenn die Vitrinenmöbel gleich aussahen – bestehend aus dunkelrot gebeizten Holzsockel, dunkel getönten Glaswänden und schwarzer Samtauskleidung – und die Objekte ebenso mit Spots partiell angeleuchtet wurden. Der Effekt, die Exponate auf diese Weise repräsentativ zu rahmen, sie zu ästhetisieren, kam aber hier weniger zum Tragen. Dies lag zum einen daran, dass die Vitrinen sehr dicht bestückt waren und vielfältige Objektkategorien präsentierten. In den vorangegangenen Räumen waren in den Vitrinen eher gleichartige Objekte – eines Materials wie Textilien oder Ton oder einer Art wie Schmuck, Gefäße oder Figuren – versammelt. Zudem waren die Kleidungsstücke nicht wie die Textilien vordem flach ausgebreitet präsentiert, sondern so angebracht, wie sie getragen worden waren, wodurch der Fokus weniger auf dem Stoffmuster lag, vielmehr auf der Form und der Funktion als Kleidungsstück. Durch die nunmehrige dichte Anordnung unterschiedlicher Objektkategorien blieb den einzelnen Objekten oder Objektgruppen weniger Raum, um ihre ästhetische Wirkung zu entfalten. Zum anderen gab es wenig Objekte, bei denen die Lichtführung mittels Spots ein Licht-Schatten-Spiel und damit einen geheimnisvollen Effekt erzeugen konnte. Um Schatten zu erzeugen, bedarf es auch einer gewissen Plastizität der Exponate, wie sie Masken oder Figuren haben. Im Unterschied zur hohen Ästhetisierung eher fremd anmutender Exponate in den vorangegangenen Räumen konnte hier die dichte Präsentation eher vertraut wirkender Objekte auch den Eindruck von Lebendigkeit und damit verbunden auch vermeintlicher Nähe vermitteln.

Die großen Bilder, die den ersten Raumeindruck wesentlich mitbestimmten, trugen verstärkt dazu bei, das Publikum glauben zu machen, einen unmittelbaren Einblick in die Lebensweise der indigenen Bevölkerung zu gewinnen. Zu sehen war etwa, wie Menschen wohnten, sich kleideten, welchen Tätigkeiten sie nachgingen etc. Doch in dieser Anschaulichkeit lag auch ein Problem. Denn es handelte sich bis auf zwei Fotos aus dem 20. Jahrhundert um Reproduktionen von Zeichnungen und Stichen aus dem 18. und 19. Jahrhundert, die von EuropäerInnen gemacht wurden. Die Grafiken spiegelten nicht nur deren Blick wider, sondern sie gehörten zu jenen Bildsujets von *Indianern*, die in der westlichen Welt weit verbreitet wurden. Sie zieren bis heute Bücher über die koloniale Frühzeit Nordamerikas. Sie waren daher den BesucherInnen geläufig, Szenen und Personen entsprachen den vertrauten Klischees, waren auf Stereotypen reduziert und kaum als historische Momente und Individuen zu rezipieren. Da allein solche Bilder zum Einsatz kamen, wurde durchgängig ein eurozentristisches Bild der *Anderen* entworfen: das, was aus dieser Sicht als typisch oder besonders für die *Anderen* erkannt wurde. Zudem waren die Bilder wie in den Räumen davor aufgrund der Größe Eyecatcher, kamen sofort beim Betreten des Raumes in den Blick – noch bevor die Objekte in den Vitrinen genauer ins Visier genommen werden konnten. Stereotype, populäre Bilder rahmten damit auch die Rezeption der Objektanordnungen. Der nicht-reflektierte eurozentristische Blickwinkel auf die indigene Bevölkerung tradierte die westliche Definitionsmacht des 19. Jahrhunderts weiter, reproduzierte deren Bilder der *Anderen*. Damit wurde eine metakommunikative Codierung vorgenommen, die neben den wissenschaftlichen Traditionen des 19. Jahrhunderts auch eine museumshistorische fortführte. Die Bilder erinnerten durch die Art und die Positionierung unter der Decke an die Gemälde in jenen Räumen des Naturhistorischen Museums, die für die 1884 eingerichtete Aufstellung der ethnografischen Sammlung angefertigt wurden.[24] Wie diese hatten sie illustrierende Funktion, dienten als Bildprogrammatiken, die Kulturen in ihrem Erscheinungsbild und ihren Tätigkeiten typisierend aus einem bestimmten Blickpunkt festschrieben.

Ein wesentliches Element für den Raumeindruck stellte die Strukturierung der beiden Räume, die Anordnung der Vitrinen dar. Diese unterschied sich von den vorangegangenen Bereichen durch die symmetrische Ordnung, die augenfällige Gleichförmigkeit der Aufstellung. Pro Raum war an jenen Wänden, die in der Mitte eine Durchgangstür hatten, links und rechts dieser Tür eine große Wandvitrine aufgestellt. Die Anordnung Vitrine – Tür – Vitrine spiegelte sich. Die Fensterfront und die gegenüberliegende Wand blieben frei von Vitrinen, an letzterer wurden nur wenige flache, in der Regel sehr große Objekte aufgehängt wie Decken oder Tierhäute.

Die Symmetrie der Aufstellung wurde weiters betont, indem über den hohen Wandvitrinen stets die erwähnten großen Bilder hingen und an der Wand seitlich der Vitrine immer eine Tafel mit Text und Abbildungen angebracht war. Damit konnte angenommen werden, dass jedes der gleich aufgebauten Displays eine Themeneinheit umfasste. Aus den Überschriften dieser Bild-Text-Tafeln wurde ersichtlich, dass es sich mit Ausnahme der letzten um räumlich-geografisch definierte Lebensräume handelte: „Nordwestküste", „Intermontanes Becken, Plateau, Kalifornien", „Südwesten" und „Pueblo-Gebiet" im ersten Raum, „Subarktis", „Östliches Waldland", „Plains" und „Indianer heute" im zweiten Raum. Die Klammer für alle Displays bildete allerdings nicht ein Einführungstext, sondern wurde lediglich durch die auf den Boden projizierte Bezeichnung „Indianer Nordamerikas" hergestellt. Zu manchen Themeneinheiten gab es neben den Wandvitrinen noch kleinere, im Raum stehende Vitrinen. Es waren immer 2-3 gleich große Raumvitrinen so zusammengestellt, dass sie ebenfalls den Eindruck regelmäßiger Geordnetheit vermittelten.

Der von Symmetrie und gleichförmiger Ordnung geprägte Raumeindruck konnte als systematisch-wissenschaftlich konnotiert werden. Dies konnte nun den Eindruck vermitteln, es mit klar kategorisierten und strukturierten, übersichtlichen Darstellungen zu tun zu haben, schnell einen Überblick über das Präsentierte bekommen zu können. Gleichzeitig konnte dies entgegen dem stimmungsvollen Ambiente des Raumes mit dem Federschmuck auch als nüchterne Atmosphäre wahrgenommen werden. Die Präsentation konnte als hermetisch und glatt, ohne anregende Offenheit erlebt werden, oder in ihrer systematischen Ordnung als beruhigend empfunden werden.

Obwohl die Einteilung eine geografische war, wiesen die Objektbeschriftungen immer jene ethnische Gruppierung aus, zu der das Exponat gehört hatte. So wurde zwar deutlich, dass mehrere ethnografische Gruppen in den präsentierten Gebieten lebten, doch nicht, inwiefern deren Gesellschaften und Kulturen einander ähnlich waren oder sich unterschieden. Neben der geografischen Einteilung unterlagen die Präsentationen auch einer zeitlichen Eingrenzung, die allerdings nicht ausdrücklich erwähnt wurde, sondern sich nur aus den Datierungsangaben der Objektbeschriftungen erschloss: Der überwiegende Teil der gezeigten Objekte stammte aus dem 18. und 19. Jahrhundert, nur wenige aus dem 20. Jahrhundert.

Sahen sich die BesucherInnen in den Räumen um, konnte das nichtfachwissenschaftlich geschulte Auge wahrscheinlich wenige Unterschiede zwischen den Displays ausmachen, auch wenn sich bei genauerem Schauen herauskristallisierte, dass manche Displays farbigere Objekte zeigten als andere, dass etwa beim Thema „Pueblos" vor allem Keramik ausgestellt wurde, beim Thema „Nordwestküste" viele Masken präsentiert wurden, beim Thema „Plains" Fransen und Federn bestimmend waren. Fast in allen Displays waren

Kleidung und Zeremonialausrüstung präsentiert. Da kein Display besonders herausstach, konnten BesucherInnen je nach Interesse von den Objekten, die in den Blick kamen, angezogen werden.

Abgesehen vom letzten Display „Indianer heute" (1970er bis 1990er Jahre) datierten die ausgestellten Gegenstände vor allem aus dem 19. Jahrhundert, einige auch aus dem 18. Jahrhundert und Anfang des 20. Jahrhunderts. Auffallend war, dass es sich bei der Beschaffenheit der Gegenstände vorwiegend um organische Materialien handelte, also von Tieren (Wolle, Leder/Fell, Knochen, Horn, Zähne, Haar, Federn, Borsten etc.) und Pflanzen (Holz, Rinden, Wurzeln, Gras, Pflanzenfasern etc.). Wenige Objekte und hier fast ausschließlich im Themenbereich „Indianer heute" bestanden aus Materialien wie Mineralien (Stein, Ton), Metall, Glas (außer den Glasperlen) oder Kunststoff. Dieser dominierende Charakter von als vergänglich zu assoziierenden Materialien bildete einen Kontrast zu jenen vorwiegend als dauerhaft zu assoziierenden Exponaten aus Stein und Ton in den vorhergehenden Räumen „Das Altertum der Neuen Welt".

Für die genauere Betrachtung wählten wir die drei Themeneinheiten „Nordwestküste", „Plains" und „Indianer heute", wobei letztere aufgrund der zeitgenössischen Relevanz herangezogen wurde. Bei der detaillierten Analyse fokussierten wir jeweils eine der Kategorien *gender*, *race* oder *class*. D.h. nicht, dass diese Analyseergebnisse nur an dem behandelten Beispiel ablesbar wären, sondern diese Vorgehensweise diente einfach einer exemplarischen Zuspitzung.

## Display „Nordwestküste"

Die anleitende Frage für die Analyse des Displays „Nordwestküste" war, welches Bild dieser Kultur mittels der Objekte und ihrer Inszenierung entworfen wurde – mit dem Fokus auf der Kategorie *class*. Zu dieser Themeneinheit zählten eine Wandvitrine und drei kleine Raumvitrinen mit Originalobjekten, eine Text-Bild-Tafel sowie zwei Großabbildungen über den Wandvitrinen. Im Gegensatz zu jenen Displays, die der Eingangstür gegenüber lagen und dadurch einen Blick auf das Gesamt-Display erlaubten, war dieses an der Wand linkerhand des Eingangs positioniert. Dadurch befanden sich die BesucherInnen bei der Annäherung sofort zwischen der großen Wandvitrine und den kleinen freistehenden Vitrinen, waren also mit den Objekten konfrontiert. Die sonst den ersten Eindruck stark dominierenden Großabbildungen über der Wandvitrine kamen hier nicht so schnell in den Blick.

### Schau-Effekte

Wendeten sich die BesucherInnen diesem Display zu, konnten unter den Objekten insbesondere die Gesichts-Masken Aufmerksamkeit erregen. Dies war nicht nur dem Aussehen der Masken geschuldet – eindrucksvolle schematische Darstellungen von Gesichtern von Tieren oder Menschen – sondern auch der Beleuchtung. Die Spots leuchteten die Gesichter nur partiell aus und ließen sie so gleichermaßen hervortreten wie geheimnisvoll erscheinen. Die Masken, deren Gesichter auf die eintretenden BesucherInnen hin ausgerichtet waren, waren sowohl in der großen Wandvitrine als auch in einer kleinen, im Raum stehenden Vitrine zu sehen.

Ein weiterer, den ersten Eindruck bestimmender Moment resultierte aus den Farben und dem Material der Exponate. Sie waren überwiegend naturfarben beige-braun und wirkten auf den ersten Blick eher unauffällig. Von dieser homogenen Farbgebung hoben sich die wenigen, mit kräftigen Farben bemalten Objekte stärker ab. Bei genauerem Betrachten, auf welchen Exponaten kräftige Bemalungen vorkamen, zeigte sich, dass sie allein Zeremonialgegenständen vorbehalten waren, insbesondere den Masken. Dabei dominierte die Farbe Rot. Die prägnantesten Bemalungen wiesen die Masken der Raumvitrine auf, sie waren neben Rot mit Schwarz, Weiß und Blaugrün bemalt und betonten so die Formgebung. Gegenüber den Bemalungen, die das Material bis zu einem gewissen Grad verdeckten, ermöglichte die Naturbelassenheit oder Naturfarbigkeit der meisten Exponate, das Augenmerk stärker auf die Materialien und ihre Verarbeitung zu lenken. Fast alle Objekte bestanden aus organischen Materialien wie Holz und Bast, nur wenige aus dem Material Stein. Vor dem Hintergrund des westlichen Denkens in Dichotomien wie *Natur* und *Kultur* ließ die alleinige Nutzung von so genannten natürlichen Materialien nicht allein Naturverbundenheit und Geschick in der Nutzung vorhandener Ressourcen konnotieren, sondern ermöglichte ebenso das paradigmatische Verfahren, die präsentierten Kulturen dem Begriff *Natur* zuzuordnen, also von der Beschaffenheit der Objekte auf eine „Naturgesellschaft" zu schließen.

Zudem fiel auf, dass die verwendeten Materialien sich auf wenige beschränkten. Keramiken oder von Tieren gewonnene Materialien wie Leder, Federn oder Borsten, wie dies mit Native Americans häufig konnotiert wird, waren nicht zu sehen. Diese Abwesenheit konnte bewirken, genauer auf die Verarbeitung von Holz und Bast zu schauen, auf die Fertigkeiten im Schnitzen und Flechten. Dies ermöglichte verschiedene Deutungen. So konnten diese Fertigkeiten bewundert werden und damit Kunsthandwerk konnotiert werden. Oder die vorwiegende Verwendung von Holz, Bast und Stein ließ Vorstellungen aufkommen, dass diese Kulturen über geringes Wissen um Verarbeitungstechniken auch anderer Materialien verfügten. Dies rief Assoziationen von einem einfachen Lebensstil auf.

*Abb. 13: Wandvitrine des Displays „Nordwestküste"*

Die Rezeption der Objekte der Wandvitrine wurde durch Anordnung und Beleuchtung gelenkt. Der in der Mitte der Vitrine platzierte naturfarbene Bastumhang und das rot-weiß-schwarze Cape in der Gestalt eines Vogels nahmen den größten Raum ein. Zusammen mit den darüber angeordneten Masken und

Hüten dominierten sie den Blick aufgrund ihrer zentralen Positionierung und ihrer Größe oder auffallenden Form. Zudem war der Großteil der Beleuchtung auf sie gerichtet. Wie aus den Objektbezeichnungen deutlich wurde, befanden sich seitlich der beiden zentralen Exponate weitere Zeremonialobjekte und darunter Gegenstände zur Nahrungssicherung. Diese Anordnung erlaubte – verbunden mit der Operation der paradigmatischen Ersetzungen – eine bekannte syntagmatische Erzählung: Alltägliche Gegenstände zur Nahrungsbeschaffung und -verarbeitung und damit die Kategorie Arbeit beziehungsweise Wirtschaft bildeten den „Boden", die „Basis", die von Kultur- und Ritualobjekten, dem „Überbau", überlagert wurde. Die zahlreichen Objekte für rituelle Zwecke, die zudem häufig optisch beeindruckend waren, gaben dieser Art von Exponaten beziehungsweise den damit verbundenen Praktiken eine besondere Bedeutung. Indem sie oben und im Mittelpunkt platziert waren, wurde ihnen nicht nur ein zentraler Stellenwert in den präsentierten Kulturen zugewiesen, sondern sie bildeten gleichsam einen Bereich, der infolge der räumlichen Anordnung der Objekte über den alltäglichen Lebensbereichen stand und der paradigmatisch als „Überbau", als Besonderes, als die das Leben dominierende Praktiken konnotiert werden konnte. Die am Boden der Vitrine präsentierten Alltagsobjekte konnten dementsprechend unter dem Aspekt der existenzsichernden Basis wahrgenommen werden. Die Deutung einer Dominanz des Rituellen wurde zudem verstärkt, da zwei der drei Raumvitrinen überwiegend mit Objekten für Zeremonien bestückt waren, auch wenn diese unter dem Titel „Schnitzkunst" ausgestellt wurden.

Während einige Objekte aufgrund der augenfälligeren Form und Farbgebung sofort Aufmerksamkeit auf sich ziehen konnten, gewannen andere erst, wenn sie einer genaueren Betrachtung unterzogen wurden, die interessante Details entdecken ließ. In der Wandvitrine stach vor allem die farbige vogelartige Maske hervor, die einen großen, offenen Schnabel hatte, aus der eine lange rote Zunge herausragte. Sie wirkte faszinierend und unheimlich zugleich. Durch die Nachbarschaft mit einem Cape, das die Form eines Vogels mit einem Gesicht hatte, wurde bereits erkennbar, dass der Vogel in der präsentierten Kultur wohl eine besondere Bedeutung besaß. Die BesucherInnen sahen sich beim Betrachten der übrigen Objekte immer wieder mit Vogelmotiven konfrontiert – etwa bei den hölzernen Masken und Rasseln –, aber auch mit der Darstellung von Gesichtern. Bei den Gesichtern handelte es sich um abstrahierte Veranschaulichungen, bei denen es für ein mit der Kultur nicht vertrautes Auge oft unklar blieb, ob es sich um Menschen- oder Tiergesichter handelte. Sie waren auf Hüten und Zeremonialwaffen sowie auf dem großen zentral platzierten Bastumhang zu finden, dessen Ornamentband kunstvoll geflochtene Gesichter zeigte.

*Abb. 14: Raumvitrine im Display „Nordwestküste“*

Besonders auffällig wirkten, wie schon erwähnt, die partiell beleuchteten Figuren und Masken der Raumvitrine. Die Masken erzielten durch ihre Form und Farbgebung in Verbindung mit ihrer Anordnung einen beeindruckenden Effekt. Auf Schnüren in unterschiedlicher Höhe abgehängt, schienen die Masken-Gesichter befremdlich und beinahe gespensterartig zu schweben; sie changierten zwischen Faszination und Unheimlichkeit. Dazu kam, dass Gesichtsmasken immer durch die Spannung von Sichtbar-Sein und Sehen-ohne-Gesehen-zu-Werden charakterisiert sind. BetrachterInnen der Gesichter konnten diese nicht nur anschauen sondern auch imaginieren, von den Masken beobachtet zu werden, dem Blick aus dem Verborgenen heraus ausgesetzt zu sein, oder sich umgekehrt vorstellen, die Masken zu tragen.

Die häufig auftauchenden Vogel- und Gesichtsmotive ließen zwar auf deren hervorragende Bedeutung für die präsentierten Kulturen schließen. Mit Unterstützung der Objektbezeichnungen konnte aber auch gefolgert werden, dass sie vorwiegend an Gegenständen zu finden waren, die mit Riten und Statusbezeugungen verbunden waren. Doch Genaueres erschloss sich nicht, da die Objekte nicht kontextualisiert wurden. So konnten weder die Motive noch die Gegenstände in ihrer kulturellen und gesellschaftlichen Bedeutung erkannt werden. Es blieb offen, welchen Zweck etwa die vielen Zeremonialgegenstände erfüllten, wie Rituale organisiert waren und wer teilnehmen konnte, wie sich Riten und Gesellschaftsstruktur bedingten. Damit wurde statt Reflexionsprozessen eher einer Mythisierung und Exotisierung Vorschub geleistet. Statt Einblicke in gesellschaftliche Organisationsformen zu geben, erschien die Kultur als eine, die von unerklärten und damit auch befremdlichen Zeremonien und rituellen Vorstellungen beherrscht war.

## „Überlebenskunst"

Bei einigen der gezeigten Artefakte bedurfte es Vorkenntnisse der Betrachtenden, um ohne Lesen der Objektbeschriftungen die Exponate denotieren zu können. Zwar benannten die Objekttexte die Dinge, doch gab es nur selten eine weitergehende Erklärung, so dass ohne fachspezifisches Wissen deren Gebrauchsfunktionen häufig verborgen blieben. Die Objekttexte enthielten nur manchmal – bei den Objekten der Raumvitrinen häufiger als bei jenen der großen Wandvitrine – Informationen, meist zur Verwendung oder zur Formgebung. Erklärungen zu den Gesellschaftsordnungen der präsentierten Gesellschaften fehlten weitgehend.

In der Wandvitrine[25] waren Objekte zu Zeremonien (Masken u.a. der Donnervogel, Rasseln, Pfeife, Kopfschmuck, Cape, Rangabzeichen von Maskenbünden, Beil), Bekleidung (Hüte, Umhang, Stirnband, Halsreifen), Nahrung (Essschüssel, Löffel, Korb), Fischfang/Jagd und Krieg (Einbaummodell, Angelhaken, Dolch, Schachtel, Kriegskeulen, Lanze, Pfeilköcher) versammelt. Lediglich bei zwei Objekten wurden gesellschaftliche und kulturelle Organisationsformen und Vorstellungen angedeutet, dies jedoch ohne Erklärungszusammenhang. Bei einem Zeremonialbeil wurde lapidar vermerkt:

„Mit derartigen Zeremonialwaffen wurden Sklaven bei Festen rituell getötet."

Das Thema Menschenopfer wurde ohne weiteren Kontext, quasi nebenbei eingestreut, doch mit dem Effekt, die präsentierte Kultur definitiv als eine zu (de-)codieren, die sich von *unserer* unterscheidet, *anders* ist, als grausam, archaisch zu konnotieren ist. Demgegenüber setzte die zweite erklärende Objektbeschriftung auf den Vergleich zwischen *ihnen* und *uns*. Bei einem Hut mit Walmotiv wurde im Text erwähnt, dass es das Privileg des Adels wäre, den Wal zu jagen und diesen Hut zu tragen. Adel verbindet. Daraus konnte geschlossen werden, dass es den historischen europäischen Gesellschaftsordnungen vergleichbare Schichten mit ähnlichen Funktionen gab. Oder sollte das Wort Adel lediglich auf Privilegierte gleich welcher Art verweisen? Das Thema gesellschaftlicher Schichtung wurde zwar auch im längeren Bereichstext – darauf wird später noch eingegangen – angesprochen, doch wurden ebenso lediglich bekannte Begrifflichkeiten wie Erbadel, Gemeinfreie und Schuldsklaven angeführt, ohne zu erklären, was diese je charakterisierte und wie sie im Vergleich zu historischen europäischen Gesellschaftsordnungen zu denken wären.

Unklar blieben auch die Kriterien der Objektauswahl. Handelte es sich um allgemein verbreitete Dinge, die von allen Mitgliedern der Kulturen gleichermaßen genutzt wurden? Oder waren sie besonders kunstvoll angefertigte Exponate, die eventuell nur bestimmten Personen vorbehalten waren? Wurden alle wesentlichen Bereiche der präsentierten Kulturen oder nur spezifische angesprochen? Oder waren die Zusammenstellung und Gewichtung eher dem vorhandenen Sammlungsbestand geschuldet? Dass die Sammlungen hier eine besondere Rolle spielten, ließ ein den Objektbeschriftungen vorangestellter Text vermuten: Ungefähr die Hälfte der Exponate würde aus der Sammlung von James Cook 1778 stammen und somit zu den ältesten Ethnographica aus Nordamerika zählen. Gerade da die Objektbeschriftungen nur selten weitergehende Informationen enthielten und schon gar nichts zur Sammlungsgeschichte der Exponate aussagten, wurde ihnen durch diesen Hinweis besonderer Wert zugewiesen, sozusagen ein Qualitätsstempel aufgedrückt. Sie waren als seltene Stücke zu decodieren, die mit der bekannten Unternehmung Cook verknüpft waren. Je nach Vorkenntnissen und Positionierung der BesucherInnen konnten zwar die Konnotationen zwischen positiv besetzten Vorstellungen der „Entdeckung" und „Erforschung" der Welt und der Problematisierung der damit verbundenen Kolonisierungsbestrebungen changieren. Es war jedoch nicht nur das einzige Mal, dass die Herkunft der Objekte deklariert wurde, es geschah auch mit Stolz darauf, über Dinge von Cooks Reisen zu verfügen. Damit wurden eher die positiv besetzten Konnotierungen gefördert und eine metakommunikative Codierung vorgenommen, die die Sammlungsgeschichte unproblematisiert ließ. Dies verdeckte, dass gerade die Geschichte des Sammelns und Ausstellens ethnografischer Objekte von hegemonialen Machtverhältnissen gekennzeichnet war, mit Kolonisierungsprozessen verbunden war. Der von Gewaltsamkeit geprägte Aneignungsprozess wurde und wird in der Institution Museum durch scheinbar objektive, nicht-reflektierte Ordnungen der Sammlungen und Ausstellungen vergessen gemacht.

Im Gegensatz zur Wandvitrine wurden die Exponate in den drei kleinen Raumvitrinen unter einem Oberthema präsentiert – der „Schnitzkunst". Die erste Vitrine[26] zeigte aus Holz gefertigte Masken und figurale Darstellungen – alle Exponate sind Ritualobjekte. Die Beschriftung verwies auf den Stil und die einzigartige Stellung, die „hauptberufliche" Schnitzer in der präsentierten Kultur einnahmen. In der zweiten Vitrine[27] war Werkzeug zur Holz- und Bastbearbeitung ausgestellt. Laut Objekttext kam die für die „Hochblüte der Schnitzkunst" wichtige technische Innovation – nämlich das Material Eisen –

von den EuropäerInnen. Die dritte Vitrine[28] präsentierte weitere Beispiele der „Schnitzkunst", zum einen Gegenstände der Repräsentation wie Totempfähle oder Schutzgegenstände wie Amulette, zum anderen Artefakte, die – so der Objekttext – für die „Souvenirindustrie" hergestellt wurden, wie Tabakspfeifen. Zu letzteren vermerkte der Text zudem, dass sie zum Rauchen ungeeignet waren, da die Schnitzer der Haida-Kultur angehörten, in der nicht geraucht wurde. Mit diesem Hinweis wurde das weit verbreitete Klischee vom *Indianer mit Friedenspfeife* gebrochen.

Zwar wurden zu den Objekten der Raumvitrinen mehr Informationen gegeben, doch blieben gesellschaftliche Zusammenhänge weiter unklar. So wurde neben dem durchaus üblichen Stereotyp von Native Americans als geschickte Fischer-Jäger eine weitere Tätigkeit als bedeutsam präsentiert, ihr sogar eine einzigartige Stellung bescheinigt: dem Schnitzen. Doch wie waren die als „hauptberuflich" bezeichneten Schnitzer im sozialen System dieser Gesellschaften zu denken? Bezeichnete der Begriff Beruf dasselbe wie in Europa? Gab es andere Berufe und welche? Wie sich die Gesellschaftsordnungen und sozialen Zuweisungen gestalteten, wie sich die Kategorie *class* manifestierte, blieb unbeantwortet. Mit solchen Fragen wurden die BesucherInnen allein gelassen, den Objektanordnungen und Objektbetextungen war wenig zu entnehmen. Dabei hatten die ausgewählten Objekte durchaus das Potenzial, das Publikum in eine anregende Auseinandersetzung um Bekanntes und Unerwartetes zu verwickeln, wie der Verweis auf das Nicht-Rauchen der Pfeifen zeigte. Die Vitrine mit den Pfeifen präsentierte insgesamt eine spannende Objektzusammenstellung: Auf der einen Seite waren Schnitz-Produkte zu sehen, die für *eigene* Repräsentations- und Rituszwecke hergestellt wurden, auf der anderen Seite jene, die für den Verkauf produziert wurden. Dieses Nebeneinander ließ offen bleibende Fragen auftauchen. Was machte den Unterschied oder auch das Gemeinsame aus von Dingen für den eigenen Gebrauch und jenen für Andere, die Vermarktung? Bestimmte der spätere Gebrauch den Blick, von dem aus Artefakte produziert wurden? Die Zusammenstellung konnte auch eine Auseinandersetzung darüber evozieren, was die BesucherInnen in *ihrer* Kultur als *eigen* oder *fremd* erkennen und dabei Grenzziehungen hinterfragen. Doch letzteres wurde implizit unterlaufen. Da die gegenüberstellende Anordnung der Objekte und die Objekttexte eine eindeutige Zuordnung machten, blieb weniger Assoziationsraum für fließende Grenzen.

Da die Objekte aller drei Raumvitrinen gleichermaßen unter dem Begriff „Schnitzkunst" firmierten, bildete diese Bezeichnung eine gemeinsame Klammer, die alle Exponate einem ästhetischen Kriterium unterwarf. Dabei konnte der Begriff in seiner Bedeutung zwischen den Aspekten Kunstfertigkeit oder Kunst changieren. Wie sehr sich die AusstellungskuratorInnen gerade auch auf das Bedeutungsfeld Kunst bezogen, wurde zwar im Objekttext angedeutet, indem etwa von der „Kunst der Nordwestküste“ gesprochen wurde. Doch erst der Katalog machte die Intention deutlich, die Exponate als Kunst zu begreifen. So schrieb der Autor Christian Feest im Artikel „Überlebenskunst nordamerikanischer Indianer“:

„‚Kunst‘ ist ein Begriff, den man in den hunderten von Sprachen [...] vergeblich suchen wird. Trotzdem fällt es Europäern [...] nicht schwer, greifbare Zeugnisse der Völker der Neuen Welt als ‚Kunst‘ zu genießen. Eine solche Wertschätzung schöner Formen ohne Kenntnis der von den Herstellern beabsichtigten Nutzanwendungen, zeigt eigentlich nur, dass die ihren Ursprüngen entfremdeten Artefakte mit dem Wechsel der Besitzverhältnisse auch Teile unserer eigenen Kultur geworden sind.“[29]

Im Gegensatz zu europäischer Kunst wären die nordamerikanischen Artefakte aber Ausdruck der „Lebenskunst“ und der „Überlebenskunst“, argumentierte der Autor weiter. Dass letztere nicht auf einer Trennung von Form, Funktion und Bedeutung basierten, würde nur im Gegensatz zu unseren Anschauungen von Kunst relevant – der Autor rekurrierte hier auf jenes traditionelle Kunstverständnis des Westens, das Kunst als „funktionslos“ begreift. Feest versuchte, diesen westlichen Kunstbegriff als universell gesetzten zu problematisieren, und gleichzeitig einen Lösungsansatz anzubieten – die Verwendung des Begriffs „Überlebenskunst“, der nun beide Aspekte Kunst und Funktion subsumierte. Da manche Kulturen Kunst und Funktion nicht voneinander trennten, „soll hier im Zusammenhang mit den Völkern Nordamerikas das Wort ‚Kunst‘ für *alle* künstlichen, d.h. vom Menschen geschaffenen, Gegenstände stehen.“[30] Um ein Artefakt zu verstehen, bedürfte es aber einer Erklärung auf kulturspezifischer Grundlage, erklärte der Autor weiter. Damit argumentierte er einerseits als Ethnograf, als Wissenschaftler, der Artefakte in ihrem kulturellen Kontext verortete, andererseits versuchte er, die Objekte mit einem anderen Status – den der Kunst – anzureichern. Aber trotz seiner Intention, den Objekten Kunstcharakter zu geben, bediente sich der Autor in seinen weiteren Katalogbeiträgen allein ethnografischer Kategorien und nicht auch jener von Kunst und Ästhetik. So handelte er im Kapitel „Kunst und ihre Produktionsweisen“ die Entwicklung der Herstellung von Produkten ab, hinsichtlich Spezialisierung, Arbeitsteilung, Techniken etc. Neben diesen Beschreibungen erfolgte aber keine Auseinandersetzung mit ästhetischen und künstlerischen Kriterien.

Indem Feest alles künstlich Geschaffene zu Kunst erklärte, machte er eher den Begriff obsolet, statt die westliche Definitionsmacht, was unter Kunst verstanden wird, in Frage zu stellen. Ein Begriff wird inhaltsleer, wenn alles subsumiert werden kann. Zudem verkennt diese Position die Macht des herrschenden westlichen Denkens, Begriffe zu definieren und entsprechende Zuordnungen in die Klassifikationsschemata Kunst oder Wissenschaft vorzunehmen – selbst wenn sich die Grenzen verschieben. Interessant an der Argumentation Feests war auch, dass er nicht mit dem Begriff Kunsthandwerk operierte, der gern herangezogen wird, um Kunstfertigkeit zu betonen ohne den Status von Kunst zu verleihen. Doch war zu fragen, inwiefern die Begriffe „Lebenskunst" oder „Überlebenskunst" geeignet waren, Ethnographica den im Westen zugesprochenen Status der Kunst zu verleihen. Evoziert wurden hier eher Vorstellungen zur Art, das Leben zu meistern, und weniger kulturelle Praktiken, die sich in als Kunst zu bezeichnenden Manifestationen niederschlagen. Dies entsprach Klischees über Native Americans: Sie lebten und überlebten im Einklang mit einer auch unwirtlichen Natur, nicht gegen sie, und diese „Kunst" war es, die EuropäerInnen vorwiegend schätzten.

Die Definition von Kunstwerk und ethnografischem Objekt – also die metakommunikativen Codierungen der Exponate – aufzugreifen, erfolgte nur im Katalog, wurde aber in der Ausstellung nicht explizit angesprochen, weder in Textform noch in den Inszenierungen. Die Ambivalenz der KuratorInnen schien jedoch in der Aufstellung durch – im Changieren zwischen einer Inszenierung der Objekte, wie dies bei Kunst oder Kunsthandwerk geläufig ist, und der Beschreibung als ethnografisches Objekt. Aber gerade weil die Systeme von Kunst und Wissenschaft zwar institutionalisiert und mächtig, aber dennoch nicht unveränderbar sind, wäre ihre Befragung von zentraler Relevanz.

## Subjektlose Geschichtsnarration

Nunmehr soll der Frage nachgegangen werden, inwieweit die Kontextualisierung der Exponate mittels Abbildungen und erklärender Texte die Deutungsansätze der Objektzusammenstellungen weiterführte oder andere Zugänge einbrachte. Die dem Display zugehörige Text-Bild-Tafel griff drei Hauptthemen auf. Zuerst wurde auf die zur Lebenssicherung herangezogenen Ressourcen der Natur eingegangen, dann wurden gesellschaftliche Organisationsformen und kulturelle Praktiken angesprochen und schließlich wurden die Auswirkungen der europäischen Kolonisierung thematisiert. Damit waren wesentliche Fragestellungen aufgeworfen. Vorerst zum Text:

„Nordwestküste
Entlang der nördlichen Pazifikküste fallen die Küstenberge steil gegen das Meer ab. Der schmale, von Regenwald bedeckte Landstreifen war von Völkern bewohnt, deren Nahrungsgrundlage der Fischfang bildete. Neben Heilbutt und Hering war es vor allem der Lachs, der auf seinen regelmäßigen Zügen flußaufwärts an den Stromschnellen abgefangen wurde. Walfang war (etwa bei den Nootka) weniger aus wirtschaftlichen Gründen als wegen des damit verbundenen Prestiges bedeutend. Holz

war der wichtigste Rohstoff, aus dem Plankenhäuser, Einbäume und eine Vielzahl anderer Geräte hergestellt wurden. Aus Bast (teilweise auch aus Bergschaf- und Hundewolle) fertigte man Umgehänge, die mit den aus Wurzelspänen geflochtenen Hüten die wichtigsten Kleidungsstücke darstellten.

Die gesicherte Ernährungslage erlaubte den Nordwestküsten-Völkern die Entwicklung eines reichen Zeremonialismus, in dessen Rahmen vor allem im wirtschaftlich ruhigeren Winter aufwendige Maskenschauspiele mythischen Inhalts zur Aufführung kamen. Ebenso spektakulär gestaltete sich die gesellschaftliche Ordnung. Einem auf der Anhäufung von materiellen und immateriellen Gütern beruhenden Erbadel standen Gemeinfreie und Schuldsklaven, bzw. Kriegsgefangene gegenüber. Der Legitimation der ererbten Vorrechte (Titel, Wappen, Gesänge, etc.) dienten die von Geschenkverteilungen geprägten Potlatch-Feste. Berufskünstler stellten im Auftrag des Adels sichtbare Ausdrucksformen von dessen Privilegien dar, darunter die als ‚Totempfähle' bekannten Wappenpfähle.

Im späten 18.Jahrhundert stießen russische Händler von Sibirien her nach Alaska vor, während Spanien seine Besitzansprüche an der Pazifikküste erfolglos zu wahren suchte. James Cooks dritte Reise (von der ein Teil der hier gezeigten Gegenstände herrührt) öffnete 1778 das Gebiet für den internationalen Seeotterfellhandel. Dieser Handel verstärkte den Wohlstand der eingeborenen Küstenbewohner und führte zu einer ‚klassischen' Blüte ihrer Kultur und Kunst. Ihr folgte ein Zusammenbruch begleitet von massivem Bevölkerungsschwund und eine von der kanadischen Regierung betriebene Politik der Bevormundung, die im Verbot der Potlatch-Feste gipfelte. Erst die jüngste Vergangenheit brachte eine Wiederbelebung des kulturellen Erbes der Nordwestküste."

Auffallend war, dass in den ersten beiden Absätzen – zu den Themen Lebenssicherung und Zeremonialismus – nie explizit gemacht wurde, von welchem historischen Zeitraum die Rede war. Durch diese unbestimmte Zeitspanne wurde das Bild einer sich nicht ändernden Lebensform entworfen, in der immer gleichermaßen Lachs gefangen, Walfang aus Prestige betrieben, Geräte aus Holz und Kleidung aus Bast hergestellt wurden, in der Zeremonien – ohnehin ein dominierendes Klischee in den herrschenden Vorstellungen von Native Americans – eine bedeutende Rolle spielten und ein Erbadel die herrschende Elite war, was sich in zahlreichen Privilegien äußerte. Dabei wurden Zeremonialismus und gesellschaftliche Ordnung gleichermaßen mit dem Wort „spektakulär" beschrieben und so in ein Verhältnis zueinander gestellt, auch gewertet. Ein Spektakel hebt sich ab vom *Normalen*, kennzeichnet das *Andere*. Es ließ auch den Charakter des Spielerischen beziehungsweise des Entertainments konnotieren, das weniger ernst zu nehmen ist. Obwohl vereinzelt Begrifflichkeiten verwendet wurden, die auf eine gesellschaftliche Ausdifferenzierung verwiesen, gab es keine näheren Ausführungen zu den gesellschaftlichen Organisationsformen. Abgesehen davon, blieb auch unklar, was unter den aus der europäischen Geschichte bekannten Begriffen Erbadel, Gemeinfreie und Schuldsklaven verstanden werden sollte. Dasselbe galt für den Begriff Berufskünstler, der nochmals eine andere Ebene gesellschaftlicher Gliederung, die arbeitsteilige, ansprach, aber es bei dieser einen Sparte auch beließ. Offen blieb, welche Berufe es gab, wie das Arbeitsleben organisiert war, wie sich Männer und Frauen oder verschiedene gesellschaftliche Schichten die Tätigkeiten teilten. Und im Hinblick auf den im Katalog vertretenen Standpunkt, dass alles künstlich Geschaffene Kunst wäre, stellte sich die Frage, was demnach BerufskünstlerInnen auszeichnete. Die Erzählung transportierte also weniger Einblicke in gesellschaftliche Strukturen, sondern ließ Begriffe wie Privilegien und Vorrechte, Zeremonielles und Spektakuläres kursieren, an denen sich eher Konnotationen festmachen konnten, die einer Klischeebildung oder Exotisierung entgegenkamen.

Im dritten Absatz – zu den Auswirkungen der europäischen Kolonisierung – wurde nun teilweise eine zeitliche Einordnung vorgenommen, aber gleichzeitig das Geschichtsnarrativ beschönigt: So wurden bevorzugt unverfänglich neutral oder positiv zu konnotierende Verben wie „bringen", „öffnen" oder „begleiten" verwendet. Neben den gewählten Verben bewirkten auch die Wahl der Begriffe, mit denen historische Ereignisse bezeichnet wurden, und die Wahl des Subjekts eines Satzes eine nivellierende Erzählung. Zum einen wurde die Kolonisierung als ursprünglich positiv, als für beide Seiten bereichernde Begegnung dargestellt, der dann ein unerklärter Bruch zum Negativen folgte, wobei aber Begriffe wie Genozid oder Landraub vermieden und auf entlastendere Bezeichnungen für historische Sachverhalte wie „Zusammenbruch" oder „Bevölkerungsschwund" ausgewichen wurde. Zum anderen handelten nicht Personen, sondern Tätigkeiten, Ereignisse bewirkten etwas, ermöglichten oder zerstörten. So „öffnete" Cooks „dritte Reise" das Gebiet für die Wirtschaft, der „Handel" „verstärkte" den Wohlstand, was zur Blüte von Kunst und Kultur „führte". Ebenso unbestimmt passierten dann negative Entwicklungen, ein nicht definierter Zusammenbruch „folgte", „begleitet" von Effekten wie Bevölkerungsschwund und Bevormundungspolitik. Doch zum guten Abschluss „brachte" die jüngste Vergangenheit eine „Wiederbelebung des kulturellen Erbes". Als handelnde Subjekte wurden ausschließlich russische Händler und Spanier erwähnt, die allerdings eher Randfiguren blieben, und die kanadische Regierung, aber lediglich aufgrund ihrer Bevormundungspolitik.

Auf der metakommunikativen Ebene war der Text kaum als einer zu decodieren, der kulturwissenschaftlichen Ansätzen verpflichtet ist. Der geschichtliche Hergang wurde durch die Art der Beschreibung eher dem eines Ablaufes von Naturereignissen ähnlich – vergleichbar der Darstellung „Kreislauf des Lebens" im Stiegenaufgang des Naturhistorischen Museums. Einerseits bestanden quasi überzeitlich gleich bleibende Formen der Lebenssicherung und -gestaltung, andererseits passierten Entwicklungen positiver wie negativer Art, entstand „Wohlstand“ und geschah ein „Zusammenbruch“. Beides fand ihren Niederschlag in der „Überlebenskunst“, sie konnte das Verbindende werden.

Wie verhielten sich nun Objekte und Text zueinander? Der Text bildete eine rahmende Erzählung – wie hinterfragbar diese auch sein mochte – für die Objekte. Auch wenn die Exponate nicht explizit ausgewiesen nach den drei im Text abgehandelten Themen angeordnet waren, gab es eine gewisse Entsprechung: Von den gezeigten Objekten verwiesen manche auf Lebenssicherung (Fischfang, Jagd, Verwendung von Bast und Holz), viele auf kultische Praktiken und Repräsentationsbedürfnisse (Masken, Ritualobjekte, Wappenpfähle) und einige auf das Thema der europäischen Kolonisierung (Cooksche Sammlung). Dennoch war fraglich, inwieweit BesucherInnen solche Verbindungen herstellen konnten oder auch wollten. Der Text konnte durchaus auch als Erzählung neben den Objekten fungieren, die Rezeption der Objekte nicht notwendigerweise dominierend anleiten. Diese konnte etwa auf die ästhetische Anmutung beschränkt bleiben. Die Inszenierung der Exponate in repräsentativen Vitrinen verbunden mit einer speziellen Lichtführung betonte die ästhetische Wirkung der Objekte. Die Gebrauchsfunktion und der Charakter als kulturhistorische Zeugnisse konnten so in den Hintergrund treten. Damit lagerten sich an den Objekten die Deutungen zu ihrer Funktion nicht gleichermaßen an wie ihre Lesart als befremdliche, geheimnisvolle, kunstfertige Artefakte. Sie erschienen in ihren möglichen Be-Deutungen nivelliert.

## Ideologische Illustrationen

Begleitet waren die Ausführungen der Bild-Text-Tafel von drei Abbildungen, die die drei Hauptthemen des Textes illustrierten und bestätigten: Fischfang zur Lebenssicherung, ein rituelles Maskenschauspiel, heutige von europäischem Einfluss geprägte Festtagskleidung.[31] Die erste Abbildung zeigte einen Fischfang und stammte von 1847, die zweite war ein Standfoto aus einem Spielfilm über die Kwakiutl von 1915 und auf der dritten war eine als Festkleidung verwendete Decke von 1974 zu sehen. Die hier erfolgten Datierungen konnten die mangelnde kulturgeschichtliche Verortung nicht kompensieren. Die Auswahl der Sujets und die Art, wie die Abbildungen eingesetzt wurden, perpetuierte eher eine Typisierung. Da etwa bei den Objekten zum Fischfang nicht ersichtlich wurde, ob und wie sich Fangpraktiken entwickelt hatten, und der Text keinerlei Veränderung ansprach, konnte sich die im Bild dargestellte Art des Fischfangs als gleich bleibende verfestigen.

Zum Problem der Festschreibung überzeitlich scheinender Bilder von Kulturen trat hier auch noch jenes der unreflektierten Produktionsmacht. Mit welchem Blick wurden diese Bilder gemacht? Wie waren die darin Abgebildeten repräsentiert? Wie wenig dieser ethnologische Blick bewusst war und diese Bilder nicht als ideologische Konstruktionen verstanden wurden, führte die Bildunterschrift zum Standfoto vor Augen:

„Ein Standfoto aus einem von Edward S. Curtis gedrehten Spielfilm aus der Vergangenheit der Kwakiutl illustriert die Prachtentfaltung der rituellen Maskenschauspiele (Photo Edward S. Curtis, 1915)."

Die Verwendung des Wortes „illustriert" demonstrierte, dass dieses Foto als Darstellung der Realität genommen und ihm Beweischarakter zugesprochen wurde. Dies traf ebenfalls auf die über den Vitrinen hängenden Großabbildungen zu. Gezeigt wurden eine typische Landschaft und eine Abbildung zum Alltag.[32] Die Bildunterschrift der letzteren konnte als Beispiel für die Objektivation der *Anderen* als Anschauungs- und Untersuchungsobjekt begriffen werden:

„Inneres eines Hauses der Nootka (Insel Vancouver, British Columbia) mit getrockneten Fischen und Bewohnern beim Kochen mit heißen Steinen in einer Holzschachtel (Nach J. Webbes, 1778)."

So wurden Fische wie BewohnerInnen durch die gemeinsame Beschreibung als Hausinneres auf eine Stufe gestellt, gleichermaßen zur „Einrichtung" gemacht.

## Homogenität versus Diversität

In der Analyse des Displays „Nordwestküste" wurde das Augenmerk darauf gerichtet, welche Aussagen zur Lebensweise und Gesellschaftsstruktur, zu sozialen Differenzierungen gemacht wurden; inwiefern der Entwurf von homogenen *Anderen* oder einer von Diversität und Hierarchie geprägten Kultur gezeichnet wurde.

Die Exponate wurden zum einen ohne explizit ausgewiesenen inhaltlichen Zusammenhang nebeneinander angeordnet, zum anderen erfolgte in den Raumvitrinen eine Zusammenstellung unter einem Aspekt, dem der „Schnitzkunst". In beiden Fällen war damit wenig über gesellschaftliche Strukturen abzulesen. Auf der Textebene wurden zwar gesellschaftliche Ausdifferenzierungen, Privilegien und Vorrechte angedeutet, einzelne Begriffe wie Adel etc. verwendet. Doch da die Bedeutung der Begriffe unklar blieb und sie zudem mit Worten wie spektakulär verbunden wurden, wurden eher klischeehafte Konnotierungen gefördert, statt eine Gesellschaft in ihren Ausprägungen zu skizzieren. Offen blieb auch, welche ethnischen Gruppierungen im Gebiet der Nordwestküste lebten und wie sich ihre Lebensweisen unterschieden. Zwar wurden Berufsschnitzer und privilegierte Eliten erwähnt, doch wurde über keine Gruppierung erzählt, was sie konstituiert. Auch war für Nicht-Fachleute schwer erkennbar, inwiefern bestimmte Schichten der Gesellschaften bevorzugt repräsentiert waren. Nur der fachspezifsche Blick könnte Exponate gruppen- und schichtspezifisch zuordnen und Ungleichgewichtigkeiten als auch Leerstellen erkennen. Aus den Präsentationen war zu schließen, dass die Tätigkeiten, die mit den präsentierten Objekten verbunden werden konnten, wie Fischfang, Zeremonien oder Schnitzen eine Domäne von Männern waren. Frauen waren großteils ausgeblendet. Das Bild des *Anderen* war das des jagenden Mannes, einer spektakulären, von Männern getragenen Gesellschaft, die von Zeremonialismus dominiert und kunstfertig war sowie von europäischen Errungenschaften profitierte.

Obgleich also die Exponate nicht als thematisch strukturierte Montagen präsentiert wurden und nur bestimmte Aspekte betont wurden, entstand der Eindruck eines eher geschlossenen Bildes von den *Anderen.* Das Fragmentarische der Objekte wurde durch Bilder, Texte und Inszenierungsweise zu einer Gesamtheit gefasst und damit die *Anderen* als weitgehend homogene Gruppe konstruiert, als „(Überlebens-)Künstler“ und „Naturmenschen“. Vereinzelt vorhandene, von den Haupterzählungen abweichende oder irritierende Deutungsangebote konnten leicht unbemerkt bleiben. Soziale und geschlechtsspezifische Differenzierungen wurden zwar angedeutet, blieben aber schemenhaft. Dies resultierte nicht nur aus der mangelhaften Darstellung von Ausdifferenzierungen gesellschaftlicher Strukturen, sondern vor allem auch daraus, dass die Präsentation der Kulturen nicht in einem geschichtlichen Ablauf verortet wurde. So wurde der Eindruck einer Lebensform vermittelt, die von immer währender Gleichheit geprägt war. Lediglich über den Kontakt mit den EuropäerInnen wurde eine Verortung in Geschichtlichkeit und eine „Entwicklung“ möglich. Die aufgerufenen Konnotationen des Undifferenzierten und Andauernden, das Bild der in einer gleich bleibenden Gesellschaftsstruktur Verharrenden ging dabei jedoch eine Verbindung mit der Konzeption ein, Objekte als besondere, kunsthandwerkliche zu inszenieren. Dies könnte auf metakommunikativer Ebene als Indiz gelesen werden, dass der im Katalog entwickelte Begriff „Überlebenskunst“ in der Ausstellung auf diese Weise seine Entsprechung fand.

## Display „Plains"

Beim Betreten des zweiten Raumes konnten die beiden an der gegenüberliegenden Wand positionierten Displays „Plains" und „Indianer heute" besondere Aufmerksamkeit erregen, nicht nur weil sie unmittelbar ins Blickfeld gerieten. Dies lag auch an der visuellen Anziehungskraft der farbigen Großabbildungen über den Vitrinen und den Objekten wie Federschmuck und Kleidung mit Fransen, die in hohem Ausmaß gängige Vorstellungen vom *Indianer* bedienten. Die Ausführungen widmen sich zuerst dem Display „Plains" mit dem Fokus auf der Kategorie *gender*. Zu diesem Display zählten eine Wandvitrine und zwei Raumvitrinen mit Exponaten, zwei an der Wand aufgehängte Tierhäute, eine Text-Bild-Tafel sowie drei Großabbildungen.

### Stereotype Bildprogrammatik

Da die über den Vitrinen angebrachten Großabbildungen[33] beim Betreten des Raumes sofort ins Auge sprangen, sollen sie den Ausgangspunkt der Analyse bilden. Präsentiert wurden gängige Sujets aus zeitgenössischen Darstellungen der 1. Hälfte des 19. Jahrhunderts. Die Abbildung von auf Pferden reitenden Männern auf Bisonjagd ruft das geläufige Bild des *Indianers* als Jäger und geschickter Reiter hervor. Daneben war das Bild eines idyllisch wirkenden Zeltlagers zu sehen, das als typisch für die Lebensweise der Native Americans konnotiert werden konnte. Am auffälligsten war jedoch die exotisch anmutende Großabbildung von Männerköpfen mit bemalten Gesichtern und einer Frisur, die hierzulande häufig als „Irokesenhaarschnitt" bezeichnet wird. Entsprechend dem gängigen Klischee, den im Kopf mitgebrachten Bildern, konnte die Gesichtsfarben etwa als „Kriegsbemalung" konnotiert werden. Die schwer zu findende Bildunterschrift wies sie jedoch nicht als solche aus, ging darauf auch nicht ein:

> „Die Omaha und Pawnee (hier eine Delegation in Washington) zählten zu den seßhaften Stämmen am Ostrand der Plains, die nur saisonal auf Bisonjagd gingen."

Dass es sich um eine Delegation handelte, machte die Bemalung vieldeutiger. Sie konnte ebenso ein Zugeständnis an die Erwartung der *Weißen* wie eine für besondere Anlässe geziemende Aufmachung sein. Obgleich der Text ein friedliches Bild zeichnete, konnte die Konnotation Kriegsbemalung trotz Bildunterschrift bestehen bleiben. Denn vor allem diese Lesart wurde in der Folge auch durch die Gesamtpräsentation von Objekten, Bildern und Texten unterstützt, die – vorweggenommen gesagt – immer wieder das Kriegertum zu einem zentralen Thema machte, wodurch anderes überlagert wurde.

Doch selbst wenn Texte Abbildungen kritisch reflektieren, verlieren damit Bilder nicht ihre Wirkmächtigkeit. Hier sei auf eine Problematik hingewiesen, die sich jedem Präsentieren von Bildern stellt, die von kolonialistischen Blicken geprägt sind. Auch wenn solche Bilder mit kritischer Distanz gezeigt werden sollen, besteht die Gefahr einer „Komplizenschaft von Kritik", wie dies Mieke Bal am Beispiel einer Publikation darlegte, die eine kritische Analyse ideologisch beladener Repräsentationspraktiken beinhaltet und dabei als illustratives Material ästhetisch aufbereitete Fotos von posierenden arabischen Frauen zeigt. Bal hinterfragt den Effekt, den es hat, dass Bilder in dieser Weise in das Buch aufgenommen wurden,[34] und konstatierte, „the impossibility of showing and saying ‚no' to the object in the very gesture that shows it."[35] Wesentlich ist daher, dem Gestus zu begegnen, in dem *Andere* präsentiert werden.

Aufgeworfen wird hier ein altes, den kritischen Kulturanalysen inhärentes Problem. Wird nicht die Geste der Aneignung und Ausbeutung, die zu kritisieren versucht wird, wiederholt, wenn dasselbe Material, dessen ursprünglicher Zweck Thema der Kritik ist, als Zitat wieder zur Schau gestellt wird? Zudem können die als Bild der *Anderen* aufgenommenen Abbildungen ihre Attraktion behalten, die auch den unbewussten Grund für ihre neuerliche Ausstellung bilden kann. Selbst wenn das ausstellende Subjekt das Sujet – etwa die diskriminierende oder stereotypisierende Darstellung des *Anderen* im Bild – zum Gegenstand einer kritischen Analyse macht, werden, wenn auch das Bild gezeigt wird, die mit der Abbildung verbundenen ideologischen Darstellungen und Sprechakte aufgerufen. In ähnlicher Weise problematisiert Judith Butler anhand der Implikationen von verletzender Sprache, dass auch der kritische Diskurs über diskriminierende Äußerungen den ursprünglich verletzenden Effekt mitaufruft, er „selbst eine Reinszenierung der Performanz [... ist]. Der gegenwärtige Diskurs bricht zwar mit dem vorhergehenden, jedoch nicht im absoluten Sinne."[36] Das muss mitbedacht werden, um Potenziale für Veränderungen zu denken.

Da die Mächtigkeit von Bildhaftem so lange besteht, wie die in ihnen symbolisierten Vorstellungen in irgendeiner Weise gesellschaftliche Virulenz besitzen, genügt es nicht zu reflektieren, dass visuelle Repräsentationen einen machtvollen Effekt haben, wenn sie *Andere* zur Schau stellen. Es gilt zu analysieren, wie sich die Macht des Bildes in einem anderen Kontext – wie dem einer Ausstellung – entfalten und mit welchen Mitteln sie entkräftet werden kann. Daher ist das Augenmerk auf spezifische Effekte des Ausstellens und ihr Potenzial zu richten, andere Sprechakte aufzuheben und deren Inhalt zu neutralisieren.[37]

Die schon von weitem in den Blick kommenden Großabbildungen des Displays „Plains" lieferten also bereits eine Bilderzählung, bevor die BesucherInnen noch die Exponate genauer sahen und die Texte lasen. Da diese Bilder geläufige Stereotypen zeigten, erhielt das vermittelte Narrativ programmatischen Charakter.

*Abb. 15: Wandvitrine und Abbildungen des Displays „Plains"*

## Typischer *Indianer* – Typische *Indianerin*

Die ausgestellten Exponate der zentralen Wandvitrine[38] waren durchwegs bekannt; sie konnten meist ohne Objektbeschriftung denotiert werden. Schon von weitem fielen zwei Lederbekleidungen samt Mokassins auf – ein Oberteil mit Hose und ein Kleid, also Männer- und Frauenkleidung. Sie waren in einer Weise angebracht, dass sie körperlos nebeneinander zu stehen schienen. Sie wirkten ähnlich, doch war die Männerbekleidung aufwändiger mit Fransen und Glasperlendekor versehen als das Kleid. Eingebettet war die opulent dekorierte Kleidung in einem Ensemble, das aus Waffen und auffallenden, bunten Objekten wie einer Federhaube bestand. Neben dem einfacher ausgeführten Kleid befanden sich nur wenige einfache Werkzeuge und Behältnisse. Abgesehen davon, dass die BesucherInnen aufgrund der im Kopf mitgebrachten geschlechtsspezifischen Vorstellungen die Objekte *Mann* und *Frau* zuschrieben, legte auch die geschlechtsspezifisch getrennte Anordnung von Objekten diese Zuordnung nahe und die Objektbeschriftungen bestätigten dies.

Die Kleidungsstücke ließen durch die Art, wie sie nebeneinander aufgestellt waren, ein Paar konnotieren, umgeben von Verweisen auf ihre geschlechtsspezifischen Tätigkeitsbereiche. Auffallend war, dass die *männlich* codierten Objekte von der Anzahl überwogen – 19 versus 6 Stücke – und so mehr als die Hälfte der Vitrine einnahmen. Zudem waren sie auch auffälliger und aufwändiger gearbeitet als die mit *Frauen* verbundenen Exponate. Aus der Objektbeschriftung ging hervor, dass es sich bei der Männerbekleidung um die Galakleidung eines Kriegers handelte, dessen Lederhemd ein Register von Kriegstaten aufwies. Mit den ausgewiesenen Leistungen konnte auch gesellschaftlicher Status verbunden werden. Bei den *männer*spezifischen Objekten dominierten Ausrüstungsgegenstände für Pferde (Pferdebrustschmuck, Reitpeitsche, Steigbügel) sowie für Jagd und Krieg (Keulen, Tomahawk, Messerscheiden, Pfeil und Bogen, Köcher). Es wurde weiters eine Hörnerhaube mit großer Federschleppe präsentiert, die laut Objekttext als Abzeichen eines hohen Rangs einer wichtigen Kriegergesellschaft diente. Im Gegensatz zur Galakleidung wurde beim Kleid kein spezifischer Zweck angeführt, es war einfach als Frauenkleid aus Gabelbockfellen mit Glasperlendekor im „faulen Stich" bezeichnet. Die *Frauen* zugeordneten Objekte waren Alltagsgegenstände wie eine Arbeitstasche, ein Klopfer für Dörrfleisch, zwei Behälter und ein Fellschaber.

Durch die Anordnung der Exponate nach geschlechtsspezifischen Bereichen wurde die in der übrigen Ausstellung gängige Präsentation isolierter Objekte aufgebrochen und eine gewisse thematische Zusammenstellung gemacht, dies jedoch ohne eine historische Kontextualisierung vorzunehmen. Auf paradigmatischer Ebene betrachtet machten die geschlechtsspezifisch konnotierten Objekte *Mann* und *Frau* aus. Pferd, Waffen und aufwändige Ausstattung definierten den *Mann*, Behältnisse und einfache Werkzeuge die *Frau*. Auf syntagmatischer Ebene ermöglichten die Objektarrangements geläufige Geschlechternarrative. Der *Indianer* war berittener Krieger und Jäger, er verfügte über prächtig ausgestattete Gegenstände und Statussymbole wie etwa die Galakleidung, nahm in der Gesellschaft offenbar eine dominante Position ein; seine Taten wurden aufgezeichnet (Register der Kriegstaten). Die *Indianerin* war auf die Tätigkeit der Versorgung beschränkt. Zusammen bildeten sie das auch in den Köpfen der BesucherInnen präsente stereotype Bild, in dessen Zentrum der Jäger und Krieger stand, im Hintergrund die fast unsichtbare *Squaw*. Der Objekttext bestätigte zwar diese Zuweisungen.

„Bei den Plains-Völkern waren Jagd und Krieg die Hauptaufgaben der Männer. Die Verarbeitung von Leder und Nahrung oblag den Frauen."

Doch konnte dieser Text auch anders gelesen werden. Wenn die Verarbeitung von Leder den Frauen zukam, waren viele der hier zu sehenden Gegenstände Produkte der Fertigkeit von Frauen. Daran konnte sich die Frage nach der metakommunikativen Codierung von Anordnungen anschließen. Welches Narrativ würde sich entfalten, wenn die Anordnung der Objekte danach erfolgt wäre, wer die Objekte produziert hat und nicht wer sie gebraucht hat? Die von Produktionsseite bestimmte Anordnung kennzeichnet häufig das Ausstellen wie etwa von Kunst oder Handwerk und wurde auch beim Thema Schnitzkunst im Display „Nordwestküste" gemacht. Im Fall der Aufstellung nach dem Produktionskriterium hätten Frauen eine bedeutendere Rolle erhalten. Dies entspräche aber wohl nicht dem gängigen Bild von *Indianer* und *Indianerin*.

Die Objektauswahl konzentrierte sich auf Kleidungs- und Ausstattungsgegenstände, die sich durch das Vorhandensein von als typisch *indianisch* konnotierten Versatzstücken wie Leder, Federn, Fransen, Glasperlendekor auszeichnete und so ein malerisch anmutendes Bild aufrufen konnte. Damit korrespondierte die Darstellung dieser Kultur mit jenen Bildern, die durch Literatur und Film verbreitet wurden und die die BesucherInnen in der Regel in ihren Köpfen mitbringen. Bezogen die BesucherInnen auch die in den beiden kleinen Raumvitrinen und an den Wänden präsentierten Artefakte ein, erfuhr dieses Bild neben der Bestätigung eine Verfremdung. An der Wand waren zwei bemalte, aufgespannte Tierfelle zu sehen. Damit konnten Jagdtrophäen oder handwerkliche Fertigkeiten der Fellbearbeitung verbunden werden. In den Raumvitrinen wurden Objekte ausschließlich unter der Bezeichnung „Zeremonialausrüstung" präsentiert. Während die Kleidung und die übrigen Exponate der oben beschriebenen Wandvitrine einen hohen Bekanntheitsgrad hatten, waren hier nun weniger geläufige Exponate zu sehen. So versammelte etwa die erste Vitrine[39] Zeremonialgegenstände, die zur Gänze aus Federn, Haaren, Fransen etc. bestanden und für nicht mit den Kulturen Vertrauten ohne Objekttext kaum zu denotieren waren. Bei einem aus Federn bestehenden, figurartigen Gebilde – laut Objekttext zur Ausrüstung für den Kriegstanz gehörig – war anstelle des Kopfes ein kleiner präparierter Vogel gesetzt. Ein weiterer für den Kriegstanz bestimmter Haarkamm bestand aus gefärbten Hirsch- und Pferdehaaren, der laut Text den „Irokesenhaarschnitt" der Pawnee imitierte. Diese beiden Exponate waren gemeinsam mit dem Kopfschmuck eines Häuptlings und einer Stabrassel, einem Symbol der „Kriegergesellschaft", präsentiert und bildeten ein exotisch anmutendes Ensemble. Zwar setzten sich die Objekte aus Materialien zusammen, die als typisch für Native Americans galten, aber ihre Gestalt waren weniger geläufig und wirkte – verstärkt durch die fragile Machart – fremd, sonderbar, exotisch, obskur und anrührend. Die Objekttexte stellten die gezeigten Zeremonialgegenstände in

Beziehung zur „Kriegergesellschaft" der Plains. Damit wurde die herausragende Bedeutung von Kriegern und so auch von Männern ein weiteres Mal betont.

Auch die zweite Raumvitrine[40] war dem Zeremonialbereich vorbehalten. Zu sehen waren inmitten von Tabakpfeifen auch weniger geläufige Objekte, die wiederum mit Jagd und Krieg verbunden waren. Neben einem Spielreifen zum Anlocken von Bisonherden gab es ein Exponat, das wie ein Pferdebein aussah, einen so genannten Pferdetanzstab, mit dem im Kampf verletzte Pferde geehrt wurden. Auch wenn die Form unschwer als Pferdebein erkannt werden konnte, blieb ohne Objekttext die Funktion im Dunkeln. Zudem ließ die Art der Anbringung – der Tanzstab war in schiefer Lage abgehängt und betonte so die Form des Beines – das Objekt merkwürdig erscheinen.

Bei einigen der schwierig zu denotierenden Objekten der beiden Raumvitrinen rückte mit dem *Fremden* das Exotische in den Vordergrund. Dies konnte einen gewissen irritierenden Effekt evozieren, wenn BesucherInnen ebenso Bekanntes, Vertrautes erwarteten wie die Kleidungen und Waffen in der Wandvitrine. Im Gegensatz zu diesen, die vielfach kopiert wurden – ob nun in Winnetou-Filmen oder als *Indianer*-Kostüme für Kinder –, waren die ungewöhnlicheren Exponate nicht unter dieses Klischee subsumierbar. Aber sie konnten einem anderen Bild entsprechen: Native Americans wurden immer auch mit geheimnisvollen, magischen Ritualen verbunden.

## Dauerhaftigkeit populärer Vorstellungen

Welche Erzählungen wurden nun angeboten, wenn die BesucherInnen den Bereichstext und die Abbildungen in die Rezeption einbezogen. Der Blick auf die Text-Bild-Tafel zeigte auch hier eine Gliederung in drei Hauptthemen: die Entwicklung von Lebensweise und Kultur, die zentrale Stellung der Bisons für die Lebenssicherung sowie rituelle Praktiken und Gesellschaftsstruktur. Vorerst der Text:

„Plains
Die berittenen Krieger der Gras- und Steppenlandschaften (Prärien und Plains) mit ihren Federhauben und gefransten Lederkleidern beherrschen das populäre Bild vom ‚Indianer', doch konnte sich diese Kultur erst nach der Einführung des Pferds durch die Europäer entwickeln. Erst die gesteigerte Mobilität setzte verschiedene Völker in die Lage, den Nahrungsreichtum der großen Bisonherden zu nützen. Ehemals bodenbautreibende Völker des Ostens wurden zu Nomaden und brachten ihr Erbe - ebenso in die neue Kultur ein, wie einfache Jäger und Sammler, die aus dem Westen in die Plains vordrangen. Ihr Kriegertum machte den entlang der Flüsse lebenden, eingesessenen Stämmen zu schaffen, und auch den Weißen, die im 19. Jahrhundert den Westen Amerikas für sich reklamierten.

Für die Plainsstämme wurde der Bison zur Quelle aller wichtigen Dinge des Lebens: Sein Fleisch war Hauptnahrung und konnte als Trockenfleisch (Pemmikan) aufgehoben werden, seine Haut wurde zu Zelten, Kleidung, Behältern und Schilden verarbeitet, aus seinen Sehnen stellte man Fäden, aus seinen Knochen Geräte her. Den jährlichen Wanderungen der Tiere folgten die Menschen: Im Sommer wurden die Bisons gemeinschaftlich gejagt, im Winter spalteten sich Herden und Stämme in kleine Gruppen auf und suchten am Rand der offenen Graslandschluchten Schutz. Die Ausrottung der scheinbar unendlichen Bisonherden durch weiße Jäger in der 2. Hälfte des 19. Jahrhunderts führte zum kulturellen Zusammenbruch und zur Unterwerfung der Stämme, die militärische Mittel allein kaum vermocht hätten.

Der im Sommer abgehaltene Sonnentanz, eine manchmal von Selbstmarterungen begleitete Welterneuerungszeremonie, stand im Mittelpunkt des religiösen Jahresablaufs der Plains-Stämme. Als Individuum suchte man im Rahmen der Visionssuche übernatürlichen Schutz und Kräfte zu erlangen. Eine besondere Rolle im Gemeinschaftsleben spielten die zum Teil hierarchisch oder in Altersklassen organisierten Bünde. Für Frauen gab es etwa einen Kunsthandwerkbund, dem unter anderem die Herstellung von mit Stachelschweinborsten verzierten Gegenständen oblag. Die Kriegerbünde der Männer besaßen auch Polizeifunktionen im Lager oder bei der Bisonjagd. Zu ihren Rangabzeichen zählten Hörnerhauben und Federkopfschmucke."

Der Text wurde mit einem auf die BesucherInnen Bezug nehmenden Satz eingeleitet: Das in der westlichen Kultur dominierende populäre Bild vom *Indianer* wurde angesprochen und damit seine Hinterfragung ins Spiel gebracht. Die BesucherInnen erfuhren, dass aus der Vielfalt der in Amerika lebenden indigenen Kulturen Ethnien der Plains auserkoren wurden, das europäische Bild vom Native American zu „beherrschen". Damit wurde ein spannender Anknüpfungspunkt zur Konstruktion von Vorstellungen über *Andere* geschaffen. Doch problematisiert wurde nur ein Aspekt – dass das Bild, das von diesen Kulturen vermittelt wurde, zum Synonym für die Gesamtheit der Native Americans wurde, dass das Bild *einer* Bevölkerungsgruppe zum Dominanten in Europa wurde. Unhinterfragt blieb das Bild selbst. Die Beschreibung der Plains-Kulturen als „berittene Krieger [...] mit ihren Federhauben und gefransten Lederkleidern" beinhaltete eine Annahme, eine metakommunkative Codierung: Es wurde suggeriert, dass es sich um ein Abbild der vergangenen Realität handelt. Aber jede Darstellung des *Anderen*, der Geschichte einer Kultur ist immer eine Konstruktion. Die KuratorInnen verabsäumten es, ihre Bildproduktion, die vom hegemonialen westlichen Blick geprägt ist, als Konstruktion auszuweisen. Obgleich also das Produzieren von Bildern und Vorstellungen angesprochen wurde, blieb ein wesentlicher Aspekt unberücksichtigt: Der grundsätzliche Konstruktionscharakter aller Bilder und Vorstellungen, das Problem der Definitions- und Deutungsmacht blieb außen vor.

Der Text klärte nun im Weiteren die LeserInnen auf, dass die bekannte Kultur der Plains sich erst infolge des Kontakts mit den EuropäerInnen – deren „Einführung des Pferds" – „entwickeln" konnte, dass diese damit „in die Lage" gesetzt wurden, Vorhandenes – wie die Bisons – zu „nützen". Ähnlich wurde auch in zwei Objektbeschriftungen argumentiert:

„Mit dem Pferd wurden auch die dazugehörigen Ausrüstungsgegenstände von den Europäern übernommen, aber den eigenen Bedürfnissen angepaßt."
„Europäische Eisenäxte verdrängten als Tomahawks nach und nach die alten Keulenformen."

EuropäerInnen hatten also zur Ausbildung jener Charakteristika beigetragen, die häufig mit *Indianern* verbunden werden: das Pferd, der Tomahawk und die Bisonjagd. Damit war ein spannendes Thema eröffnet. Übernahmen und Austausch zwischen Kulturen bestimmen immer die Entwicklung von Gesellschaften. Die Frage ist, welche der angeeigneten Praktiken konnten mehr als andere zu *authentisch* definierten werden? Und war diese Entwicklung konflikthaft, geschah sie unter Anpassungsdruck? Inwieweit kamen im berittenen, bisonjagenden, tomahawknutzenden Native American *Eigen*- und *Fremd*bild zum Tragen? Wie die Formulierungen des Textes suggerierten, schien der Kontakt über weite Strecken nur von Vorteil für die indigenen Kulturen gewesen zu sein. Im Gegensatz zu den EuropäerInnen wurden die Native Americans als eine Kultur dargestellt, die nicht Fertigkeiten hervorbrachte sondern übernahm und so Entwicklungen nachholte, sie höchstens den eigenen Bedürfnissen anpasste. Sie schienen von einer Art europäischer Entwicklungshilfe profitiert zu haben. Die ausführlichen Schilderungen über die Bedeutung des Bisons, deren Wanderungen die indigenen Menschen folgten, mündeten in der Formulierung, dass der „Bison zur Quelle" wurde. Das Wort Quelle beinhaltet Konnotationen des Ursprünglichen, Wesentlichen, Existentiellen und untermauerte die Verbindung der Native Americans mit *Natur*. Zwar wurde die Quelle Bison von der indigenen Bevölkerung und von den kolonisierenden EuropäerInnen genutzt. Doch im Gegensatz zu den EuropäerInnen war das Wohlergehen der Native Americans stark vom Vorhandensein von Naturressourcen abhängig. Insofern die EuropäerInnen diese Quelle erst in großem Umfang zugänglich gemacht hatten, erschien ihre Tat der Ausrottung der Bisonherden unter Umständen nicht so schwerwiegend. Denn sie „führte" lediglich zum „kulturellen Zusammenbruch" der indigenen Bevölkerung, der nicht intendiert war, der als Folge passierte und der keine existenzielle Gefährdung konnotieren ließ. Der Text ermöglichte den Schluss, dass das Problem darin bestehen könnte, dass sich die indigene Bevölkerung in ihrer Existenz einseitig von den Bisons abhängig gemacht hatte, dass gerade in der Fähigkeit, sich von Naturgegebenheiten durch Technologien unabhängig zu machen, auch die Überlegenheit der EuropäerInnen zu sehen wäre.

Eine ähnliche Strategie der Nivellierung war hinsichtlich der Thematisierung der gewaltsamen Kolonisierung bemerkbar. Im ersten Absatz des Textes wurde, nachdem die nutzbringenden Innovationen der Kolonisierenden erwähnt wurden, das Kriegertum der Kolonisierten betont, das anderen indigenen Bevölkerungsgruppen wie auch „Weißen" zu „schaffen machte", die den Westen „für sich reklamierten". „Kriegertum" wirkte hier als Begriff schwerer als der Ausdruck „reklamieren", der eine sehr verharmlosende Umschreibung für (gewaltsame) Aneignung war. Und die letztendliche „Unterwerfung der Stämme" wurde weniger aufgrund der eingesetzten militärischen Mittel erklärt, sondern in erster Linie indirekt als Folge der Ausrottung der Bisonherden durch „weiße Jäger" beschrieben. Ausgeblendet blieben so Gewaltakte gegen die indigene Bevölkerung, Worte wie „kultureller Zusammenbruch" und „Unterwerfung der Stämme" verdeckten Enteignung und Genozid.

Im dritten Absatz wurden zwei Merkmale der gesellschaftlichen Struktur angeführt: rituelle Praktiken sowie die Organisation von Arbeitsaufgaben beziehungsweise soziale Funktionen in der Gemeinschaft. Die Beschreibung der zeremoniellen Praktiken ermöglichte die Konnotationen exotisch, fremd, wild, ungezügelt. Die Formulierung „als Individuum" konnte dabei die Frage aufwerfen, inwieweit alle – Männer wie Frauen und verschiedene soziale Schichten – in gleicher Weise daran teilhatten. Dass Unterschiede bestanden, war zu vermuten, da ja auch in Bezug auf die Aufgabenstellungen in der Gemeinschaft die Rolle der „Bünde" und ihre auf Distinktion und Differenzierung gründende Zusammensetzung hervorgehoben wurde. Verwiesen wurde auch auf die geschlechtsspezifische Differenzierung der Bünde: Frauen als Kunsthandwerkerinnen, Männer als Krieger. Dass dabei Unterschiede in der gesellschaftlichen Bedeutung der Vereinigungen zu bestehen schienen, ließ der Hinweis vermuten, dass es Rangabzeichen gab. Während unklar blieb, ob Frauenbünde keine Rangabzeichen hatten oder dies nicht erwähnenswert war, wurden diejenigen des Kriegerbundes angeführt – „Hörnerhauben und Federkopfschmucke". Und diese waren eben jene Utensilien, die das Bild vom *Indianer* so nachhaltig prägten.

Der Text konnte ambivalente Konnotationen auslösen. Der Beginn wirkte aufklärerisch in dem Sinn, dass auf das Verhältnis von EuropäerInnen und Native Americans rekurriert wurde. Doch ging die Befragung nicht über das Entstehen des populären *Indianerbildes* hinaus. In der Folge wurde nicht nur ein Narrativ verwendet, das die Kulturen der Plains deutete, ohne den westlichen Standpunkt der KuratorInnen kritisch zu reflektieren. Es wurde darüber hinaus eine Erzählung nahe gelegt, dass die Entwicklung der indigenen Ethnien der Plains nur in Kontakt, sogar Abhängigkeit mit EuropäerInnen zu sehen wäre. Über ihr Leben davor wurde ebenso wenig berichtet wie über die Entwicklungen seit dem 19. Jahrhundert. Trotz dieser zeitlichen Verortung erweckte die Darstellung der Gesellschaft und Kultur der Plains-Völker den

Eindruck, dass abgesehen von den durch die EuropäerInnen bewirkten Veränderungen kein Wandel stattgefunden hat. Entstehen konnte das Bild eines der Zeit nicht unterworfenen Typischen – das bis heute währende Bild *des Indianers* als *edler Wilder*.

Obgleich der Text hier – im Gegensatz zu den Objekt- und Bildbeschriftungen – die Tätigkeiten in Formulierungen beschrieb, ohne Frauen oder Männer als handelnde Subjekte zu benennen, dominierte das Sujet des *männlichen* Kriegers und Jägers. Die breite Abhandlung von Jagd und Krieg stellte implizit den Mann in den Vordergrund, nur er war – in Übereinstimmung mit den herrschenden Vorstellungen von Native Americans – als Krieger und Jäger denkbar. In dieser Funktion konnten Männer zu dominanten Protagonisten werden, die das Leben sicherten, das gesellschaftliche Leben prägten. Auch wenn dies der gesellschaftlichen Arbeitsteilung entsprach, wäre die Bildungsinstitution Museum aufgefordert, geschlechtsspezifische Zuweisungen als Konstruktionen erkennbar zu machen.

Während der Text andeutete, dass die Bevölkerung der Plains durch den europäischen Kontakt jene Charakteristika ausprägten, die dann zum Klischeebild des *typischen Indianers* gerinnen konnten, präsentierte die Aufstellung der Exponate ein ungebrochenes Bild. Im Gegensatz zum Text, der die historische Entwicklung des „populären Bildes“ ansprach, wurden anhand der Exponate die grundlegenden Veränderungen nicht nachvollziehbar – abgesehen von dem Nebeneinander von Keulen und dem sie ablösenden Tomahawk. Es wurde das vertraute Bild der Kulturen gezeigt, die sich nach Einführung von Pferd, Eisen und Glasperlen herausgebildet hatte. Bis auf den Köcher für Pfeil und Bogen aus der Zeit um 1970 und auf eine Tabakspfeife aus der Zeit um 1920 stammten alle Gegenstände aus dem 19. Jahrhundert, wobei ohne Objekttext nicht festzustellen war, ob sie von Anfang oder Ende des 19. Jahrhunderts waren. Auch der Köcher von 1970 unterschied sich nicht signifikant von älteren Exponaten, da er in der gleichen Art mit gleichen Materialien wie diese gefertigt war. Das konnte daran liegen, dass entweder die Produktionstechnik unverändert beibehalten wurde oder von den KuratorInnen die Auswahl so getroffen wurde, dass der Anschein gleich bleibender Machart erweckt wurde. Es stellte sich hier nicht nur die Frage nach Tradition und Kontinuität von Produktionsformen, sondern auch die Frage nach der Rolle des Museums. Inwiefern wollte es ein bestimmtes Bild vom *Indianer* transportieren?

Dem Text waren auch Abbildungen beigegeben. Es waren zeitgenössische Darstellungen aus dem 19. Jahrhundert. Das erste Bild der Tafel zeigte zwar das Dorf einer „sesshaften“ Bevölkerungsgruppe, die Bildunterschrift widmete sich jedoch nicht dieser Kultur, sondern brachte sofort die Gefährdung seitens kriegerischer Gruppen ins Spiel:

„In ihren permanenten Erdhausdörfern waren die Mantan und andere seßhaften Völker ein leichtes Opfer der nomadischen Krieger (Nach K. Bodmer, 1834)“

Durch diese Bildbeschriftung wurde es möglich, das Bild mit dem dominanten Thema des Bereichstextes – die „Kriegergesellschaft“ – in Verbindung zu bringen. Das zweite Bild führte das Thema Krieg weiter. Es veranschaulichte das Aufzeichnen von Kriegstaten, wobei die Bildunterschrift ihre Bedeutung für Männer unterstrich:

„Die Erlangung von Kriegsehren war eines der wichtigsten Ziele der Männer. Die Taten wurden als Malerei auf Leder (später auch Papier) festgehalten (Zeichnung des Lakota Bear Bird, 1885)“

Da hier unerwähnt blieb, auf welche Bevölkerungsgruppen – Sesshafte und/ oder nomadische Krieger – rekurriert wurde, suggerierte der Text, dass es für alle Männer entscheidend war, sich als Krieger zu profilieren. Eventuelle Unterschiede in den gesellschaftlichen Ordnungen der verschiedenen Kulturen blieben im Dunkeln. Das dritte Bild war ein interessantes Beispiel für eine zeitgenössische Sicht auf das Thema Kolonisierung, auf das Verhältnis zwischen indigener Bevölkerung und kolonisierenden EuropäerInnen. Es zeigte dieselbe Person einmal mit Federschmuck, einmal in einem Anzug. Dieses Bild ermöglichte verschiedene Deutungen. Diese konnten sich zwischen einem Spiel mit kulturspezifischen Maskeraden und einem Zeichen der Entfremdung bewegen. Jede Darstellung von Kulturen kann je nach Kontextualisierung als Illustration ethnografischer Bestrebungen und Annahmen vermittelt werden oder zur Problematisierung des Blicks auf *Andere* herangezogen werden. Die Bildunterschrift schränkte allerdings den Interpretationsrahmen, die möglichen Deutungen ein:

„Vorher – nachher: Der Assimiboin Wi-Jon-Jon als edler Wilder beim großen Vater in Washington und als Mann von Welt in der Heimat (Nach G. Catlin, 1832)“

Die Bildunterschrift legte eine Abfolge nahe, brachte eine Hierarchie ein: Durch das Verwenden von „vorher-nachher“ – das sehr gern zum Beweis einer Verbesserung eingesetzt wird, etwa einer schlankeren Figur, einer schöneren Wohnung – wurde einem namentlich genannten Native American eine „Entwicklung“ bescheinigt. Er erkennt die Lebensformen der Kolonisierenden als erstrebenswerte an und übernimmt sie. Durch die Begegnung mit dem „großen Vater in Washington“ erfährt er eine Art Nobilitierung, erst als „edler Wilder“ und dann als „Mann von Welt“. Diese Sicht korrespondierte mit den im Haupttext verfolgten Strategien des Ausblendens von Herrschaft und Gewalt, von Kolonisierungseffekten. Die möglichen Deutungen des Bildes erfuhren eine beschränkende Rahmung.

Fügten die BesucherInnen alle Abbildungen – also die der Text-Bild-Tafel und die Großabbildungen über der Wandvitrine – zusammen, konnten sie nicht nur jenes Bild feststellen, das sich die EuropäerInnen im 19. Jahrhundert von Native Americans machten. Gemeinsam war den Bildern vor allem, dass Frauen nicht vorkamen, wobei offen blieb, ob dies der Bildproduktion oder der Auswahl durch die AusstellungsmacherInnen geschuldet war. Und die im Text angesprochenen gesellschaftlichen Veränderungen fanden keine Entsprechung, Es wurde keine historische Entwicklung gezeigt, sondern eine bestimmte Vorstellung und Zeit eingefroren.

## Androzentrismus

Die Analyse zum Display „Plains“ sollte nachzeichnen, wie das kursierende Bild von Native Americans als *männliches* konstruiert wird – als Krieger und Jäger, deren Bedeutung sich auch in Zeremonien niederschlug. Der *Indianer* besaß Pferd, Tomahawk, Pfeil und Bogen, mit denen er Bisons jagte und Krieg führte, er war in Leder mit Fransen, Glasperlendekor und Federn gekleidet, er bemalte seine Haut, trug auch markante Frisuren und nahm an Zeremonien – Stichwort Kriegstanz und Friedenspfeife – teil etc. Im Zusammenspiel von Text-, Bild- und Objektebene wurde immer wieder dieses bekannte Stereotyp evoziert, andere Aspekte, insbesondere die Lebensbereiche der Frauen, blieben untergeordnet. Der Bereichstext verwies zwar auf Veränderungen im Leben der Kulturen, transportierte aber ebenso stereotype Vorstellungen.

Das Leben von Frauen nahm einen weit geringeren Raum ein. Das Bild von Frauen, von ihrem Leben und Agieren entstand weniger mittels der ausgestellten Exponate und Texte – auf Bildern fehlten sie ganz – sondern in erster Linie implizit in Abgrenzung zu den *männlich* dominierten Lebensbereichen. Sie waren alles das nicht, was *den Indianer* charakterisierte: Krieger und Jäger, in der Gesellschaftsstruktur und ihren Ritualen dominierend. Die Präsentationen vermittelten, dass Frauen vor allem für die alltäglichen Tätigkeiten der Reproduktion zuständig waren, wodurch sie ebenso typisiert erschienen wie die Männer. Diese klischeehaften Geschlechterbilder schienen weder einem Wandel zu unterliegen noch unterschieden sie sich von binär codierten westlichen Geschlechterkonstruktion der Moderne. In dieser ist die Frau passiv konstruiert, der Mann aktiv, *Weiblichkeit* ist durch die Abwesenheit dessen charakterisiert, was *Männlichkeit* ausmacht und umgekehrt. In Bezug auf die vermittelten Geschlechterbilder basierte die metakommunikative Codierung des Displays „Plains“ auf als universell gültig gesetzte Konstruktionen. Die Repräsentation von *gender* entsprach einem geläufigen Muster, das in den meisten kulturgeschichtlichen Museen zum Tragen kam. Wie sehr es sich hier um eine grundlegende Präsentationsweise handelte, konnten Forschungsergebnisse der Museologin Gaby Porter deutlich machen. Sie analysierte englische Industrie- und Arbeitsmuseen und stellte fest, dass in der Regel Frauen passiv den Hintergrund der Bilder und Erzählungen bilden, an deren Ränder erscheinen, während Männer im Zentrum der Präsentationen stehen, als aktive Subjekte handeln. Auf diese Weise würden durch die Evidenz des ausgestellten Klischees von *weiblicher* Passivität und *männlicher* Aktivität diese nicht nur aufgerufen sondern verfestigt. Repräsentationen wurden – so Porter – um idealisierte und stereotype Vorstellungen von *Männlichkeit* und *Weiblichkeit* geformt und als „real" dargestellt:

„I concluded that, as produced and presented in museums, the roles of women are relatively passive, swallow, undeveloped, muted and closed; the roles of men are, in contrast, relatively active, deep, highly developed and articulated, fully pronounced and open. ‚His' existence and ascendance depend on ‚her' presence and subordination. Together they provide a thread for museums in the histories and narratives which they make. […] Museums use sexual identity and difference as a firm and persistent referent on which to build the narratives of exhibitions."[41]

## Display „Indianer heute"

Im dritten Beispiel wird der einzige nicht geografisch definierte Themenbereich „Indianer heute" analysiert, diesmal unter besonderer Berücksichtigung der Kategorie *race*. Auch dieses Display bestand aus einer großen Wandvitrine, einer Text-Bild-Tafel und einer Großabbildung, ergänzt durch eine kleine freistehende Vitrine und einer an der Wand hängenden Decke. Wie schon erwähnt, war zwar der erste Blick aus der Distanz zum einen von der Großabbildung über der Wandvitrine bestimmt, zum anderen von der Anmutung insbesondere jener Exponate, die aufgrund von populären Medien weite Verbreitung gefunden und so einen Wiedererkennungseffekt hatten.

*Abb. 16: Wandvitrine und Abbildung des Displays „Indianer heute"*

Im Gegensatz zum Display „Plains" konnten hier die Exponate den Blick mehr auf sich lenken, während die Großabbildung unspektakulär und in ihrer

Aussage nur teilweise denotierbar war. Zu erkennen war eine Ansammlung von Menschen mit zwei gehissten Flaggen, die der USA und Kanadas. Mit den Fahnen wurde zwar auf die aktuelle Zugehörigkeit zu Staatsgebilden, auf Machtverhältnisse verwiesen, doch blieb der Zweck dieses Aktes offen. Das Bild bot eine gewisse atmosphärische Einstimmung, hatte aber ohne zusätzliche Erklärung für sich allein wenig Potenzial für ein bestimmtes anleitendes Narrativ.

## *Authentische* Native Americans

Insbesondere zwei große Objekte der Wandvitrine[42] zogen den Blick schon von weitem an: ein radähnliches Gebilde aus roten und weißen Federn und ein Kopfschmuck aus knallgelben Federn. Die Intensität der Farben war stärker als bei Exponaten der anderen Displays. Näherten sich BesucherInnen der Vitrine, konnten sie – auch mit Hilfe des Objekttextes – den Grund erkennen. Die Leuchtkraft der Farben war durch das Material Kunststoff bedingt. Mittels Text war auch das „Radgebilde" als Tanzkostüm zu denotieren. Neben diesen beiden Objekten gab es noch weitere Kleidungsstücke und Accessoires wie ein T-Shirt, Schirmkappen, eine Krawatte, ein Mascherl (Fliege), ein weiteres Tanzkostüm, Turnschuhe, ein Stirnband, ein Hemd. Einige davon dienten zeremonialen Zwecken, wie auch die gezeigten Rasseln, die Pfeife, der Fächer, der Zeremonialstab, die Trommel und der Bisonschädel. Dass an Exponaten Kleidung, Zeremonialausrüstung und Behältnisse – es waren Kaffeetassen, eine Kaffeekanne und ein Eierkorb ausgestellt – präsentiert wurden, stellte eine Parallele zu den übrigen Displays dar, auch wenn sie hier zeitgenössische Formen haben konnten. Aber es wurden auch Objekte ausgewählt, die Zeugnisse allein des 20. Jahrhunderts waren, die keine früheren Pendants hatten: eine Bierdose, ein Dosenöffner, ein Autonummernschild, Plakate und Aufkleber.

Was die meisten Objekte verband, war, dass sie etwas aufwiesen, das sie als *indianische* Tradition und Kultur konnotieren ließ: Federn, Fransen, Perlendekor, Muster und Symbole. Objekte wie Tanzkostüm und Zeremonialausrüstung bestanden nunmehr aus Materialien wie Baumwolle oder Kunststoff. Aber indem Federn und Fransen etc. nachgeahmt wurden, knüpfte die Machart an ein traditionelles Gestaltungsrepertoire an. Zudem wurden Alltagsgegenstände mit als traditionell erachteten Codes überformt. Perlen waren an Objekten wie Turnschuhen oder an einem Dosenöffner angebracht. Auch in der Raumvitrine wurde eine Reihe von Perlenarbeiten präsentiert: eine Digitaluhr oder Gürtelschließen mit unterschiedlichsten Sujets wie das traditionell bedeutende Adlersymbol oder aktuelle Motive wie Disney-Figuren oder der Golfkrieg. Die vertrauten Vorstellungen, was Native Americans definiert, fanden in den Objekten aus Perlen, Fransen und Federn ihre Entsprechung.

Damit stellte sich die Frage der metakommunikativen Codierung. Welche Haltung nahm das Museum gegenüber der gegenwärtigen materiellen Kultur der Native Americans ein? Welches Spektrum an Objekten fand Eingang in die Sammlung und Präsentation? War die Auswahl der Exponate davon angeleitet, dass die eindeutige Unterscheidung als *andere* Kultur funktionierte? Oder sollte die Tradierung von kulturellen Praktiken demonstriert werden, indem vergangene Formen als gegenwärtig präsente gezeigt wurden, als gelungene Verknüpfungen traditioneller Elemente mit heutigen? Oder sollte diese Vorgangsweise als Bemühen gelesen werden, das ungebrochene Bestehen der Kulturen der Native Americans zu zeigen, ihnen Gewicht beizumessen? Galt es so zu beweisen, dass es trotz Kolonisierung *indianische Kulturen* gibt – ein Zeichen der „Überlebenskunst"?

Im Unterschied zu den vorangegangenen Darstellungen verschiedener geografischer Regionen mit ihren jeweiligen Traditionen war hier nur eine gemeinsame *indianische* Kultur wahrzunehmen – wie auch der Titel „Indianer heute" verdeutlicht. Zwar waren die regionalen Kulturen auch überwiegend als homogene Gruppen präsentiert, doch nunmehr wurde ein homogenisiertes Gesamtkonstrukt vermittelt. In diesem Zusammenhang sei auf die Problematik verwiesen, dass Ausstellungspräsentationen Kulturen schnell als homogene Einheiten vermitteln können. Denn häufig wird infolge der Notwendigkeit, nur weniges auswählen zu können, auf typische, weit verbreitete, bekannte Objekte einer Kultur zurückgegriffen. Doch wer definiert das Charakteristische? Welche Personen und kulturellen Praktiken sind damit repräsentiert und was bleibt ausgeblendet? Um charakteristische Objekte definieren zu können, bedarf es einer Vorstellung über eine Kultur, doch wird diese Konstruktion zumeist in der Ausstellung nicht offen gelegt. Und so können die ausgestellten originalen Objekte zu *den* Repräsentanten gerinnen und die transportierten Narrative als „wahr" und „authentisch" legitimieren.[43]

Indem im Display „Indianer heute" überwiegend Objekte zu sehen waren, die mit Perlen, Fransen, Federn oder als *indianisch* erachteten Symbolen ausgestattet waren, konnten diese als charakteristisch, repräsentativ und authentisch für das Leben der heutigen Native Americans rezipiert werden. Die Frage war, ob damit auch eine homogene kollektive Identität konnotiert werden sollte oder ob aktuelle wissenschaftliche Konzepte Eingang fanden, die von hybriden Kulturen ausgehen. Objekte, die unter den Bedingungen des Postkolonialismus produziert werden, sind bis zu einem gewissen Grad – unweigerlich – hybrid. Zum einen sind so genannte traditionelle Techniken und Motive zu Transformationsprozessen in (post-)kolonial bestimmten Kontexten gezwungen.[44] Zum anderen werden Gegenstände von hybriden Identitäten produziert, deren Selbstverständnis von sich überschneidenden kulturellen Zusammenhängen geprägt ist.[45]

Unter anderem wurden im Bereich „Indianer heute“ massenproduzierte, industrielle Produkte ausgestellt, aber überwiegend solche, die gleichzeitig „traditionalisiert“ waren. So waren Turnschuhe mit Perlen bestickt, ebenso Krawatte, Mascherl (Fliege) oder Dosenöffner. Einige Objekte wie das T-Shirt und eine Schirmkappe schienen aufgrund ihrer aufgedruckten Bildsujets gewählt. Weiters waren handwerkliche Produkte zu sehen, die neue Materialien mit einem traditionellen Formenrepertoire verbanden wie bei dem oben erwähnten Tanzkostüm und dem Kopfschmuck. All diese Objekte konnten als Zeugnisse hybrider Kulturen gelesen werden. Doch hätte das einer Stützung durch Texte und eine breitere Auswahl von Objekten bedurft, um für BesucherInnen leichter rezipierbar zu sein. Wenig präsent waren gegenwärtig produzierte und gebrauchte materielle Güter, denen keine als *indianisch* definierte Codes anhafteten. Dies suggerierte, dass das Vorhandensein solcher Codes essentiell für die Identität als Native American wäre und entsprach einer exotisierenden Ausstellungsstrategie. Zudem wurde nicht auf Unterschiede zwischen verschiedenen sozialen Einheiten verwiesen oder weniger bekannte Traditionen gezeigt. Indem viele klischeehafte Exponate zu sehen waren, wurden vor allem die Stereotypen im Kopf der BesucherInnen abgerufen. Damit konnte auch Vorstellungen Vorschub geleistet werden, heutige Native Americans weniger als Menschen des Industrie- und Kommunikationszeitalter zu sehen, denn als Angehörige einer traditionsverpflichteten Kultur. Dies entspricht auch dem weit verbreiteten westlichen Konzept eines romantisierten *Anderen*. „Das romantisierte ‚radikale Andere‘ der Massenkultur wird in die feudale Vergangenheit ebenso projiziert wie in den Exotismus nichteuropäischer Kulturen.“[46]

Die Objektwahl legte exotisierende und essentialisierende Deutungen nahe, ohne dass diese die Rezeption determinierten. Einige Exponate konnten ebenso als hybride Zeugnisse rezipiert werden. Eine bestimmte Verfestigung der Aussagen erfolgte jedoch durch die Texte, die keine Reflexion boten. Mittels der Objekttexte wurden typisierende Zuweisungen vorgenommen, Wertungen gemacht. So wurden Entwicklungsprozesse als „Anpassung“ definiert und mit „Tradition“ verbunden; Krawatte und Mascherl (Fliege) aus Perlen erhielten die Beschriftung „Tradition und Anpassung: männliche Accessoires“, Kaffeetassen aus Rinde und aus Keramik die Beschriftung „Tradition und Anpassung: brauchbare und unbrauchbare Behälter“. Die Exponate konnten auf ein spielerisches, kreatives Umgehen mit Traditionen des Westens und jene der Native Americans verweisen, doch die Beschriftung engte diese Lesart durch die Verwendung des Begriffs „Anpassung“ ein, denn dieser ermöglichte auf der paradigmatischen Achse Synonyme wie einseitige Angleichung, Opportunismus, Unterordnung, aber kaum Vorstellungen in Bezug auf Kreativität,

Phantasie, Originalität. Ein Produkt mit diesen Konnotationen wird in der Regel weniger wertgeschätzt.

Neben Beispielen der Wandvitrine standen viele Exponate der Raumvitrine[47] unter dem Aspekt der Verknüpfung gegenwärtiger und vergangener Formensprache. Zu sehen waren die schon erwähnten zahlreichen Glasperlenarbeiten mit zeitgenössischen Sujets – mit der Betitelung „Gürtelschließen als Beispiel für die Vielfalt der Gegenwart". Neben dem offenen Begriff „Vielfalt" wurden aber wieder definierende Worte verwendet: Eine Messerscheide und das Objekt zur Tabakskultur wurden als „modern", eine Geldbörse als „traditionell" oder das Produkt einer Bleistiftsfabrik als „indianische Qualitätsarbeit" bezeichnet. Aber was die Kriterien für die unterschiedlichen Zuweisungen zu modern, traditionell oder *indianisch* waren, blieb unklar – sie wären auch umgekehrt denkbar. Zudem wurden Formulierungen verwendet wie „Die Zeit bleibt nicht stehen" bei der glasperlenverzierten Digitaluhr und „Zurück zur Tradition" bei der Aufschrift „Indian Power". Die Digitaluhr erschien so weniger als hybrides Objekt, sondern als Gegensatz zur Tradition. Weiters gab es diverse Objekte zum Thema Politik: Stimmzettel, Karten mit dem Bild von Kandidierenden und ein Aufkleber mit dem Slogan „Tom Sheppard for President". Und hier machte die Objektbeschriftung eine deutliche Wertung. Mit der Formulierung „Wahlwerbung nach großem Vorbild" wurde die Politik der Native Americans aufs Nachahmen reduziert.

Weitere problematische Zuschreibungen durch Objekttexte waren bei den glasperlenbesetzten Turnschuhen, dem Autonummernschild und der Bibel zu finden:

„Indianer als Autofahrer: Nummernschild der Menominee-Reservation"
„Indianer als Fußgänger: Sportschuhe mit Glasperlendekor"
„Indianer als Christen: Andachtsbild, Mohawk-Märtyrerin, Katechismus"

Diese Formulierungen suggerierten, dass dies Tätigkeiten waren, die für Native Americans nicht gleichermaßen selbstverständlich sein konnten wie für ihre ZeitgenossInnen, etwas Abweichendes enthielten, eine Art Maskerade konnotieren ließen durch das Aneignen von per se fremden Rollen. Dem war die Konstruktion von *authentischer Indianerkultur* und nicht-authentischen Tätigkeiten und Lebensweisen unterlegt. *Indianer* wurden als jene begriffen, die wohl nicht zu Fuß gehen, jedenfalls nicht in Turnschuhen, die nicht Auto fahren, die nicht auch Christen sind. Dieser Besonderung als *Andere* konnte der Wunsch zugrunde liegen, dass diese einem nach wie vor tradierten Stereotyp entsprechen sollten – zugespitzt ausgedrückt: *Indianer* reiten, tragen Mokassins und huldigen Manitou.

Tendenziell wurde immer wieder versucht, ein kohärentes Subjekt *Indianer* zu entwerfen. In den Objekten manifestierte sich zwar Ambivalenz und

Hybridität, doch förderten die Präsentation der Objekte und vor allem die Texte immer wieder die Verfestigung eines typisch *indianischen*. Der von postkolonialen TheoretikerInnen beschriebenen wechselseitigen Abhängigkeit von Kolonisierenden und Kolonisierten wurde kaum Raum gegeben. Zudem wurde – wie in der gesamten Aufstellung – die erkenntnistheoretische und methodologische Problematik des Verhältnisses von ForscherInnen und Erforschten negiert, wie sie von kritischen WissenschaftlerInnen in vielfältiger Weise thematisiert wurde und zur Entwicklung selbstreflexiver Methoden führte.

## Sprechende Anordnungen

Wie im Zusammenspiel von Objektanordnungen und Betextungen Deutungsangebote – etwa zur Identitätskonstruktion – getroffen wurden, soll nun an einigen Beispielen gezeigt werden. So waren Plakate ausgestellt, von denen eines den „längsten Marsch", eine politische Aktion von Native Americans 1978, thematisierte. Als Objektbeschriftung war zu lesen:

„‚Der längste Marsch'. Gegen die Entrechtung der Indianer führte die politische Indianerbewegung 1978 von Kalifornien nach Washington"

Das Plakat zeigte drei junge Männer in Jeans und T-Shirt oder mit nacktem Oberkörper. Es war umgeben von zwei Tanzkostümen – dem platzeinnehmenden Kostüm mit roten und weißen Federn und einem weißen, bestickten Tanzkostüm –, einem aus Glasperlen gearbeitetem „Indian Princess"-Stirnband, einer Schirmkappe sowie einer Krawatte und einem Mascherl (Fliege) mit traditionellem Design. Somit war das Plakat zur politischen Bewegung von dekorativen Kleidungsstücken und Accessoires, großteils zeremonieller Natur, gerahmt. Die auf dem Plakat dargestellten Männer waren hingegen mit keinerlei *indianisch* anmutender Kleidung ausgestattet, sondern trugen Jeans. Dies erlaubte auf der syntagmatischen Ebene unterschiedliche Erzählungen. Es konnte ein Gegensatz zwischen der Pflege traditioneller Riten und politischem Engagement gedeutet werden. Oder die Rezeption wurde durch eine gegenseitige Überlagerung dominiert. Die Dominanz der umgebenden Kostüme, die mit einem zeremoniellen Charakter zu konnotieren waren, konnte den Effekt haben, die politische Aktion den rituellen Praktiken anzunähern, die abgebildeten Männer sozusagen mit Tradition zu bekleiden, oder Politik auf Zeremonielles oder Kulturelles zu beschränken und so das politische Anliegen in den Hintergrund zu drängen. Aktuelle Politik und Traditionspflege konnten aber auch als gleichermaßen adäquate Formen der Identitätssicherung interpretiert werden; oder sogar politische Bewegungen als notwendig erachtet werden, um die Bewahrung ihrer Traditionen zu ermöglichen.

Auf einem weiteren Plakat war zu lesen „prevent alcoholism and drug abuse“; die Objektbeschriftung ergänzte:

„Warnung vor Alkohol und Drogen, Plakat in Englisch und Ojibwa-Schrift. Der in voreuropäischer Zeit unbekannte Alkohol ist das soziale Problem Nummer eins“

Auffallend war nun, dass sich neben diesem Plakat ein Hemd aus dem Stoff der amerikanischen Flagge und direkt darunter eine Bierdose und ein Dosenöffner mit Glasperlendekor befanden. Unter letzterem waren die schon erwähnte Schirmkappe und das T-Shirt mit dem Aufdruck „Apache-Power“ präsentiert. Die Bierdose konnte vorerst als Bestätigung des Alkoholproblems gelesen werden – bis der Objekttext in Spiel kam:

„Bierdose, gesammelt in Wounded Knee, 1890 Ort des letzten Massakers an den Lakota, 1973 Ort eines Aufstands militanter Indianer“

Der Text gab der Bierdose einen unvermuteten Kontext. Doch was wurde vermittelt, wenn eine Bierdose in unmittelbaren Zusammenhang mit einem politischen Ereignis gebracht wurde, so dass sie gleichsam dafür stand, noch dazu in Nachbarschaft zu einem Plakat, das vor Alkohol und Drogen warnt? Explizit wurde im Text nur gesagt, dass sie an einem geschichtsträchtigen Ort gesammelt worden war, implizit wurden Vorstellungen von alkoholisierten DemonstrantInnen aufgerufen. Der „Aufstand“ und damit das politische Anliegen der Native Americans konnte auf diese Weise verunglimpft werden. Das Wort „militant“ wurde durch betrunken-aggressiv etc. ersetzbar. Das ermöglichte auch, die Opfer des Massakers von 1890 mit einem negativen Bild zu überlagern und so eine Verknüpfung mit dem Genozid an den Native Americans zu unterlaufen.

Das Plakat, die Bierdose und das T-Shirt waren zudem so untereinander angeordnet waren, dass eine Beziehung entstand. Die Warnung des Plakats konnte nicht nur auf die Bierdose übertragen werden, sondern ebenso auf das damit verbundene Ereignis, den „Aufstand“, und in weiterer Folge auch auf die mittels T-Shirt thematisierte „Apache-Power“.

Einen weiteren Erzählstrang eröffnete das Hemd aus dem Stoff der amerikanischen Flagge, das sich in unmittelbarer Nachbarschaft zum Plakat mit der Alkoholwarnung befand. Den Fahnenstoff als Hemd zu verwenden, konnte zwischen Identifizierung mit dem staatlichen Machtsymbol und demonstrativer Aneignung für Alltagszwecke changieren. Der Objekttext brachte einen interessanten Aspekt ein:

„‚Flaggenhemd‘, Blackfoot. Schon frühzeitig entdeckten die Indianer das gute Design der amerikanischen Fahne, die zugleich überlegene Macht symbolisierte“

Die amerikanische Flagge wurde mit den Wertungen „gut" und „überlegen" versehen, dem sich auch Native Americans nicht entziehen konnten. Das Wort „entdecken" ist zudem ein mit Amerika verbundener Begriff. Doch war mit der „Entdeckung" des Kontinents auch Aneignung und Kolonisierung verbunden. Könnte dies nun als symbolische Umkehrung gelesen werden? Oder kann das positiv besetzte Wort „entdecken" nicht nur auf die Fahne bezogen werden, sondern auch auf die „überlegene Macht"? Die Nachbarschaft zum Plakat eröffnete eine weitere Deutung. Mit dem Status der „überlegenen Macht" ausgestattet, konnte das Fahnenhemd auch als Gegenpol zu Alkohol und Drogen fungieren, eine Erzählung jenseits von Konflikt und Gewalt anbieten. Es war als Symbol zu lesen für das gern imaginierte Bild eines nunmehr harmonischen Nebeneinanders von Native Americans und anderen BürgerInnen der USA oder Kanadas, eines, das vom Austausch zwischen ihnen aber auch der Anerkennung der Überlegenheit der Staatsmacht geprägt war.

Das Ausblenden von brisanten Themen wie Landraub, Genozid, die gegenwärtige sozio-ökonomischen Lage und politische Stellung der Native Americans charakterisierte durchgehend die Präsentation. Die Themen Kolonisierung und Postkolonialismus wurden explizit kaum aufgegriffen. Neben dem Bereichstext verwiesen lediglich zwei Aufkleber für Autostoßstangen darauf. Auf ihnen war zu lesen:

„I'm glad Columbus wasn't looking for Turkey"
„Indians discovered America"

Der Charakter dieser Formulierungen war ironisch, spielerisch, gängige Definitionen hinterfragend – wogegen nicht zu argumentieren wäre. Doch im Kontext einer Präsentation, die Enteignung, Genozid und die heutigen Verhältnisse weitgehend negierte, dekorative Elemente in den Vordergrund rückte, konnten die Slogans kaum ihr kritisches Potenzial entfalten.

## Versichernde Geschichts- und Bildnarrative

Stärker Eingang fand die Geschichte und heutige Situation der Native Americans auf der Tafel mit dem Bereichstext und den Abbildungen. Doch wichen – wie schon bei den anderen Displays beschrieben – die Texte nivellierend in andere Geschichten aus oder ermöglichten durch Wortwahl und Formulierungen Bedeutungsverschiebungen. Die Gliederung in drei Hauptthemen umriss die historische Entwicklung und behandelte die gegenwärtige Kultur und gesellschaftspolitische Organisation. Vorerst zum Text:

„Indianer heute
Erst der Irrtum des Columbus hat aus hunderten gänzlich verschiedenen Völkern ‚Indianer' werden lassen. Nach 500 Jahren einer Behandlung als ‚Indianer' haben sich viele von ihnen als Teil einer Schicksalsgemeinschaft erkannt, ohne deshalb ihre Zugehörigkeit zu einem spezifischen Volk zu vergessen. Von der Neuen Welt, die ihnen einst allein gehörte, ist ihnen in Nordamerika etwa 1% des Landes verblieben. Von geschätzten fünf bis zwanzig Millionen im Jahr 1492 sank ihre Zahl bis 1900 auf eine halbe Million – heute sind es wieder zwei bis drei Millionen. Nur eine Minderheit davon lebt auf Reservationen, die Mehrheit ist oder wurde in die Städte abgesiedelt oder lebt auf eigenem Land.

Eine ‚indianische' Kultur gibt es bis heute nicht und doch haben sich im Lauf der Zeit neue Gemeinsamkeiten entwickelt. Weit verbreitet ist heute die Institution des Powwows, das seinen Ursprung in der Reservationskultur der Plains hatte. Powwows sind Zusammenkünfte auf lokaler, regionaler und intertribaler Ebene mit Gesang zu Trommelbegleitung, Tanz (oft in Wettkampfform) und Tratsch. Sie fördern die Ausbreitung von Moden in der Tracht, aber auch der Gesinnung. ‚Panindianisch' ist auch die Peyote-Religion, die um 1860 auf den südlichen Plains entstand und den sakramentalen Gebrauch des hallizinogenen Peyote-Kaktus beinhaltet. Die mit christlichen Elementen angereicherte Religion hat sich missionarisch über Stammesgrenzen hinweg verbreitet.

Die Stämme sind bis heute die wichtigsten Bezugseinheiten im indianischen Amerika geblieben, weil mit ihnen Reste alter Souveränitätsrechte verbunden sind. Die Einführung gewählter Stammesvertretungen trotz teilweisen Fortbestands traditioneller Vertretungsformen hat allerdings den Parteienstreit zwischen ‚Traditionalisten' und ‚Progressiven' gefördert. Dazu kam seit den sechziger Jahren das Anwachsen der aus verschiedensten Stämmen zusammengewürfelten stadtindianischen Bevölkerung, die ihre spezifischen Interessen (und die ‚der Indianer' schlechthin) auf zunehmend militante Weise durchzusetzen versuchten. Die Vielfalt der als Stämme geschlossenen Gesellschaften ist von einem Pluralismus des indianischen Amerika abgelöst worden."

Auch dieser Text umging das Thema Herrschaft und Gewalt in bewährter Weise durch eine relativierende Wortwahl und Satzkonstruktionen, die Ereignisse ohne handelnde Personen passieren ließen. Dies zeigte bereits der Einleitungssatz. Hier verschwand Columbus, obgleich sein Name fiel, als Akteur, lediglich sein „Irrtum" wurde zur Ursache und setzte eine Entwicklung in Gang, die nicht durch Konflikt und Gewalt bestimmt war sondern durch „Selbstfindung" und Zusammenschluss. Weitere AkteurInnen kamen in der Folge erst gar nicht ins Spiel; Ereignisse nahmen ihren Lauf. All dies evozierte Unausweichlichkeit. Die Betroffenen erfuhren eine nicht näher bezeichnete „Behandlung". Das veranlasste sie, sich als „Schicksalsgemeinschaft" zu „erkennen" – was eine gewisse Freiwilligkeit suggerierte. Im Laufe der Zeit waren sie von Entwicklungen wie dem Verlust von Land betroffen, die unerklärt blieben, sie wurden nicht als Folge von Enteignung, Vertreibung und Genozid gekennzeichnet. Es „verblieb“ etwas Land, die Bevölkerungszahl „sank“ und „steigt“ jetzt wieder.

Der zweite Absatz widmete sich der Herausbildung neuer kultureller Gemeinsamkeiten, die jedoch mit dem traditionellen Bild von *Indianern* konform gingen. Powwow und Peyote-Religion hielten die Vorstellung der Bedeutung des Zeremoniellen und Rituellen aufrecht. Im dritten Absatz wurde der „Stamm“ als Bezugspunkt gesellschaftspolitischer Organisationsformen erklärt, wobei die „zusammengewürfelte stadtindianische Bevölkerung“, die zu „Militanz“ tendiert, den Stämmen entgegengesetzt schien. Damit kam wieder die Konstruktion eines dichotomischen Modells von modern und traditionell ins Spiel.

Die den Text begleitenden drei Abbildungen stützten wesentliche Aussagen der drei Hauptthemen. Das Foto von Kindern konnte als Zeichen der Zukunftshoffnung gelesen werden, als Versuch, durch steigende Bevölkerungszahlen die Vergangenheit von Kolonisierung und Genozid vergessen zu machen, wie die Bildunterschrift evozieren ließ:

„Kinderreichtum und neues Selbstbewußtsein haben die eingeborenen Völker zur am stärksten wachsenden Bevölkerungsgruppe Nordamerikas gemacht. Kinder der Seabird-Reservation, British Columbia, Kanada (Photo J.F. Feest, 1979)”

Die zweite Fotografie zeigte einen Teilnehmer der Powwow-Zeremonie, der das Ereignis mit einer Videokamera festhielt. Auf der dritten war ein Redner zu sehen, doch das damit verknüpfte Ereignis war erst über die Beschriftung zu decodieren:

„Besetzung des Indianerbüros in Washington durch militante Eingeborene, medienwirksame Konfrontation als politische Strategie (Photo W.F. Charles, 1972)“

Ein weiteres Mal wurde auf die „Militanz“ von Native Americans verwiesen und gleichzeitig deren politisches Anliegen diskreditiert. Diesmal wurde nicht Alkoholisierung ins Spiel gebracht, sondern durch den Begriff „medienwirksam“ suggeriert, es ginge mehr um den Medienauftritt als um politisches Engagement.

Die Art und Weise, wie politische Bewegungen repräsentiert waren, warf die Frage nach den metakommunikativen Codierungen auf. Was lag der tendenziellen Diskreditierung von Politik zugrunde? Als Antworten konnten nur Vermutungen angestellt werden. War es Ausdruck der Enttäuschung über die nicht einem romantisierenden Wunschbild entsprechenden Lebensweisen der heutigen Native Americans? Ging es um das Bestreben, das Ideal eines zunehmend konfliktfreien Zusammenlebens zu schaffen? Die über der Wandvitrine angebrachte Großfotografie konnte als Ausdruck dieses Ideals interpretiert werden. Die von einem Kurator gemachte Fotografie aus den 1970er Jahren zeigte Mitglieder der Native Americans, die die Flaggen Kanadas und der USA hielten. Sie lieferte eine Bilderzählung – die der Eingliederung in heutige Staatsgebilde. Entgegen der Bedrohung durch „militante" Native Americans konnte das Bild als Fiktion eines „Happy Ending" interpretiert werden. Alle waren nun Staatsbürger, identifizierten sich mit nationalen Symbolen. Die Bildlegende bestätigte:

„Heute sind die eingeborenen Amerikaner zugleich Mitglied eines Volks ‚Indianer' und zugleich Bürger der Nationalstaaten Kanada und USA. Der historische Gegensatz ist im Individuum vereint (Photo J.F. Feest, 1984)"

Das Erbe der Kolonisierung und die gegenwärtigen Verhältnisse waren in einem harmonischen Miteinander – im Begleittext ausgedrückt in den Worten „zugleich" und „vereint" – versöhnt. Dies entsprach auch jener beliebten Vorstellung von *Indianern*, die auf ihre Verbundenheit, ihre Übereinstimmung mit ihrer Umwelt rekurrierte. In ähnlicher Weise wie mit der Natur leben sie nunmehr im Einklang mit den vorgegebenen gesellschaftlichen Verhältnissen.

## *Othering* versus Hybridität

Zusammenfassend könnte die Analyse des Displays „Indianer heute" unter dem Aspekt *race* lauten: Es gibt auch heute *authentische Indianer*, trotz Zeugnisse eines zeitgemäßen Lebens. Bilder, Objekte und ihre Kontextualisierung blendeten das Thema Kolonisierung und Genozid sowie hybride Identitätskonstruktionen der heutigen Gesellschaft weitgehend aus. Damit verleiteten die angebotenen Präsentationen insgesamt zu Annahmen, die zu Irreführungen, wenn nicht Leugnungen von historischen Geschehnissen beitrugen. Demgegenüber wurde eine *indianische* Kultur dargestellt, die trotz unterschiedlichster Ausprägungen als *andere* abzugrenzen war. Und dies war visuell an Objekten erkennbar, die Native Americans produzierten und verwendeten, da sich in deren Form als *indianisch* definierbare Traditionen spiegelten. In der Bewahrung ihrer traditionellen Kulturen als Ausdruck von Identität schien der Garant zu liegen, dass sie als eine bestimmte Konstruktion als *Andere* weiterbestehen. Das Gegenüber und der Bezugspunkt dieser kohärent gedachten kollektiven Identitäten war der *Weiße*. In diesem als *Othering* zu bezeichnenden Verfahren erfolgte die Versicherung, dass nach wie vor *indianische* Kulturen und Lebensweisen bestehen, Native Americans konnten weiter als Projektionsfläche des *Anderen* dienen. Zwar wurde an sie die Anforderung gestellt, dass sie – Kolonialismus und Postkolonialismus negierend – „Entwicklungen" übernahmen, sich anpassten und in die nunmehrigen gesellschaftlichen und politischen Verhältnisse einfügten, doch ohne gewissermaßen *gleich* zu werden, vor allem nicht auf kultureller Ebene. Diese *unsere* Konstruktion eines *Anderen* kann auch immer ent-täuscht werden, ein nicht entsprechendes Agieren der Native Americans – etwa zu massives Anpassen ihrer Kultur oder Einfordern von politischen Rechten – wurde als identitätsbedrohend für die *indianische* Kultur angeprangert. Doch was auf dem Spiel stand, waren vermutlich die *eigenen* Projektionen und Wünsche.

## Resümee der Präsentationsweise

Die Präsentationsweise konnte kurz gefasst folgendermaßen charakterisiert werden. Ausgestellt waren Originalobjekte in repräsentativen Vitrinen, aber nüchtern ausgestatteten Räumen. Häufig war der Aspekt der Kunstfertigkeiten der Produkte hervorgehoben. Die Erzählung erfolgte im Grunde über die beiden Schienen zentrales Originalobjekt und begleitendes Bild, die sich wechselseitig bestimmten. Über die Ebene des Exponates wurde „Authentizität" vermittelt; die materielle Anwesenheit stand als „Zeugnis". Das Be-Deuten dieser Zeugnisse – Objekte sprechen bekanntermaßen nicht für sich – changierte zwischen einer assimilierenden Hochschätzung der Objekte durch die repräsentative Ausstellungsweise und einer tendenziellen Exotisierung der präsentierten Kulturen durch Objektauswahl und Inszenierung.

Über die Ebene der Bilder wurde zudem ein ideeller Zusammenhang entworfen. Die scheinbar am Rande präsentierten Bilder, die sich als reine Illustrationen zum Leben und Arbeiten, zu den jeweiligen Lebensentwürfen dieser Kulturen gaben, ließen die Frage der Produktionsmacht der Bilder – wer blickt? – völlig ignorieren. Der Einsatz dieser Bilder, der vermutlich die Zugänglichkeit für das Publikum zu den ausgestellten Kulturen erhöhen sollte, fungierte so als Mittel, um bereits vorhandene stereotype Vorstellungen von den *Anderen* erneut zu transportieren und durch die wissenschaftliche Institution Museum abzusichern. Im Zusammenspiel von Objekten und Bildern wurde so eine Typisierung und Festschreibung des Bildes von den *Anderen* gegenseitig bestätigt. Denn die Bildsujets konzentrierten sich auf klischeehafte kulturelle Traditionen, besondere Anlässe wie Feste, Riten, Zeremonien. Diese Besonderheiten von Rituellem und Exotischem erschienen durch ihre Dominanz als das Charakteristische dieser *Anderen*.

## Anmerkungen

1 Das Museum wurde wegen Renovierungsarbeiten im März 2004 geschlossen und wird 2007 wiedereröffnet.

2 Der Standard, 23.12.1999, S. A2

3 M. Bal: Double Exposures, S. 37. Bal beschreibt dies am Beispiel der Hall of African People, wo der kritische Impetus der Texttafel, die den Präsentationen vorangestellt war, nicht mit dem Ausgestellten korrespondierte.

4 Vgl. zu diesen Fragen: Tim Barringer/Tom Flynn (Hg.): Colonialism and the Object. Empire, Material Culture and the Museum, London, New York 1998.

5 M. Bal: Double Exposures, S. 290.

6 Vgl. G. Fliedl/K. Pazzini: Museum - Opfer - Blick, S. 131-158.

7 I. Rogoff: Ruinen, S. 269ff.

8 Es gibt zwar auch das Bild der blutrünstigen und gewalttätigen *Indianer*, aber das Bild der mit der Natur in Einklang lebenden Menschen, der *edlen Wilden* ist im Vergleich zu anderen Kulturen ziemlich verbreitet.

9 Ebd., S. 269ff.

10 Die Deutungen reichten von königlichem Mantel, Federfächer und Standarte. Vgl. Ferdinand Anders/Peter Kann: Die Schätze des Montezuma. Utopie und Wirklichkeit, Wien 1996.

11 Liselotte Hermes da Fonseca: Zur Wiederholung: Heimliches unheimliches Wissen vom Menschen in wissenschaftlichen Museen, in: Karl-Josef Pazzini (Hg.), Unschuldskomödien. Museum und Psychoanalyse, Wien 1999, S. 78.

12 Ebd., S. 79.

13 Die Beschriftung lautete:
„Formative Kulturen NW-Argentinien: Anthropomorphe Urnen aus Ton zur Bestattung von Kindern 1000-1480 n.Chr.“

14 Vgl. Gottfried Fliedl: „...das Opfer von ein paar Federn.“ Die sogenannte Federkrone Montezumas als Objekt nationaler und musealer Begehrlichkeiten, Wien 2001.

15 M. Bal: Double exposures, S. 64.

16 Ebd., S. 65.

17 Ebd., S. 68.

18 Ebd., S. 65.

19 Museum für Völkerkunde Wien (Hg.): Das Altertum der neuen Welt. Voreuropäische Kulturen Amerikas, Berlin 1992, S. 6.

20 Jochen Gerz/Esther Shalev-Gerz/Achim Könneke (Hg.): Harburger Mahnmal gegen Faschismus, Stuttgart 1994.

21 Die Beschriftung lautete:

„Männliche Figur in Bewegung, Serpentin, Mexiko; Männliche Figur als Brustschmuck, Jadeit, Mexiko; Männliche Figur, Serpentin, rote Farbspuren, Mexiko; Zierscheibe mit Gesicht, Jadeit, Xicotlan, Chiantla Puebla, Mexiko"

22 Museum für Völkerkunde: Altertum, S. 186f.

23 Gaby Porter hat nicht nur die schichtbedingte Überlieferung thematisiert, sondern auch die Unterschiede in Hinblick auf *gender*. Vgl. Gaby Porter: Putting your House in Order. Representations of Women and Domestic Life, in: Robert Lumley (Hg.), The Museum Time-Machine. Putting Cultures on Display, London, New York 1988, S. 102-127.

24 Christian Feest, ein Kurator der Aufstellung, dürfte dies auch bewusst so gemacht haben, da er sich mit der Geschichte des Museums befasste und dabei auf diese Gemälde verwies. Vgl. C. Feest: Museum für Völkerkunde, S. 23f, 29.

25 Die Betextungen lauteten:
„Die von James Cook 1778 gesammelten Gegenstände (Nrn. 1-3, 8-10, 13-14, 18, 24-30) zählen zu den ältesten Ethnographica von der Nordwestküste.

1-2 Masken, Nootka, um 1750
1 Donnervogel, Haliotiseinlagen
2 Porträtmaske; Beide Masken mit alten Reparaturen
3-5 Hölzerne Zeremonialrasseln
3 Seemövenrassel, Nootka, um 1750
4 Rabenrassel, Haida, um 1870
5 Mytilusmuschel, Tlingit, um 1850
6 Viertonpfeife Kwakiutl, um 1870; Zur Nachahmung von Geisterstimmen im Rahmen ritueller Dramen.
7-9 geflochtene Hüte
7 Winterhut, Makah, um 1870
8 Hut mit Mustergeflecht, um 1770
9 bemalter Hut (Walmotiv), um 1750
10 Zwirnbindiger Umhang aus Zedernbast und Bergschafwolle, um 1770; Älteste Beleg für Formlinientextil, Vorläufer der berühmten ‚Chilkat'-Decken.
11 Hut mit Darstellung der Waljagd, Nootka, um 1980; Wie die Waljagd selbst war das Tragen solcher Hüte einst Privileg des Adels.
12 Killerwal, Makah, um 1870; Teil eines Zeremonialkopfschmuckes
13 Modell eines Einbaumes zur Waljagd, Nootka, um 1770
14-15 Angelhaken zum Heilbuttfang
14 Beschnitzt mit Darstellungen von Fisch, Rabe, Bär, Tlingit, um 1770

15 Tlingit, um 1870
16 Eßschüssel aus einem Holzblock, Bärendarstellungen an Schmalseiten, Rand mit Muscheleinlagen, Tlingit, um 1870
17 Holzschachtel, Kwakiutl, um 1880; Die Wände bestehen aus einem einzigen gekerften Brett. Zum Transport von Gegenständen auf Jagdzügen.
18 Löffel aus Bergschafhorn, um 1770; Von Stämmen der westlichen Subarktis erzeugt und an die Küste verhandelt.
19 Tragkorb aus Wurzelspleissen, Kwakiutl, um 1880
20 Maske, Bella Coola (?), um 1880, Donnervogel mit beweglichem Schnabel
21 Zeremonialcape, Tlingit, um 1850; Donnervogel, auf den Flügeln Walkopf
22-23 Rangabzeichen von Mitgliedern von Maskenbünden, Kwakiutl, um 1880
22 Stirnband, Zedernbast und Stoff
23 Halsreifen, Zedernbast
24 Steindolch, Nootka, um 1750
25 Zeremonialbeil, Nootka, um 1770. Mit derartigen Zeremonialwaffen wurden Sklaven bei Festen rituell getötet.
26-27 Kriegskeulen aus Walknochen, Nootka, um 1750
28 Lanze mit langer Beinspitze und Einlagen aus Fischotterzähnen, Nootka, um 1770
29-30 Holzköcher für Pfeile, Nootka, um 1770
29 Männliche und weibliche Figuren im ‚Röntgenstil', Fischotterzähne"

26 Die Betextungen lauteten:
„Nordamerika Nordwestküste Schnitzkunst
1 Mondmaske, Haida, um 1870
2 Tannenholzpuppe mit eingesetzten menschlichen Haaren, Spielzeug, Tlingit, um 1870
3 Männliche Figur mit Cape aus Seehundsfell, ursprünglich mit im Kopf eingesetzten Federn, Tlingit, um 1870

Die Nordwestküste war das einzige Gebiet Nordamerikas, in dem Schnitzer hauptberuflich Werke für Auftraggeber herstellten.

4 Maske mit Kopfschmuck aus Grizzlybärenklauen. Für den Verkauf (ohne Augenöffnungen), Tlingit, um 1870
5 Holzfigur einer trauernden Frau, Kwakiutl, um 1880
6 Ausgehöhlte Holzbüste mit Griffteil an der Hinterseite, Nordwestküste, um 1880

In der Kunst der Nordwestküste verbindet sich ein ausgeprägtes System graphischer Stilisierung mit realistischer Schnitzkunst."

27 Die Betextungen lauteten:
„Nordamerika Nordwestküste Werkzeuge
1 Steinmörser und Stößel, Bella Coola, um 1850
2 Spindel mit Knochenschwungmasse
3 Baststoffklopfer aus Walknochen
4 Gerät zum Auffasern von Bast; Alle Objekte um 1880
Die amerikanische Zeder (Thuja) lieferte nicht nur Schnitzholz sondern auch den Bast, aus dem Kleider und Taschen gemacht wurden.
5 Großer Steinhammer, Nordwestküste, um 1880
6 Querbeil, Haida, um 1870
7 Schnitzmesser, um 1880. Querbeil und Schnitzmesser waren die wichtigsten Schnitzwerkzeuge.
Die Einführung europäischer Eisengeräte trug zur Hochblüte der Schnitzkunst an der Nordwestküste im 19. Jh. bei."

28 Die Betextungen lauteten:
„Nordamerika Nordwestküste Schnitzkunst
Totempfähle waren Wappen adeliger Familien, die vor Häusern (mit Loch zu Eingang ins Haus) und bei Totenfesten errichtet wurden.
1 Totempfahl, Haida, um 1870; v.u.: Biber, Adler, Großmutter
2 Totempfahlmodell, Haida, um 1870; v.u.: Biber, Großmutter, Krähe, Bär
3-4 Knochenschnitzerei, Tlingit, um 1870
3 Fischotteramulett
4 Nadel mit Tierkopf, zur Bestrafung störender Teilnehmer bei Zeremonien
Ab dem frühen 19. Jh. begannen die Haida für die Souvenirindustrie Schnitzereien aus dem schwarzen Tonschiefer Argillit anzufertigen.
5-7 Tabakspfeife für Nichtraucher. Da die Haida selbst nicht rauchten, waren die von ihnen hergestellten Tabakspfeifen zum Rauchen ungeeignet.
5 Verschachtelte Darstellung von Bär, Wolf, Frosch, Falke, Rabe, um 1870
6 Mann zwischen Vögeln, Wolf, mit Potlatchhut, Mann mit Maske, um 1850
7 Vogel und Menschenfiguren, um 1850. Ungewöhnliche Form aus bräunlichem Tonschiefer.
8 Bergziegenhornlöffel, Haida, um 1890"

29 Christian F. Feest: Lebenskunst/Überlebenskunst, in: Überlebenskunst nordamerikanischer Indianer, Wien 1993, S. 1.

30 Ebd., S. 11.

31 Bildunterschriften zu den drei Abbildungen der Text-Bild-Tafel:

„Lachse fing man an Stromschnellen unter anderem mit Reusen und Schöpfnetzen und töte sie mit Keulen aus Holz oder Walknochen. (Nach P. Kane, 1847)
Ein Standfoto aus einem von Edward S. Curtis gedrehten Spielfilm aus der Vergangenheit der Kwakiutl illustriert die Prachtentfaltung der rituellen Maskenschauspiele. (Photo Edward S. Curtis, 1915)
Mit chinesischen Perlmuttknöpfen verzierte Tuchstoffdecken ersetzten im 19. Jahrhundert die Chilkat-Decken aus Bast und Wolle und sind auch heute Teil der Festtagskleidung. (Photo George MacDonald, 1974)"

32 Bildunterschriften der beiden Großabbildungen:
„Inneres eines Hauses der Nootka (Insel Vancouver, British Columbia) mit getrockneten Fischen und Bewohnern beim Kochen mit heißen Steinen in einer Holzschachtel. (Nach J. Webbes, 1778)
Howe Sound (British Columbia, Kanada), eine typische Küstenlandschaft der Nordwestküste. (Photo: C.F. Feest, 1978)"

33 Bildunterschriften zu den drei Großabbildungen:
„Vom Gelingen der sommerlichen Bisonjagden hing das Wohlergehen des ganzen Stammes ab. (Nach A.J. Mailer, 1837)
Vor dem konischen Zelt (Tipi) im Lager der Assimiboir sind Stangenschleifen aufgestellt, die von Hunden gezogen wurden. (Nach K. Bodmer, 1833)
Die Omaha und Pawnee (hier eine Delegation im Washington) zählten zu den seßhaften Stämmen am Ostrand der Plains, die nur saisonal auf Bisonjagd gingen. (Nach C.B. King, 1821)"

34 M. Bal: Double Exposures, S. 199.

35 Ebd., S. 195.

36 Judith Butler: Haß spricht. Zur Politik des Performativen, Berlin 1998, S. 27.

37 M. Bal: Double Exposures, S. 198f.

38 Die Betextungen lauteten:
„Nordamerika Plains

1 Pferdebrustschmuck, Crow, um 1900, Geometrischer Glasperlendekor auf Tuchstoff im sogenannten ‚Crow'-Stich
2 Reitpeitsche, Lakota, um 1870, Gabelbockhorn und Leder
3 Steigbügel, Plains Ojibwa, um 1820, Holz mit Rohhaut überzogen

Mit dem Pferd wurden auch die dazugehörigen Ausrüstungsgegenstände von den Europäern übernommen, aber den eigenen Bedürfnissen angepaßt.

4 Deckenstreifen mit Spinnenmotiven, Leder, Borstendekor, Lakota, um 1890. Spinnenmotive besaßen als Schutzsymbole magische Bedeutung.

5 Hörnerhaube mit Federschleppe, Lakota, um 1880. Abzeichen eines hohen Rangs einer der wichtigen Kriegergesellschaften.
6-9 Keulen, Plains, Ojibwa, um 1820; 6 Steinhammerkeule; 7 Steinkopfkeule; 8 Kugelkopfkeule mit Geweihdorn
9 Tomahawk, Crow, um 1880. Europäische Eisenäxte verdrängten als Tomahawks nach und nach die alten Keulenformen.
10-11 Messerscheiden
10 Aus altem Parfleche, Lakota, um 1880
11 Glasperlendekor, Lakota, um 1870
12 Mokassin, Crow, um 1840, Seitennahttyp mit Borstendekor
13 Mokassin, Lakota, um 1870, Rohledersohle, Glasperlendekor
14 Kappe aus Fell des Gabelbockkopfs, Plains-Ojibwa, um 1820, Teil der Winterkleidung der Völker der nördlichen Plains.
15 Galakleidung eines Kriegers, Lederhemd mit Register von Kriegstaten, Leggins, Mokassin, Plains-Ojibwa, um 1820
16 Köcher für Pfeil und Bogen, Glasperlendekor, Reste von Borstenverzierung, Lakota, um 1970
17 Bogen, Plains-Ojibwa, um 1820. Sehnenauflage am Bogenrücken, Darstellung von Donnervogel und Schlange am Bogenbauch.
18-19 Pfeile, Plains-Ojibwa, um 1820
18 Kriegspfeil mit Widerhaken
19 Jagdpfeil ohne Widerhaken.

Bei den Plains-Völkern waren Jagd und Krieg die Hauptaufgaben der Männer. Die Verarbeitung von Leder und Nahrung oblag den Frauen.

20 Gefalteter Rohhautbehälter (Parfleche) zur Aufbewahrung und zum Transport von Nahrung und Kleidung, Lakota, um 1870
21 Frauenkleid aus Gabelbockfellen, Glasperlendekor im ‚faulen Stich', Nördliche Plains, um 1850
22 Arbeitstasche für Frauen, Leder mit Glasperlendekor, Lakota, um 1870
23 Pemmikanklopfer, Lakota, um 1870. Vorräte von Dörrfleisch (Pemmikan) wurden im fleischreichen Sommer für den Winter angelegt.
24 Behälter für Stachelschweinborsten aus der Blase eines Bisons, Plains, Ojibwa, um 1820
25 Fellschaber aus Geweihknochen und Eisenklinge, Lakota, um 1870"

39 Die Betextungen lauteten:
„Nordamerika Plains Zeremonialausrüstung

1 Haarkamm aus gefärbten Hirsch- und Pferdehaaren imitiert den ‚Irokesenhaarschnitt' der Pawnee und gelangte mit dem Omaha-Tanz zu den Lakota. Lakota, um 1880

2 ‚Krähengürtel' aus Vogelbalg, Federn, Hermelinfellstreifen, Messingschellen und Leder. Teil der Ausrüstung für den Omaha-Tanz, Lakota, um 1880

Der Omaha-Tanz war ein Kriegstanz mit schamanistischen Zügen, der sich im späten 19. Jh. von den Pawnee aus über die Plains verbreitet. Er ist die Grundlage für die modernen pan-indianischen Kriegstänze.

3 Hörnerkopfschmuck aus Bisonhornspleißen, Rohhaut, Federkielen, Pferdehaaren und Baumwollstoff. Aus dem Besitz von Häuptling Opomika, Lakota, um 1850

4 Stabrassel aus den inneren Zehen des Hirsch- oder Bisonhufs, Zierband mit Stachelschweinborsten und Glasperlen. Abzeichen der Kriegergesellschaft, Nördliche Plains, um 1850.

Die Kriegergesellschaften der Plains waren Eigentümer bestimmter zeremonieller Vorrechte einschließlich Liedern und Ausrüstungsgegenständen, die beim Eintritt erworben werden mußten."

40 Die Betextungen lauteten:

„Nordamerika Plains Zeremonialausrüstung

Der Gebrauch von Tabak und Pfeifen war auf den Plains überwiegend zeremonieller Natur. Der Tabakrauch stieg als Opfer zu den übernatürlichen Wesen auf. Für die Lakota war die heilige Pfeife ein Geschenk der weißen Bisonkalb-Frau.

1 Pfeifenkopf aus Catlinit, Dakota, um 1850. Dieser figural gestaltete Pfeifenkopf ist das Werk eines anonymen Meisterschnitzers, der mehrere solcher Köpfe für den Verkauf an Weiße anfertigte.

2 Langstielige Tabakspfeife, Dakota, um 1920. Der rote Pfeifenstein stammt größtenteils von einem Steinbruch im südwestlichen Minnesota, der als ‚internationales Gebiet' galt.

3 Langstielige Tabakspfeife, Nakota, um 1850. Stiel und Kopf der Pfeifen wurden getrennt aufbewahrt und erst zum Gebrauch vereint.

4 Pfeifenbeutel aus Leder mit borstenumwickeltem Rohhautanhänger und Glasperlendekor, zentrale Plains, um 1870

5 Pferdetanzstab, Lakota, um 1880. Solche Stäbe wurden zur Ehre von Pferden geschnitzt, die im Kampf Verletzungen davongetragen hatten.

6 Spielreifen, Lakota, um 1870. Das Spiel, bei dem ein rollender netzbespannter Reifen mit einem Speer aufgespießt werden sollte, wurde früher gespielt, um Bisonherden anzulocken."

41 Gaby Porter: Seeing through Solidity. A Feminist Perspective on Museums, in: Sharon Macdonald/Gordon Fyfe (Hg.), Theorizing Museums. Representing Identity and Diversity in a Changing World, Oxford, Cambridge MA. 1996, S. 110.

42 Die Betextungen lauteten:
„Nordamerika Indianer heute

2-3 Kleidung als politisches Ausdrucksmittel
2 Schirmkappe, Montagnais
3 T-Shirt, Apachen
4-5 Tradition und Anpassung: Männliche Accessoires
4 Krawatte, Ojibwa
5 Mascherl, Kiowa
6-10 Tradition und Anpassung: Brauchbare und unbrauchbare Behälter
6-7 Kaffeetassen, Lakota und Acoma
8 Eierkorb aus Draht, Papago
9 Tasse und Untertasse aus Holzspangeflecht, Micmac
10 Kaffeekanne aus Birkenrinde, Ojibwa
11 Bisonschädel mit Filzstiften bemalt: heilige Pfeife und Medizinrad, Lakota
12 Männertanzkostüm, Mesquakie, Haarkamm aus Hirschhaaren, Nacken- und Rückenschmuck aus Acrylfasern, Glasperlen, Tuchstoff, Kürbisrassel und hölzerne Tanzpfeife
13 ‚Der längste Marsch'. Gegen die Entrechtung der Indianer führte die politische Indianerbewegung 1978 von Kalifornien nach Washington.
14 Indianer als Autofahrer: Nummernschild der Menominee-Reservation
15 Indianer als Fußgänger: Sportschuhe mit Glasperlendekor
16 ‚Indian Princess'-Stirnband; Moderne Kutenai-Glasperlenarbeit, bei einer Kunsthandwerksausstellung preisgekrönt
17 Schirmkappe, Lakota
18 Schaltanzkostüm, Lakota. In Tanzausrüstung wird viel investiert, weil bei Wett-Tänzen auch die Kleidung bewertet wird.
19 Warnung vor Alkohol und Drogen, Plakat in Englisch und Ojibwa-Schrift. Der in voreuropäischer Zeit unbekannte Alkohol ist das soziale Problem Nummer eins.
20 Dosenöffner mit Glasperlendekor, Ottawa
21 Bierdose, gesammelt in Wounded Knee, 1890. Ort des letzten Massakers an den Lakota, 1973 Ort eines Aufstand militanter Indianer.
22-23 Aufkleber für Stoßstangen
22 ‚Ich bin froh, dass Kolumbus nicht in die Türkei wollte'

23 ‚Indianer entdecken Amerika'
24-27 Ausrüstung für die panindianische Peyote-Zeremonie: Fächer, Kürbisrassel mit Wasservogelmotiv, Zeremonialstab, Trommel
24 Oklahoma
25, 27 Lakota
26 Navajo
28 Plakat zur Wahl der ‚Miss Indian'. Schönheit alleine ist unzureichend. Die Kandidatinnen müssen auch traditionelles Wissen und Können nachweisen.
29 ‚Flaggenhemd', Blackfoot. Schon frühzeitig entdeckten die Indianer das gute Design der amerikanischen Fahne, die zugleich überlegene Macht symbolisierte.
30 Federkopfschmuck, Kanada, Blackfoot, um 1970"

43 In diesem Zusammenhang wären auch die von Mieke Bal konstatierten Formen von Wahrheitsreden durch spezifische Präsentationsformen weiterzudenken. Vgl. dazu M. Bal: Kulturanalyse, S. 72-116.

44 Vgl. die Darstellung dieser Entwicklung am Beispiel eines Paravents: Naazish Ata-Ullah: Stylistic hybridity and colonial art and design education. A wooden carved screen by Ram Singh, in: Tim Barringer/Tom Flynn (Hg.), Colonialism and the Object, London, New York 1998, S. 68-81.

45 Als Beispiel für eine hybride Identität vgl. die Biographie von Peter Bentzon. Rachel E.C. Layton: Race, authenticity and colonialism. A „mustice" silversmith in Philadelphia and St. Croix, 1783-1850, in: Tim Barringer/Tom Flynn (Hg.), Colonialism and the Object, London, New York 1998, S. 82-94.

46 C. Lutter/M. Reisenleitner: Cultural Studies, S. 60.

47 Die Betextungen lauteten:
„Nordamerika Indianer heute
1-6 Stimmzettel für Stammeswahl, Wahlwerbung nach großem Vorbild; 1 Osage; 2-4 Navajo; 5 Lakota
8-16 Gürtelschließen als Beispiel für die Vielfalt der Gegenwart.
8-9 Amerikanische Wappenvögel
10 Kriegertradition und Golfkrieg
11 Salish
12 Kwakiutl
13 Irokesen
14 ‚Das Ende des Pfads', Lakota
15 Berggeistertanz, Navajo
16 Florales Textilmuster, Winnepago
17-18 Walt Disney und die Indianer; 17 Navajo; 18 Zuni
19 Moderne Messerscheide, Blackfoot

20 ‚Traditionelle' Geldbörse, Shoshone
21 Indianische Qualitätsarbeit aus der Blackfoot-Bleistiftfabrik
22 Die Zeit bleibt nicht stehen: Navajo-Digitaluhr
23 Zurück zur Tradition: ‚Indian Power'
24-25 Politische Ziele: Frauenrecht und Kampf um Landrechte
26 Nur für Weiße: Tee als ‚Medizin'
27 Moderne Tabakkultur
28 Opfertabak aus dem Supermarkt
29-30 Indianer als Christen: Andachtsbild, Mohawk-Märtyrerin, Katechismus

# Schule des Sehens

Für alle drei untersuchten Museen galt, in keiner der Schausammlungen wurden *gender*, *race* oder *class* als die Narrative bestimmende Kategorien mitreflektiert, wenngleich explizit wie implizit Aussagen über Geschlechterverhältnisse, unterschiedliche soziale Schichten oder Ethnien getroffen wurden. In der Zusammenschau wollen wir zum einen unsere Verwendung der gewählten Methoden reflektieren. Zum anderen gehen wir der Frage nach, ob es in den Strategien, Verfahrensweisen und Deutungen Unterschiede zwischen den untersuchten Museen in Bezug auf Differenzierungen entlang von *gender*, *race* oder *class* gab.

## Methodenmix als Form der Annäherung

Die Rezeption von Ausstellungen wird davon bestimmt, welche Deutungen Exponate durch die Anordnung und Nachbarschaft mit anderen Objekten, durch die Rahmung mit Bildern und Betextungen sowie die gestalterischen Mitteln erhalten können. Dabei gehen wir davon aus, dass immer auch Aussagen mittransportiert werden, die von den KuratorInnen und GestalterInnen nicht intendiert sind. Die durch das Ausstellen vermittelten Deutungen standen im Zentrum unserer Analyse, nicht die Kritik der Ausstellung im Rahmen des jeweiligen fachwissenschaftlichen Diskurses. Die Intention war nicht so sehr, die gezeigten Objekte und Themenstellungen an sich zu hinterfragen – weder kannten wir die Sammlungen noch verfügten wir über spezifische, naturwissenschaftliche, kunsthistorische oder ethnologische Fachkenntnisse – sondern das Zusammenspiel von Auswahl und Kontextualisierung der Objekte in den Blick zu nehmen. Unser Standpunkt war jener von AusstellungsbesucherInnen, allerdings museologisch geschulten. Infolge der Vieldeutigkeit und Ambivalenzen von Präsentationen sind die von uns dargelegten Lesarten der vermittelten Bilder und Erzählungen zu *gender, race* oder *class* nicht die einzigen. Jedoch sind sie keineswegs beliebig, denn sie basieren auf kulturellen Konventionen und gesellschaftlichen Codes.

Das Verfahren der „Dichten Beschreibung" stellte für unsere Analyse den grundlegenden methodischen Ansatz dar, weil wir ihn in der ersten Arbeitsphase als vorrangigen Zugang wählten und erst bei der Überarbeitung der Ergebnisse semiotische und literaturwissenschaftliche Betrachtungsweisen einbezogen. Doch eignete sich die Dichte Beschreibung insofern gut als methodische Grundlage, als dabei der Vorgang der Beschreibung und Deutung oftmalig wiederholt wurde, um die entsprechende Dichte der Analyse zu gewährleisten. Die Erzählung wurde immer wieder anders konfiguriert. Bestehende Bilder wurden erneut aufgerufen und mit anderen Ansatzpunkten in Verbindung gebracht, so dass alternative Bedeutungen generiert wurden. Da die Dichte Beschreibung somit niemals als abgeschlossen betrachtet werden konnte, bot sie eine gute Schnittstelle für weitere methodische Zugänge. Durch andere Herangehensweisen konnten erneut Fragestellungen und Blickpunkte eingebracht werden, die die Ergebnisse der Dichten Beschreibung hinterfragten, ausdifferenzierten oder auch zuspitzten – und dabei gewissermaßen den Prozess der Analyse vorantrieben. Dies war allerdings nur dann möglich, wenn die Analyse-Methoden ähnlich offen sind wie die Dichte Beschreibung. Insofern bot sich vor allem die Semiotik an, da sie auf unterschiedliche kulturelle Zeichensysteme, auf Bilder ebenso wie Sprache und Schrift, anwendbar ist. Und werden kulturelle Äußerungen als Text verstanden, sind auch semantische Verfahren der Textanalyse nahe liegend.

Welcher methodische Ansatz bei der Analyse Anwendung fand oder sozusagen als Königsdisziplin verstanden werden könnte, derartige Fragen waren für uns zweitrangig. Wichtig schien uns, dass eine gewisse Nachvollziehbarkeit in der Vorgangsweise gegeben ist. Da es sich jedoch um einen sehr komplexen Vorgang handelte und wir nicht von Anfang an Phasen der Selbstreflexion eingeführt hatten, waren die einzelnen Schritte nicht immer genau voneinander abgrenzend zu rekonstruieren. Entscheidend war, uns als Subjekte der Rezeption ernst zu nehmen. Wir haben bewusst keine BesucherInnenbefragungen vorgenommen, um herauszufinden, wie weit unsere Lesarten auch von anderen geteilt wurden. Dennoch war für uns der Workshop „*Grammatiken* des Ausstellens" interessant, da in einem museologischen Rahmen sowohl unsere Deutungen bestärkt als auch andere Assoziationen und Interpretationen eingebracht wurden. Bei der Aufforderung, besonders anziehende oder abstoßende Objektarrangements in der Amerika-Abteilung des Museums für Völkerkunde zu nennen, lösten auch Objektanordnungen Irritationen aus, die für uns bis dahin kein Thema waren.

Die verschiedenen methodischen Zugänge konnten in der Anwendung zu ähnlichen Ergebnissen führen, wenngleich die Schwerpunktsetzung eine andere war. Dennoch war es hilfreich, die Methoden zu wechseln. Wenn sich etwa ein Display schwer mit einer Methode erschließen ließ, wir uns blockiert fühlten, konnte es von Vorteil sein, es auf andere Weise zu versuchen. Bereits vorgenommene Interpretationen konnten durch einen anderen Zugang „gegengelesen" werden. So war die Inszenierung der „Venus von Willendorf" in der prähistorischen Abteilung des Naturhistorischen Museums ein Beispiel, bei dem der semiotische und textanalytische Ansatz zu einer Bestärkung der Ergebnisse der Dichten Beschreibung beitrug. Dabei führten die konnotativen Decodierungen der eingesetzten Inszenierungsmittel zu den gleichen Ergebnissen wie die paradigmatische Operation. Beide Ansätze erlaubten, einen Zusammenhang von *Frau* und *Natur* herzustellen, vermittelt über die visuelle Verknüpfung der Frauenstatue mit einer Tierfigur, die durch keinen in der Präsentation nachvollziehbaren inhaltlichen Bezug begründet wurde.

Zu einer Differenzierung beziehungsweise Korrektur trug die Einbeziehung des semiotischen und semantischen Ansatzes etwa beim Display „Indianer heute" bei, indem weitere Lesarten ins Spiel kamen. Die Anordnung eines politischen Plakates von Native Americans inmitten von dekorativen Kleidungsstücken und Accessoires für zeremonielle Zwecke erlaubte auf der syntagmatischen Ebene unterschiedliche Erzählungen. Zum einen konnte die Zusammenstellung als Gegensatz zwischen der Pflege von „traditionellen Riten" und politischem Engagement für bessere Lebensbedingungen und soziale Chancen der Native Americans gedeutet werden. Zum anderen konnte die Verbindung von so gegensätzlichen Exponaten auch den Effekt der Annäherung haben. Das Eingreifen in politische Entscheidungsprozesse und die Pflege von Riten konnten auch als gleichermaßen adäquate Formen der Identitätssicherung interpretiert werden oder mehr noch, das politische Engagement als notwendige Voraussetzung gelten, um die Bewahrung der Traditionen zu ermöglichen. Der semantische Zugang lenkte generell den Blick darauf, dass nebeneinander präsentierte Objekte nicht nur als zusammengehörig im Sinne einer Und-Verbindung, sondern auch einer Oder-Verbindung gelesen werden konnten.

In einer Vitrine zu den Anfängen der Besiedelung des amerikanischen Kontinents waren einfache Steingefäße, Speerspitzen und Feuersteine versammelt. Diese Vitrine fand bei der Beschreibung der Displays zunächst keine besondere Aufmerksamkeit. Keine der Kategorien *gender, race* oder *class* schien hier zum Tragen zu kommen. Indem die Vitrine jedoch unter dem Aspekt betrachtet wurde, ob sich die Objekte zu einer Syntax verbinden ließen, wurde plötzlich deutlich, dass die (runden) Gefäße und die Speerspitzen in der Vitrine einander gegenübergestellt waren: rechts die spitzen Elemente und links die runden Formen. In der Mitte befand sich gleichsam als Übergangsobjekt ein rundes Gefäß mit einem länglichen Werkzeug, das wahrscheinlich zur Zerkleinerung von Lebensmittel diente. In diesem Sinne wurden der traditionell *männlich* codierte Bereich der Bewaffnung und der *weibliche* codierte Bereich der Vorratshaltung als dichotomes Verhältnis gegenübergestellt.

Der semiotische Zugang ermöglichte es, über die metakommunikative Ebene die Auswirkungen der institutionellen und wissenschaftlichen Verankerung zu reflektieren, auch wenn wir uns nicht intensiv mit den einzelnen Institutionen selbst auseinandersetzten, da dies den Rahmen der Arbeit gesprengt hätte. Im Falle des Kunsthistorischen Museums entsprach die strikte Einteilung nach Schulen und die entkontextualisierte Präsentationsweise einem bestimmten Wissenschaftsverständnis und einer Vorstellung von „Meisterschaft“, die aus dem 19. Jahrhundert stammen und unhinterfragt weitertradiert wurden. In der Anthropologischen Abteilung im Naturhistorischen Museum trug das Einbeziehen der metakommunikativen Decodierung zu einer Zuspitzung der Erkenntnisse bei. Die auffallend symmetrische Anordnung der Objekte folgte nicht nur einer wissenschaftlichen Systematik, sondern war auch als Ausdruck des Bestrebens der Institution zu lesen, Fakten in einem so geschlossenen Rahmen zu präsentieren, dass wenig Zweifel an der Präsentation auftreten sollten.

## Verfahren zur Herstellung von Differenz

Ein Effekt, wenn *gender, race* oder *class* nicht mitreflektiert werden, besteht darin, dass dort, wo ein bestimmtes Geschlecht, eine Ethnie oder eine Klasse dominant sind, diese gleichsam als selbstverständlich oder *natürlich* erscheinen. Dadurch werden die gesellschaftlichen Machtverhältnisse, die den Ausschlussmechanismen und Repräsentationen zugrunde liegen, verschleiert. Beispielsweise waren im Kunsthistorischen Museum durchwegs männliche Künstler ausgestellt, ohne die Gründe dafür anzusprechen, warum Frauen kaum Möglichkeiten hatten, sich künstlerisch zu betätigen. Ebenso wenig wurde angesprochen, dass der damalige Kunstbetrieb mehr noch als heute eine Angelegenheit von gesellschaftlichen Eliten – weltlichen wie geistlichen – war, was sich auch in den abgebildeten Sujets manifestierte. Doch bereits die Auswahl an Kunstwerken, die im Kunsthistorischen Museum zu sehen gegeben wurde, war Ausdruck kultureller Differenzierung. Denn von nichtwestlichen Kulturen fanden nur Artefakte weniger Hochkulturen – etwa Antiken oder ägyptische Objekte – Eingang in die Sammlungen. Hier kam es also zu einer besonderen Verdichtung von eurozentristischer Kunst, die von Männern produziert und von gesellschaftlichen Eliten in Auftrag gegeben wurde.

In der Prähistorischen Abteilung im Naturhistorischen Museum dominierten im Bereich des Kultischen die *Weiblichkeit* betonenden Darstellungen. Bei der älteren Präsentation der „Venus von Willendorf" wurde diese mit Natur kontextualisiert; die Galgenbergstatuette wurde zur Tänzerin gemacht. Zudem wurden Abbildungen von kultischen Frauenfiguren gezeigt, deren übergroße Darstellungen die Körperrundungen hervorhoben und so gleichsam in ihrer Besonderheit dem voyeuristischen Blick aussetzten. Auch hier wurde die Präsenz des *Weiblichen* nicht thematisiert und historisch rückgebunden, wodurch es zu einer nicht hinterfragten Verknüpfung von Mythischem und *essentialisierter Weiblichkeit* kommen konnte. Ebenso wenig wurden die weiblichen Tonfigürchen in der Abteilung „Das Altertum der Neuen Welt" auf produktive Weise mit der Kategorie Geschlecht in Verbindung gebracht. Sie wurden als archaischer Kult abgewertet und damit zu schwachen Zeichen in der Narration, was nicht untypisch war für die Präsentation von Exponaten, die mit *Weiblichkeit* in Verbindung gebracht werden konnten. Die Tonfigürchen wurden aber nicht in ihrer historischen Bedeutung kontextualisiert, etwa als Anknüpfungspunkte für die Thematisierung von Weiblichkeitsritualen in dieser Kultur.

So wie in der früheren Präsentation der Prähistorischen Abteilung beim Display Jagd die Geschlechtlichkeit der Jäger kein Thema war, wurde auch im Museum für Völkerkunde die Jagd mit männlichen Protagonisten in Verbindung gebracht, ohne sie als Männerdomäne zu kennzeichnen. Dass diese geschlechtspezifische Zuweisung nicht unbedingt der Realität entsprochen haben muss, zeigte ein Text in der derzeitigen Aufstellung in der Prähistorischen Abteilung, in dem ausgeführt wurde, dass Frauen ebenso gejagt haben könnten. Damit es nicht zu Verfestigungen kommt, die nicht mehr als gesellschaftliche Konstrukte hinterfragbar wären, gälte es, Jagd nicht automatisch mit Männern in Verbindung zu bringen, wenn es kein gesichertes Wissen darüber gäbe. Dort, wo die geschlechtsspezifischen Arbeitszuweisungen bekannt wären – wie bei den Native Americans –, bedürfte es der kulturhistorischen Kontextualisierung.

## Zur Sprache bringen – Differenzen explizit gemacht

In den wenigen Bereichen, wo *gender*, *race* oder *class* explizit angesprochen wurden, wurden klischeehafte Bilder und Rollen eher verstärkt als problematisiert, in Frage gestellt oder etwa aufgebrochen. Ein wesentlicher Faktor in der Auseinandersetzung um die Darstellung gesellschaftlicher Differenzierung war etwa die Art, wie sie sozusagen zur Sprache gebracht, welche Begriffe und Bezeichnungen gewählt werden. Sensible Begriffe in diesem Zusammenhang waren Selbstbezeichnungen von sozialen und ethnischen Bevölkerungsgruppen ebenso wie Fremdzuschreibungen. Ein besonders signifikantes Beispiel war, wie im Bereich „Indianer Nordamerikas" mit dem Begriff *Indianer* umgegangen wurde. Im Bereichstext zu „Plains" wurde zwar angesprochen, dass bestimmte Vorstellungen zum populären Bild vom *Indianer* gerinnen konnten, dennoch wurde der Begriff in der Bereichsbezeichnung und in den Objektbeschriftungen ungebrochen verwendet und damit wurden ebendiese Klischees reproduziert. Für alle drei Museen galt, dass Geschlechtsunterschiede sprachlich nur markiert waren, wenn es sich um Frauen handelte. Generell waren Texte in der *männlichen* Form gehalten, die – wie im Sprachgebrauch nach wie vor üblich – auch Frauen subsumieren konnten.

In Bezug auf die Kategorie *race* waren im Museum für Völkerkunde explizite Aussagen zu *Anderen* vor allem dort anzutreffen, wo ein Vergleich mit europäischen Verhältnissen in direkter oder indirekter Weise hergestellt wurde. Dabei wurden Native Americans in ihrer kulturellen Entwicklung tendenziell als „rückständige“, EuropäerInnen hingegen als innovative Gesellschaften gekennzeichnet. Gemeinsam war den Texten, dass darin historischer Wandel und gesellschaftliche Entwicklungen in Amerika vor allem durch den Einfluss der EuropäerInnen vorangetrieben wurden, während die Native Americans sich entweder deren wirtschaftlichen und technologischen Innovationen aneigneten, sie kreativ anpassten, oder in ihren traditionellen Lebensweisen verhaftet schienen. Im Bereich „Das Altertum der neuen Welt“ wurde durch die Periodisierung und die Begrifflichkeit der Trias „Formatives Stadium“, „Klassik“ und „Nachklassik“ die Vorstellung eines natürlichen Reifungsprozesses geweckt. Durch diese gleichsam naturhafte Konnotierung wurde die kulturelle Entwicklung Amerikas als Aufstieg und Untergang jenseits konkreter historischer Bezugsrahmen gezeichnet. Die Kolonisierung durch EuropäerInnen wurde zwar erwähnt, aber verharmlost beziehungsweise wurde in andere Geschichten ausgewichen. Beispielsweise wurden die Vorteile – Handelsbeziehungen und Übernahme technischer Innovationen durch das in Kontakttreten mit den EuropäerInnen – besonders hervor gestrichen oder die Gewaltherrschaft bestimmter indigener Populationen betont. Bereits längst geführte Diskurse zum Problem der Definitions- und Deutungsmacht blieben ausgespart. Aber es wurde auch – wie es hierzulande in Bezug auf die Museumslandschaft zumeist der Fall ist – kein öffentlicher Diskurs um die in Ausstellungen verwendeten Begrifflichkeiten eingefordert. Dazu bedürfte es einer kritischen Öffentlichkeit, die Museen als Verhandlungsorte von Identitäten und Repräsentationen, Bildern und Narrativen betrachten würde. In anderen Ländern hingegen – wie etwa dem angloamerikanischen Raum – sind Museen vielfach zu einem umkämpften Feld geworden.

Doch waren die Ausstellungstexte ein – eher geläufiges – Deutungsangebot, die Herstellung von Differenzen erfolgte insbesondere im Zusammenspiel mit den Objekten und Inszenierungen. Die Exponate im Display „Plains“ des Bereichs „Indianer Nordamerikas“ waren je nach Verwendung *Frau* und *Mann* zugewiesen, so dass stereotype Bilder entstanden: *Frauen* kümmerten sich um die Nahrungszubereitung, während *Männer* auf die Jagd gingen oder sich in kriegerischer Auseinandersetzung mit anderen Stämmen befanden – Tätigkeiten, die mit einem höheren sozialen Prestige verbunden waren. Wäre bei gleicher Auswahl der Objekte die Perspektive darauf gerichtet worden, wer die Exponate produziert hat – dies waren vor allem Frauen –, hätte sich eine andere Gewichtung ergeben. Die Kunstfertigkeit von Frauen bei der Herstellung von Alltagsgegenständen aber auch Ritualobjekten hätte hier ebenso gewürdigt werden können wie jene der männlichen Schnitzer im Display „Nordwestküste". Es geht nicht darum, die geschlechtsspezifische Arbeitsteilung der Native Americans in Frage zu stellen, sondern die Art und Weise, wie diese ahistorisch als selbstverständlich und *natürlich* vermittelt wurde.

In der Anthropologischen Abteilung im Naturhistorischen Museum waren *Frau* und *Mann* nicht nur in klischeehaften Posen dargestellt, es wurden auch essentialisierte Geschlechterzuschreibungen vorgenommen. Im Display zum Thema Evolution wurde die geschlechtsspezifisch sozialisierte Haltung, bei der der Mann der Frau den Arm um die Schulter legte, als anthropologische Konstante gesetzt. Im Diorama zu den Neandertalern war die weibliche Figur mit Reproduktionsarbeiten beschäftigt, während die männliche bei der Herstellung von Werkzeugen gezeigt wurde – obgleich es kein gesichertes Wissen darüber gibt.

Selbst im Museum für Völkerkunde, das die Repräsentation nicht-westlicher Kulturen als seine Agenda versteht, waren explizit ausgewiesene Aussagen zur Kategorie *race*, zur Beziehung zwischen dem *Eigenen* und dem *Anderen* selten anzutreffen. Aufgrund des aktuellen Bezugs war das Display „Indianer heute" besonders interessant. Während bei den übrigen Displays, die vergangene Epochen thematisierten, eine Fremdheitserfahrung aufgrund der zeitlichen Distanz in jedem Fall gegeben war, stellte sich die Frage der Alterität in der Gegenwart anders. Erfolgte die Präsentation der Native Americans exotisierend, also die Differenz betonend, oder assimilierend, also Nähe zum *Eigenen* herstellend? Auffallend war, dass die aktuelle Alltagskultur der Native Americans fast ausschließlich über Objekte mit als *indianisch* zu konnotierenden Merkmalen präsentiert wurde. Als *authentisch* galt demnach eine in der Tradition verhaftete Kultur, die sich signifikant von der Mehrheitskultur der NordamerikanerInnen unterschied. Diese Darstellung fand ihre Zuspitzung in Formulierungen wie „Indianer als Autofahrer", die suggerierten, dass Auto fahren für Native Americans nicht gleichermaßen selbstverständlich wäre wie für ihre ZeitgenossInnen. Die Konzentration auf *indianisch* Anmutendes förderte vor allem eine folkloristische Sicht auf Native Americans und verfestigte so das Bild der *Anderen*, statt es aufzubrechen oder zu differenzieren.

## Differenz als implizite Botschaft der Repräsentation

Doch auch in Präsentationen, in denen *gender*, *race* oder *class* nicht das Thema waren, wurden implizit Aussagen dazu gemacht. Je weniger sich die KuratorInnen dessen bewusst waren, umso leichter entstanden unreflektierte Bilder und Narrative. Dies begann bereits bei den Ordnungskriterien und Kategorisierungen, die nicht so neutral waren, wie sie auf den ersten Blick schienen. Allen Präsentationen gemeinsam war die Einordnung der Objekte in formal-wissenschaftliche Ordnungskriterien, auch wenn die Kriterien je nach Museumstyp unterschiedlich waren. Im Kunsthistorischen Museum bestimmten Schulen und Kulturkreise die Anordnung der Kunstwerke jenseits ihres konkreten Entstehungskontextes. In der anthropologischen Abteilung des Naturhistorischen Museum wurde die naturwissenschaftliche Systematisierung nach Arten und Entwicklungsstufen auf die Darstellung der unterschiedlichen Hominiden angewendet. In der prähistorischen Abteilung war die Einordnung nach Fundort und Fundart Grundlage der Aufstellungen. Im Museum für Völkerkunde war die Amerika-Abteilung nach Regionen strukturiert, wobei im Bereich „Das Altertum der Neuen Welt“ zum Kriterium der Region auch noch die Stilepoche als Ordnungsfaktor hinzukam.

Derartige Ordnungssysteme sind kein wertneutrales Raster, da sie immer einem bestimmten Verständnis von Wissenschaft verpflichtet sind. Zudem können derartige formale Systematisierungen den Anschein von Objektivität bestärken und damit ihren Konstruktionscharakter verdecken, insbesondere wenn es sich um sehr geläufige Kategorien handelt – wie dies bei den drei Museen der Fall war. Die hier vorherrschenden Einteilungssysteme entstammten letztlich der Museums- und Ausstellungspraxis des 19. Jahrhunderts, weshalb die Aufstellungen im Zusammenspiel mit den traditionellen Präsentationsweisen als veraltet und langweilig anmuten konnten, aber nicht unbedingt die Ordnungskriterien an sich fragwürdig erscheinen ließen. Dies war nicht zuletzt darauf zurückzuführen, dass diese Einteilungen nach wie vor in der Museumslandschaft verbreitet sind, also einer Konvention entsprechen. Insbesondere bei kunsthistorischen Museen gibt es kaum Abweichungen in der Präsentationsweise. Derartige formale Einteilungssysteme können die AusstellungsmacherInnen der Mühe entheben, andere Formen der Anordnung, die sich etwa an inhaltlich-narrativen Erzählmustern orientieren, zu suchen. Eine stärkere thematische Strukturierung öffnet eine Ausstellung zwar nicht per se einer kritischen Befragung – da sie in ihrer Argumentation ebenso hermetisch sein kann – dennoch werden die Positionen der AusstellungsmacherInnen dabei sichtbarer. Strenge formale Strukturen erleichtern es hingegen, kulturhistorische Kontextualisierungen zu vermeiden, wie die schon erwähnte Dominanz von Männern in der Kunst. Im Gegensatz zu formalen Objektanordnungen, die überzeitlich gültig erscheinen, kann das Publikum narrative Ausstellungen eher in ihren zeitlichen und gesellschaftspolitischen Entstehungsrahmen einordnen.

In den analysierten Museen wurde mit vorgeblich neutralen, wie den geografischen oder stilistischen Kriterien, eine auf den ersten Blick als typologisch zu bezeichnende Ausstellungspraxis verfolgt, die auf einer darunter liegenden Ebene jedoch auch mit narrativen Ausstellungsstrategien verknüpft war. Doch selbst die Anordnung von Objekten unter streng formalen Kriterien erlaubte vielfältige Konnotationen. Wurde ein Objekt mit weiteren Exponaten und Ausstellungselementen, waren das nun Texte oder Gestaltungsmittel, in Verbindung gesetzt, transportierte es etwas, was über seine unmittelbare Bedeutung hinauswies. Es entstanden Konnotationen und Assoziationen und damit auch verschiedene kleine Narrative, die sich zu größeren, übergreifenden Erzählungen vernetzen ließen. An diesen Stellen waren Positionen zu den Geschlechterbildern, zu sozialen Schichten oder zum Verhältnis von *Eigenem* und *Anderem* zu erkennen. Das hieß aber nicht, dass ein differenziertes Bild der einzelnen Kulturen entstand. Denn obwohl etwa im Bereich „Indianer Nordamerikas“ unter der geografischen Einteilung thematische Einheiten wie Lebenssicherung oder Zeremonien zusammengestellt waren, gehörten die Exponate verschiedenen Kulturen dieser Region an, die jedoch keine nähere Darstellung fanden. Indem die Objekte austauschbar schienen, entstand ein eher regionsspezifisch homogenes Konstrukt.

Ein grundlegender Effekt der stark formal ausgerichteten Präsentation der Objekte lag vor allem darin, dass sich die scheinbare Objektivität der Formalstruktur auf die eingelagerten Erzählungen übertragen und diese in ihren Aussagen stützen konnte. Wie unsere Analysen zeigten, vermittelten diverse Präsentationen in Bezug auf *gender, race* oder *class* geläufige Typisierungen und Festschreibungen – verdeckt durch eine formale Struktur. Ein Beispiel war im Bereich „Indianer Nordamerikas“ die erwähnte Homogenisierung von Ethnien durch die gemeinsame Fassung in geografische Regionen. Besonders zum Tragen kam die Strategie in der anthropologischen Abteilung. Hier erfolgte die Darstellung der Menschheitsentwicklung vorwiegend entlang von auf Gehirnvolumen der Vorfahren basierenden Entwicklungslinien. Diese wissenschaftliche Beweisführung korrespondierte auf der visuellen Ebene mit einer symmetrischen Ordnungsstruktur. Eingelagerte Narrative zum Geschlechterverhältnis konnten durch diese Struktur in ihrer Konstruktion stärker verdeckt bleiben.

Im Medium Ausstellung werden insbesondere durch Objektpräsentationen und Inszenierungen implizit Botschaften vermittelt, die nicht intendiert sind. Ein besonders signifikantes Beispiel war die letzte Aufstellung der „Venus von Willendorf“, die an eine Peepshow erinnerte. Die Präsentation in einem Raum, der als Tempel konnotiert werden konnte, und der Einsatz der mythisch anmutenden Musik wäre eine für Götter wie Göttinnen gleichermaßen adäquate Darstellungsweise. Die Ausleuchtung der Figur in rotem Licht und die nach hinten gelehnte Haltung sexualisierten sie jedoch.

In der Anthropologischen Abteilung war der Platte mit zwei unterschiedlich großen Fußspuren das Passfoto jenes Paares beigefügt, das in einem Diorama in Großaufnahme zu sehen war. In beiden zeigte sich die Haltung der zwei nebeneinander Gehenden. Der Mann hatte der Frau den Arm um die Schulter gelegt. Damit wurde die Fußspur geschlechtlich codiert. Die unterschiedliche Größe der Abdrücke konnte so nicht etwa auf eine altersbedingte Entwicklungsstufe zurückgeführt werden, sondern auf die Zuweisung zum jeweiligen Geschlecht: ein (großer) *männlicher* und ein (kleiner) *weiblicher* Fußabdruck. Der Subtext diente somit zur Verfestigung der vermittelten Geschlechterbilder. Die Evidenz der unterschiedlichen Fußspuren sicherte die Erzählung im Diorama ab. Das geschlechtsspezifische Verhalten wurde als in der menschlichen Evolution grundgelegtes, gleichsam *natürliches* präsentiert. Dies entsprach einer Argumentationsstruktur, die wissenschaftliche Behauptungen durch authentische Objekte so belegte, dass sie als logische Schlussfolgerung gelesen wurden.

Ein eindrucksvolles Beispiel fand sich auch im Display „Indianer heute“, wo die politischen Bestrebungen der Native Americans thematisiert wurden. Hier wurde nicht nur die gezeigte Bierdose durch die Objektbeschriftung mit einem Aufstand, mit der Militanz von Native Americans in Verbindung gebracht. Sie war zudem in Nachbarschaft mit einem Plakat, das vor Alkoholismus warnte, und einem T-Shirt mit der Aufschrift „Apache-Power“ so angeordnet, dass ein unmittelbarer Bezug zwischen der Artikulation politischer Anliegen und Alkoholismus hergestellt und auf diese Weise politische Manifestationen diskreditiert werden konnte.

Bei der Analyse von Ausstellungstexten kann es ebenfalls nicht nur darum gehen, was sich auf der ersten Ebene vermittelt, sondern welche Subtexte mittransportiert werden. Neben den sachlich, im Duktus der Information gehaltenen Texten im Naturhistorischen Museum, die allein die übliche männliche Form der Benennung aufwiesen, gab es eine als *gendered* zu bezeichnende Text-Erzählung, obwohl hier die Kategorie Geschlecht nicht direkt angesprochen wurde. Die Ausgrabungsbeschreibung der „Venus von Willendorf“ war nicht nur als Erfolgsgeschichte (*männlicher*) wissenschaftlicher Forschung verfasst, sondern auch als eine Erweckungsgeschichte. Aus „vieltausendjährigem Schlaf“ ans Tageslicht geholt, wurde der „Venus von Willendorf“ die *weibliche* Rolle der zu erweckenden Prinzessin und den Forschern die *männliche* Rolle des erlösenden Prinzen zugewiesen.

Insbesondere im Museum für Völkerkunde war nicht nur relevant, wie explizit mit sensiblen Begrifflichkeiten umgegangen wurde, sondern auch durch welche grammatikalischen Mittel Bedeutungen geschaffen wurden. Auffallend war, dass in der Abteilung „Indianer Nordamerikas“ mit relativierender Wortwahl und Sätzen ohne handelnde Subjekte operiert wurde, so dass etwa negative Geschehnisse gleichsam passierten und die dafür verantwortlichen Personen oder strukturellen Entwicklungen ausgeblendet blieben. Der prosperierenden Kultur „folgte ein Zusammenbruch begleitet von massivem Bevölkerungsschwund“. Cook verschwand als Akteur hinter seiner „Reise“ und Columbus hinter seinem „Irrtum“, der eine „Behandlung“ der indigenen Bevölkerung als *Indianer* verursachte, durch die sich diese als „Schicksalsgemeinschaft erkannten“ und sich unter dem Begriff *Indianer* subsumieren ließen. Immer wieder wurde das Bild der Unausweichlichkeit von Ereignissen evoziert.

Zudem war interessant, wie und in welchem Zusammenhang brisante Themen wie die Kolonisierung Amerikas auftauchten, auch wenn sie nicht unmittelbar Thema der Schausammlung waren. Denn hier musste es zwangsläufig zwei Perspektiven gegeben, die der TäterInnen und die der Opfer, selbst wenn es sich dabei nicht um homogene Gruppen handelte. Im Bereich „Das Altertum der Neuen Welt“ wurden die Anfänge der Kolonisierung mit der „Ankunft der Spanier“ beschrieben; bei den „Indianern Nordamerikas“ waren Kolonisierung, Genozid und Enteignung mit sprachlichen Wendungen – wie den Westen „für sich reklamieren“, „kultureller Zusammenbruch“, es „verblieb“ ihnen nur wenig Land, die Bevölkerungszahl „sank“ – verdeckt. Oder es wurde mit positiv oder neutral besetzten Verben operiert, um die Kolonisierung als für beide Seiten bereichernde Begegnung darzustellen. Cooks Reise „öffnete“ das Gebiet für den Handel, der den Wohlstand „verstärkte“ und die bekannte Kultur der Plains konnte sich mit der Einführung des Pferdes durch EuropäerInnen „entwickeln“. Die Texte zielten in der Wortwahl und Formulierung darauf ab, die geschichtsmächtigen EuropäerInnen möglichst wenig mit Gewalt in Verbindung zu bringen, sie als handelnde AkteurInnen hinter Abläufen verschwinden zu lassen. Und gerade wenn es um eine belastete Vergangenheit geht, treten in musealen Repräsentationen die Handelnden leicht in den Hintergrund. Mit dem Ausblenden von Handelnden gibt es auch keine TäterInnen und Opfer. Geschichte als Geschehen ohne AkteurInnen zu vermitteln, wie dies im Museum für Völkerkunde gemacht wurde, ist allerdings eine weit verbreitete Ausstellungspraktik, befördert durch formale Kriterien der Objekt-Anordnung und angeblich „neutral“ gehaltene Texte.

In allen Museen blieb der Standpunkt ausgeblendet, von dem aus die KuratorInnen und GestalterInnen sprachen. Diese Positionen kamen allerdings indirekt, sozusagen zwischen den Zeilen als Subtext der Ausstellung zum Tragen. Im Museum für Völkerkunde war es konstitutiv, die *Anderen* aus der

Perspektive des *Eigenen* darzustellen, ohne dies zum Thema zu machen. Die Präsentationen sagten oft sehr viel mehr über die *eigene* Kultur aus als über die *fremde*, die auf der Oberfläche präsent war und zu dominieren schien. Aber auch im Kunsthistorischen Museum war der eurozentristische Blick für die Auswahl der Kunstwerke maßgeblich, wenngleich das Qualitätskriterium „Meisterwerk“ als universale Kategorie gesetzt wurde. In der anthropologischen Abteilung wurden gegenwärtige Annahmen etwa zur Geschlechterdifferenz auf die frühe Phase der Menschheitsentwicklung rückprojiziert, so dass sie dann als ahistorische Konstanten erschienen. Die Verfestigung von Differenzen war also ebenso problematisch wie die Verschleierung von Unterschieden durch diverse Verfahren der Universalisierung.

Hinsichtlich der Art, wie sich Konstruktionen in Bezug auf *gender*, *race* oder *class* manifestieren, konnte von assimilierenden oder exotisierenden Darstellungsformen gesprochen werden. Während erstere darauf abzielten, Differenz aufzuheben oder zu verschleiern, trugen zweitere zu ihrer Verstärkung bei. Zwei entgegengesetzte Verfahren zwar, die aber häufig nebeneinander bestanden, wie sich in vielfältiger Weise im Museum für Völkerkunde zeigte. Einerseits konnte die ästhetisierende Präsentationsweise der Objekte, die insbesondere im ersten Bereich eher den Eindruck einer Kunstsammlung erweckte, als assimilierendes Verfahren betrachtet werden. Dadurch wurden die Objekte nicht nur „aufgewertet“, sondern auch in gewisser Weise in ein anderes Ordnungssystem überführt. Als Kunstwerke wahrgenommen, spielte es keine Rolle, aus welchem kulturellen Kontext sie stammten – damit hatten sie in ein anderes, gleichsam universelles System Eingang gefunden. Doch konnte dies nur auf der ersten Ebene so betrachtet werden, denn das zugrunde liegende Kunstverständnis war ein zutiefst europäisch geprägtes. Andererseits wurden fremd anmutende Objekte durch Licht- und Schatteneffekte noch zusätzlich in ihrer Exotik verstärkt. So wurden im Display „Nordwestküste“ Masken und Figuren durch Spots nur partiell beleuchtet. Da sie durch die Abhängung an seidenen Fäden zudem gleichsam gespenstisch zu schweben schienen, bewirkte die Präsentation einen Zugang, der zwischen Faszination und Befremden changierte. Die Beschriftungen erklärten die Objekte zu wenig in ihren Ausformungen und gesellschaftlichen Bedeutungen, wodurch sie der Mythisierung und Exotisierung der Exponate eher Vorschub leisteten als sie durch eine sozio-kulturelle Kontextualisierung zu entzaubern.

Die Präsentation der so genannten „Federkrone des Montezuma“ verschränkte exotisierende mit assimilierenden Ausstellungsstrategien. In einem dunkel gehaltenen Raum mit tiefroten Wänden war unter einem Rundbogen eine Vitrine, in der sich der Federschmuck als einziges Objekt befand. Seitlich davor waren in zwei Reihen – wie in einem Spalier – Podeste mit Götterstatuen und Tierdarstellungen aufgestellt. Durch die punktuelle Beleuchtung erhielten die Figuren einen besonders geheimnisvollen Ausdruck.

Der Federschmuck selbst wurde nur dann ausgeleuchtet, wenn die Lichtquelle durch einen Bewegungsmelder ausgelöst wurde. Dadurch, dass die Inszenierung allerdings auch Elemente der christlichen Ikonographie enthielt – sie erinnerte an ein Tryptichon – konnte auch von einer assimilierenden Ausstellungsstrategie gesprochen werden.

Auch wenn die beiden Analysekriterien für ethnologische Ausstellungen entwickelt wurden, konnten sie ebenfalls im Hinblick auf die Kategorie *gender* zur Anwendung kommen. Eine Exotisierung bestand etwa, wenn *Frauen* als das *Andere* des üblicherweise als Norm gesetzten *Mannes* dargestellt wurden. Von einer assimilierenden Präsentationsweise kann dann gesprochen werden, wenn die Unterschiede eher nivelliert wurden. Im Museum für Völkerkunde wurde im Bereich „Das Altertum der Neuen Welt" eine Frauenstatuette der Valdivia Kultur vereinzelt in einer Vitrine gezeigt. Damit wurde ihr eine besondere Bedeutung verliehen. Sie konnte als Zeichen der besonderen Verehrung von *Weiblichkeit* gelesen werden, wie es generell in Ackerbau-Kulturen, in denen die Fruchtbarkeit des Bodens ein wesentlicher Überlebensfaktor gewesen war, keine Seltenheit war. Indem sie im Unterschied zu anderen Götterstatuen durch die Präsentation hervorgehoben wurde, wurde der mit *Weiblichkeit* verbundene Fruchtbarkeitskult zu etwas Besonderem, aber sie wurde damit auch exotisiert.

Durch assimilierende ebenso wie exotisierende Ausstellungsstrategien konnten brisante Themen ausgeblendet und klischeehafte Vorstellungen gefördert werden. Beide waren wenig geeignet für eine differenzierte Auseinandersetzung mit kulturellen oder gesellschaftspolitischen Fragestellungen. Nur selten gelang es, Alterität bestehen zu lassen, ohne zu hierarchisieren.

## Ausblick: Ausstellungskritik und Medienkompetenz

Das Genre Ausstellungskritik – verstanden als fundierte, dem Medium Ausstellung gerecht werdende Analyse – wird in den Feuilletons und auf den Kulturseiten deutschsprachiger Zeitungen im Vergleich zur Theater- oder Filmkritik oftmals vernachlässigt. Die durchaus hohe Präsenz von Ausstellungen in Printmedien beschränkt sich nämlich zumeist auf bloße Berichterstattung und Ankündigungen. Wird ausführlicher über eine Ausstellung berichtet, werden vor allem die Themenstellungen oder einzelne herausragende Exponate thematisiert, auf die visuelle Aufbereitung und spezifische Präsentationsformen wird hingegen kaum eingegangen. Durch die Konzentration auf das Thema und/oder einzelne Objekte geht der von den KuratorInnen und GestalterInnen hergestellte Ausstellungskontext leicht verloren.

Zudem handelt es sich bei den Ausstellungen, die in der Tagespresse und im Feuilleton besprochen werden, in erster Linie um Kunstausstellungen, obwohl ein nicht unbeträchtlicher Teil der öffentlichen Kulturbudgets in die Produktion kulturhistorischer Ausstellungen fließt. Anders als bei Theater, Literatur und Film gibt es wenige Spezialmedien für die Auseinandersetzung mit Ausstellungen. Da es allerdings im Kunstbereich eine vielfältige Medienlandschaft gibt, die sich neben der Kunstkritik auch Ausstellungen widmet, finden Kunstausstellungen oftmals ein höheres Presseecho. Das heißt aber nicht, dass es in diesem Bereich eine differenziertere Ausstellungskritik gibt. Denn bei Kunstausstellungen mehr noch als bei kulturhistorischen Ausstellungen steht das einzelne Objekt im Mittelpunkt des Interesses, so dass sich die Kritik zumeist auf die Auseinandersetzung mit den Kunstwerken konzentriert – Ausstellungskritik wird somit häufig zur Kunstkritik. So kommt zwar die Auswahl, selten jedoch die Hängung, die Ästhetik der Raumatmosphäre, die Zusammenstellung der Kunstobjekte als konzeptueller Eingriff der KuratorInnen und GestalterInnen in den Blick. Kuratorische Arbeit wird somit häufig in erster Linie als Auswahl der Werke von KünstlerInnen verstanden. Ähnlich stehen bei kulturhistorischen Ausstellungen neben den Objekten vor allem die thematisierten Inhalte und der jeweilige fachwissenschaftliche Diskurs im Fokus der Berichterstattung.

Bei Theaterkritiken wird sehr klar zwischen der Auseinandersetzung mit dem Stück und der Inszenierung – also zwischen Inhalt und Umsetzung – unterschieden, wobei der Schwerpunkt bei letzterem liegt. Dagegen werden bei Ausstellungen zwar der Inhalt beziehungsweise einzelne Objekte besprochen, nicht jedoch die visuelle Gestaltung, die über die (reine) Ausstellungsarchitektur hinausgeht. Oftmals dient die Ausstellung auch nur als Aufhänger für die Auseinandersetzung mit einem aktuellen Thema, das der Anlass für die Ausstellung war. Inhalt, konzeptionelle Umsetzung und ästhetische Gestaltung sind jedoch nicht voneinander zu trennen. Die Präsentationsweise kann den Blick auf bestimmte Zusammenhänge lenken, Botschaften verstärken oder in den Hintergrund treten lassen, zur Identifikation einladen oder kritische Distanz fördern. Da vor allem die durch die Objektanordnung und Ausstellungsgestaltung vermittelten Inhalte vielfach unbewusst wahrgenommen werden, wäre eine kritische Auseinandersetzung mit Inszenierungen von besonderer Bedeutung. Es scheint kein Zufall, dass bei der Beschreibung von Ausstellungen auch auf das Vokabular der Theater- und Filmkritik – wie Inszenierung, In-Szene-setzen, Montage – zurückgegriffen wird.

Ein weiterer Unterschied zu Theater- oder Filmkritiken besteht darin, dass sich diese mit dem/der RegisseurIn und seiner/ihrer Position auseinander setzen. Dagegen bleiben die AusstellungskuratorInnen und GestalterInnen oftmals unerwähnt – es sei denn, es handelt sich um StarkuratorInnen oder StararchitektInnen. Obwohl Ausstellungen im Gegensatz zu Theater oder Film wissenschaftliche Erkenntnisse präsentieren, wohnt ihnen immer auch ein fiktionales, subjektives Potenzial inne. So ist in den Repräsentationen einer

ner Ausstellung einerseits das Subjekt der Kuratorin oder des Kurators eingeschrieben, selbst wenn dies mit einem „objektiven", wissenschaftlichen Anspruch verdeckt ist. In diesem Sinne können Ausstellungen auch als ein „persönliches" Statement betrachtet werden, mit dem es sich auseinander zu setzen gilt. Andererseits beruht jeder wissenschaftliche Diskurs auf bestimmten Prämissen und Denkräumen, die bestimmten gesellschaftlichen Implikationen unterliegen und nicht neutral sind.

Kulturproduktionen sind immer umstritten, doch gibt es für Ausstellungen kaum öffentliche Diskurse, die ihnen in ihrer Komplexität gerecht werden. Um dieses Sprechen über Ausstellungen in Gang zu setzen, bedarf es allerdings einer verstärkten wissenschaftlich-analytischen Beschäftigung mit dem Medium Ausstellen, die Theorieentwicklung ebenso vorantreibt wie das Erstellen methodischer Instrumentarien. Und gleichzeitig wäre es notwendig, dass JournalistInnen ein Bewusstsein für das Spezifische des Mediums Ausstellung entwickeln. Im Unterschied zu Theater- und Filmwissenschaft sind die Museologie und das Ausstellungswesen im Wissenschaftsbetrieb ebenso an den Rändern angelagert wie in der journalistischen Praxis. MuseologInnen und JournalistInnen sind allerdings aufgrund des hybriden Charakters des Untersuchungsgegenstandes, der Komplexität der Verfahrensweisen von Ausstellungen in hohem Maß gefordert. Dazu kommt, dass Ausstellungen aufgrund ihrer Themenvielfalt (Kunst, Geschichte, Technik, Naturwissenschaft), ihres wissenschaftlichen und Bildungs-Anspruchs und ihrer ästhetischen Dimension sowohl zwischen akademischen Disziplinen als auch zwischen den journalistischen Bereichen Kulturkritik und Wissenschaftsjournalismus angesiedelt sind.

Dass sich die Ausstellungsbesprechungen in verschiedenen Printmedien zum Teil sehr ähnlich sind, kann auch als ein Indiz betrachtet werden, dass sich diese in einem hohen Ausmaß auf den Pressetext der jeweiligen Ausstellung beziehen. Dieser Befund wirft die Frage auf, inwiefern die Museen selbst – die PressereferentInnen aber auch die KuratorInnen – zu der dem Medium nicht adäquaten Ausstellungskritik beitragen. Und das Problem, dass Ausstellungsinhalt und Ausstellungsgestaltung nicht als sich gegenseitig bedingende Elemente, als Einheit, gesehen werden, liegt nicht zuletzt daran, dass sich auch viele AusstellungskuratorInnen vor allem als SpezialistInnen in einem wissenschaftlichen Bereich verstehen und die konzeptionelle und visuelle Umsetzung der Inhalte den AusstellungsgestalterInnen überlassen, statt in einen produktiven Austausch mit ihnen zu treten. Es liegt also auch in der Verantwortung der Institutionen selbst, den Blick von JournalistInnen für das Spezifikum Ausstellung zu öffnen.

Kunstausstellungen ebenso wie kulturhistorische Ausstellungen können – wenngleich in unterschiedlichem Ausmaß – als populäre Formen der Auseinandersetzung mit kulturellen Phänomenen, ästhetischen Formen, sozialen Räumen und Gruppen in Vergangenheit und Gegenwart begriffen werden. Da jedoch die Rezeption von Ausstellungen vorrangig individuell erfolgt, würde in einer medienadäquaten Berichterstattung über Ausstellungen die Chance bestehen, sich über relevante gesellschaftliche Themen, kulturelle und ästhetische Ausdrucksformen auf einer breiten Ebene zu verständigen. Ein kritischer öffentlicher Diskurs über museale Repräsentationen könnte es zudem erschweren, dass Ausstellungen zu Festschreibungen von Geschichtsbildern und Identitätskonstruktionen führen. Eine differenzierte Auseinandersetzung wäre zudem ein wesentlicher Beitrag zur Verbesserung der Standards in der Umsetzung von Ausstellungen. Denn es kann auch an der mangelnden Kritik liegen, dass nach wie vor viele Institutionen ausschließlich auf die visuelle Anmutung wertvoller Objekte setzen, ohne ihre Präsentationsformen und die darin transportierten Deutungen zu reflektieren oder die Möglichkeiten, die das komplexe Medium bietet, auszuschöpfen. Obgleich die Erfahrungen heute visueller und visualisierter denn je sind, besteht eine Kluft zwischen dem Reichtum visueller Erfahrungen und der Fähigkeit, die Beobachtungen zu analysieren und einen kritischen Umgang mit den vielfältigen Medien zu entwickeln.[1] Die Frage, wie im Feld des Sehens Bedeutungen geschaffen werden, erfordert eine spezifische „Lesekenntnis“, um sie kontrovers verhandeln zu können. Hier könnte sich das Museum als Bildungsinstitution im Hinblick auf visuelle und ästhetische Herausforderungen im weitesten Sinne profilieren. Im Zeitalter der fortschreitenden Medialisierung mögen Ausstellungen zwar in gewisser Weise antiquiert anmuten, doch ein Vorteil des Mediums Ausstellung liegt gerade in seiner unverrückbaren Ortsgebundenheit, die die Bewegung der BesucherInnen erfordert. Anders als bei Film, Fernsehen oder Theater, deren rasche Abfolge der Bilder durch das Publikum nicht zu steuern ist, ermöglichen Ausstellungen die „selbstgesteuerte“ Betrachtung. Der Parcours, die Blickrichtung und die Verweildauer werden von den BesucherInnen gewählt. Es erfolgt eine individuelle Zusammenstellung der Displays, die einen zweiten, einen nachträglichen Blick erlaubt und damit eine fortwährende Reinterpretation des Gesehenen. Das Medium Ausstellung setzt in der Regel aktive BesucherInnen voraus. Selbst wenn die Displays eine hohe Suggestionskraft besitzen, stellen sich die BetrachterInnen die Erzählungen bis zu einem gewissen Grad selbst zusammen – falls sie nicht einem dirigistischen Führungskonzept unterworfen werden. In der weniger vorstrukturierten Rezeptionssituation sind die BesucherInnen dem Fluss der Bilderflut, der kaum Raum zur Reflexion lässt, nicht gleichermaßen ausgesetzt wie im Film. Diese Konstellation könnte dahingehend genutzt werden, die Wirkweisen visueller Repräsentationen genau in den Blick zu nehmen, die Rezeptionserfahrungen zu beobachten. Die dabei erarbeitete visuelle Medienkompetenz, das Zerlegen und immer wieder neu Zusammensetzen der Bilder und Narrative, könnte aber auch für die Rezeption anderer Medien hilfreich sein.

Dies käme dem Selbstverständnis von Museen entgegen, nicht nur ein dynamisches Forum zur Auseinandersetzung mit vergangenen wie gegenwärtigen gesellschaftlichen Verhältnissen und sozialen und kulturellen Praktiken, sondern auch mit ästhetischen Ausdrucksformen und Manifestationen zu sein.[2] Dabei müsste sich das Museum allerdings als selbstreflexive Institution verstehen, da die kompetenzfördernde Auseinandersetzung mit visueller Kultur auch die Repräsentationen des Museums selbst betreffen würde. Insofern wäre der von Irit Rogoff eingeforderte „verantwortliche Blick“[3] einzuführen, das heißt in Repräsentationen die Annahmen offen zu legen, so dass diese vom Publikum als Deutungsangebote begriffen werden können. Doch nur wenn das Medium Ausstellen ernst genommen wird, können Ausstellungen als Kristallisationspunkte für die öffentliche Auseinandersetzung mit vielfältigen Inhalten und visuellen Zeichensystemen sein – so etwas wie eine Schule des Sehens werden.

## Anmerkungen

1 Nicholas Mirzoeff: An Introduction to Visual Culture, London, New York 1999, S. 4f. So steigt die Tendenz, auch nicht-visuelle Dinge zu visualisieren. Dies betrifft nicht nur die technologische Kapazität, Dinge sichtbar zu machen, die Augen ohne diese Hilfestellung nicht sehen könnten. Sondern es geht um die Haltung, die Welt zunehmend als ein Bild zu begreifen.

2 So plädiert Aleida Assmann für Museen als „Orte der Gegenstände, der Objekte, die sich den Subjekten entgegenstellen“, für „Museen als Orte des Erlernens des kleinen Einmaleins der Wahrnehmung“ in Bezug auf ein kritisches Verständnis der Informationstechnologien. Vgl. G. Korff: Fremde (der, die, das), S. 18.

3 Vgl. I. Rogoff: Der unverantwortliche Blick, S. 41-49.

# Literatur


Anders, Ferdinand/Kann, Peter: Die Schätze des Montezuma. Utopie und Wirklichkeit, Wien 1996.

Angerer, Marie-Luise (Hg.): The Body of Gender. Körper, Geschlechter, Identitäten, Wien 1995.

Bachmann-Medick, Doris (Hg.), Kultur als Text. Die anthropologische Wende in der Literaturwissenschaft, Frankfurt 1996.

Bal, Mieke: Double Exposures. The Subject of Cultural Analysis, London, New York 1996.

Bal, Mieke: Kulturanalyse, Frankfurt/M 2002.

Barringer, Tim/Flynn, Tom (Hg.): Colonialism and the Object. Empire, Material Culture and the Museum, London, New York 1998.

Bennett, Tony: The Exhibitionary Complex, in: Reesa Greenberg/Bruce F. Ferguson/Sandy Nairne (Hg.), Thinking about Exhibitions, London, New York 1996, S. 81-112.

Berger, John: Sehen. Das Bild der Welt in der Bilderwelt, Reinbek bei Hamburg 1974.

Bhabha, Homi K.: Globale Ängste, in: Peter Weibel/Slavoj Žižek (Hg.), Inklusion : Exklusion. Probleme des Postkolonialismus und der globalen Migration, Wien 1997, S. 19-43.

Bond, George Clement/Gilliam, Angela (Hg.): Social Construction of the Past. Representation as Power, London, New York 1994.

Boons, Marie-Claire: Die Institution als (dreifacher) Ort, in: Psychoanalytisches Seminar Zürich (Hg.), Between the devil and the deep blue sea. Psychoanalyse im Netz, Freiburg 1987, S. 35-63.

Braun, Peter/Bräunlein, Peter J./Lauser, Andrea: … der teilnehmende Leser … Erkundungen zwischen Ethnologie und Literatur, in: Kea. Zeitschrift für Kulturwissenschaften 12 (1999), S. 1-18

Bredekamp, Horst: Antikensehnsucht und Maschinenglauben. Die Geschichte der Kunstkammer und die Zukunft der Kunstgeschichte, Berlin 1993.

Brink, Cornelia: Die Frauen und das Museum, in: Schneewittchen im Glassarg? Frauen im Museum. Geschichtswerkstatt 27/1993, S. 56-59.

Bronfen, Elisabeth/Marius, Benjamin/Steffen, Therese (Hg.): Hybride Kulturen. Beiträge zur amerikanischen Multikulturalismusdebatte, Tübingen 1997.

Butler, Judith: Haß spricht. Zur Politik des Performativen, Berlin 1998.

Clifford, James: Sich selbst sammeln, in: Gottfried Korff/Martin Roth (Hg.), Das historische Museum. Labor, Schaubühne, Identitätsfabrik, Frankfurt, New York 1990, S. 87-106.

Cooke, Lynne/Wollen, Peter (Hg.): Visual Display. Culture Beyond Appearances, Seattle 1995.

Didi-Hubermann, Georges: Vor einem Bild, München, Wien 2000.

Dücker, Elisabeth von: Gedachtes und Gemachtes. Frauen und Frauengeschichte im Museum der Arbeit in Hamburg. Ansprüche und Wirklichkeit, in: Bremische Zentralstelle für die Verwirklichung von der Gleichberechtigung der Frau (Hg.), Dokumentation der Tagung: Frauen ins Museum?, Bremen 1991, S. 13-20.

Duncan, Carol: Civilizing Rituals inside the Public Art Museums, London, New York 1995.

Dyer, Richard: Das Licht der Welt – Weiße Menschen und das Film-Bild, in: Marie-Luise Angerer (Hg.), The Body of Gender. Körper, Geschlechter, Identitäten, Wien 1995, S. 151-170.

Ernst, Wolfgang: Das Andere anders denken, in: Berührungsängste. Ästhetik und Kommunikation 82 (1993), S. 60-63.

Feest, Christian F.: Das Museum für Völkerkunde, in: Kurt Binder u.a., Das Museum für Völkerkunde in Wien, Wien, Salzburg 1980, S. 13-34.

Feest, Christian F.: Lebenskunst/Überlebenskunst, in: Museum für Völkerkunde (Hg.), Überlebenskunst nordamerikanischer Indianer, Wien 1993, S. 1-15.

Feest, Christian F./Kasprycki, Sylvia S.: Ethnographische Sammlungen aus Nordamerika im Museum für Völkerkunde, in: Museum für Völkerkunde (Hg.), Überlebenskunst nordamerikanischer Indianer, Wien 1993, S. 16-19.

Fehr, Michael/Grohé, Stefan (Hg.): Geschichte Bild Museum. Zur Darstellung von Geschichte im Museum, Köln 1989.

Fehr, Michael: Text und Kontext. Die Entwicklung eines Museums aus der Reflexion seiner Geschichte, in: Michael Fehr (Hg.), Open Box. Künstlerische und wissenschaftliche Reflexionen des Museumsbegriffs, Köln 1998, S. 12-43 (= Museum der Museen 5).

Fliedl, Gottfried/Muttenthaler, Roswitha/Posch, Herbert (Hg.): Erzählen, Erinnern, Veranschaulichen. Theoretisches zur Museums- und Ausstellungskommunikation, Wien 1992 (= Museum zum Quadrat 3).

Fliedl, Gottfried/Muttenthaler, Roswitha/Posch, Herbert (Hg.): Wie zu sehen ist. Essays zur Theorie des Ausstellens, Wien 1995 (= Museum zum Quadrat 5).

Fliedl, Gottfried/Pazzini, Karl-Josef: Museum - Opfer - Blick. Zu Etienne Louis Boullées Museumsphantasie von 1783, in: Gottfried Fliedl (Hg.), Die Erfindung des Museums. Anfänge der bürgerlichen Museumsidee in der Französischen Revolution, Wien 1996, S. 131-158 (= Museum zum Quadrat 6).

Fliedl, Gottfried: „...das Opfer von ein paar Federn." Die sogenannte Federkrone Montezumas als Objekt nationaler und musealer Begehrlichkeiten, Wien 2001 (= Museum zum Quadrat 12).

Foerster, Cornelia: Sammeln oder Nichtsammeln – und was dann? Zur Aussagekraft historischer Objekte, in: Alltagskultur passé? Positionen und Perspektiven volkskundlicher Museumsarbeit, Tübingen 1993, S. 34-58.

Foucault, Michel: Andere Räume, in: Aisthesis. Wahrnehmung heute oder Perspektiven einer anderen Ästhetik, Leipzig 1991, S. 33-45.

Franz, Michael/Richter, Stefan (Hg): Umberto Eco. Im Labyrinth der Vernunft. Texte über Kunst und Zeichen, Leipzig 1995.

Geertz, Clifford: Dichte Beschreibung. Beiträge zum Verstehen kultureller Systeme, 5.Aufl. Frankfurt 1997.

Greenberg, Reesa/Ferguson, Bruce W./Nairne, Sandy (Hg.): Thinking about Exhibitions, London, New York 1996.

Haraway, Donna: Teddy Bear Patriarchy. Taxidermy in the Garden of Eden, New York City, 1908-1936, in: Social Text. Theory/Culture/Ideology 1984/85, S. 20-64.

Hauer, Gerlinde/Muttenthaler, Roswitha/Schober, Anna/Wonisch, Regina: Konzept für eine feministisches Ausstellungsprojekt im Historischen Museum der Stadt Wien, Wien 1996 (= TheOrDi-Schriften 1996/29).

Hauer, Gerlinde/Muttenthaler, Roswitha/Schober, Anna/Wonisch, Regina: Das inszenierte Geschlecht. Feministische Strategien im Museum, Wien 1997.

Hauer, Gerlinde/Muttenthaler, Roswitha/Wonisch, Regina: An-Leitung zur „weiblichen Ich-Findung"? Selbstaffirmative Repräsentationen versus Dekonstruktion von Geschlechtsidentität, in: Roswitha Muttenthaler/Herbert Posch/Eva S.-Sturm (Hg.), Museum im Kopf, Wien 1997, S. 89-118 (= Museum zum Quadrat 7).

Haupt, Herbert: Das Kunsthistorische Museum. Die Geschichte des Hauses am Ring. Hundert Jahre im Spiegel historischer Ereignisse. Wien 1991.

Hermes da Fonseca, Liselotte: Zur Wiederholung: Heimliches unheimliches Wissen vom Menschen in wissenschaftlichen Museen, in: Karl-Josef Pazzini (Hg.), Unschuldskomödien. Museum und Psychoanalyse, Wien 1999, S. 76-109 (= Museum zum Quadrat 10).

Johnson, Geraldine A./Matthews Grieco, Sara F.: Picturing Women in Renaissance and Baroque Italy, Cambridge 1997.

Jordanova, Ludmilla: Objects of Knowledge. A Historical Perspective on Museums, in: Peter Vergo (Hg.), The New Museology, London 1989, S. 22-40.

Karp, Ivan/Lavine, Steven D. (Hg.): Exhibiting Cultures. The Poetics and Politics of Museum Display, Washington, London 1991.

Kavanagh, Gaynor: Museum Languages. Objects and Texts, Leicester, London, New York 1991.

Kimmerle, Heinz: Jacques Derrida zur Einführung, Hamburg 1997.

Kirshenblatt-Gimblett, Barbara: Objects of Ethnography, in: Ivan Karp/ Steven D. Lavine (Hg.), Exhibiting Cultures. The Poetics and Politics of Museum Display, Washington, London 1991, S. 386-443.

Klinger, Cornelia: Ungleichheit in den Verhältnissen von Klasse, Rasse und Geschlecht, in: Gudrun-Axeli Knapp/Angelika Wetterer (Hg.), Achsen der Differenz. Gesellschaftstheorie und feministische Kritik II, Münster 2003, S. 14-48.

Knigge, Volkhard: Zur Kritik kritischer Geschichtsdidaktik: Normative Ent-Stellung des Subjekts und Verkennung trivialen Geschichtsbewusstseins, in: Geschichtsdidaktik 3/1987, S. 253-266.

Korff, Gottfried/Roth, Martin (Hg.): Das historische Museum. Labor, Schaubühne, Identitätsfabrik, Frankfurt, New York 1990.

Korff, Gottfried: Aporien der Musealisierung. Notizen zu einem Trend, der die Institution, nach der er benannt ist, hinter sich gelassen hat, in: Wolfgang Zacharias (Hg.), Zeitphänomen Musealisierung. Das Verschwinden der Gegenwart und die Konstruktion der Erinnerung, Essen 1990, S. 57-71.

Korff, Gottfried: Paradigmenwechsel im Museum?, in: Werkbund-Archiv - Museum für Alltagskultur des 20. Jahrhunderts (Hg.), ohne Titel. Sichern unter ... Unbeständige Ausstellung der Bestände des Werkbundarchivs, Berlin 1995, S. 22-32.

Korff, Gottfried: Fragen an Jürgen Steen, in: Gottfried Fliedl/Roswitha Muttenthaler/Herbert Posch (Hg.), Wie zu sehen ist. Essays zur Theorie des Ausstellens, Wien 1995, S. 63-68.

Korff, Gottfried: Fremde (der, die, das) und das Museum, in: Jürg Steiner (Hg.), Museumstechnik, Berlin 1997, S. 8-18.

Korff, Gottfried: Museumsdinge. Deponieren und Exponieren, Wien, Köln, Weimar 2002.

Kossek, Brigitte: Die Politik des Visuellen. Zur Sexuierung und Rassierung von Körpern / Identitäten, in: Johanna Gehmacher/Maria Mesner (Hg.), Frauen- und Geschlechtergeschichte. Positionen / Perspektiven, Innsbruck, Wien, 2003, S. 120ff (= Querschnitte 14).

Kravagna, Christian (Hg.): Privileg Blick, Berlin 1997.

Kriller, Beatrix/Kugler, Georg: Das Kunsthistorische Museum. Die Architektur und Ausstattung. Idee und Wirklichkeit des Gesamtkunstwerkes, Wien 1991.

Kunsthistorisches Museum (Hg.): Die Gemäldegalerie des Kunsthistorischen Museums Wien. Verzeichnis der Gemälde, Wien 1991.

Lewis, Reina: Gendering Orientalism. Race, Femininity and Representation, London, New York 1996.

Lötsch, Bernd: Nach 250 Jahren – Das NEUE Naturhistorische Museum, in: Christa Riedl-Dorn, Das Haus der Wunder. Zur Geschichte des Naturhistorischen Museums in Wien, Wien 1998.

Lumley, Robert (Hg.): The Museum Time-Machine. Putting Cultures on Display, London, New York 1988.

Lummerding, Susanne: Objekt @ – Cyberspace als Museum, in: Karl-Josef Pazzini (Hg.), Unschuldskomödien. Museum und Psychoanalyse, Wien 1999, S. 131-149.

Lummerding, Susanne: „Weibliche" Ästhetik? Möglichkeiten und Grenzen einer Subversion des Codes, Wien 1994.

Lutter, Christina/Reisenleitner, Markus: Cultural Studies. Eine Einführung, Wien 1998 (= Cultural Studies Bd. 0).

Macdonald, Sharon/Fyfe, Gordon (Hg.): Theorizing Museums. Representing Identity and Diversity in a Changing World, Oxford, Cambridge MA. 1996.

Marin, Louis: Zu einer Theorie des Lesens in den bildenden Künsten: Poussins Arkadische Hirten, in: Wolfgang Kemp (Hg.), Der Betrachter ist im Bild. Kunstwissenschaft und Rezeptionsästhetik, Berlin, Hamburg 1992, S. 142-168

Mayer, Andreas: Von der „Rasse" zur „Menschheit". Zur Inszenierung der Rassenanthropologie im Wiener Naturhistorischen Museum, in: Herbert Posch u.a. (Hg.), Politik der Präsentationen. Museum und Ausstellung in Österreich 1918-1945, Wien 1996, S. 213-237.

Meijers, Debora J.: Kunst als Natur. Die Habsburger Gemäldegalerie in Wien um 1780, Wien 1995 (= Schriften des Kunsthistorischen Museums, 2).

Michels, Andre: Museum, Schrift, Archiv. Untersuchungen zu einigen Formen der Tradierung, in: Karl-Josef Pazzini (Hg.), Unschuldskomödien. Museum und Psychoanalyse, Wien 1999, S. 13-53.

Mirzoeff, Nicholas: An Introduction to Visual Culture, London, New York 1999.

Moltke, Johannes von: Identities on Display. Jewishness and the Representational Politics of the Museum, in: Jonathan Boyarin/Daniel Boyarin (Hg.), Jews and other Differences. The New Jewish Cultural Studies, Minneapolis, London 1996, S. 79-107.

Mönninger, Michael: Ein Schauhaus für die ganze Welt, in: Die Zeit, 26 (2006), S. 41.

Musée d'Ethnographie de Neuchâtel (Hg.): Le musée cannibale, Neuchâtel 2002.

Museum der Arbeit (Hg.): Museum der Arbeit, Hamburg 1997.

Museum für Völkerkunde Wien (Hg.): Das Altertum der neuen Welt. Voreuropäische Kulturen Amerikas, Berlin 1992.

Museum für Völkerkunde (Hg.): Überlebenskunst nordamerikanischer Indianer, Wien 1993.

Muttenthaler, Roswitha/Wonisch, Regina: „Das inszenierte Geschlecht". Abwesenheiten, Umformulierungen und phantasmatisches Begehren in Museen und Ausstellungen, in: Christina Lutter/Elisabeth Menasse-Wiesbauer (Hg.), Frauenforschung, feministische Forschung, Gender Studies: Entwicklungen und Perspektiven, Wien 1999, S. 275-311 (= Materialien zur Förderung von Frauen in der Wissenschaft, 8).

Muttenthaler, Roswitha: „Meine Gruppe geht in den geöffneten Körper..." Blickszenarien der Niederösterreichischen Landesausstellung 1998: „aufmüpfig & angepaßt. Frauenleben in Österreich", in: L`Homme. Zeitschrift für Feministische Geschichtswissenschaft 1 (1999), S. 114-122.

Muttenthaler Roswitha/Posch, Herbert/S.-Sturm, Eva (Hg.): Museum im Kopf, Wien 1997 (= Museum zum Quadrat 7).

Muttenthaler Roswitha/Posch, Herbert/S.-Sturm, Eva (Hg.): Seiteneingänge. Museumsidee & Ausstellungsweisen, Wien 2000 (= Museum zum Quadrat 11).

Muttenthaler, Roswitha/Wonisch, Regina: Spots on Spaces. Differenzen im Visier. Repräsentationen und Räume. Unveröff. Endbericht des Forschungsprojektes des Bundesministeriums für Wissenschaft und Verkehr, Wien 2000.

Muttenthaler, Roswitha/Wonisch, Regina: Visuelle Repräsentationen. Genderforschung in Museen, in: Ingrid Bauer/Julia Neissl (Hg.), Gender Studies – Denkachsen und Perspektiven der Geschlechterforschung, Innsbruck 2002, S. 95-107.

Muttenthaler, Roswitha: Gesellschaftliche Verfasstheit im Feld des Sehens – Deutungsabsichten und verborgene AutorInnenschaft, in: Österreichische Zeitschrift für Soziologie 2 (2002), S. 50-68.

Muttenthaler, Roswitha: Gesten des Zeigens – Zur Kapazität von Ausstellungsdisplays, Geschlechtergeschichten zu erzählen, in: Sabine Allweier/

Christine Burckhardt-Seebass (Hg.), Geschlechter-Inszenierungen. Erzählen – Vorführen – Ausstellen, Münster 2003, S. 39-55.

Muttenthaler, Roswitha/Wonisch, Regina: *Grammatiken* des Ausstellens. Kulturwissenschaftliche Analysemethoden musealer Repräsentationen, in: Christina Lutter/Lutz Musner (Hg.), Kulturwissenschaften in Österreich, Wien 2003, S. 117-133.

Muttenthaler Roswitha/Wonisch, Regina: Zum Schauen geben. Ausstellen von Frauen- und Geschlechtergeschichte in Museen, in: MA 57-Frauenförderung und Koordinierung von Frauenangelegenheiten (Hg.), Guide to ... muSIEum – displaying:gender, Wien 2003, S. 9-58.

Nadig, Maya: Die verborgene Kultur der Frau. Ethnopsychoanalytische Gespräche mit Bäuerinnen in Mexiko, Frankfurt 1997.

Nierhaus, Irene: Arch6. Raum, Geschlecht, Architektur. Wien 1999.

Offe, Sabine: Ausstellungen, Einstellungen, Entstellungen. Jüdische Museen in Deutschland und Österreich, Berlin, Wien 2000.

Offe, Sabine: Was reden die Dinge, was hören die Besucher? Ansätze zur rhetorischen Analyse von Ausstellungen. Abstract zum Workshop „Grammatiken des Ausstellens“, Wien 2002.

Offe, Sabine: Was reden die Dinge, was hören die Besucher? Ansätze zur rhetorischen Analyse von Ausstellungen. Unveröffentl. Vortragsmanuskript, Bremen 2002.

Ostrow, Saul: Kulturelle Konservierungspolitik, in: Peter Weiermair (Hg.), Der Vogel Selbsterkenntnis. Aktuelle Künstlerpositionen und Volkskunst, Zürich, New York 1998, S. 123-128.

Pagel, Gerda: Lacan zur Einführung, Hamburg 1991.

Pazzini, Karl-Josef: Unberührte Natur, in: Gottfried Fliedl/Roswitha Muttenthaler/Herbert Posch (Hg.), Wie zu sehen ist. Essays zur Theorie des Ausstellens, Wien 1995, S. 124-142.

Pazzini, Karl-Josef: Das Museum als Unschuldskomödie, in: Karl-Josef Pazzini (Hg.), Unschuldskomödien. Museum und Psychoanalyse, Wien 1999, S. 150-174.

Pazzini, Karl-Josef (Hg.): Unschuldskomödien. Museum und Psychoanalyse, Wien 1999 (= Museum zum Quadrat 10).

Pazzini, Karl-Josef: Das Museum als Symptom. Unveröff. Manuskript, Hamburg 1998.

Pazzini, Karl-Josef: Suche nach Zusammenhalt, in: Karl-Josef Pazzini/Gottlob Porath (Hg.), Kontaktabzug. Medien im Prozeß der Bildung, Wien 2001, S. 196-218

Pazzini, Karl-Josef: z.B. ein Bild wörtlich nehmen oder ein Wort bildlich oder Zur Aktualisierung des Wissens, das einer, der manchmal Psychoanalytiker ist, an den Hacken hat, im Display einer Ausstellung. Unveröffentl. Vortragsmanuskript, Hamburg 2002.

Pollock, Griselda: Inscriptions in the Feminine, in: Catherine de Zegher (Hg.), Inside the Visible. An Elliptical Traverse of 20th Century Art in, of, and from the Feminine, Gent, Boston, London 1995, S. 67-87.

Pomian, Krzysztof: Der Ursprung des Museums. Vom Sammeln, Berlin 1988.

Porter, Gaby: Putting Your House in Order. Representations of Women and Domestic Life, in: Robert Lumley (Hg.), The Museum Time-Machine, London, New York 1988, S. 102-127.

Porter, Gaby: Seeing through Solidity: a Feminist Perspective on Museums, in: Sharon Macdonald/Gordon Fyfe (Hg.), Theorizing Museums. Representing Identity and Diversity in a Changing World, Oxford, Cambridge MA. 1996, S. 105-126.

Porter, Gaby: Partial Truths, in: Gaynor Kavanagh (Hg.), Museum Languages. Objects and Texts, Leicester, London, New York 1991, S. 103-116.

Porter, Gaby: Seeing through Solid Things. Unveröffentl. Abstract eines Vortrages für die Tagung „Die Macht der Anordnung“, Wien 1995.

Posch, Herbert: Vom Scheitern einer Aneignung. Österreichische Museen am Übergang von der Monarchie zur Republik, Dipl.arb. Wien 1997.

Posch, Herbert u.a. (Hg.): Politik der Präsentationen. Museum und Ausstellung in Österreich 1918-1945, Wien 1996.

Riedl-Dorn, Christa: Das Haus der Wunder. Zur Geschichte des Naturhistorischen Museums in Wien, Wien 1998.

Rogoff, Irit: Der unverantwortliche Blick. Kritische Anmerkungen zur Kunstgeschichte, in: kritische berichte, 4 (1993), S. 41-49.

Rogoff, Irit: Von Ruinen zu Trümmern, in: Silvia Baumgart u.a. (Hg.), Denkräume zwischen Wissenschaft und Kunst, Berlin 1993, S. 258-285.

Rogoff, Irit: „Deep Space“, in: Annegret Friedrich u.a. (Hg.): Projektionen. Rassismus und Sexismus in der Visuellen Kultur, Marburg 1997, S. 52-60.

Rogoff, Irit: Die Anderen der Anderen. Spectatorship und Differenz, in: Jörg Huber/Alois Martin Müller (Hg.): Die Wiederkehr des Anderen. Interventionen / Museum für Gestaltung Zürich, Basel, Zürich 1996, S. 63-82.

Rosenberger, Sieglinde: Geschlechter – Gleichheiten – Differenzen. Eine Denk- und Politikbeziehung, Wien 1996.

Ruhs, August: Die Psychoanalyse geht ins Museum oder Über das Begehren Bedeutung zu sehen, in: Karl-Josef Pazzini (Hg.), Unschuldskomödien. Museum und Psychoanalyse, Wien 1999, S. 55-75.

Ruhs, August: Die Untiefen der Seele, in: Lydia Marinelli (Hg.), „Meine ... alten und dreckigen Götter“. Aus Sigmund Freuds Sammlung; Sigmund-Freud-Museum Wien, 18.11.1998 - 17.2.1999, Frankfurt 1998.

Schade, Sigrid: Verlust-Anzeige. Der nationalsozialistische Kunstraub und seine künstlerische (Re-)Konstruktion in Vera Frenkels Video-Installation „Body Missing“. Unveröff. Manuskript, o.O o.J., S. 1-8.

Schein, Gerlinde/Strasser, Sabine (Hg.): Intersexions. Feministische Anthropologie zu Geschlecht, Kultur und Sexualität, Wien 1997 (= Reihe Frauenforschung 34).

Schmidt-Linsenhoff, Viktoria: Sexismus und Museum, in: kritische berichte, 3 (1985), S. 42-50.

Scholze, Jana: Formen musealer Präsentation. Semiotische Ausstellungsanalysen, Diss. Berlin 2002. (Veröffentlicht unter: Medium Ausstellung. Lektüren musealer Gestaltung in Oxford, Leipzig, Amsterdam und Berlin. Bielefeld 2004.)

Schulte, Birgit: Die Ausstellung *vis-à-vis: kleine Unterschiede* im Karl Ernst Osthaus-Museum Hagen. Eine Revision zum Thema ‚gender', in: Roswitha Muttenthaler/Herbert Posch/Eva S.-Sturm (Hg.), Seiteneingänge. Museumsidee & Ausstellungsweisen, Wien 2000, S. 117-144.

Schwarz, Werner: Anthropologische Spektakel. Zur Repräsentation des Fremden. Wien 1870-1910, Diss. Wien 2000.

Sherman, Daniel J./Rogoff, Irit (Hg.): Museum Culture. Histories, Discourses, Spectacles, London 1994.

Sloterdijk, Peter: Museum. Schule des Befremdens, in: Frankfurter Allgemeine Zeitung, 17.März 1989.

Sturm, Eva: Konservierte Welt. Museum und Musealisierung, Berlin 1991.

S.-Sturm, Eva: 3 Geschichten mit Objekten, in: Karl-Josef Pazzini (Hg.), Unschuldskomödien. Museum und Psychoanalyse, Wien 1999, S. 110-130.

Tagg, John: Ein Diskurs (dem die vernünftige Form fehlt), in: Christian Kravagna (Hg.), Privileg Blick. Kritik der visuellen Kultur, Berlin 1997, S. 175-200.

Taschwer, Klaus: „Anthropologie ins Volk". Zur Ausstellungspolitik einer anwendbaren Wissenschaft bis 1945, in: Herbert Posch u.a. (Hg.), Politik der Präsentationen. Museum und Ausstellung in Österreich 1918-1945, Wien 1996, S. 238-260.

Torfing, Jacob: New Theories of Discourse. Laclau, Mouffe and Žižek, Oxford 1999.

Vogel, Susan: Art/artifact: African Art in Anthropology Collections, New York 1988.

Weibel, Peter/Žižek, Slavoj (Hg.): Inklusion : Exklusion. Probleme des Postkolonialismus und der globalen Migration, Wien 1997.

Weiermair, Peter (Hg.): Der Vogel Selbsterkenntnis. Aktuelle Künstlerpositionen und Volkskunst, Zürich, New York 1998.

Wintersberger, Markus: Historische Realitäten – Fiktion Vergangenheit. Der Versuch einer architektonischen Analyse des Geländes vor der Wiener Hofburg bis zu den Hofstallungen, Dipl.Arb. Wien 1995.

Wonisch, Regina: Die Macht der Bilder? Zum Opfer-Täterdiskurs in Gedenkausstellungen, in: Elke Renner/Josef Seiter/Johannes Zuber Hg.), Erinnerungskultur. Zur Rückholung des österreichischen Gedächtnisses, Wien 1997, S. 96-109 (= schulheft 86/1997).

Wonisch, Regina: Zur Bedeutungsproduktion musealer Repräsentationen, in: Jahrbuch des Vereins für Kulturwissenschaft und Kulturanalyse 4 (2000), S. 87-98

Zacharias, Wolfgang (Hg.): Zeitphänomen Musealisierung. Das Verschwinden der Gegenwart und die Konstruktion der Erinnerung, Essen 1990.

Zegher, Catherine de (Hg.): Inside the Visible. An Elliptical Traverse of 20th Century Art in, of, and from the Feminine, Gent, Boston, London 1995.

Ziegler, Meinrad: „Dichte Beschreibung“ – Essayistisches Theoretisieren und persönlicher Standort in der Interpretation, in: Waltraud Kannonier-Finster/Meinrad Ziegler (Hg.), Exemplarische Erkenntnis. Zehn Beiträge zur interpretativen Erforschung sozialer Wirklichkeit, Innsbruck 1998.

Žižek, Slavoj: Die Substitution zwischen Interaktivität und Interpassivität, in: Robert Pfaller (Hg.), Interpassivität. Studien über delegiertes Genießen, Wien 2000.

Žižek, Slavoj: Die Tücke des Subjekts, Frankfurt 2001.

## Kultur- und Museumsmanagement

Reinhold Knopp,
Karin Nell (Hg.)
**Keywork**
Neue Wege in der Kultur- und Bildungsarbeit mit Älteren
Mai 2007, ca. 220 Seiten, kart., ca. 22,80 €,
ISBN: 3-89942-678-9

Thomas Knubben,
Petra Schneidewind (Hg.)
**Zukunft für Musikschulen**
Herausforderungen und Perspektiven der Zukunftssicherung öffentlicher Musikschulen
April 2007, ca. 250 Seiten, kart., ca. 25,80 €,
ISBN: 3-89942-619-3

Oliver Scheytt
**Kulturstaat Deutschland**
Ein kulturpolitisches Plädoyer
März 2007, ca. 200 Seiten, kart., ca. 21,80 €,
ISBN: 3-89942-400-X

Heike Kirchhoff,
Martin Schmidt (Hg.)
**Das magische Dreieck**
Die Museumsausstellung als Zusammenspiel von Kuratoren, Museumspädagogen und Gestaltern
März 2007, ca. 160 Seiten, kart., ca. 18,80 €,
ISBN: 3-89942-609-6

Patrick S. Föhl,
Stefanie Erdrich,
Hartmut John,
Karin Maaß (Hg.)
**Das barrierefreie Museum**
Theorie und Praxis einer besseren Zugänglichkeit. Ein Handbuch
Februar 2007, ca. 450 Seiten, kart., ca. 29,80 €,
ISBN: 3-89942-576-6

Hartmut John,
Bernd Günter (Hg.)
**Das Museum als Marke**
Branding als strategisches Managementinstrument für Museen
Februar 2007, ca. 200 Seiten, gebunden, durchgängig farbig mit zahlr. Abb., ca. 29,80 €,
ISBN: 3-89942-568-5

Birgit Mandel
**Die neuen Kulturunternehmer**
Ihre Motive, Visionen und Erfolgsstrategien
Februar 2007, ca. 128 Seiten, kart., ca. 14,80 €,
ISBN: 3-89942-653-3

Roswitha Muttenthaler,
Regina Wonisch
**Gesten des Zeigens**
Zur Repräsentation von Gender und Race in Ausstellungen
Januar 2007, 268 Seiten, kart., zahlr. Abb., 26,80 €,
ISBN: 3-89942-580-4

**Leseproben und weitere Informationen finden Sie unter:**
**www.transcript-verlag.de**

## Kultur- und Museumsmanagement

Birgit Mandel (Hg.)
**Kulturvermittlung – zwischen kultureller Bildung und Kulturmarketing**
Eine Profession mit Zukunft

2005, 270 Seiten,
kart., 19,80 €,
ISBN: 3-89942-399-2

Udo Liebelt,
Folker Metzger (Hg.)
**Vom Geist der Dinge**
Das Museum als Forum für Ethik und Religion

2005, 196 Seiten,
kart., 22,80 €,
ISBN: 3-89942-398-4

Hartmut John,
Ira Mazzoni (Hg.)
**Industrie- und Technikmuseen im Wandel**
Perspektiven und Standortbestimmungen

2005, 302 Seiten,
kart., 27,80 €,
ISBN: 3-89942-268-6

Franziska Puhan-Schulz
**Museen und Stadtimagebildung**
Amsterdam – Frankfurt/Main – Prag. Ein Vergleich

2005, 342 Seiten,
kart., zahlr. Abb., 27,80 €,
ISBN: 3-89942-360-7

Tiziana Caianiello
**Der »Lichtraum (Hommage à Fontana)« und das »Creamcheese« im museum kunst palast**
Zur Musealisierung der Düsseldorfer Kunstszene der 1960er Jahre

2005, 262 Seiten,
kart., zahlr. Abb., 26,80 €,
ISBN: 3-89942-255-4

Kathrein Weinhold
**Selbstmanagement im Kunstbetrieb**
Handbuch für Kunstschaffende

2005, 320 Seiten,
kart., 25,80 €,
ISBN: 3-89942-144-2

**Leseproben und weitere Informationen finden Sie unter:**
**www.transcript-verlag.de**